社会实验理论与方法评介

苏竣　黄萃　著

U0360693

清华大学出版社

北京

内 容 简 介

社会实验是一种经典的循证社会科学研究范式,有助于研究者获取稳健的因果推论和凝练基于真实社会情境的经验知识。面向智能化转型的滚滚大潮,社会实验方法正迸发出新的活力,成为超前探索社会治理方案的重要渠道。本书立足社会实验作为一种共性方法论的普遍意义,在系统回顾社会实验理论缘起、发展脉络和经典案例的基础上,向读者系统介绍了自然实验、实地实验、调查实验和计算实验四类经典的社会实验方法,探讨了社会实验与形式建模、质性调查和真实世界研究等方法的组合路径,从宏观实验设计、中观流程管理和微观心理机制三个层面分析了可能影响社会实验效果的潜在因素。本书还简要介绍了双重差分、断点回归、匹配、合成控制、结构方程模型等开展社会实验中常用的数理分析技术并给出示例,以期更好地为各类社会实验的开展提供理论和方法借鉴。

本书可作为高等院校哲学社会科学相关学科的方法论教科书和参考书使用,也可作为国家新一代人工智能创新发展试验区和智能社会治理实验基地开展人工智能社会实验的参考资料,也适合普通读者选读。

图书在版编目(CIP)数据

社会实验理论与方法评介/苏竣,黄萃著. —北京:清华大学出版社,2023.6
ISBN 978-7-302-62048-8

Ⅰ.①社… Ⅱ.①苏… ②黄… Ⅲ.①社会科学-研究方法 Ⅳ.①C3

中国版本图书馆 CIP 数据核字(2022)第 193767 号

责任编辑:商成果
封面设计:何凤霞
责任校对:欧 洋
责任印制:杨 艳

出版发行:清华大学出版社
    网 址:http://www.tup.com.cn,http://www.wqbook.com
    地 址:北京清华大学学研大厦 A 座 **邮 编:**100084
    社 总 机:010-83470000   **邮 购:**010-62786544
    投稿与读者服务:010-62776969,c-service@tup.tsinghua.edu.cn
    质量反馈:010-62772015,zhiliang@tup.tsinghua.edu.cn
印 装 者:三河市东方印刷有限公司
经 销:全国新华书店
开 本:165mm×235mm **印 张:**23.5 **字 数:**418 千字
版 次:2023 年 7 月第 1 版   **印 次:**2023 年 7 月第 1 次印刷
定 价:98.00 元

产品编号:096978-01

本书受

科技部科技创新 2030"新一代人工智能"重大项目
"人工智能综合影响社会实验研究"(2020AAA0105400)、

国家自然科学基金创新群体项目
"中国公共政策理论与治理机制"(71721002)、

国家自然科学基金重点项目
"基于社会实验的人工智能社会综合影响与作用机制研究"(72134007)、

国家自然科学基金优秀青年科学基金项目
"公共管理与公共政策"(71722002)、

长三角地区 ICT 产业发展布局研究基金

资助。

序 一

顾秉林 *

人工智能是发端于计算机领域的一门新兴技术科学,是引领新一轮科技革命和产业变革的战略性技术。随着人工智能技术的快速发展与广泛应用,其影响日益超越技术层面,正如习近平总书记在中央政治局第九次集体学习中所指出的,"人工智能……正在对经济发展、社会进步、国际政治经济格局等方面产生重大而深远的影响"。随着社会各界对人工智能社会影响和治理问题的关注度不断提升,积极整合跨学科力量,不断加强对于人工智能发展的潜在风险和社会问题研究,探索建立健全保障人工智能健康发展的法律法规、制度体系、伦理道德就显得尤为重要。

长期以来,清华大学不仅致力于做人工智能技术研究的引领者,也积极为国家人工智能科技战略和政府社会治理建言献策。自 2018 年起,我与本书作者苏竣教授、黄萃教授以及来自清华大学、浙江大学、北京大学、中国人民大学、国务院发展研究中心等单位不同学科的多位中青年教师共同参与了人工智能综合社会影响的研究工作,由此形成的《关于开展长周期、宽区域、多学科人工智能社会实验的建议》的智库研究报告获得了中央领导的高度重视。在全国开展人工智能社会实验、探索智能社会治理中国道路的工作也随即启动。

此后,清华大学于 2019 年 10 月组织召开了第一届全国人工智能社会实验学术会议,来自学术界、实业界和政府部门的百余位专家学者济济一堂,共同探讨人工智能社会实验的实施路径与发展方向。为了整合全校多学科力量开展人工智能社会实验工作,学校又于 2020 年 8 月成立了清华大学智能社会治理研究院,由苏竣教授担任院长,聘任我和姚期智先生担任学术顾问委员会主任。经过近三年的努力,在科技部、中央网信办等部门的大力支持下,依托清华大学的多学科优势,全国人工智能社会实验工作已有序展开、稳步前进,未来前景可期。

---

* 顾秉林,清华大学原校长、中国科学院院士、清华大学智能社会治理研究院学术顾问委员会主任。

人工智能社会实验并没有现成经验可以借鉴,是一项面向未来的、难度很高的探索性工作。一方面,智能化转型的影响已经渗透到社会生活的方方面面,对于不同人群的影响既有共性,又存在很大的差异,需要综合社会各领域、多学科的知识,有针对性地加以探索;另一方面,智能时代的来临也对社会实验的开展提出了更高的要求,存在一系列认识论和方法论层面的难点需要突破。因此,更好地开展人工智能社会实验,必须有科学的理论、方法对实践工作进行指导。正是在这样的背景下,苏竣教授和黄萃教授荟萃前人的学术成果,融合公共管理学和社会学等相关领域的专业知识,深化理论探索,创新研究方法,共同撰写了这本《社会实验理论与方法评介》。

本书视野开阔,体系严谨,与同类专著相比具有许多突出的优点。首先,本书具有很强的历史纵深感。本书沿着理论和实践两个维度,对于社会实验思想的演进和历史上的经典案例进行了系统评述,以史为镜,更能照亮我们的探索之路。其次,本书充分体现了人工智能社会实验的跨学科特性。以社会实验方法为轴,所评介的案例涉及了智能化转型的各个领域,使不同背景的研究者和实务工作者都能够从中获益。最后,本书在写作过程中始终秉持开阔的国际视野。作者综述了一大批国际上开展社会实验研究的最新成果,有助于读者始终紧跟社会实验研究的国际前沿,为高质量的中外学术交流奠定了基础。正是由于上述特点,本书为了解和学习社会实验方法提供了一个很好的切入点,值得不同领域的读者深入学习体会。

面对人工智能飞速发展的新形势、新问题,开展长周期、宽区域、多学科的社会实验,深入研究智能社会治理中的中国道路,无论是对于技术的健康发展还是国家的长治久安,都具有重要意义。我由衷地希望本书的出版能够为全国人工智能社会实验工作的开展提供有益的借鉴和指导,也能够为相关领域的高水平人才培养提供一个坚实的基础和依托,不断强化人工智能社会实验的综合影响,真正促进智能社会治理成为新时期一个重要的交叉学科领域,为建设一个更加具有人文温度的智能社会贡献我们的智慧和力量。

是为序!

2022 年 5 月 20 日于清华园

序二　　李　强[*]

人类社会进入 21 世纪以来,以人工智能等为代表的新一代信息技术正加速融入人们的日常生活之中,在推动社会智能化转型的同时,也提出了很多新的社会治理议题。一方面,智能技术正日益呈现出对于社会治理的强大赋能效应;智能技术的广泛应用突破了时空限制,重塑了不同社会主体间的互动模式,极大地提升了社会治理效率。另一方面,智能化技术的广泛嵌入也对社会结构和社会资源配置产生了深远影响。"机器换人"引发了失业风险,"困在算法里"的外卖小哥体验着新型劳动形态,呈现贫富分化趋势的"全民基本收入",以及"信息茧房"导致的观点极化等都日益成为影响智能社会健康发展的严峻问题。因此,如何全面理解智能化转型对社会发展和社会治理的综合影响,科学地研判智能时代的社会变迁路径,探索智能社会治理的中国道路,已经成为我国科学界、实业界、管理界以至社会各界都异常关注的重大难题。

凭借多年的学术积累和学术判断力,清华大学苏竣教授研究团队很早就将智能社会治理作为主攻方向。他们怀着对未来社会发展的深厚关怀,于2017 年 1 月出版了《智慧治理》一书,研究探索信息技术给公共管理带来的一系列新任务、新挑战。此后,他们又多次邀请公共管理学、计算机科学、社会学、政治学、传播学等跨学科专家学者进行学术研讨,就社会智能化转型的综合影响与治理对策展开深入交流。

2019 年 3 月,苏竣教授、黄萃教授联合了北京大学、中国人民大学、国务院发展研究中心等机构的专家学者,在长期积累和讨论的基础上提出,开展长周期、宽领域、多学科的人工智能社会实验工作,系统研究社会智能化转型的综合影响和治理对策的建议,得到了党和国家领导人的高度重视和重要批示。目前,人工智能社会实验工作已在广袤的中华大地上全面铺开,产生了广泛的社会影响。

---

*　李强,清华大学社会学系教授,博士生导师,清华大学文科资深教授,清华大学人文社会科学学院、社会科学学院原院长,中国社会学会原会长。

社会实验在社会科学中有着悠久的历史，也是社会学研究经常使用的、行之有效的方法之一。早自 20 世纪 20 年代末，原燕京大学社会学系杨开道、许世廉教授就在北京清河地区开展了以增强农民自组织能力、促进乡村发展为核心目标的"清河实验"。同一时期，梁漱溟、晏阳初等学者也在河北、山东等地积极运用社会实验方法，探索乡村建设、富国救民的可行方案。后来，这些实验均因日军侵华而中断。当然，社会实验的方法在学界仍然有所发展，并在全球范围内积累了技术发展、福利评估、贫困治理等多样化的应用案例。

本人也自 2014 年起，带领清华大学课题组与当地基层政府合作重新开启了"新清河实验"，该实验有学术传承的涵义，但更多的是在我国城市化、产业化、现代化发展新时期，为解决特大城市社会治理的诸多难题，探索创新基层社会治理模式。

在前述的社会智能化背景下，社会实验方法已经逐渐融入了社会科学的主流方法体系。然而，与此同时，社会实验方法始终面临着成本高企、随机偏误、伦理困境等难题。面向日益深化的智能化转型，如何结合时代特色，充分利用新技术带来的优势，更好地开展大规模社会实验工作，研究者和实务工作者都亟须系统性理论与方法的指导。在此背景下，苏竣教授和黄萃教授所著的这本《社会实验理论与方法评介》应运而生，为我们提供了全新的视角和有益的借鉴。

《社会实验理论与方法评介》一书由理论基础、经典应用、方法设计和数理基础四篇构成。全书围绕人类社会智能化转型中面临的重大治理问题，基于严谨的理论溯源、概念辨析，融合社会科学多领域的最新研究成果，提出了以实验主义治理为核心的智能社会治理范式，并结合智能社会的时代背景和智能技术赋能经典社会科学研究的新机遇，进一步发展了社会实验的理论体系。此外，本书充分考虑到不同类型读者的需求，对于一些艰深的技术难题给予了通俗易懂的阐释，设置专门的方法篇章，对共性方法进行了提纲挈领的介绍，并为需要进一步了解技术细节的读者提供了丰富的文献索引。这本跨学科专著对于读者进一步了解社会实验的方法体系具有重要意义，值得广大读者深入研读。

本书作者苏竣教授和黄萃教授是我国公共政策和科技政策领域著名专家，长期致力于探索科技政策和科技治理的理论与方法创新，取得了丰硕的成果。我与苏竣教授共事已经二十年，工作上、业务上交流颇多。苏竣教授是国内公共管理和科技政策领域杰出的学者，有着开阔的学术视野、深厚的学术积累和浓郁的人文关怀，他长期工作在教学、科研第一线，主讲的多门研究生课程都广受同学们好评，我所在的社会学系学生也常选修他主讲的课程。苏竣教授是公共管理学科的教育部"长江学者"特聘教授，长期在清华大学文科建设处和智库中心工作。早在 2015 年 5 月,他就曾邀请我在他主持的清华大学科教政策研究中心作关于"新清河实验"的学术报告。此后,我们多次就相关工作进行交流,清华大学社会学系的诸多学者更是深度参与了人工智能社会实验的学术研讨。其间,我也与黄萃教授有所结交、熟识,他们严谨求实的学风和对于前沿研究的强烈热情都使我印象深刻。正是在这些讨论中,我深深地体验到信息技术对于社会治理的强烈赋能效应,智慧赋能的基层治理模式也将成为"新清河实验"进一步研究、探索的重要内容。

当前,人类社会的智能化转型正加速发展,智能技术引发的社会治理问题也不断涌现。以这本《社会实验理论与方法评介》的付梓为契机,我由衷地希望更多读者能够加深对社会智能化转型和社会实验的理解,进一步投身到智能社会治理的宏大事业中来,不断丰富科技治理与科学社会学的理论和方法体系,不断营造智能社会的人文氛围,为推进我国的国家治理体系和治理能力现代化做出贡献。

2022 年 3 月 20 日于清华大学熊知行楼

前言

一、智能社会治理的兴起与挑战

21世纪以来,以互联网、大数据、人工智能等为代表的新一代信息技术迅猛发展,在引领经济发展的同时,也给人类社会的法律规范、道德伦理、公共治理等带来了前所未有的挑战。智能技术正潜移默化地颠覆人类的传统,重构社会组织结构,重塑人类的社会系统和文明秩序,推动人类从传统由金融资本与军事强权主导的工业社会,迈向以创新科技、数据信息和前沿知识为基础的智能社会。

智能社会是以海量的数据、发达的算力和智能化的算法作为新生产要素,以数据信息、前沿知识的加工传播和智能科技的发展应用为核心的高科技社会。2016年1月,日本政府发布的《第五期科学技术基本计划》提出了"超智能社会——社会5.0"的概念,并将其定义为继"狩猎社会"(社会1.0)、"农耕社会"(社会2.0)、"工业社会"(社会3.0)、"信息社会"(社会4.0)之后,人类即将进入的全新社会形态。中国、韩国、新加坡等亚洲国家,以及欧美等西方国家和地区,也相继提出了"智能社会"的概念。2017年,国务院发布《新一代人工智能发展规划》,明确指出要"发展智能经济,建设智能社会"。利用好新技术发展成果,积极促进人类社会智能化转型,持续推动构建人类命运共同体已经成为全球共识。

每一次科技的重大突破,在激发起人们对未来的无限憧憬与遐想时,总有一些科学研究者以审慎而睿智的目光,提醒我们回归理性,引导技术与社会步入良性发展的轨道。早在1931年,伟大的科学家爱因斯坦(Albert Einstein,1879—1955)就在对美国加州理工学院学生的讲话中深刻地指出,"关心人的本身,应当始终成为一切技术上奋斗的主要目标","用以保证我们科学思想的成果会造福于人类,而不致成为祸害"。1955年,爱因斯坦又与罗素(Bertrand Russell,1872—1970)一同发表了著名的《罗素—爱因斯坦宣言》(Russell-Einstein Manifesto),呼吁各国谨慎使用核技术,避免因核武器的不当使用给人类社会造成毁灭性灾难。在这一宣言的推动下,1957年,来自全球的科学家发起了首届"帕格沃什科学与世界事务会议"(Pugwash Conferences on Science and World Affairs)。直到60多年后的今天,世界各国科学家们仍通过这一会议,不断致力于促进科学技术的合理利用,维护人类社会的和平与可持续发展。

如今,人类再次迎来人工智能等颠覆性技术创新浪潮带来的冲击、震荡与不适。当代的科技工作者更要胸怀对人类命运的关切,勇担时代责任,顺应科技发展潮流,积极探索智能社会的治理路径。受到广泛关注的"困在算法里的外卖小哥"、网络游戏沉迷、"信息茧房"以及盲目追求计算效率带来的能耗激增等问题,都警示我们科技创新与社会智能化转型之路并非坦途。与传统工业社会迥异的生产方式和运转模式,使人类在过去数百年中建立起的工业文明时代的政治与社会秩序明显不再适用于智能化转型的时代需求,智能社会中的国家治理和全球治理面临新的风险和挑战。具体来看,主要包括四个方面:

一是价值观的极端对立与撕裂。长尾效应(Long Tail Effect)强调,差异化的、小规模的长尾声音的集中累加有时能够产生比主流声音更大的影响力。智能精准推送使"信息茧房"的"回音壁"现象不断发酵,观点相似的人群在网络空间组成团体,特定价值偏好在群体中汇集、共振,逐渐形成极端观点,导致群体极化。针对名人或社会事件的每一种极端观点都有可能在网络空间和现实空间推波助澜,掀起"汹汹民意"。民众在"思维裹挟"中失去独立思考的能力和机会,诱发社会对抗与撕裂,加剧内耗。智能社会治理需要关注如何利用好长尾效应解决远端信息不对称问题,在治理过程中加强与公众的沟通与回应,超前引导小众观点和偏好的良性发展。

二是经济活动中愈演愈烈的无序状态。梅特卡夫定律(Metcalfe's Law)认为,接入节点越多,网络价值越大。以互联网为支撑的智能经济,与生俱来就具有赢者通吃、网络合并的基因。特别是智能技术的发展,使算法以前所未有的速度和无与伦比的精度处理数据,占据用户数据和高级算法优势的个体或组织因此获取了极大的权力,形成垄断性的超级平台,颠覆传统的契约关系。为争夺流量、拓展网络而对规模和效率的极致追求也使整个经济活动陷入弱肉强食、无序扩张、疯狂内卷的"社会达尔文主义"恶性循环,蚕食消费者和劳动者的福利和权益,把所有人都"困在算法里",侵蚀社会的人文温度。在经济层面,智能社会治理需要寻找通过数据和算法经济进一步促进网络价值外溢,破除"剪刀差"与利益的零和掠夺,实现边际效益递增和共同富裕的"良方"。

三是社会管理面临的超复杂形态。泰斯勒定律(Tesler's Law,也称为复杂度守恒定律)指出,每个系统都具有其内在的、无法简化的复杂度,想要去除这种复杂度非常困难,只能设法调整、平衡。智能社会依托于复杂网络和智能系统,而复杂性往往意味着潜在的安全威胁和社会管理难度的增加,源自微观子系统的技术风险往往是众多社会风险事件的"导火线""灰犀牛""黑天鹅"。虚实融合的社会形态既带来了更加多元的需求和渠道,也为各类违法犯罪行为创造了新的空间。智能社会治理一方面需要搭建借助智能技术和平台应对高龄少子化带来的劳动力减少、医疗养老压力和各类防灾应急等重要问题的途径;另一方面也需要善用数据统合,加大对复杂空间中涌现的新型违法犯罪的分析甄别、防范打击,增强社会安全保障。

四是文化科技领域的认知风险。智能技术的发展正在进一步加剧去中心化、去实体化的趋势,在隐私、伦理、道德、世界观、价值观等诸多方面深刻颠覆人类现有的认知,旧的"世界"、文化与文明逐渐被打破,但新"世界"、新文化、新文明的建立还有待时日,特别是新冠肺炎疫情以来,全球大国博弈与文明冲突加剧,科技封锁和文化误解加深,导致社会个体不可避免地陷入认知迷茫。

二、人工智能社会实验的缘起与发展

社会智能化转型的新态势、各个领域涌现出的新问题、急剧增长的新知识,这些都对国家治理体系和治理能力现代化提出了新的要求。如何更加全面科学、准确地把握人工智能等新技术的社会影响,更加积极地应对日益凸显的治理风险,建立健全保障人工智能健康发展的法律法规、制度体系、伦理道德,维护人民利益和国家安全,促进智能社会治理的现代化,已成为当前社会各界亟须解决的重要问题。从根本上来说,构建有人文温度的智能社会治理体系,取决于我们能否超越梅特卡夫定律导致的极化的约束,取决于我们能否妥善处理长尾效应掀起的滔天巨浪,取决于我们能否充满智慧地应对去中心化带来的熵增和无序状态。这些问题的解决需要以科学方法为依托,不但要关注技术本身,更要关注技术的社会影响,呼唤着公共政策和社会治理方式的新变革。

面向汹涌而来的智能社会转型,实验主义治理这一公共管理领域的经典思想正呈现出新的活力。实验主义治理起源于19世纪70年代美国哲学家杜威提出的实用主义哲学,强调不确定环境下的实践经验在实现目标过程中的支柱作用。过去十余年间,研究者和实务工作者日益认识到实验主义思想的重要价值。围绕对外开放、市场化转型、可持续发展和产业结构升级等社会经济发展过程中的重要问题,中国政府开展了广泛而多样的政策试点与试验,并将其视为探索未知情境下政策应对方案的重要渠道[①]。在这样的背景下,越来越多的研究者开始深入挖掘试点在公共管理和公共政策研究中的价值。研究者一方面具体评估了一系列试点案例的效果,探索试点发挥作用或失败的内在机制[②];另一方面也将试点作为一般意义上的一个政策阶段与经典理论进行对话,进一步丰富了公共管理和公共政策学科的理论体系[③]。

除去作为一般意义上的治理范式,实验主义思想对于智能社会治理也具有直接的指导价值。理论上,实验主义治理秉承以现实问题为导向、以经验证据为支撑的循证理念,一定程度上克服了智能社会这样充满不确定性的领域中先验知识缺乏的问题,能够在尝试的过程中不断发现问题、纠正错误,为智能社会治理找出行之有效的方案。实践中,试点、示范、推广等常见做法是实验主义治理的生动体现,也是解释改革开放以来中国"增长奇迹"的重要视角。系统总结实验主义的思想精髓,不断提升实验主义治理的科学化水平,将更好助力智能社会建设的展开。

然而,我们也应当看到,经典实验主义思想与丰富的试点实践之间既拥有相似的精神内核,也存在着显著差异。实验主义的科学逻辑与试点实践的科层逻辑、实验评估的科学目标与试点实践的多元目标……这些差异使得在智能社会的治理范式建构过程中并不能简单地将两者等同。研究者和实践者既需要充分挖掘经典思想的理论内涵,又需要进一步统一不同实践语境下的方法论体系,发挥实验主义思想和实验性方法作为一种公共管理和公共政策范式的普适价值。

近年来,一大批中国学者以实验主义治理思想为指引,围绕如何利用科学的方法推动智能技术和智能社会的健康发展,开展了大量的工作。在长期研究积累的基础上,2019 年春,由清华大学发起,浙江大学、北京大学、中国人民大学、国务院发展研究中心等高校和研究机构的专家学者共同参与,在长

---

① 关于中国政府的政策试点,可参考以下经典文献:Heilmann S. Policy experimentation in China's economic rise[J]. Studies in comparative international development, 2008, 43(1): 1-26.

② 例如,关于 2008 年金融危机期间 4 万亿财政刺激政策的评估,可参见:Ouyang M, Peng Y. The treatment-effect estimation: A case study of the 2008 economic stimulus package of China[J]. Journal of Econometrics, 2015, 188(2): 545-557;关于中国自贸区建设与刺激出口效果的评估,可参见:蒋灵多,陆毅,张国峰. 自由贸易试验区建设与中国出口行为[J]. 中国工业经济,2021,401(8): 75-93.

③ 关于试点机制的理论对话,可参见:Hui Z, Xufeng Z, Ye Q. Fostering local entrepreneurship through regional environmental pilot schemes: The low-carbon development path of China[J]. China: An International Journal, 2016, 14(3): 107-130; Zhu X, Bai G. Policy synthesis through regional experimentations: Comparative study of the new cooperative medical scheme in three Chinese provinces[J]. Journal of Comparative Policy Analysis: Research and Practice, 2020, 22(4): 320-343.

期研究和学术积累的基础上,率先发起了"开展人工智能社会实验,探索智能社会治理的中国道路"的倡议。这个倡议,体现了"以人民为中心"的治国理政思想,突出了"实践是理论创新之源"这一自然法则,复归了"实验主义治理"这一传统的公共管理的思潮,遵循了科学、规范、量化、循证的研究范式,发挥了我国人工智能技术应用广泛、多样的优势,得到了学术界、产业界和实务部门的广泛关注和积极响应。

在国家的高度重视下,经过两年多的努力,社会各界积极克服新冠肺炎疫情与国际形势变化的影响,通过统筹规划、顶层设计、重点发展、示范推动,人工智能社会实验的学术研究、组织建设、队伍建设、人才培养、基地建设等已经在全国有序展开、稳步起飞,实现了公共政策研究"理论研究—政策建议—政治决策—行政执行—组织实施—科学反馈"的全循环。2022 年 4 月,"开展人工智能社会实验,推动制定智能社会治理的相关标准"被写入最高级别的政策文件中。截至 2022 年 5 月,科技部先后在全国布局建设 18 个新一代人工智能创新发展试验区,将"开展人工智能社会实验,探索智能时代政府治理的新方法、新手段"作为试验区的三大任务之一。中央网信办、国家发改委、教育部等八部门遴选十个行业的数百个应用场景,在全国范围内布局建设 92 个国家智能社会治理基地,组织开展长周期的智能社会治理探索。2022 年 9 月,国家市场监督管理总局、国家标准化委员会正式印发文件(国标委发〔2022〕31 号),批准组建国家一级标准化技术组织——全国智能技术社会应用与评估基础标准化工作组。据不完全统计,先后有 24 个省、自治区、直辖市的 107 个政府部门、100 余家企业和 97 个高校科研院所参与了 467 个人工智能社会实验场景建设。一场回应智能社会治理时代命题、引导智能技术良性发展、构建有人文温度的智能社会、促进人类福祉提升的大型社会实验,正在广袤的中华大地上有序开展。

三、人工智能社会实验的科学意义和价值

人工智能社会实验是经典社会实验研究在智能社会的新发展,其核心要义是采用社会实验的研究范式,充分发挥我国人工智能应用场景广泛、深入、多样的优势,基于科学循证的逻辑,在实践探索中总结经验规律,推动人工智能技术的广泛应用,超前探索智能社会治理的中国道路,构建有人文温度的智能社会。

社会实验是一种经典的社会科学研究方法。它以现实情境下的人、组织、社会及其之间的互动机制作为研究对象,以某种经济、政治或技术要素的变化为干预条件,在理论层面构建出近似于实验室实验的场景,通过对研究

对象的纵向比较和实验组与对照组的横向对比,分析、推断干预条件在实验场景中产生的影响。内容上,社会实验旨在对现实世界所发生事件之间的因果关联给出科学的检验。方法上,社会实验的主要特征是利用实验的操作技巧,来评估干预的处理效应或变量之间的因果效应。

社会实验的核心在于将实验室实验"控制—对照—比较"的逻辑引入现实世界,运用科学的实验方法去检验在现实环境中发生的扰动与人们行为决策的因果关联,获取基于现实情境的经验知识。社会实验可以为理论研究提供有力的实证证据,指导和解决实际问题,兼具"理论建构"与"实践应用"的双重属性。采用社会实验方法,研判人类社会的演进规律,探索推动人类社会和谐发展的治理手段和方案,是社会科学研究的重要路径。很多影响人类文明发展的重要社会科学成果,都是基于社会实验的逻辑与方法获得的。

约一百年前,为了应对工业化社会大生产可能带来的社会问题,哈佛大学著名学者梅奥(George Elton Mayo,1880—1949)教授和他的同事们,在美国芝加哥郊外的霍桑工厂,采用社会实验的方式,研究被机器和生产线组织起来的工人的心理行为和组织结构。这是一项以科学管理逻辑为基础的实验,初期的重点是探究影响工人工作效率的因素。1924—1932 年的 8 年间,以梅奥为代表的科学家在政府、企业和社会的广泛支持下,投入大量人、财、物资源,先后开展了照明实验、福利实验、访谈实验、群体实验等一系列实验性研究,证实了工作效率主要取决于职工的工作态度、家庭结构、社会生活及组织中的人际关系。霍桑实验证明了人是"社会人",是复杂社会关系中的成员,调动工人的生产积极性还必须关注社会、心理方面的因素,发现了在工厂正式组织之外还存在着非正式团体,这种无形组织有它特殊的情感和倾向,对工人行为模式和生产效率的提高都有举足轻重的作用,最终发表了著名的《工 业 文 明 的 人 类 问 题》(*The Human Problems of an Industrial Civilization*)和《工 业 文 明 的 社 会 问 题》(*The Social Problems of an Industrial Civilization Including*)。凭借以社会实验为核心范式的研究方法以及对人类工业化社会的深邃观察,霍桑实验成为了当代管理学的一个标杆。

八九十年前,在内忧外患的年代里,经济萧条、民生凋敝的状况日益严重。以梁漱溟、晏阳初、唐绍仪等为代表的一批怀有深厚爱国情怀的知识分子,积极开展乡村建设的社会实验,力求为饱受外侵内战摧残的中国农村寻找一条出路。梁漱溟认为,"中国原来是一个大的农业社会。在它境内见到的无非是些乡村,即有些城市,亦多数只算大乡村,说得上都市的很少。就从这点上说,中国的建设问题应当是乡村建设"。1931 年 6 月,梁漱溟等成立山东乡村建设研究院,划邹平县为乡村建设实验区,主持开展乡村建设社会实验。到 1937 年，山东省 107 个县中有 70 多个被指定为实验区，农民文化水平和社会风俗习惯有了显著改善。晏阳初在法国求学期间目睹华工备受摧残，立志回国普及平民教育，提升国民文化素质。经过一系列社会调查，他指出，"平民教育，无疑不是在平、津、沪、汉几个大城市，而是在广大的农村"。自 1926 年起，他在河北省定县主持开展以文艺、生计、卫生和公民教育为核心的平民教育实验。从定县东亭镇起步，平民教育实验在三年间拓展到全县的 8 个实验区，相关经验更是被国民政府在全国范围内进行推广，对于提升国民素质产生了积极影响。曾任中华民国内阁总理的唐绍仪在担任中山模范县县长期间（1929—1934 年），面向一系列现代社会的管理制度进行了更加广泛的实验探索。他提出，"要用 25 年时间，将中山县建设成为全国各县的模范"。主政期间，唐绍仪在中山县唐家湾开辟零关税商贸口岸，大大带动了区域经济的发展。得益于中央政府直管、财税管理灵活的制度优势，唐绍仪将全县财政的 10% 用于教育，在每个村都建立了新式小学，大大促进了居民教育水平的提升。唐绍仪还对区域交通进行了远景规划，提出建设由唐家湾出发，连通北平，穿越西伯利亚，直通莫斯科和巴黎的铁路大动脉。唐绍仪的很多举措都开风气之先，可惜时逢乱世，中山模范县建设未能长期持续下去。

上述实验探索大都因日寇全面侵华的铁蹄而昙花一现，但即便在举步维艰的全面抗日战争时期，老一辈知识分子也从未停下社会建设实验的脚步。经中国政府批准，在美国卫理公会的支持下，2019 年国家"友谊勋章"获得者伊莎白·柯鲁克（Isabel Crook）曾于 1940—1941 年在今重庆市璧山县兴隆场开展了一系列乡村建设实验。当时，抗日战争已经进入全面相持阶段，大量流动人口涌入重庆、四川等后方地区，川渝地区农村的经济负担达到了前所未有的程度，囤积居奇、物价攀升等现象时有发生，严重降低了人民的日常生活水平。伊莎白主导的乡村建设实验希望通过建设一个食盐供给合作社，应对当时海盐供给被日军切断、内陆盐价居高不下的难题。她与同事俞锡玑一道，于 1941 年 1 月起，在兴隆场开展了近半年的社会调查，对当地居民的生活需求进行了逐户系统摸排，在此基础上制订食盐供给社的工作计划。已由河北定县迁往四川的晏阳初团队也就农民合作社的组织和建设等问题为兴隆场实验提供了指导。在多方力量的支持下，兴隆场农民食盐供给合作社于 1941 年 5 月成立，对控制盐价、提升居民生活水平起到了一定的积极作用。然而，短短 5 个月后，原先哄抬价格的盐商就重新掌握了合作社的主导权，并打着合作社的招牌行囤积居奇之实。合作社在居民心中的形象一落千丈，兴隆场实验也最终流产。这些案例进一步表明，开展大规模社会实验是一项系统性工作，需要在科学理论的指导下，结合实验场景的实际情况，形成有针对性的工作方案。

　　尽管这些声势浩大的乡村建设实验都未能长期推行下去,也未能推动社会体制的根本变革,实现富国救民的社会理想,但老一辈知识分子留下的背影却从未远去,激励着一代又一代中国知识分子在经世济民的道路上不断前行。正是在这种精神的激励下,自 2014 年起,面向快速城镇化带来的社区治理新挑战,清华大学李强教授团队与北京基层政府合作,在京郊清河地区开展了"新清河实验"。"新清河实验"以社区再组织和社区提升等为目标,通过选举议事委员进一步提升居委会组织的代表性,并结合专业团队的理论和实践指导,真正提升社区治理能力。经过多年的努力,"新清河实验"在公共空间规划设计、社区更新等一系列问题上都取得了重要进展,越来越多居民自发地加入到社区建设中来,社区整体活力与人文关怀有了显著提升。

　　从 20 世纪 90 年代开始,麻省理工学院的班纳吉(Abhijit Banerjee,1961—)、迪芙洛(Esther Duflo,1972—)和哈佛大学的克雷默(Michael Kremer,1964—),通过开展一系列社会实验,深入探究"贫困的本质",在全球范围内探索创新性的扶贫方案。他们在非洲和印度的实验表明,只要通过发放蚊帐,就可以有效阻断疟疾的传播,从而大幅度节约防治疟疾的成本,借助一些微小的激励手段,就能够鼓励民众自觉地接种疫苗,防止"因病致贫"的发生。历经多年的积累,班纳吉、迪芙洛和克雷默主导的减贫实验已经广泛拓展到公共卫生、政府管理、教育、人口等多个政策领域。他们不仅将实验性研究从实验室带到更加复杂多样的真实社会场景中,也进一步发展和完善了社会实验的方法体系。这些努力都进一步提升了实验性方法在社会科学方法论体系中的地位,促进社会实验日益成为社会研究方法中的一门"显学"。基于上述研究成果,班纳吉、迪芙洛和克雷默获得了 2019 年的诺贝尔经济学奖,成为社会实验发展过程中的里程碑。

　　如今,正快速向我们走来的智能社会,是人类从未触及的蓝海。对于智能社会的运转模式和治理方式,我们没有经验可循。在科技发展引领社会变革的时代背景下,以科学的态度方法来应对重大社会问题愈加重要。由于智能技术的复杂性和颠覆性,智能技术社会影响与治理研究面临着信息不对称、规范共识难达成、政府职责不匹配等困境。研究者更加需要立足系统性思维,综合哲学、法学、社会学、人类学、管理学等多学科的理论方法,建立更加科学、系统的科技创新评价体系,面向实践开展实证数据和案例收集,进行基于科学循证逻辑的实证分析,对智能社会治理面临的新态势、新挑战进行全面、准确、持续的评估。

　　人工智能社会实验正是基于上述理念的全新探索。人工智能社会实验是指利用政府和市场力量推动特定智能技术在社会中广泛应用,并随机建立实验组和对照组,通过科学抽样和伦理审查,将技术应用过程中产生的泛意性影响转变为内涵清晰、概念准确的可测度变量,采用科学的方法进行测量和数据处理,分析智能化转型的综合影响,在此基础上形成技术标准、规范、政策建议等反馈给政府相关部门和企业,最终促进技术发展路线优化和国家治理体系与治理能力现代化。作为一项系统性的大科学工程,人工智能社会实验需要建立科学的路径指导其具体操作和实施步骤。一般而言,人工智能社会实验的实施路径可分为组织应用、科学测量和综合反馈三个阶段。

开展人工智能社会实验,探索智能社会治理中国道路,是一项政治性、社会性、科学性兼而有之的事业,是新时代以人为本,全面提高人民群众幸福感、获得感、安全感的重要发力点;是新征程下我国全面实现高效能治理、高质量发展、高品质生活的推进剂;是展现我国积极参与全球新兴科技治理的新行动、新作为,促进我国负责任大国形象提升的新场域、新支点;也是面向未来加强全球务实合作,深化后疫情时代世界各国政府、企业与社会交流沟通,推动包容性发展和全人类福祉提升的新路径。

四、本书的主要内容

本书主体部分由四篇二十章构成,约计 42 万字,主要包含以下内容。

第一篇,社会实验的理论基础。本篇总领全书,从实验法与社会实验的分野入手,通过回顾社会实验发展的历史脉络,提炼出社会实验方法在识别因果关系、提供丰富情境、解决实际问题、路径迭代改进等方面的优势。基于操作流程细节的不同,对准实验和真实验研究的特征进行了界定,区分了自然实验、实地实验、调查实验、计算实验等不同的社会实验方法。从研究伦理的视角切入,着重强调了社会实验在操作过程中需要严格遵循科研伦理,必须做到知情同意、价值中立、恪守第三方立场,建立了人工智能社会实验伦理审查的运行机制。结合智能社会的新形势、新问题、新方法,明确了人工智能社会实验的组织应用、科学测量、综合反馈三阶段实施路径,构建了微观个体、中观组织、宏观制度三维分析框架,提出了保障样本随机分组、确立实验组和对照组、强化伦理审查和数据采集标准化等研究过程中的关键问题,阐述了人工智能社会实验在构建科学、规范、实证的研究范式,提升科学技术的"人文温度",推动国家治理体系和治理能力现代化,促进全球治理步入良性轨道四个方面的时代价值与重要意义。

第二篇,社会实验的经典应用。本篇旨在为研究者和实践者提供经验借鉴,通过对历史上不同领域经典社会实验研究形成的海量文献的系统化收集和梳理,遴选了关注人类社会工业化转型特征的霍桑实验,探索智能化社会人类经济生活变革的全民基本收入实验,致力于改变近代中国农村凋敝状态的邹平实验和获得 2019 年诺贝尔经济学奖的全球减贫实验四个综合性社会实验案例,从案例概要、时代背景、实验方法、研究结论、观点评述、实践启示等多个方面,逐一进行详细介绍和系统分析,力图以点带面,为读者勾画全景式的社会实验研究知识图谱,加深读者对于社会实验方法特征与操作路径的理解与认识。

第三篇,社会实验的方法设计。本篇关注社会实验方法的核心逻辑,沿着从单一方法到多重方法组合、从理想实验环境到非理想实验环境的逻辑进行阐释,分别介绍了自然实验、实地实验、调查实验和计算实验四种经典的社会实验方法,尝试归纳各类实验研究开展的逻辑与路径,并在其中有机地穿插若干经典社会实验案例与专栏,重点论述其对于开展人工智能社会实验的借鉴意义。本篇还探讨了社会实验方法与其他社会科学研究方法相结合的潜力,进一步拓展人工智能社会实验的研究范畴,并从微观、中观和宏观等不同层面出发,论述可能影响社会实验效果的常见问题与解决方案,为有效提升人工智能社会实验的实施成效提供参考借鉴。

第四篇,社会实验的数理基础。本篇聚焦实验数据分析,着重介绍在获得实验数据后,根据数据特点可以选用的随机实验处理效应方差分析(analysis of variance,ANOVA)、双重差分(difference-in-differences,DID)、结构方程模型(structure equation model,SEM)、断点回归设计(regression discontinuity design,RDD)、倾向得分匹配(propensity score matching,PSM)、合成控制(synthetic control method,SCM)、元分析(meta-analysis)等不同数理分析方法,并进一步举出不同数理方法的研究实例,为读者使用该方法提供具体的操作指南,引导读者自主开展数据分析的探索与尝试。

五、本书的风格与定位

本书脱胎于作者近年来对新兴技术社会影响和智能社会治理相关问题的持续关注、思考与积累,并经作者进行系统的理论规划,对内容加以丰富和完善而成。在全国范围内人工智能社会实验工作正如火如荼展开的背景下,我们将本书定位为一本为从事相关工作的研究者和实践者提供理论和方法指导的教科书、参考书。一方面,本书旨在立足各地区开展人工智能社会实验的现实困难,通过梳理总结社会实验的理论渊源、经典案例、方法框架和数理分析技术等内容,为相关工作的开展提供更加系统的理论和方法论参考。另一方面,本书也高度重视社会实验作为一种共性方法论的普适意义。写作过程中,本书有意识地在论述智能社会治理相关议题之外,突出对社会实验基础方法框架和跨领域应用的探讨,努力倡导和呼吁实验主义治理这一经典公共管理思想和"干中学"的实践精神在智能社会的复归。为尽可能科学地为读者呈现社会实验的理论内涵与方法谱系,本书力求在行文上做到概念准确、结构清晰、逻辑严谨,通过深入追索关键科学术语的历史演变,系统地界定了一些原本较为模糊的概念的内涵与外延。同时,作为一本研究方法类专著,本书也充分考虑了方法本身的实用性,从团队的若干研究成果和浩如烟海的文献资料中挑选了不同领域的大量研究案例,并将其有机地融入对于社会实验理论的论述中,进行详细的介绍、分析和评述,为读者提供更加全面、生动的实践参考,以期更好地服务于本书的写作目标。

　　尽管作者在撰写过程中力图为读者提供较为详尽、实用的社会实验的知识,但由于能力、精力和篇幅所限,难免挂一漏万,有一些有价值的内容还没有提供给读者。特别是关于社会科学研究的基本哲学思想、逻辑起点、研究方法、问卷设计、抽样调查等重点内容,建议读者可参阅社会科学研究方法领域的相关著作[①]。

---

　　① 感兴趣的读者可进一步阅读:艾尔·巴比. 社会研究方法[M]. 邱泽奇,译. 第十一版. 北京:华夏出版社,2009.

目 录

第三篇　方法设计

第四篇　数理基础

第一篇

理论基础

实验是科学研究中的重要方法之一。通过一代又一代研究者的不懈努力，运用实验方法探究社会现象背后的运作规律，日益成为社会科学研究方法的重要组成部分。本篇从社会实验的基本概念与类别、人工智能社会实验的方法创新以及人工智能社会实验的伦理规范三方面展开，是读者理解智能时代社会实验研究的方法和逻辑基础。

作为经典社会实验思想在智能时代的新发展，人工智能社会实验研究者首先应当理解社会实验的基本概念和分类体系。第1章将详细介绍上述问题，通过构建人工智能社会实验的基础方法框架，形成理解全书后续内容的知识基础。

理解社会实验方法的基本概念和分类体系后，第2章进一步探讨人工智能社会实验的时代特色。随着以人工智能为代表的新一轮科技革命不断深入，公共治理日益面临着全新的挑战。运用社会实验方法，深入探究智能化转型的综合社会影响，是有效防范人工智能等变革性新兴技术社会风险，超前研判智能化时代社会发展新态势的重要途径。这一章详细梳理智能社会实验的新机遇与新挑战，提出人工智能社会实验的组织模式和操作过程。

随着技术的发展，科技活动背后的伦理议题日益引发社会各界的广泛关注。受到人工智能技术发展的不确定性和社会实验数据采集过程中与研究对象间的复杂互动关系影响，人工智能社会实验研究也可能会面临较高的科研伦理风险。第3章主要关注上述问题，从基本科研伦理、智能社会的新兴伦理挑战和伦理规范体系构建等角度进行深入论述，并提供部分实操案例。

第1章

社会实验的基本概念与类别

1.1 科学研究中的实验方法

1.1.1 科学、研究与研究方法

1. 科学

科学的字面释义为"分科之学",意指按照事物的特性分门别类加以研究,同中国古代"格物致知"意思相近。"格物致知"始见于《礼记·大学》,所谓"欲诚其意者,先致其知,致知在格物。物格而后知至,知至而后意诚"。宋代理学家程颐(1033—1107)认为"格"就是穷究、探究,"物"就是事物的原理,"格物致知"意谓穷究事物的原理而获得知识。清朝末年,我国把自西方传入的声、光、电、化等自然科学统称为"格致学",意谓穷究事物的原理而获得知识[①]。19世纪末20世纪初,康有为、梁启超等人通过维新变法运动,将"科学"一词引入现代汉语,与英文单词"science"对应。随着时代的发展,"科学"一词含义日渐丰富。《大辞海》和《中国大百科全书》对科学的定义是运用范畴、定理、定律等思维形式反映现实世界各种现象的本质和规律的知识体系,也是人类认识世界、改造世界的认识活动[②]。

科学的研究对象是物质运动的形式及其内在矛盾,这种内在矛盾在很大程度上决定了科学研究的内容和方法,是科学分类的主要依据。根据研究对象的不同,我们可以总体上将科学区分为自然科学、社会科学和思维与行为科学。其中,社会科学是研究社会现象及其发展规律的各门学科的总称。它以社会现象为研究对象,研究人类在社会和文化方面的行为、人际关系,以及人类与其生存环境之间的关系等。根据《中国大百科全书》的定义,狭义的社会科学包括经济学、政治学、社会学、社会人类学、社会心理学和经济地理学

---

① 苏竣. 公共科技政策导论[M]. 第二版. 北京:科学出版社,2021:3.

② 夏征农,陈至立. 大辞海·哲学卷[M]. 上海:上海辞书出版社,2015:171;郭湛. 中国大百科全书数据库. 中国大百科全书(第一版)·哲学. "科学"词条[DB/OL]. https://h.bkzx.cn/item/.

等。由于社会科学的核心任务是阐明各种社会现象及其发展规律,社会科学与人文科学存在着密切的联系,因此不少学者将两者合称为人文社会科学,进一步将法学、教育学、人文地理学、社会医学等纳入范畴。当前,新的科学技术成果为社会科学研究提供新思路、新方法、新手段,社会科学研究呈现理论与实践相结合、个体与整体相结合、定性与定量相结合、与自然科学相互渗透等新的发展趋势。应当指出的是,数学不属于科学的范畴,这是因为数学是人类为研究自然界的规律而"人为地"建构出来的一套逻辑体系,不是自然规律本身①。

随着科学活动规模的扩大,人们又基于科学活动目的的差异,将科学划分为基础科学和应用科学②。简单来看,基础科学是对客观世界基本规律的认识,如天文学、地质学、力学、物理学、化学、生物学等。应用科学则更加聚焦于生产技术和工艺过程中的共同性规律,其对象大部分是技术产品(又称为"人工自然"),几乎涉及自然世界的所有领域③。

2. 研究

人类发展科学的一个重要目的在于寻求真实。而想要获取和呈现真实的科学知识,必须依赖于科学研究活动。"研究"的定义,就是利用科学的方法探求事物的本质和规律④。与其他学习和理解事物的方法相比,科学研究是一项有意识的、有准备的、缜密的任务,具有明确的目的。基于研究目的的不同,也可以将研究分为探索性研究、描述性研究和解释性研究三类。

探索性研究是研究者对新发现的问题进行的初步研究和分析,以便为后来的系统研究开辟道路。其目的包括三个方面:(1)满足研究者的好奇心;(2)探讨对某议题进行细致研究的可能性;(3)发展后续研究中需要使用的研究方法⑤。进行探索性研究的人员往往需要提出创造性的问题,具备很强的批判精神,能够从现有的资料渠道和研究成果中发现新的问题所在。一般而言,探索性研究要求研究者在熟悉基本的事实和背景的条件下,对研究对象建立一个基本的印象,提出和形成未来研究的问题、思想、联系和假设,确定研究的可行性,并提出相应的方法来测量和分析研究对象。

描述性研究是对研究对象进行深入系统的研究,包括对研究对象的历史和现实的详细说明、搜集研究对象的新资料和新事实、建立一系列的分类标

---

① 苏竣.公共科技政策导论[M].第二版.北京:科学出版社,2021:4.

② 卡皮查.未来的科学[M]戈德斯密斯 M,马凯 A L.科学的科学——技术时代的社会.赵红州,蒋国华,译.北京:科学出版社,1985:108-131.

③ 苏竣.公共科技政策导论[M].第二版.北京:科学出版社,2021:4.

④ 夏征农,陈至立.大辞海·语词卷[M].上海:上海辞书出版社,2015:4066.

⑤ 艾尔·巴比.社会研究方法[M].邱泽奇,译.第十一版.北京:华夏出版社,2009:92.

准和类别、明确一系列的研究步骤和研究阶段等。通常,描述性研究要详细回答"是什么? 在哪里? 什么时间? 如何进行?"等问题。在进行描述性研究中,研究者会采取问卷调查、实地研究、内容分析、历史比较研究或者文献回顾等形式。

解释性研究是在探索性和描述性研究的基础上对研究对象的变化机制进行深入发掘的研究,着重回答"为什么?"的问题。在解释性研究中,研究者往往要陈述检验理论的假设,阐述和丰富一个理论解释,将理论应用到新的问题和新的领域,支持或者反对一个解释和假设,将研究问题与理论框架联系起来,或者指出哪些解释是合理的等不同情况。解释性研究是推动经验现象上升为科学理论的通道,在学术研究中占有极为重要的地位。诸多科学研究者,尤其是社会科学研究者,都把利用解释性研究实现因果推论视为科学研究的使命。为了实现解释的目的,研究者开发了大量用于检验因果关系和因果机制是否真实的实证研究方法和数理分析模型。

3. 研究方法

要实现探索、描述和解释三大研究目的,都需要借助适当的研究方法。对于研究者而言,研究方法就是科学研究过程中用以发现新现象、新事物,或提出新理论、新观点,揭示事物内在规律的工具和手段。

美国著名社会学家艾尔·巴比(Earl Babble)在其经典著作《社会研究方法》一书中指出,科学研究,尤其是社会科学研究,需要区分四种辩证关系:

(1) 个案式和通则式解释模式的区别。个案式解释(idiographic)试图穷尽某个特定情形或是事件的所有原因,而通则式解释(nomothetic)则试图寻找某些情形或事件的一般性原因。

(2) 归纳与演绎推理逻辑的区别。归纳(induction)式推理是一种从个别出发以达到一般性,从一系列特定的观察中发现一种模式,在一定程度上代表所有给定事件的逻辑。演绎(deduction)式推理则是从一般到个别,是一种从逻辑或理论上预期的模式到观察检验预期的模式是否存在的逻辑。

(3) 定性与定量资料的区别。定量(quantitative)与定性(qualitative)资料的实质性区别在于数据化或非数据化。在定量研究中,研究者往往会遵循演绎的逻辑,通过已有理论推导出假说,借助数学和统计的方法,对数据化的资料进行分析,进而检验假说的正确性。在定性研究中,研究者常会循着归纳的逻辑,充分利用原始的非数据化资料,诠释事件和行动发生的过程,通过生动有序地描述具体事件来展示事物特征、事件和行动发生发展过程,以及事物之间的因果机制,努力发展出一个理论或概念。

(4) 抽象研究和应用研究的区别。抽象研究就是寻求"纯粹的知识"的研究,主要寻求对基本的自然或者社会现象进行科学的解释,或者发现变量之间的因果关系,或者对这种因果关系进行假设检验,以便建立一般性的理论。应用研究则是要把有关的知识付诸行动,根据基础研究提供的理论、方法和思想来分析解决各种应用性问题,以便为各种决策提供相关的知识和信息。

这四种重要而又相互关联的区别,构成了研究方法的多样性的基础①。围绕上述研究的三大目的和四种辩证关系,又可以将研究方法分为四大类:

(1) 间接研究法。间接研究法常常用于帮助研究者探讨既不会引起研究对象的任何反应,又是其他方式在时间和空间上无法达到的社会现象和问题,特别适用于探索性研究。间接研究法包括了文献研究、内容分析、历史比较分析、二次分析、编码解码分析、统计分析等具体方法,主要使用官方统计资料、他人原始数据等定量资料和既有学术文献、历史档案文献与声像记录等定性资料进行分析。

(2) 实地研究法。实地研究法主要用于深入理解特殊的社会现实以及提炼和建构理论,侧重通过归纳逻辑实现对个案的描述与解释。实地研究法包括参与观察、深度访谈、个案追踪等具体方法,依赖于观察记录、访谈记录等定性资料进行分析,获得结论。

(3) 调查研究法。调查研究法常用来描述一个大样本的总体状况以及探讨不同变量之间的相关关系,基于演绎的逻辑实现通则式解释。调查研究法主要包括普遍调查和抽样调查两种类型,需要借助统计报表、自填式问卷、结构化访谈等工具收集定量数据,并利用各类数理模型,对数据进行统计分析来获得结论。

(4) 实验研究法。实验研究法主要用于探索和证明两个变量之间的因果关系,通过演绎逻辑建立通则式解释。实验研究法包括实验室实验、社会实验以及调查实验等类型。在操作上,往往通过操纵控制实验组、对照组的被试样本,施加实验刺激,借助自填试问卷、结构式访谈、结构式观察、量表及测量仪器等工具,进行前后测及组间对比测量,收集被试的相关定量数据,再利用各类数理模型,对数据进行统计分析,最终实现验证因果关系的目的,获得研究结论②。

1.1.2　实验研究方法

在通过科学研究解释社会现象时,会碰到已有理论无法解释的异常现象或有待实证检验的理论。前者需要提出新的理论,采用定性研究的方式进行

---

① 艾尔·巴比. 社会研究方法[M]. 邱泽奇,译. 第十一版. 北京:华夏出版社,2009:22-27.
② 风笑天. 社会研究方法[M]. 第五版. 北京:中国人民大学出版社,2019.

小样本过程追踪和深度描述研究。后者则需要探讨待检验的理论是刻画因果效应还是因果机制,如图 1-1 所示。在因果效应的研究中,最常采用的研究方法就是实验法。

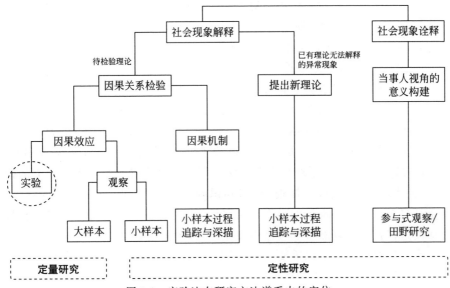

图 1-1　实验法在研究方法谱系中的定位

　　根据《中国大百科全书》的定义,实验法是根据一定的研究假设,实行某项措施或施加某种影响,通过观察、记录、分析,发现和证实变量间或社会现象间因果关系的科学研究方法。实验者在实验前提出假设,设计实验计划,在实验中通过有效地控制有关条件,观察实验对象的行为变化,以检验在实验设计前提出的假设。实验研究的关键因素,包括清楚而详细地说明所研究的行为及其与因变量相关的因素、处理外部变量和选择研究对象。实验研究通常随机选择实验对象,组成实验组[1],同时设立一个或几个对照组,以比较实验组和对照组的行为差异。实验者对实验组做各种实验,对照组不参与,然后分析实验组与对照组的差别。实验研究要求实验结果可被重复实验所验证[2]。实验主要有两方面的作用:一是发现以往未知或未加解释的事实;二是判断社会现象间或变量间的因果关系,检验为某一理论所提出的假设[3]。

---

　　① 实验组及下文对照组的概念有时候可以用不同方式表达,例如实验组有时也可被称为干预组或处理组,对照组有时又称为控制组。

　　② 王沪宁. 中国大百科全书数据库. 中国大百科全书(第一版)·政治学. "实验研究法"词条[DB/OL]. https://h. bkzx. cn/item/93415.

　　③ 江山河. 中国大百科全书数据库. 中国大百科全书(第一版)·社会学. "实验"词条[DB/OL]. https://h. bkzx. cn/item/116941.

在操作流程上,实验法需要满足以下五个步骤:(1)隔离非实质性的影响;(2)保持条件的不变;(3)强化所研究的条件,清楚显示这种条件在系统中的影响;(4)参加实验的被试对象自觉实现实验任务;(5)进行测验并计算[①]。由于实验法能够通过对实验组与对照组进行前后测,并对其他影响因素进行精确控制,仅检验受实验刺激的自变量对因变量的效果,它特别适合于对范围有限、界定明确的概念与假设进行实证检验,以解释因果效应的存在,被视为"控制检验因果过程的卓越工具"[②]。

实验法在科学发展史上具有极其重要的地位,它为基于观察与经验习得提出的科学假说上升为科学理论搭建了桥梁,推动了近代科学的产生[③]。英国唯物主义哲学家弗朗西斯·培根(Francis Bacon,1561—1626)认为,"只有实验方法才能给科学以确实性"[④]。得益于"近代科学之父"伽利略(Galileo Galilei,1564—1642)对系统化实验方法的创造和培根对实验法不遗余力的倡导,人类实现了从"演绎—推理"获取知识到"实验—归纳"获取真理的突破,基于观察与经验习得提出的科学假说可以通过实验检验上升为科学理论,最终促使近代科学从自然哲学母体中独立出来,走上独立发展的道路。

实验法对科学之所以重要,是由科学本身的性质所决定的。在科学研究的推进过程中,人们需要观察到尽可能多的自然现象或科学事实,作为科学研究的"原始材料"。实验方法本质上是人们根据一定的研究目的,运用适当的物质手段,人为地控制、模拟或创造自然现象,以获取科学事实的一种方法,它可以克服简单的观察方法的许多局限性。在实验中,研究者可以根据需要获得系统的、典型的、定向的、纯粹的、精确的现象,使之成为可靠的科学事实[⑤]。在此类事实的基础上,研究者在相关性中寻找着因果关系和因果逻辑。实验法的使用让模糊的相关性转变为精确的相关性。当注意到一种相关可能具有因果解释时,研究者会试图通过将这种比较限制在具有相似背景特征的观测案例上使这种因果解释变得更加令人信服[⑥]。

实验法也是唯物主义观点的体现。实验法探索的开端,即源于研究者对不可观测变量影响保持的警惕。随机实验的科学性主要来源于分离干预与

① 夏征农,陈至立.大辞海[M].上海:上海辞书出版社,2015:237.

② 艾尔·巴比.社会研究方法[M].邱泽奇,译.第十一版.北京:华夏出版社,2009:224.

③ 苏竣,魏钰明,黄萃.社会实验:人工智能社会影响研究的新路径[J].中国软科学,2020(9):132-140.

④ 丹皮尔 W C.科学史[M].李珩,译.北京:商务印书馆,1975.

⑤ 钱兆华.为什么实验方法和逻辑方法对科学特别重要?[J].科学技术与辩证法,2004,21(2):20.

⑥ Gerber A S, Green D P. Field Experiments: Design, Analysis, and Interpretation[M]. New York: W. W. Norton & Company, 2012.

其他预测结果变量间的统计关系,以此实现主观与客观相统一。在现实研究中,有一种没有被测量到的特征会导致研究者做出错误的判断。这种没有测量到的特征被称为"混淆变量"(confounder)、"潜在变量"(lurking variable)或"不可观测的异质性"(unobserved heterogeneity)。在解释相关性时,研究者必须一直对不可测量特征产生的歪曲影响保持警惕。想要解决不可观测混淆变量的影响,研究者需要尽可能地去测量每一个潜在的影响关系。研究者在从事这项任务时会面临一个基本难题:没有人能够确定哪些因素应该包括在不可观测因素里面,列出所有潜在混淆变量的名单可能是一个无底洞。因此,需要一种研究策略,使得研究者不需要去识别更不需要去测量所有潜在混淆变量。经过几个世纪的探索,研究者终于发展出用于分离干预与其他预测结果变量间统计关系的规程——实验法。

1.1.3　实验法的分类

伴随近现代科学数百年的发展历程,建立在"控制—对照—比较"逻辑上的实验性研究,已经衍生出复杂多样的方法体系,成为检验科学假说、发现经验知识的基本研究方法。

1. 根据实验贴近社会现实程度的分类方式

根据实验方法贴近社会现实的程度,实验研究可以分为思想实验(thought experiment)、实验室实验(laboratory experiment)、社会实验(social experiment)等不同的方法路径。

思想实验是在现实条件还无法满足构建实验室环境或实验干预需求的情况下,按照真实实验或实物实验模式,基于已有科学知识,在思想中把研究对象置于理想化条件下或在假想的实验仪器设备下进行操作,以考察其运动、变化过程,发现其规律的一种研究方法[①]。爱因斯坦(Albert Einstein,1879—1955)提出的"狭义相对论"就是他基于思想实验,假设自己的运动速度能够达到光速,进而推理得出的结果。相比较而言,思想实验是最远离社会现实的实验研究。思想实验的特点是思想性、超现实性、待检验性。思想实验由于其思维、实在的双重性质,具有主观能动性与客观基础两方面的优势,从而成为科学认识发生、形成和深化的一条便捷而有效的路径。虽然思想实验克服了实物实验在物质、技术条件上的限制,但相比于社会实验方法对现实情境的模拟和因果推断,思想实验的现实参考意义、可复制性和可检

---

① 孙小礼. 中国大百科全书数据库. 中国大百科全书(第一版)·哲学."思想实验"词条[DB/OL]. https://h. bkzx. cn/item/74075? q＝%E6%80%9D%E6%83%B3%E5%AE%9E%E9%AA%8C.

验性均较弱。

实验室实验是在实验室环境下借助特定的科学仪器或设备,对自然或社会现象进行模拟,并人为创造或控制相关干预条件,通过"控制—对照—比较"来检验相关科学假说的实验性研究。实验室实验方法在自然科学和社会科学中均得到了广泛的应用,两者的操作路径基本一致。实验研究的操作者通常要控制:(1)影响实验的环境或外来因素;(2)实验组和对照组的构成;(3)实验刺激,尽可能使自变量仅作用于实验组,而不作用于对照组;(4)搜集所有相同的有关因素,以比较研究对象的相同或相关的特征。实验室实验的核心特征是具有人工设计的实验场景。设计的实验场景应尽可能具有普适性,避免对于实验结果产生情境依赖效应。与思想实验及后续将要提及的社会实验相比,实验室实验几乎可以完全控制与实验结果无关的混淆因素,从而精准地分离出不同变量的干预效应如何。当然,实验室实验也存在一定的劣势。一方面,实验室环境过分人工化的"非自然状态"使实验结果难以推广到其他现实情境,降低实验结果的外部效度;另一方面,当以"人"作为实验室研究的被试主体时,施加的实验干预可能产生明显的"霍桑效应"(Hawthorn Effect),即当被试意识到自己正在被关注或者观察的时候,会刻意去改变一些行为或言语表达。这种效应会显著影响实验结果的内部效度。

社会实验是最接近真实社会情境的实验性研究方法,是以现实情境下的人、组织、社会环境等方面作为研究对象,以某种社会经济、政治或技术要素变化为干预条件,在理论层面构建出近似于实验室实验的场景,通过对研究对象的前后比较和实验组与对照组的横向对比,分析、推断干预条件在真实世界产生的影响。从研究内容上看,社会实验旨在于对现实世界所发生的事件之间的联系给出科学的检验;从研究方法上,社会实验的主要特征是利用实验的操作技巧(如随机化被试、控制相关变量),来评估干预事件的处理效应或者说变量之间的因果效应。社会实验的核心在于将实验室实验"控制—对照—比较"的逻辑引入到现实世界,运用科学的实验方法去检验真实世界中(或自然发生的环境下),而不是在实验室里发生的扰动对人们行为决策的因果影响,获取基于现实情境的经验知识。它可以为理论研究提供有力的实证依据,并指导和解决实际问题,兼具"理论建构"与"实践应用"的双重属性①。表 1-1 展示了三种实验方法的概念特征。

---

① 苏竣,魏钰明,黄萃.社会实验:人工智能社会影响研究的新路径[J].中国软科学,2020(9):132-140.

表 1-1　根据实验贴近社会现实程度划分的实验性研究

经典的实验方法	英文原义	概念解释
思想实验	Thought Experiment	按照真实实验或实物实验模式,在已有科学知识的基础上,在思想中把研究对象置于理想化条件下或在假想的实验仪器设备下进行操作,以考察其运动、变化过程,发现其规律的一种研究方法
实验室实验	Laboratory Experiment	在可进行一定控制的人为环境(实验室)中,观察和比较人们的社会行为,并以此确定变量间因果关系的一种研究方法
社会实验	Social Experiment	通过创造特定的社会情境,控制或变换一定的条件从而观察社会现象的变化及结果的研究方法

资料来源:根据已有文献整理。

2. 根据实验组和对照组划分以及干预效应测量逻辑的分类方式

根据实验组与对照组划分以及实验效应的测量逻辑,实验研究可以分为被试内实验设计(within-subject design)、被试间实验设计(between-subjects design)和混合实验设计(mixed design)三类。图 1-2 至图 1-4 分别展示了三种设计的基本逻辑。

被试内实验设计不考虑全体被试样本的分组问题,而直接比较实验前后总体在核心变量上的水平差异。不难看出,被试内数据的测量相对简便,准确性较高,但更容易受到混淆变量的干预。例如,经过整个实验期,天气可能发生很大的变化,影响了潜在的实验结果。另一个典型案例是,对于某些经济类指标,实验前后的宏观经济环境也可能存在很大的差异,这些因素都会影响实验结果。此外,如果涉及多次被试内设计,可能出现练习效应(随着时间的推移,被试越发了解了实验环境)、疲劳效应(随着时间的推移,被试越发对实验产生厌烦)等。

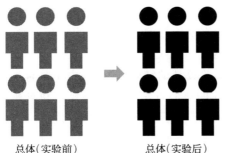

实验效应的测量逻辑:

比较总体实验前后的差异

总体(实验前)　　　　总体(实验后)

图 1-2　被试内实验设计

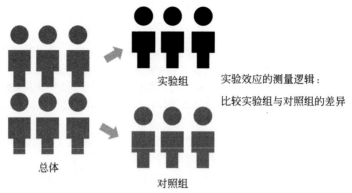

图 1-3　被试间实验设计

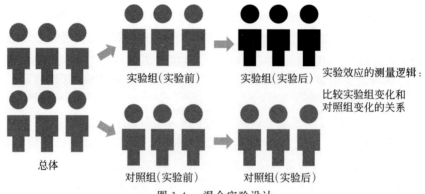

图 1-4　混合实验设计

被试间实验设计更加接近经典 RCT(randomized controlled trial,随机对照实验)研究的实验思路。通过将全体研究分为实验组和对照组,研究者主要测量实验后实验组和对照组的水平差异。本质上,被试内和被试间设计的关注点互为表里,因此其优势与劣势也恰好完全互补。相比较而言,被试间设计可以避免外在环境因素以及多次干预间(如果有)的相互干扰,但整体上对于样本数量和分组的要求更高。

混合实验设计是前述两种实验设计的结合,同时考虑了是否受到干预和干预前后的影响。混合设计关注的核心点是实验组改变量和对照组改变量的大小关系。不难看出,混合设计结合了被试内和被试间设计的优势,具有最高水平的信度和效度,是理想情况下研究者的首选。唯一可能的缺陷是,这样严格的实验分组设计将推动实验成本的进一步提升,可能造成实验难度的加大。

在社会实验中,研究者需要根据实际情况灵活地在上述三种实验设计中进行选取。在客观条件允许的情况下,混合实验设计是最好的选择,后续提到的双重差分等方法正是这一类设计的体现。对于某些应用范围还非常狭窄的干预,有时候被试内设计可以作为研究的前期基础。对于某些难以多期追踪的研究,设计恰当的被试间设计也能够提供基本的因果推断效能。除此之外,对于某些特殊情况,研究者还可以采用一些特殊的实验架构。例如,如果研究开始时已经难以得到前测变量,但核心变量侧重于被试的主观感受,研究者可以采用代理前测设计(the proxy pretest design)进行研究。如果在研究者完成一轮普通的社会调查后,发生了具有显著影响力的社会事件干预,研究者可以采用前后测样本分离设计(the separate pre-post samples design),再次选取类似的群体作为样本,结合匹配等统计方法达到近似实验的研究效果。除此之外,类似的实验架构还包括交换复制设计(the switching replications design)、非等价非独立变量设计(the nonequivalent dependent variables design)、回归点位移设计(the regression point displacement design),感兴趣的读者可以进一步阅读相关资料。①

1.1.4　社会实验

相比于实验室实验和思想实验,社会实验有两个重要特点。社会实验的第一个特点是现实性。实验室实验和思想实验都是在人为建构或模拟的理想环境下展开的,这种理想环境可能在现实中无法实现,而社会实验在真实世界中进行,具有更加明确的现实参照意义,外部效度高。从研究对象上看,当我们将实验研究的视角从“自然世界”切换到“人类社会”,实验室环境的实验法就显示出其局限性:其一,社会现象的产生都不可避免地涉及具有主观能动性的人的参与,由此导致社会现象呈现出高度的不确定性,从而难以在实验室环境下进行模拟;其二,实验法的前提之一是需要保证干预和实验后果可控,社会现象牵涉情感、道德、伦理等诸多不可控的复杂因素,简单地把人与社会的互动抽象在实验室环境下,可能面临较高的失控风险,导致研究结果出现偏误。社会实验恰好可以解决这两个问题。

社会实验的第二个特点是实证性,即在贴近现实的实验中证实或证伪变量之间的因果关系和相关规律。由于因果关系的推断往往基于反事实框架,即一个影响变量或者干预对个体的因果效应是个体在对照组和实验组这两个可能的结果状态之间的差异。因此在因果关系科学分析中只能用平均干预效应来替代,实验组和对照组必须在其他相关因素上一致。社会实验的基本操作方法是从一个总体中随机选取被试样本,然后随机将被试分为实验组

---

① 更多内容可参考 https://conjointly.com/kb/quasi-experimental designs-other/.

与对照组,在控制其他因素不变的情况下,对实验组被试进行实验处理,并根据随后两组被试的数据比较,得出最后的因果效应。由于被试是被随机分入两组的,因此实验的实验组水平完全独立于个体特征和其他可能影响实验结果的因素。这就避免了计量模型中常见的遗漏变量偏差或内生变量偏差的问题,保障研究结果的内部效度。

1.2 社会实验的发展历程[①]

1.2.1 缘起:社会实验概念的形成历程

自培根提倡实验法伊始,如何利用实验法来研究人和社会之间的关系也成为学者们不断追索的问题。培根认为,让公众接受实验室实验作为建立科学理论的制度化方法,本身也是一场面向社会的实验。歌德(Johann Wolfgang von Goethe,1749—1832)成功塑造出了浮士德(Faust)这样一个把自己的生活活成了一场实验的形象,也借此生动表现出"实验是一种主体与客体相互形成的过程"的观点,即实验虽然是人对于现象的模拟,但设计和操纵实验的人也通过实验来扩展自己对现象世界的体验,因此实验法不能一味地简化现象世界,而要根据现象世界对实验的边界进行拓展和调整。化学家李比希(Justus von Liebig,1803—1873)在城市化和工业化的时代背景下,深化了对于自然世界连贯性和复杂性的认识。他认为,科学实验不应局限于实验室里产生的人工世界,需要嵌入自然世界,更多关注科学技术在真实世界的作用与影响[②]。李比希的观点在马克思(Karl Heinrich Marx,1818—1883)形成科学技术推动社会变革的思想过程中也发挥了重要作用。

实证主义哲学家、社会学的创始人孔德(Auguste Comte,1798—1857)率先提出"社会实验"的概念。孔德认为,社会学与自然科学无异,也需要利用实验法检验理论,并将实验法和其他实证研究方法引入社会科学研究。孔德将人类社会发展过程中形成的一切创新和新颖性的现象都视为"社会进化的实验",如柏拉图(Plato,前 427—前 347)的《理想国》(*The Republic*)、托马斯·莫尔(St. Thomas More,1478—1535)的《乌托邦》(*Utopia*)等[③]。孔德还将不同的自然条件给人类社会生活造成的影响看作一种"自然实验"(natural

---

① 本节是对于社会实验发展历程的回顾,部分内容引自:苏竣,魏钰明,黄萃. 社会实验:人工智能社会影响研究的新路径[J]. 中国软科学, 2020(9):132-140.

② Gross M, Krohn W. Science in a real-world context: constructing knowledge through recursive learning[J]. Philosophy Today, 2004, 48(Supplement):38-50.

③ Brown R. Artificial experiments on society: Comte, GC Lewis and Mill[J]. Journal of Historical Sociology, 1997, 10(1):74-97.

experiment）。人类为适应自然环境而形成的生活习惯,如爱斯基摩人的一夫多妻制、食用生肉等习俗,恰是自然实验的结果①。

　　19 世纪后期,随着社会科学的制度化,芝加哥社会学派学者斯莫尔(Albion W. Small,1854—1926)、文森特(George E. Vincent,1864—1941)②、亨德森(Charles R. Henderson,1848—1915)③、亚当斯(Jane Addams,1860—1935)④、帕克(Robert E. Park,1864—1944)、伯吉斯(Ernest Burgess,1886—1966)⑤等社会学家逐步建立了研究社会的科学化路径:一方面采用自然科学的术语和方法;另一方面把他们视为观测研究对象的社会环境、城市,以及特定的定居点、社区、社群、楼宇,甚至是不断发展的社会看作"实验室",并由此提出"社会实验室"(Social Laboratory)⑥的概念。每一个"社会实验室"的自然演进就是一个实验的过程,研究者通过观测记录这种演进过程,获取可以对比分析的数据,从而更好地理解社会是如何"运作"的。杜威(John Dewey,1859—1952)进一步发展出"实验主义"哲学。他认为社会实验并非一种方法,而是对实验主义逻辑下社会科学研究方法体系的统称,应该被普遍应用于政治和伦理领域,国家形态的建立、政策措施的引入都是人类建构社会的实验,社会运行的基本道德、价值、规范也不是一成不变的,而是在社会实验中不断进行尝试、检验和修正⑦。

1.2.2　探索:作为解决不可观测混淆变量问题的实验方法

　　对想用令人信服的方法回答因果问题的研究者来说,最需要解决的问题是寻找到一种研究策略,能避免所有潜在的混淆变量的影响。经过几个世纪的探索,以"控制—对照—比较"为逻辑基础的实验法的发现,成为了研究者

---

　　①　Chapin F S. The experimental method and sociology[J]. The Scientific Monthly, 1917, 4(2): 133-144.

　　②　Small A W, Vincent G E. An Introduction to the Science of Society[M]. New York: American Book Co, 1894: 15.

　　③　Henderson C R. Social Settlements[M]. New York: Lentilhon & Co, 1899.

　　④　Addams J. Twenty Years at Hull House: With Autobiographical Notes[M]. New York: The MacMillan Co, 1911.

　　⑤　Park R E, Burgess E W. Introduction to the Science of Sociology[M]. Chicago: The University of Chicago Press, 1921: 57.

　　⑥　Park R E. The city as a social laboratory[M]// Smith T V, Leslie D W. Chicago: An Experiment in Social Science Research. Chicago: University of Chicago Press, 1929: 1-19.

　　⑦　Poel V D, Ibo. An ethical framework for evaluating experimental technology[J]. Science and Engineering Ethics, 2016, 22(3): 667-686.

用于分离干预与其他预测结果变量间统计关系的规程[1]。

早期的实验,例如林德(James Lind,1716—1794)在 18 世纪 50 年代对坏血病的研究,采用了系统追踪研究者实施干预效果的方法,来比较实验组与一个或多个对照组的结果差异。但这类早期实验存在一个重要局限是,它们均假设其样本按照医学诊断标准是完全相同的。但未考虑过这种假定是错的,即实验过程中更倾向于对哪些康复机会最大的患者实施干预(治疗)的情况。由于担心实验的明显效果可能来自无关因素而非干预本身,因此研究者越来越强调分配干预程序的重要性。

许多 19 世纪的开创性研究都采用交替将被试分配到实验组与对照组的方式来建立实验组别之间的可比性。1809 年,一位苏格兰医学学生记录了在葡萄牙进行的一项实验,军医将 366 名生病的士兵交替使用放血疗法与姑息疗法。19 世纪 80 年代,路易斯·巴斯德(Louis Pasteur,1822—1895)在测试炭疽疫苗的实验中,通过交替将被试动物的实验组与控制组暴露在病菌下进行。1898 年,约翰尼斯·菲比格(Johannes Andreas Grib Fibiger,1867—1928)在探索白喉患者的治疗方法时,采用对哥本哈根一所医院隔日入院的患者进行交替测试的方法,通过入院时间来划分实验组和对照组。

此类交替设计在早期农业研究中也很常见,但研究者逐渐认识到交替方法的潜在缺陷。交替设计存在的问题是难以将混淆变量排除在外,例如白喉患者可能均在每周特定日子到医院看病。最早认识到这一重要问题的是现代统计学奠基人费希尔(Ronald Aylmer Fisher,1892—1962),在 20 世纪 20 年代中期,他就大力主张将观测对象随机分配到干预和控制条件下。

这种洞见在科学史上具有分水岭式的重要意义。研究者认识到无论多么精细的预先设计都不能避免实验组和对照组之间存在系统性差异,费希尔发展出一套通用流程来消除实验组和对照组之间的系统差异——随机分配(random assignment),即按照某种类型的随机程序,诸如抛硬币来决定被试是否接受某种干预的方式。随机分配的思想在被引入现代科学实践前的许多个世纪已被少数学者所采用。但直到 20 世纪初现代统计学理论出现之前,随机分配的属性仍然没有被充分理解和系统地讨论。1935 年费希尔的《实验设计》(*The Design of Experiments*)一书面世之后,这种观点才逐步被学者们所接受。

随机分配意味着可观测到的和不可观测到的影响因素在实验组与对照组均同样地体现出来。任何特定实验均可能会过高或过低地估计干预效应,

---

① Gerber A S, Green D P. Field Experiments: Design, Analysis, and Interpretation[M]. New York: W. W. Norton & Company, 2012.

但如果实验在同样条件下重复进行,平均实验结果就能够精确地反映真正的干预效应。从另一种意义上说,实验方法也是一种公平的方法:因为它包括了透明而且可重复的步骤。某种随机步骤可以被用于将实验对象分配到实验组和对照组,观测者也可以监控随机分配过程以保证程序被有效执行。由于随机分配过程先于结果测量,因此也可以提前清晰地说明将要采用的数据分析方式。通过将数据分析过程自动化,能够限制研究者的自由裁量权从而保证检验的公正性。

　　基于此逻辑,研究者开发出了随机对照实验(randomized controlled trial,RCT)的研究设计。RCT 是一种通过干预变量进行观测的研究,通过将被试随机分配到两个或多个组,通过是否接受干预变量对他们进行区别对待,然后对比各组之间的结果差异。实验组常接受需要被评估的干预变量的影响,对照组则常接受替代的处理,比如采用安慰剂或不干预。在实验设计的条件下监测各组被试结果以确定实验干预的有效性,并与对照组相比评估有效性[①]。这种实验设计作为解决不可观测混淆变量问题的重要途径,成为社会实验研究的核心思路。

1.2.3　发展:构筑社会实验研究的方法体系

　　20 世纪 20 年代,费希尔指出,社会实验除了把模拟环境换成真实环境,其他的操作依然需要遵循实验室实验的逻辑。为了对实验数据进行准确的统计分析,费希尔引入的随机性概念,强调了随机化(randomization)、重复性(repeatability)和干预控制(intervention control)是构成社会实验研究和保证内部效度的三个基础要素。基于这三个要素的不同,一些学者对在真实情景下引入"控制—对照—比较"实验推理逻辑的研究加以区别,划分出准实验(quasi-experiment)、自然实验(natural experiment)、实地实验(field experiment)等不同类型。

　　其中,准实验只是在研究中引入了实验推理,通过经验判断从真实世界获取类似实验的统计数据,没有实现随机分组和控制干预等基本条件。自然实验利用自然形成的随机分组开展研究,但无法实现对干预的自主控制。由于准实验和自然实验都未能满足实验研究的基本准则,它们并不是真正意义上的实验研究。只有实地实验实现了随机对照处理,完全满足随机分组、干预控制和可重复进行等基本实验原则,是真正的实验研究。但准实验和自然实验在压缩研究成本、控制伦理风险,以及增强研究结论的外部效度等方面

---

　　① Chalmers T C, Smith H Jr, Blackburn B, et al. A method for assessing the quality of a randomized control trial[J]. Controlled Clinical Trials, 1981, 2(1): 31-49.

具有独特优势,因此,也成为社会实验研究方法谱系的重要组成部分。

1.3 社会实验的类型划分

在过去的一百余年里,不同领域学者对实验和社会实验的方法论体系进行了广泛的探索。例如,根据干预随机性和受控性等因素的差异,可以将实验研究分为准实验(quasi-experiment)和真实验(true experiment)。表 1-2 展示了准实验和真实验的概念异同。进一步综合考虑分组随机性、环境真实性等因素,社会实验内部又可以进一步细分为自然实验(natural experiment)、实地实验(field experiment)、调查实验(survey experiment)、计算实验(computer experiment)等方法。表 1-3 展示了以上概念之间的差异。总体来看,上述划分方式都遵循社会实验的基本逻辑,从不同维度构成了社会实验的方法体系。

表 1-2 准实验与真实验

实验方法分类	英文原义	概念解释
准实验	Quasi-experiment	在现实场景中因势利导,选取某种已经具有了不同特征的被试作为实验组,同时努力创造一个与实验组在所有重要方面都尽可能相似的对照组,取代真实验研究中随机分配形成的对照组
真实验	True Experiment	采用人工设计的实验场景,研究者可以对干预手段和实验环境进行自主控制,从而精确地估计因果效应

资料来源:根据已有文献整理。

表 1-3 社会实验方法分类

社会实验方法分类	英文原义	概念解释
自然实验	Natural Experiment	在自然条件下进行的实验,其特点是所研究的变量不由实验者操纵,而是由环境操纵的
实地实验(或称"田野实验")	Field Experiment	通过人为的方式创造干预条件,并随机分配实验组和对照组,实现真正意义上的随机对照处理
调查实验	Survey Experiment	将复杂的实验研究设计与调查研究设计结合,选取一个具有代表性的大型样本作为被试群体,并通过向被试群体进行问卷调查的方式展开
计算实验	Computer Experiment	利用计算机模拟某种自然现象或实验现象。要求实验者通过一系列观察和推理过程建立模型;或在给定的模型条件下考察其有效范围并进行模型修正

资料来源:根据已有文献整理。

1.3.1　准实验与真实验

20 世纪 60 年代,坎贝尔(Donald T. Campbell,1916—1996)和斯坦利(Julian C. Stanley,1918—2005)明确了社会科学研究中实验法与观察法的区别,准确定义了"准实验"和"真实验"研究的概念。根据坎贝尔的定义,真实验采用人工设计的实验场景,研究者可以对干预手段和实验环境进行自主控制,从而更加精确地估计出所要检验的变量之间的因果效应。而准实验无法像真实验一样运用随机化程序进行被试选择和实验处理,只能在现实场景中因势利导,选取某种已经具有不同特征的被试作为实验组,同时努力创造一个与实验组在所有重要方面都尽可能相似的对照组,取代真实验研究中随机分配形成的对照组。准实验也无法完全自主操纵自变量,常用现实条件下已经存在的被试变量(种族、性别、社会阶层、居住区等)或时间变量(处理前和处理后)作为自变量展开比较。

根据变量类型的不同,准实验可以划分出间歇时间序列设计(interrupted time series design)、不等同对照组设计(nonequivalent control group design)、回归间断点设计(regression discontinuity design)、交叉滞后组相关设计(cross-lagged panel correlational design)等实验设计方法。但由于对研究变量缺乏严格控制,准实验需要在处理前确认威胁因果推论的竞争假设,包括内部效度威胁、外部效度威胁和实验实施威胁,针对研究问题,尽量选择更丰富的实验对象和实验组,进行较长周期的观察和详尽的信息记录和数据收集,并在数据分析过程中,利用格兰杰因果关系检验(Granger Causality Test)、工具变量(instrumental variable)、倾向得分匹配、双重差分等统计方法和计量模型,对可能存在的干扰变量进行控制和排除,尽可能地实现类似于实验数据的随机控制效果,从而得出更具解释力的结论。

1.3.2　自然实验

坎贝尔对"准实验"的描述引起了学术界对于社会实验效度问题的广泛讨论。一些经济学家并不认同坎贝尔对于社会实验与准实验的归类,认为在无法实现随机化分组和对变量严格控制的情况下,研究的内部效度大受影响。如何在内部效度和外部效度之间权衡取舍成为社会实验研究,甚至是社会科学研究面临的一大难题。他们试图寻找在现实条件下实现随机化的情景,实现对数据的无偏估计,他们继承了孔德"自然实验"的思想,并对"自然实验"的概念进行了丰富。虽然也无法实现对干预的自主控制,但较之于准实验,自然实验能够真实或近似地满足"随机分配"。

充分论证某个"自然"发生的情形中存在真实或近似的"随机分配",是自然实验研究开展的前提,也是其核心价值所在,因此,找到这种自然形成的纯随机场景非常重要。已有研究常把国家间边界、地形等天然地理因素导致的人群划分,自然灾害、经济危机等外生冲击,双胞胎、出生性别等个体生物因素,以及抽签征兵等人为随机事件作为自然实验场景,并根据不同随机性来源和数据类型,运用回归分析、工具变量等技术手段做进一步的数据处理。由于自然随机场景的偶然性和严格条件假定,自然实验研究对象的选择受到较大限制,一些研究中场景设置的合理性也在近年来引起较大争议,但自然实验的方法本身作为一种在寻求因果推论过程中平衡内部效度和外部效度的探索,对社会科学的发展仍具有重要意义。

1.3.3　实地实验

除了寻找现实条件下近似于真实验的场景之外,社会科学领域的学者自开始尝试采用实验法研究社会问题起,也从未放弃对“干预控制”的偏好。根据基于费希尔强调的随机化、重复性和干预控制三个构成实验研究和保证研究内部效度的基础要素,他提出通过人为的方式创造干预条件,并随机分配实验组和对照组,实现真正意义上的随机对照处理,即 RCT。这是可以兼顾内部效度和外部效度的设计,这种设计被定义为“实地实验”,也被译作“田野实验”。实地实验的被试往往通过随机招募普通人群获得,研究者可以实现对被试的干预控制,有助于克服准实验和自然实验研究可能面临的样本的非代表性(non-representative Sample)等问题。

根据实验中相关情境因素引入的程度,有学者进一步把“实地实验”细分为“自然实地实验”(natural field experiment)、“框架实地实验”(framed field experiment)、“人为实地实验”(artificial field experiment)。在自然实地实验中,作为研究对象的被试将在自然环境中接受基于现实情境信息的真实干预,而被试自身并不能意识到自己已经成为实验的一部分,保障了非介入性(unobtrusive),避免了诸如霍桑效应(Hawthorn Effect)[①]和约翰·亨利效应(John Henry Effect)[②]等随机偏误(randomization bias)。框架实地实验则是

---

①　“霍桑效应”指当人们意识到自己正在被观察或被关注的时候,会刻意改变一些行为或者言语表达的效应。这种效应是梅奥等学者通过开展“霍桑实验”发现的。对霍桑实验的介绍详见本书第4章。

②　“约翰·亨利效应”指被试意识到自己处于对照组且要和实验组竞赛的情况下,超常发挥的现象。约翰·亨利是一个传奇的美国黑人铁路工人。在一项实验研究中,学者为了评估打桩机的效率,于是建立了一个对照组。亨利被选入对照组,但他知道自己是要与机器做比较,导致他超常发挥。一般工人需要抢下锤子,才能将一个铁钉打入木桩,而他只需要一下。他尽管赢了机器,但最终却死于过于劳累。参见 Saretsky G. The OEO PC experiment and the John Henry effect[J]. The Phi Delta Kappan, 1972, 53(9): 579-581.

在被试已知自己是实验对象的情况下,接受基于现实情境信息的真实干预。在实验前告知被试处于实验场景中,是保障被试"知情同意权"、降低实验伦理风险的一种手段。人为实地实验则近似于实验室实验,即现实情境下的被试浸入由实验者设计的模拟情景,接受模拟情境下的价值诱导型干预,这类实验通常需要借助现代信息手段,如网页、视频等途径实现。

尽管实地实验在实现因果推论方面具有独特优势,但也存在着实施成本较高、会对公众的工作和生活产生直接影响、伦理风险较大等缺点,因此,在设计实地实验方案时,需要慎重考虑成本控制和实验伦理等问题,避免给国家和社会造成负面影响。

结合实地社会实验概念的发展历程和学术界对实地社会实验方法体系的持续建构,从随机性、干预控制、被试认知、干预形式、数据类型等方面,可以对不同类型的实地实验方法进行区分,相关比较如表 1-4 所示。

表 1-4　实地实验的分类与比较

实地实验设计	随机分组	可控干预	被试知晓实验	干预形式
人为实地实验	是	是	是	模拟
框架实地实验	是	是	是	真实
自然实地实验	是	是	否	真实

资料来源:根据已有文献整理。

1.3.4　调查实验

20 世纪 70 年代以来,随着计算机技术的发展,计算机辅助调查研究平台开始付诸应用,一些学者利用这类平台技术,结合新兴多媒体工具,巧妙地把复杂的实验研究设计与调查研究设计结合起来,实现了针对大型总体的实验研究,这种研究方法被称为"调查实验"。调查实验通常会选取一个具有代表性的大型样本作为被试群体,并通过向被试群体进行问卷调查的方式展开。调查实验的干预往往通过向被试群体随机发放问题设置不同的调查问卷或在问卷填写过程中施以不同的音视频刺激来实现。这需要在实验实施前对调查问卷进行谨慎而巧妙的设计,尽量控制其他各种混杂因素的影响。

由于被试获得不同种类问卷的概率是随机的,且调查研究往往能够得到足以代表研究总体的大样本数据,调查实验可以同时具备较高的内部效度和外部效度。加之数据结构化程度高、实验实施操作简便、成本相对低廉等优势,调查实验在社会科学研究,特别是民情民意研究中的应用广泛。但由于调查实验的数据反映在问卷结果上,所获数据以被试的主观评价为主,在一定程度上限制了调查实验的应用空间。此外,主观评价数据容易受到被试对问题理解偏差的影响,这也引起了学术界对调查实验解释力度的争论。

1.3.5 计算实验

计算实验有时又称为计算机模拟实验、仿真实验,是利用计算机模拟某种自然现象或实验现象的实验性研究方法。计算实验要求实验者通过一系列观察和推理过程建立模型,或在给定的模型条件下考察其有效范围并进行模型修正。这种方法被广泛地用于理工科的实验模拟,例如,在生物实验中,奥地利生物学家格雷戈尔·孟德尔(Gregor Johann Mendel,1822—1884)在研究遗传定律时,用果蝇作实验,往往需要几个月时间,而用计算机模拟实验,却能迅速获得结果。尽管计算实验主要依靠对现象的数字化模拟实现实验检验的目的,但大数据、物联网、云计算、人工智能、虚拟与增强现实等新一代信息技术的发展,使得当前的研究者能够针对复杂社会系统,借助数字孪生等技术手段,构造人工社会系统与实际社会系统虚实交互、协同演化、闭环反馈且高度接近现实世界的平行系统,通过在软件定义的"社会实验室"中对已发生及可能发生的事件进行计算和实验,为真实社会场景的管理与决策提供可靠支持[①]。

随着社会智能化水平的不断提升,算法和计算能力的优化进一步凸显计算实验的突出优势。与其他方法相比,计算实验不但节约器材,而且更为有效,能够避免某些真实实验所具有的危险性和不可能性,例如,能消除原子能实验的强辐射线对人体健康的危害性,也能模拟宇航人员的现场训练等难以在现实中做到的实验[②]。需要注意的是,虽然近年来计算实验逐渐在社会科学研究领域得到了广泛认可和运用,但如何不断提升计算模型反映复杂社会现实的真实程度,始终是社会计算实验面临并且需要持续攻坚的一项重要挑战。

1.3.6 不同类型社会实验的科学证据层次

实验性研究的根本目的是对研究问题做出有效的因果推论,但不同类型实验由于其研究设计的差异,往往对于判断因果效应的贡献存在差异。在了解社会实验研究的基本分类方式后,我们简要对社会实验研究结论在科学证

---

① 王飞跃,王晓,袁勇,等. 社会计算与计算社会:智慧社会的基础与必然[J]. 科学通报,2015,60:460-469.

② 万嘉若. 中国大百科全书数据库. 中国大百科全书(第一版)·教育学."计算机模拟实验"词条[DB/OL]. https://h.bkzx.cn/item/94043? q=%E8%AE%A1%E7%AE%97%E6%9C%BA%E6%A8%A1%E6%8B%9F%E5%AE%9E%E9%AA%8C.

据中所处的层次进行介绍。

医学是科学研究中较早尝试区分研究证据层次的学科。由于实验结果往往受到实验场景、入组条件、样本特征等诸多因素的影响，存在一定的不稳定性。为了对特定疗法的安全性、有效性等目标进行更加稳健的综合判断，循证医学（evidence-based medicine）较早地对不同类型证据在做出因果推断中的重要性进行了剖析。图 1-5 给出了不同类型证据在因果推断中重要性层次的一个简要的分析框架①。

图 1-5 表明，实验性研究在因果推断中的整体证据体系大致处于中间层次。一方面，实验性研究对于因果推断的重要性高于基于传统社会调查或二手数据的观测性研究。在实

图 1-5　不同类型研究证据在因果推断中的重要性层次

验性研究内部，随机对照实验又优于难以完全实现人为干预控制的自然实验和难以完全实现随机化的准实验。这体现了随机化、人为控制干预等的优势所在。另一方面，单个实验性研究受到诸多因素的影响，其结论效度也存在一定的不确定性，仅仅依靠有限规模的实验结果进行结论推断是不够稳健的，对于这一问题，我们将在第 13 章进行详尽介绍。

元分析是解决单个实验结论效度缺陷的有效手段。作为因果证据效力最高的分析方法，元分析是对于多个实验性研究或观察性研究结果的荟萃，因而能够发现解释实验或观测研究差异的一般规律。当然，元分析内部的证据效力也存在一定的差异。元分析内部包含的要素的证据层次越高，例如，包含的随机对照实验数量越多，其整体因果效力也越高。本书将在第 20 章对元分析进行介绍。

基于本章之前的论述，我们已经详细地分析了实验性研究的方法论体系，并对实验性研究在因果推断中的地位进行了介绍。当然，上述分析并不是绝对的。尽管社会实验研究仍然服从科学研究的一般规律，但社会研究往往更加复杂。以上主要从研究的随机性角度进行分析，但在社会研究中可能

---

①　Sackett D L, Strauss S E, Richardson W S, et al. Evidence based medicine: how to practice and teach EBM[M]. 2nd ed. Edinburgh, UK: Churchill Livingston, 2000.

还存在其他影响结论效度的因素。例如,调查实验往往能够很好地满足随机对照的要求,但调查实验本身并没有落实到真实的社会情境,而是在问卷构建的环境中考察被试的反应差异,也可能影响实验结论的效度。因此,社会实验研究者需要在掌握一般科学规律的基础上,进一步分析社会情境的特殊性,从而为纷繁复杂的社会问题做出更高质量的因果推断研究。

第2章

人工智能社会实验的方法创新

2.1 智能化时代的社会实验

历史上,社会科学学者们开展的社会实验研究,通常是在一些社会风险和社会问题已经规模化暴露之后才启动。在真实社会情境下以人类社会为研究对象进行实验,可以明晰既有知识的不足,发现新的规律性知识,用以指导人类解决当下面临的风险和问题,推动社会健康发展。在以人工智能为代表的新一轮科技革命和产业革命突飞猛进的背景下,知识迭代周期急剧缩短,学科交叉渗透愈发显著,全球科技竞争愈发激烈,公共治理面临全新的挑战和议题。社会科学研究迫切地需要适应社会信息化、智能化转型的需求,进一步提升在"风险预防"和"趋势预测"上的功用与价值。在人工智能技术广泛应用推动社会转型的背景下,利用社会实验深入研究人工智能的社会影响,是有效防范人工智能等变革性新兴技术的社会风险、超前研判智能化时代社会发展新态势的重要途径。

2.1.1 技术复杂性与社会脆弱性

作为一种使能技术[①],人工智能具有增强任何领域的技术的潜力。但与内燃机或电力的"使能"作用不同,人工智能是一个极其复杂的技术系统,其有效性建立在海量数据训练和算法设计之上。数据、算法作为基于人类智慧的资源,它们的形成过程会嵌入不同组成要素、不同行动主体和不同的制度环境,使得人工智能的作用机理、社会影响都呈现出更加复杂的状态。由此引致的问题复杂性只能通过过程和程序的进一步复杂化才能被准确解决[②],这需要以更加系统、交叉的知识体系作为支撑。

与此同时,新技术的不断引入使得组织效率得以增强,新技术的推广使

---

① 使能技术(enabling technology),一般指一项或一系列应用面广、具有多学科特性、为完成任务和实现目标的技术。

② 黄萃,彭国超,苏竣. 智慧治理[M]. 北京:清华大学出版社,2017.

得技术引发制度变革的过程呈现出复杂的状况,日益突破人类原有的认知边界,社会脆弱性不断凸显[①]。人工智能应用正快速推动人机互动的泛在化,进一步模糊虚与实的界限,重构传统基于人际互动而形成的组织与社会关系,给各行各业乃至整个社会运转模式带来颠覆性的变革。政府不再拥有低成本获取信息的独占优势,机构间的交流不再成为障碍,政府的权力呈现出流失的迹象,特别是在数字技术与智能技术带来的"权力空场"中,政府没有能够率先占据主导权。具有网络效应的超级垄断平台正在"赛博空间"(cyber space)[②]和现实空间中不断扩张,对原有市场中的消费者福利与信任关系形成冲击。信息茧房、劳动替代和新的数字鸿沟可能打破人们既有的认知平衡,导致人的思想认知陷入迷茫与动荡,甚至引发更加剧烈且难以弥合的两极分化。但由于人工智能的技术复杂性与应用场景的多样性,以及全球科技竞争中"保护主义"的抬头,国际社会尚未就合作发展、利用、治理人工智能等新兴技术达成共识,人类研判未来社会发展态势、预防人工智能社会风险的知识和能力明显不足。

新形势下,人类亟须补充"面向未来"的科学知识。欧洲及美国相关地区已经开展"无条件基本收入"(Unconditional Basic Income,UBI)实验,在没有任何条件限制且不做资格审查的情况下,向被试社区的全体成员发放可以满足他们基本生活条件的金钱,试图探究人类因人工智能导致生产力极大提升、不再以有组织的劳动为第一需要后心理行为的变化和组织变革趋势[③]。基于此,我国面向更加广泛的人工智能应用场景,开展人工智能社会实验,在人工智能尚未对人类社会造成大规模不可逆影响的情况下,以小见大、未雨绸缪,提前关注技术应用可能引致的数据算法安全、技术适应、组织再造、社会风险与治理等各类问题,尽早形成对人工智能等技术产生的社会影响特征与态势的系统性认识和前瞻预测,及时反馈于技术发展路径的优化,推动建设有人文温度的智能社会。

2.1.2 技术与政策碰撞耦合

智能化时代,科学技术与政策间的联系愈发紧密。利用人工智能技术赋能政策工具和方案的创新,再通过政策创新实现对人工智能技术的引导和规约,从而进一步推动政策创新的优化完善的智慧治理(smart governance)理

[①] 李世超,苏竣. 技术复杂性及其导致的社会风险[J]. 中国科技论坛,2005(5):100-104.

[②] 赛博空间是哲学和计算机领域中的一个抽象概念,指在计算机以及计算机网络里的虚拟现实.

[③] Furman J, Seamans R. AI and the Economy[J]. Innovation Policy and the Economy, 2019, 19(1): 161-191.

念建构了技术与政策耦合的回路,突破了"关于科学的政策"(policy for science)和"政策中的科学"(science in policy)的区隔①。

智能化时代的社会实验研究,需要从企业、政府和社会公众三个维度,建立同时涵盖技术、政策等因素的单维度观测指标,以及技术与政策的"耦合效应"(coupling effects)这类潜变量效用的系统化分析模型:不仅要从技术社会学(sociology of technology)的角度,关注人工智能等新技术应用的社会影响与潜在风险;也要从政策反馈(policy feedback)的角度,关注人工智能等新技术治理的相关政策规范在试验过程中,来自社会的评价反馈及其对新政策制定和优化的启示;还要从技术与政策连结(tech-policy nexus)的角度,探索如何实现技术与政策最佳耦合的"智慧治理",使人工智能等新技术在被用于政策创新和提升治理效率的同时能够充分保障政策的公平正义,推动缩小社会分化、增进社会秩序、提升公共福利等更加广泛的公共价值的实现。

2.1.3　密集数据与智能算法融合

大数据智能、群体智能、跨媒体智能、人机混合智能、自主智能等技术的发展成熟,也为社会科学研究带来了更加丰富的数据资源和分析工具,推动着科学研究范式的转换。2009 年,Hey 等在《第四范式:数据密集型科学发现》(*The Fourth Paradigm*:*Data-intensive Scientific Discovery*)②一书中指出,在科技进步推动新一轮社会转型过程中,科学研究的方法正从实验型科研(experimental science)、理论型科研(theoretical science)、计算型科研(computational science)推进到数据密集型科研(data-intensive science)的新范式。而智能算法的不断拓展,则为更精准地捕捉研究对象的行为动态、开展大数据分析提供了技术支撑。

社会实验研究虽然在探究因果关系的效应(方向)与机制(过程)两个维度均具有独特优势,但也存在随机偏误、成本高企、伦理风险等缺陷。因此,社会实验研究不仅要关注人工智能等新技术的社会影响,还要充分利用密集数据与智能算法的融合,弥补研究方法上的不足,把相关的智能技术成果应用于实验设计,提高社会实验研究在操作化干预、随机化分配、控制威胁内部和外部效度的因素、测量和识别实验效应等方面的水平③。在从社会现象中提炼科学问题时,也需要充分利用人工智能等新技术,对各场景领域下的社

①　Brooks H. The scientific adviser[M]// Gilpin R,Wright C. Scientists and National Policy-Making. New York:Columbia University Press,1964:259-294.

②　Hey T,Tansley S,Tolle K. The Fourth Paradigm:Data-intensive Scientific Discovery[C]. Redmond:Microsoft Research,2009.

③　孟天广. 政治科学视角下的大数据方法与因果推论[J]. 政治学研究,2018(3):29-38.

会活动大数据进行追踪观察和量化记录①,从而更全面、深入地理解研究对象的状态、特征,从中抽取出更加深刻的研究问题和更加精确的观测变量,提升社会实验研究设计的科学性。

2.2 人工智能社会实验的研究路径

人类社会在深度信息化、智能化转型的过程中面临着新形势和新问题,以及人工智能等新技术给科学研究带来的新资源、新方法、新工具。这要求我们在继承"控制—对照—比较"研究逻辑的基础上,综合吸收社会实验方法体系下准实验、自然实验、实地实验等不同实验设计的优势,对社会实验方法的内涵与研究路径进行丰富、完善和创新。

2.2.1 人工智能社会实验的内涵与形态

人工智能社会实验是指利用政府和市场的力量推动特定人工智能技术在社会治理中广泛应用,并通过建立实验组和对照组、科学抽样和伦理审查,将应用过程中产生的泛意性影响转变为内涵清晰、概念准确的可测度变量,采用科学的方法进行测量和数据处理,形成技术规范、技术标准、政策建议等反馈给技术研发者和政府相关部门,促进人工智能技术良性发展和国家治理体系和治理能力现代化的过程。

一项完整的人工智能社会实验一般由三个阶段组成:

1. 组织应用

政府和市场联动,构建人工智能应用示范区,推动人工智能技术在某些领域、区域、行业形成应用,如城市大脑、乡村智治、智能教育、智能医疗、智慧环保等。这些应用场景不仅改变了社会的治理结构和运行机制,而且对参与者的行为轨迹、社会网络、心理动态等产生了影响,进而影响社会个体的价值观和世界观。

2. 科学测量

研究者随机选取特定人工智能技术应用场景下的组织和个人作为实验组,同时选取未被该人工智能技术影响的组织和个人作为对照组,通过文献梳理和理论对话,以及对相关研究场景的扎根研究,将人工智能可能引致的社会影响,如组织和个人运转模式、行为轨迹、社会网络、心理动态等泛意性

---

① 邱国栋,王易."数据—智慧"决策模型:基于大数据的理论构建研究[J]. 中国软科学,2018(12):17-30.

概念,转变为经济收入、出行方式、机构调整、公众满意度、技术接受度等可测量的数据指标,依据科学、规范的社会科学测量手段,综合利用观察记录、问卷调查、大数据捕捉与社会计算等方法,进行数据收集和处理,采用回归、匹配等统计方法确立影响机制和模式,厘定各种影响因子,揭示背后的作用机制。

3. 综合反馈

研究者综合技术发展的可能性、社会个体的接受程度、经济文化环境等因素,形成技术标准、技术规范、政策建议等,反馈给技术研发者和政府实践应用部门,保障相关治理措施的跟进,以降低人工智能技术发展过程中的不适应性,促进人工智能技术良性发展,提升治理体系和治理能力现代化。人工智能社会实验的基本研究路径和关键要素如图 2-1 所示。

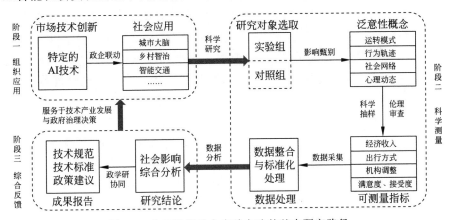

图 2-1　人工智能社会实验方法的基本研究路径

资料来源:苏竣,魏钰明,黄萃. 社会实验:人工智能社会影响研究的新路径[J]. 中国软科学,2020(9):138.

社会实验方法具体可以分为自然实验、实地实验、调查实验、计算实验四种类型,不同方法类型对于实验干预条件产生形式的要求各不相同。在组织应用阶段,不同的智能技术引入方式也会促成不同形式的实验干预条件。根据组织应用阶段智能技术引入方式的差异,可以将人工智能社会实验研究划分为三种形态:

1. 利用已有智能应用的实验研究

第一种形态的人工智能社会实验主要通过自然实验开展。自然实验通过寻找自然形成的随机场景作为实验场景,对自然形成的实验组和对照组开展观测和数据采集,并根据不同随机性来源和数据类型,运用定性分析、回归分析、工具变量等技术手段做进一步的数据处理分析,判定实验干预对被试对象产生的影响。在人工智能社会实验开展的早期阶段,可以首先利用当前已经部署使用的智能技术应用作为实验干预条件。将受相关智能技术应用影响、已经发生一定社会变革的场景作为实验组,同时选择与该场景其他条件类似但未受智能技术应用影响、未发生社会变革的邻近场景作为对照组。以这种自然形成的实验组和对照组,作为实验观测的对象,进行持续性观测和数据收集。最后利用双重差分分析等方法,对实验组的前后测数据以及对照组的前后测数据进行横向和纵向双重比较,判定相关智能技术应用的社会影响。这种形态的人工智能社会实验特别适用于以下地区:智能技术应用基础条件较好,但实施者对于社会实验的知识相对缺乏,需要通过一定时期的实践探索积累经验,以寻找最适宜的实施路径。

2. 人为创设干预条件的实验研究

根据干预环境的差异,第二类人工智能社会实验研究主要由实地实验和调查实验构成。实地试验是研究者根据研究问题,在真实世界中自主构造干预条件,随机分配给被试对象,通过观测实验组和对照组被试在干预前后的不同表现,判定实验干预的因果效应。此时,研究者在在符合伦理规范、成本约束、政治许可等前提条件的情况下,依据实验地区的现实条件和研究需求,主动引入某项特定的智能技术应用或基于智能技术的创新举措。此类实验在两种情况下较为适用。一是当地智能技术应用基础条件较差,需要研究者协助实施者引入相关资源,搭建实验场景。二是利用已有智能技术应用开展的实验研究已较为成熟,形成了适切性较高的实施路径,需要对研究作进一步深化和拓展的情况。此外,对于某些具有较高前沿性和敏感性的智能社会治理议题,在现实中进行干预可能较为困难。此时研究者可以运用调查实验方法,通过制作不同版本的调查问卷和材料模拟相关社会情境,并随机分配给不同被试来考察其态度或行为的变化,以此作为在现实世界中进一步推广相关干预的基础和前提。

3. 基于数据仿真模拟的实验研究

第三类人工智能社会实验研究主要通过计算实验进行。基于数据仿真模拟的计算实验需要在利用已有智能应用开展的自然实验和人为创设干预条件开展的实地实验都已经具备完善的规模体系的背景下,通过对不同地区、不同领域开展相关实验形成的标准化数据进行汇交整合,构建系统全面的人工智能社会实验数据平台,并在此数据平台基础上,借助荟萃分析、数据仿真、政策模拟等方法工具,综合利用不同实验形成的大样本真实数据和多元化因果推论。这是人工智能社会实验的高级形态,目的在于使人工智能社会实验摆脱地域、领域等时间空间限制,形成系统、真实、科学的总体性研究结论,全面反馈和服务于治国理政,促进技术发展路径优化,推动国家治理能力和治理体系现代化,维护国家的长治久安。

2.2.2 人工智能社会实验的分析框架

从人工智能应用场景的发展阶段来看,强人工智能和超级智能仍处于模型探索和技术设计阶段。在实践中得到广泛应用的仍然主要是弱人工智能,这也因而构成当前时期人工智能社会实验的主要介入点。根据人工智能技术的应用领域、核心功能、技术基础、代表性产品等分类标准[①],结合相关应用的赋能对象,可以把现有的人工智能应用场景分为三类(图 2-2):一是赋能于个人的应用,如人脸与生物特征识别、人机融合、推荐算法、智能检索等;二是赋能于组织与行业的应用,如精准医疗、自动驾驶、移动学习、天眼系统等;三是赋能于城市治理和整个社会经济系统的应用,如数字政府、城市大脑、工业大脑等。

基于对人工智能应用赋能对象的类别划分,也可以从人、组织、社会三个维度对人工智能的社会影响进行甄别:一是从微观层面技术与人的互动关系出发,将关注的焦点放在对"人"的影响上;二是基于中观层面人工智能在不同行业组织中的应用,关注人工智能给不同行业领域带来的组织变革;三是着眼于整体社会动态,分析人类社会智能化转型过程中的制度变迁与政策响应[②]。

1. 微观层面:人工智能应用增进"技术与人"的互动

在弱人工智能技术应用阶段,人工智能面向个人的应用场景主要分布在安全验证、家居照护、商业服务、个性化文娱等领域。利用人脸与生物特征识别进行开机验证、账号登录验证、支付验证、门禁验证已经成为常态。依托于语音识别等技术的智能音箱,其在聊天陪伴、家居控制、声纹支付、O2O(线上对线下,Online To Offline)购物等人机交互方面的功能日臻完善,成为新潮家用消费品。具备简单健康照护功能的智能机器人、智能体检设备和具备初步脑机控制能力的康复辅具,也开始被应用于帮助和照顾高龄老人、残障人士等特殊人群。融合了语音识别、自然语言处理等技术的同传翻译机、虚拟客服,逐渐在商业服务等领域推广使用。推荐算法通过自动收集和记录用户习惯、识别用户偏好形成的针对用户画像的智能检索和精准信息推送,被各

---

① Grace K, Salvatier J, Dafoe A, et al. When will AI exceed human performance? Evidence from AI experts[J]. Journal of Artificial Intelligence Research, 2018, 62: 729-754.

② 苏竣,魏钰明,黄萃. 基于场景生态的人工智能社会影响整合分析框架[J]. 科学学与科学技术管理,2021,42(5):3-19.

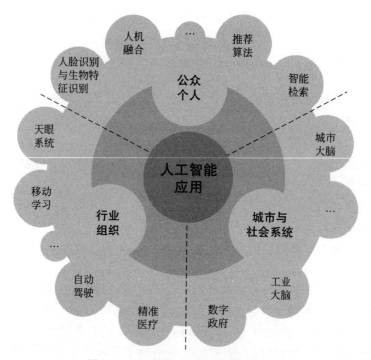

图 2-2　人工智能应用的现实场景生态

资料来源：苏竣，魏钰明，黄萃. 基于场景生态的人工智能社会影响整合分析框架[J]. 科学学与科学技术管理，2021，42（5）：6.

类网络平台和服务商用于吸引客户流量。在个性化文娱领域，借助图像语音识别和增强现实（augmented reality，AR）技术建构的虚拟场景和游戏角色等，因为极大地增强了用户人机融合的观感体验而受到热捧。

面向个人的人工智能应用，深刻地影响着公众个体日常生活的方方面面。人工智能具有超越人类的识别能力，使其能够在与用户的互动过程中，快速判别用户的个体特征和行为习惯，为用户提供更加高效率、高质量、个性化的服务。大量基于现实情境的人机交互训练，也进一步促进了智能机器的类人化，使得机器与人的交流更加自然、亲切、富有人情味，提升公众对智能机器的情感认知。

但正如著名学者贝尔纳（J. D. Bernal，1901—1971）所言，"科学技术的发展本身既为我们揭开了改善人类生活的前景，也为我们开辟了毁灭人类的可能性"。人工智能的有效性建立在海量数据训练和算法设计之上，在实际运作中，数据和算法通常被特定的机构垄断。这些机构可能会出于自利而非公益的目的，对数据和算法进行筛选控制，只向公众提供他们想让公众获得的信息，甚至有组织地操纵公共舆论，导致"信息茧房"效应，影响用户的价值判断和行为偏好。人工智能应用对公众个人生理特征、行为习惯等信息数据的收集和利用,会对公众个人隐私造成巨大威胁。对机器的过分依赖也会使人变"懒"。此外,受社会经济条件影响,大部分人工智能应用无法覆盖到每一个人,难以获取和掌握这些新应用、新知识的低学历人群、高龄人群、贫困人群等与社会的疏离感反而会提高,形成新的"数字鸿沟"。

因此,研究者需要从技术风险预判、舆论感控、价值形塑、利益均衡等多个维度分析人工智能应用对公众个人产生的影响进行评估,并在此基础上,强化对数据与算法的安全保障,增进对公众的正向引导和教育,提高公众个体的技术适应能力。

对于上述不同维度影响的分析,需要立足于对公众个体真实反应的观测记录和数据采集。公众的反应体现在主观和客观两个方面。在主观方面,如前所述,在与用户进行互动的过程中,人工智能会自动记录收集用户的习惯偏好,构建相应的大数据集,并利用这些大数据集进行优化训练,从而提升产品和服务性能。这种基于对用户习惯偏好的记录而形成的大数据集,具有数据范围广、数量大、周期长等特点,能够真实反映公众个体的兴趣热点、情绪感知等主观指标的变化趋势,是观测人工智能应用给公众个体造成影响的重要数据源。更加人性化、个性化的人机互动能够增强用户体验,提升公众个人对人工智能技术的满意度和接受度,也能够为用户提供更加便捷、丰富的知识获取渠道,提高公众个人对人工智能风险、利益的科学认知。对于这类不容易直接捕捉的心理动态,可以利用追踪式问卷调查的方式展开测量,并通过横向和纵向数据对比,分析其中的变化。

在客观方面,人工智能社会实验介入阶段的面向个人的人工智能应用中,大部分以面容识别、语音识别等生物特征识别为基础技术,这些智能设备本身也是记录个人行为数据的传感器。由于个人生物特征的独特性和稳定性,每一次新的生物特征数据录入都反映了新用户的进入。而同一生物特征数据的调取频率则反映了用户使用相关产品和服务的频率。因此,支撑人工智能应用发挥作用的用户生物特征数据库是观测公众个体对人工智能应用真实使用情况和用户黏性等客观指标的重要依据。而在人机互动过程中,对用户习惯偏好的记录数据不仅能反映公众兴趣、情绪等主观变化趋势,也能够与用户生物特征等个人信息数据相结合,刻画用户的行为轨迹,展现出人工智能应用对公众个体真实行为产生的影响。

2. 中观层面:人工智能应用引发行业与组织的变革重构

除了公众个体的变化外,组织形态、运转模式也因为人工智能的介入而发生着变革重构。历史上,每一种使能技术的产生与应用,都将给各类行业组织乃至整个社会运转模式带来颠覆性变革。人工智能带来的最大改变,在于其进一步打破了虚与实的界限,在人机互动的新情境下,重构了传统基于人际互动而形成的组织关系。对于人工智能应用引发的行业与组织变革,也需要从应用场景、影响维向、观测界面等角度,建立中观维度的社会影响数据测量和评价指标体系。

人工智能在行业组织的应用较为广泛,涵盖了安防、教育、医疗、交通、金融等多个领域。融合了高精图像识别技术的天眼系统已经被全国各地的公安机关用于侦办案件、维护治安、保障大型活动等,在提高工作效率的同时节省了人力成本。基于大数据智能的学生画像、知识推送和虚拟教师等人工智能技术应用,为教育活动从线下大规模转移至线上移动平台提供了有力的辅助。人工智能与医疗影像、电子病例结合的精准医疗服务系统,有效提升了诊断的效率和精确性。移动医疗平台的兴起也为轻症和慢性病患者提供了更加便捷的诊疗渠道。伴随自动驾驶技术的迭代发展,无人驾驶的物流车、环卫车甚至出租车逐步被引入城市交通体系,引发交通行业的变革。在金融领域,人工智能技术的应用在客户获取、客户服务、征信评价、交易风控、产品推荐等方面发挥了巨大作用,金融服务便捷性、金融资产安全性都得到明显提升。

人工智能在不同行业和组织中的应用,加快了组织的信息流动,更新了组织成员的构成,带来了人机交互的新形态和新模式,推动着行业和组织架构、组织目标与任务的变革与再造。

一方面,信息资源的数字化、网络化、智能化,打破了传统组织信息流动的诸多壁垒,推动组织从线下向线上转移,进一步促进了组织结构的扁平化。在此背景下,原本繁杂冗长的业务流程,可以借助信息资源的归集实现系统化梳理、整合与精简;另一方面,人工智能超强的信息储存、超级模仿和深度自我学习能力,也在一定程度上实现了对组织中劳动者的功能性替代,推动着行业和组织中分工和责任的重构。原本需要由人来承担的工作,现在则可以用智能系统和智能机器来完成,组织成员可以从一些繁杂的劳动中解放出来,人的思维不再被固化到重复的事务性工作中,而是更专注于劳动价值含量高的领域。智能系统和智能机器在承担相应任务过程中,由于其本身不是责任主体,不具有单独承担法律责任的能力,因此,不同任务环节的责任承担者也需要重新定义。从组织管理上看,智能机器的进入将导致组织内权力关系的重新分配。而保证组织成员与智能系统、智能机器各司其职,合规运转,将是组织管理面临的新目标,组织规约和权力清单也需要进行调整和更新。

因此,人工智能应用对中观层面的行业和组织产生影响的分析,需要从业务流程梳理与优化、分工与责任清单、合规与权力清单等维度入手,刻画行业与组织变革重构的详细图景。

行业与组织的变革重构,将会在业务流程、精准度与效率、组织结构与网络、规则程序等多个方面得以体现。在业务流程和效率方面,可以通过对同一项业务办理环节数量以及办理时长的前后对比,测量出业务流程环节、业务办理效率的优化程度。以人工智能在医疗行业应用为例,得益于智能医疗服务平台,病患的就诊流程从原本的线下排队挂号、排队候诊、排队缴费、排队取药等多轮次排队等候优化为线上一次性解决。而不同医院之间医学影像与医学检验报告信息的打通和互认,又可以节省病患的时间成本和经济成本。这其中的涉及的环节数量、耗费的时长以及经济开销,都是可以进行量化比较的数据。在精准度方面,可以通过测量智能系统的诊断结果与最终医疗确诊结果的一致性概率,从而推断出智能系统的精准程度。

对于组织结构与网络的观测,可以从组织部门的调整重组,组织部门之间的业务合作,组织成员间的日常联系情况等方面展开。部门、岗位、工作团队以及组织成员数量和职责的变化,合作项目的数量和承担者的变化,都是可以记录测量的重要数据。组织成员间的日常联系和自组织状况,可以通过深度访谈、问卷调查、办公系统大数据分析等方式进行评估。而有关组织规章制度的文本记录,则是反映组织规则程序变化的直观证据。

3. 宏观层面:人工智能应用推动制度变迁与政策回应

从宏观层面看,具备全要素控制功能的平台型人工智能中枢逐渐被应用于社会治理实践,提升了政府的治理能力,促进着公共治理体系、治理模式、治理理念的智能化转型,推动着制度变迁和政策回应。对人工智能在宏观层面的应用场景、影响维向、观测界面的分析,应当重点着眼于政府与社会关系的新变化、新趋向。

人工智能给作为社会治理与宏观经济调控决策中枢的政府创造了更加精准、真实、全面的决策信息场景,可以有效减少决策的逆预期效果。在宏观领域,人工智能应用已经涵盖了城市治理、政民互动、公共服务、应急管理、经济调控等多个方面。以城市大脑为代表的智能治理中枢平台,通过对分散在不同部门和渠道的政务数据、社会数据的系统化整合归集与分析,实现了对城市运行感知、公众需求采集、公共资源配置、宏观决策指挥、事件预测预警等城市治理功能的集成,并在新冠肺炎疫情期间发挥了巨大作用。"随手拍随心问""民意直通车"等应用程序,将公众手中的智能手机终端与政府智能治理中枢相连接,进一步拓宽了政民互动的渠道,提升了"接诉即办"的效率。在公共服务方面,政务数据归集和业务工单智能化处理的实现,已经使得"最多跑一次"改革初见成效。具备消防监测、污染监测、内涝监测等功能的智能传感器的广泛部署及其与城市大脑等城市治理智能中枢的结合,则有效提升了应急管理指挥决策的精准化、智能化水平。在经济生产方面,工业大脑通过对区域内企业日常运营情况、生产链、供应链等数据进行整合和智能化分析,协助企业高效调配资源,推动节能减排与经济结构优化转型。新冠肺炎疫情等应急管理事件发生后,一些地区也可以利用工业大脑,帮助企业复工复产,缓解企业运营压力,促进经济恢复。

人工智能应用在宏观层面的影响需要从两个方面进行分析。一方面,人工智能在社会治理中的应用,实现了对政府和社会的双向赋能。政府是维护社会运转秩序的保障性力量,但由于现代社会的复杂性以及官僚机构的低效等问题,政府也面临着信息不对称等问题,导致"政府失灵"。人工智能对数据挖掘、获取与分析能力的拓展,特别是城市大脑等智能中枢平台对整个社会数据信息资源的统筹,能够缓解信息在逐层传递过程中的扭曲和失真,使决策者能够快速、准确地掌握全局信息、做出决策,提高政府应急响应的效率和质量。而公众日常使用的智能设备与城市大脑智能中枢间建立的数据传输连接,也为公众直接参与社会治理开辟了新的渠道。

但另一方面,人工智能在微观和中观层面的影响正加速汇聚,并在宏观层面集中涌现,给整个社会的政治、经济、法律体系带来了巨大冲击,这些冲击都将为评估现有政策和制度提供最真实的反馈。智能化时代,一切的社会具象都有了被"数据化"的可能,每个个体和组织都可以被一个含有大量数据信息的二维码"代替"。政府可以通过对数据信息的控制,实现对个体的全面监测和控制,但政府与社会互动中的人文关怀却无法通过信息控制实现。如何确立技术应用的"度",是当前政府治理中的一个重要问题。特别是,随着数据上升为一种新的生产要素与财富资源,也引发了不同主体间的数据资源"抢夺大战"。不择手段地获取数据、不计后果地利用数据的现象数见不鲜,带来严峻的系统性风险,加剧了社会转型的不确定性。

对宏观层面人工智能社会影响的评估,需要从应急响应、公众参与、政策评估与反馈、社会风险引致等维度展开。与微观层面的个人以及中观层面的行业与组织相区别的是,宏观层面的人工智能应用带来的影响具有系统性、全局性特征,必须由政府采取行动,从政策和制度上做出整体性应对与治理的顶层设计。

城市大脑等智能治理中枢平台对于全社会数据的整合,为观测人工智能在宏观层面的社会影响创造了有利条件。通过对分散在社会各个角落的数据信息的归集,反映社会风险的相关缺失值、异常值能够被快速捕获,这将是观测和评估社会风险的重要依据,能够为构建用以预判风险的案例数据库提供支撑。对智能平台中枢涵盖的个体信息的聚合分析,可以描绘不同个体之间的社会网络图谱变化情况,这也是反映人工智能社会影响的重要指标。而对公众直接反应的民情民意的收集,以及对舆论动态的大数据分析,则有助于研判公众对于相关政策与制度的真实看法。

此外,公共政策是治理人工智能带来的社会影响的核心要件,也是当前人类社会采取措施回应人工智能引发社会变革的直观体现。政策文本作为政策的物化载体,是政府行为官方的、正式的、直接的记录,是政府进行调控和管理行为的真实"印迹",是开展政策研究的基本出发点和事实依据。政策印迹本身就是可观测、可量化、可分析的数据资源。政策的合作发文网络、引文图谱等,也可以从社会网络层面为我们深入观测和研究人工智能引发的制度变迁和政策回应提供坚实的证据基础。

基于人工智能对微观层面技术与人、中观层面行业与组织、宏观层面制度与政策多重影响及评价指标的梳理,可以构建一个基于场景生态的人工智能社会影响整合分析框架,该框架涵盖了研究人工智能社会影响在微观、中观、宏观三个层次需要关注的研究对象与应用场景,所形成影响的具体表征以及相应的观测界面、数据来源和采集指标,如图 2-3 所示。

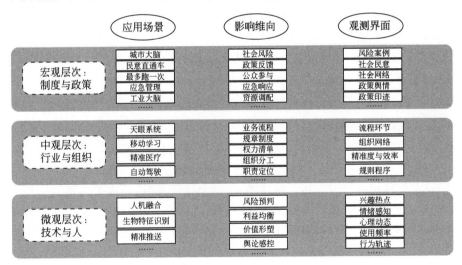

图 2-3　人工智能社会实验整合分析框架

资料来源:苏竣,魏钰明,黄萃. 基于场景生态的人工智能社会影响整合分析框架[J]. 科学学与科学技术管理,2021,42(5):14.

2.2.3　人工智能社会实验的实施要点

1. 坚持以人为本的核心价值

人工智能社会实验的核心价值秉持以人为本、人民利益至上。它关注和研究的不是技术应用本身,而是以大数据、云计算、人工智能等为代表的技术在应用过程中,对个人、组织和社会产生的影响。对受众真实感受和体验的忽视是很多创新实践失败的根源,人工智能社会实验旨在借助科学的研究方法,将受众的真实感受和体验以最快速度反馈给技术研发和政府治理一线的实践者,为他们进行技术优化和治理改善提供参考,进而推动技术应用更加契合公众与社会的需求和期待,促使人民群众共享发展成果。将新技术广泛应用在生产生活、政府治理的实践当中,只是人工智能社会实验得以开展的前提条件。研究者还需要利用科学的实验设计,对技术应用给公众的心理与行为、组织的使命与结构、社会的制度与政策等要素带来的变化和影响进行系统测量与评估,并将这些研究的结论及时反馈给一线的实践人员和部门。只有完成了这一系列任务,才能实现人工智能社会实验的研究闭环,也才能真正实现通过人工智能社会实验增强人民群众获得感、幸福感、安全感的目的。

2. 选定明确的干扰变量

在具备了新技术应用的前提条件后,开展人工智能社会实验的第一步,是选定明确的干扰变量。由于不同地区、不同领域、不同场景的现实条件存在差异,给受众造成影响的关键干扰变量也可能不同,干扰变量的选择可以是应用于实践的新技术本身,也可以是建立在某种新技术上的新举措、新模式、新政策等。只有明确干扰变量,才能根据干扰变量的具体特点,设计出科学的实验方案,开展人工智能社会实验研究。

3. 保障样本随机分组

社会实验研究的一个难点是保障样本的随机分组,使样本被分配到实验组和对照组的概率一致。在人工智能社会实验中,这一问题仍旧突出。因此,在组织应用阶段引入相关新技术、选定干扰变量时,就需要构建和维护一个高质量的抽样框,尽可能保证抽样框内所有样本受到特定人工智能社会实验影响的概率是一致的,增强社会实验的内外部效度与信度。

4. 确立实验组和对照组

"控制—对照—比较"的实验推理逻辑是开展人工智能社会实验的基础,因此,在选定需要研究的人工智能社会实验干扰变量和样本框后,就要对受到该干扰变量影响的个人和组织,以及未受到该干扰变量影响的个人和组织进行区分,在满足平行假设的基础上,确立实验组和对照组,使实验组和对照组在其他变量上尽可能接近,而是否受到待检验干扰变量的影响成为实验组和对照组之间的关键差异。

5. 强化伦理审查

由于人工智能本身具有高度不确定性和较大伦理风险,新引入的干扰变量对社会公众产生的影响可能长期持续并且无法有效调控。因此,开展人工智能社会实验需要特别重视伦理问题。研究者要严格谨慎地遵循尊重、不伤害、有利、公正等基本科研原则,加强对实验流程、实验对象选择、实验数据采集等各个环节的伦理审查。充分尊重被试的自主性,确保被试的知情同意权、数据信息隐私权得到有效保护,尽可能降低被试需要承担的风险和伤害,维护研究的程序公正、回报公正、分配公正,强化对弱势群体的保障机制,防止引发新的不平等现象,做出有利于人类社会和科学知识增长的研究。

6. 注重数据采集的标准化

人工智能社会实验是对技术变革、治理创新与社会转型的综合性检验,具有长周期、跨领域、多学科的特征,涉及的研究对象涵盖不同类型的个人和组织,需要采集的数据种类繁多,结构复杂。因此,在数据采集过程中,要特别注重数据的标准化和完备性,为实现不同区域、不同行业人工智能社会实验数据的交流共享提供便利,使人工智能社会实验成为一项系统性科学研究工程,也为后人开展研究留下可供参考和利用的资料。

2.3　人工智能社会实验的价值与意义

2.3.1　构建科学、规范、实证的研究范式

在科技发展引领社会变革的时代背景下,以科学的态度方法来应对社会重大问题愈加重要。由于人工智能等新技术的前沿性,现有关于人工智能社会影响的研究大多是基于对未来情境的设想而进行的评论与探讨,在研究方法层面缺乏建立在科学循证逻辑基础之上的实证研究;讨论议题集中于哲学伦理和公共治理领域,缺乏对技术和产业实践的反向回馈;场景选择局限于人工智能等新技术在特定领域的产业应用,往往以追求短期效应、追求公众效应、追求经济效应为主,缺乏基于田野实验的跟踪式、长时间周期的、宽领域的、多学科交叉的,以记录、观察、分析为主的情景感强的实验,也缺乏对社会底层群众的人文关怀。

习近平总书记曾在科学家座谈会上指出,科学家们要"敢于大胆质疑,认真实证,不断试验",通过"一个不断观察、思考、假设、实验、求证、归纳的复杂过程,而不是简单的归纳"的过程,做出重大原创性成果。作为一项立足当下、面向未来的系统化科学研究工程,人工智能社会实验力求充分弥补现有研究的不足,为全面观测、分析、解决处于剧烈变化时期、充满不确定性的新生事物及其引发的种种新问题提供一种科学、规范的实证研究范式。

人工智能社会实验将充分利用和发挥我国新技术应用广泛、多样的优

势,通过长时间周期、宽空间区域、多学科综合的介入式观测,客观、准确地跟踪观察、测量人工智能等新技术应用在风险、安全、伦理、道德、治理等方面的影响,聚焦于人工智能技术发展过程中对人、组织和社会的影响,消解技术"两刃剑"带来的社会张力,为人工智能等新技术的广泛应用提供基于科学循证研究的社会反馈。

2.3.2 提升科学技术的人文温度

两次工业革命期间,工业自动化水平的提升,都曾引发过人类的"不适应"。如今,人工智能技术正在以前所未有的速度应用于人类社会的各个领域,不仅颠覆性地改变着客观世界,也在深刻重塑人类的主观世界和社会组织结构。作为引领新一轮科技革命和产业变革的核心力量,人工智能的发展与应用将给整个社会带来系统性、综合性的变化。面对人工智能广泛应用推动人类社会智能化转型的新特征、新态势,既要加强人工智能技术研发和应用力度,最大程度发挥人工智能的技术潜力,又要准确识别人工智能技术应用和发展过程中,可能会对人类社会带来的挑战和冲击,实现激励发展和合理规制的协调。

由于人工智能的知识复杂性和颠覆性,在对人工智能社会影响研究与治理的过程中,面临着信息不对称、规范共识难达成、政府职责不匹配等困境。因此,需要立足于社会系统分析的思维,综合哲学、法学、社会学、人类学、管理学等多学科理论和研究方法,建立更加科学、系统的科技创新评价体系,面向实践开展实证数据和案例收集,进行基于科学循证逻辑的实证分析,对人工智能的社会效应做出全面、准确、持续的评估,推动技术发展路径的优化和治理政策的改进。

开展人工智能社会实验,有助于将我们对科学技术发展的技术性认识延伸到社会性认识,让我们从关注技术对客观世界生产力的改变,上升到关注技术对人类主观世界的深层改变,进一步扩展人类对科学技术本质规律的认知,提升科学技术的"人文温度"。

2.3.3 推动国家治理体系和治理能力现代化

随着人工智能技术的发展和应用,我国多个地区已经结合本地区产业优势、技术优势,深入布局人工智能应用实践,着力打造国家级开放创新平台、探索建立新一代人工智能创新发展试验区。我国已在人工智能领域形成了数据资源丰富、应用场景广阔的先发优势。开展人工智能社会实验,利用好我国的优势,加强人工智能的社会影响机理、规律与趋势研究,形成对技术、产业与社会的反向回馈,为人工智能技术发展路径的优化和治理政策的完善提供科学的、第一手的理论参考和实践经验,是国家治理体系和治理能力现代化的重要内容。

　　随着我国人工智能社会实验工作的深入推进,利用长时间周期、宽空间领域、多学科综合的社会实验,实证检验人工智能技术应用给人类社会带来的综合性影响的理念逐渐获得了社会各界的认同和重视,中央网信办、国家发改委、教育部、民政部、生态环境部、国家卫健委等多个部门,围绕城市治理、教育、养老、环境保护、医疗等多个领域,在全国建立了多个人工智能社会实验点,形成了一批创新性强、亮点突出的实践案例。各个国家新一代人工智能创新发展试验区、人工智能社会实验点的人工智能"组织应用"取得了良好成效。我国人工智能社会实验的理论、方法创新和研究实践已经走在了世界前列。

　　对于中国的研究者而言,要充分发挥我国在人工智能应用与研究实践上的优势,利用好国家为广大科研工作者开展人工智能社会影响研究创造的有利契机,选准相关领域和实验场景,深入开展科学测量,对所获实证数据进行科学分析,挖掘其中的因果效应与机制,构建兼顾理论与实践的全链条研究路径。及时将研究结论综合反馈给技术研发者和政府部门,为相关技术标准、政策规范的制定和完善提供支撑,推动建立负责任的科技创新伦理体系和治理规范,促进科技成果服务于人类福祉。

2.3.4　促进全球治理步入良性轨道

　　对人工智能社会影响的研判与应对,也是全世界的共同关切和新时期全球治理的重大命题。著名科学家爱因斯坦(Albert Einstein)曾指出,"关心人的本身,应当始终成为一切技术上的奋斗的主要目标……要保证我们科学思想的成果会造福于人类,而不至于成为祸害"[①]。尽管世界各国在加快研究人工智能社会影响、防范人工智能社会风险方面具有一定的共识,但受困于经济发展停滞等外部因素带来的焦虑与不安,美国、欧洲等西方国家和地区的相关研究实践明显滞后,对于加强全球合作,共同应对人工智能等新技术风险的态度也开始飘忽不定。

　　作为全世界最早倡导和启动人工智能社会实验工作,对人工智能社会影响展开系统研究和分析的国家,在新冠肺炎疫情发生之后,我国迅速利用最新技术成果进行疫情防控,取得了抗击疫情的重大胜利,为我国社会经济恢复和发展奠定了良好的基础。我国丰富多元且持续深入的人工智能应用场景和负责任的学术研究实践,为全球各国建设有人文温度的智能社会提供了

---

① 爱因斯坦. 爱因斯坦文集(第三卷)[M]. 许良英,译. 北京:商务印书馆,1979:72.

先行先试的示范样板。

我们需要充分利用人工智能社会实验研究的路径和平台,在国际舞台发声,以适当的方式,向世界各国宣传我国通过人工智能社会实验,综合分析人工智能社会影响所取得的突出研究成果与进展,特别是我国在推动技术应用实践与社会影响研究同步向前、优化技术发展路径和治理举措、增强技术的人文关怀等方面坚定的态度和为之做出的不懈努力。积极呼吁和倡导各国学者加强合作,共同应对人类社会发展面临的重大问题和挑战,为我国赢得在全球科技伦理等领域的领先话语权,化解国际社会杂音,进一步提升我国负责任的科技大国形象。

我们要站在人类文明进程的高度,本着为人民谋福祉的宗旨,以社会实验为支点,在全球率先开展人工智能社会影响与适应性的深度研究,积极探索智能社会治理的中国道路,为人才、技术在全球的交流沟通搭建新的渠道和平台,为社会各界合作应对人类共同的挑战提供支持,积极展现中国开放包容的态度。在当前逆全球化趋势愈演愈烈的情况下,用中国负责任的大国形象,引导国际社会回归正确的价值导向,促进全球治理步入良性轨道。

📑 **专栏 2-1　人工智能社会实验实例:"城市大脑"的社会合法性研究**[①]

随着大数据、人工智能等新信息技术的勃兴,以"城市大脑"为代表的各种新技术应用的出现,推动了中国智能治理创新实践的快速发展。智能治理的核心是通过运用"城市大脑"等新技术产品来提高政府数据集成度和细化数据颗粒度,从而实现公共服务的高效化、精准化与智能化。但这也会进一步放大公众的隐私风险。如何降低公众对于隐私问题的疑虑,提升公众的安全感,进而提高公众对于政府数字化、智能化转型的认同度与接受度,是决定智能治理能否持续顺利推进的关键因素。

已有研究指出,面对可能引发争议的行为,政府会采取声誉管理行动来塑造和维护政府治理创新实践的社会合法性,以增进公众认同。这种声誉塑造可以从展现政府的绩效成就、道德形象、程序正义或专业技能四个维度展开。本书作者所在的研究团队在对中国地方政府智能治理创新实践展开质性研究的过程中发现,一些地方政府在经历或意识到公众认同对于智能治理的作用后,已经开始尝试通过向公众传达特定

---

① 可参见:魏钰明. 智能治理与公众认同:城市大脑的社会合法性研究[D]. 北京:清华大学,2021.

舆论信息的方式,塑造政府数字化与智能化转型的声誉,提升以"城市大脑"为代表的治理创新实践的社会合法性。

　　研究者通过对中国地方政府建设"城市大脑"典型案例的质性研究,梳理了地方政府进行绩效声誉塑造、程序声誉塑造和道德声誉塑造以提升"城市大脑"社会合法性的三种策略。在此基础上,研究团队采用等组后测情景模拟问卷实验的方法,随机对 2007 名被试样本施加不同的声誉塑造干预,检验不同声誉塑造策略的真实效果。其中,对照组 530 人,只对"城市大脑"进行基本介绍;绩效声誉干预实验组 523 人,重点对"城市大脑"提升公共服务的效率进行介绍;程序声誉干预实验组 500 人,重点对政府所制定的在运行"城市大脑"时需遵循的相关的规定进行介绍;道德声誉干预实验组 454 人,重点对政府在"城市大脑"运行中保障公众权益的情况进行介绍。

　　实验结果发现,除了程序声誉外,绩效声誉和道德声誉的塑造都未能直接提升公众对于数字治理的认同,且三种声誉塑造行动反而会对公众认同的形成产生抑制作用。研究表明,公众具有独立人格与理性判断力,适度的声誉塑造需要建立在公众对于数字治理的效用感知和与公众需求相契合的基础上。空洞的宣传和过度的形象包装,难以获得公众的认可,甚至会导致反作用。

　　此案例在 10.2 节有更加详细的介绍。

📝 **专栏 2-2　人工智能社会实验实例：农村电商的社会治理影响研究**[①]

　　以新一代人工智能为代表的新兴技术发展迅猛,给我国农业和农村发展带来了新的契机。近年来,"新零售""智慧零售"等概念此起彼伏,展现了后电子商务时代和人工智能、大数据等新技术条件下,消费者购物行为的变化,以及线上和线下零售业面临的巨大挑战和变革。

　　智能技术为冲破传统农村电子商务发展的壁垒提供了机遇。得益于智能技术带来的物流网络、推荐系统、服务终端等应用,农村电商如火如荼发展起来,加入到了零售的热潮中。人工智能技术助力下的农村电

---

① 可参见：王健骁. 信息赋能、农村市场化与社会资本培育：农村电商的社会影响[Z]. 工作论文.

子商务正成为农村经济社会发展中的新亮点。越来越多的农村人从事电商工作,越来越多的农村网店开张,淘宝村数量从 2013 年的 20 个跃升到 2020 年的 5 425 个。迅速发展的农村电商在影响县域经济以及助力中国减贫的同时,深刻影响着农村社会结构和乡村治理。伴随着农村电商的发展,新兴协会组织逐渐成熟,新的社会阶层人士队伍不断壮大,村民的价值观、世界观也发生了变化。研究农村电商带来的社会治理影响,对于助力乡村振兴、理解智能社会中的乡土中国有重要意义。

已有研究指出,能人带动是地区农村电商发展的重要条件。能人可以营造电商生态,协调货源、物流、场地、资金等诸多要素,在当地发挥示范引领的作用。本书作者所在团队在开展质性研究的过程中发现,引进、培育和扶持电商能人已经成为一些地方政府发展农村电商、实现村民增收的主要举措。

研究者通过对农村电商典型案例的质性研究,关注了原本没有电商的行政村引进电商能人后农村治理结构的变迁、农村新兴组织的发展等社会影响,据此设计了个体和组织层面的定量研究。个体层面,研究团队关注农村电商对于村民社会信任程度的影响,选取地理邻近、面积相近、人口接近的淘宝村和非淘宝村获取问卷数据,运用 Probit 回归和倾向得分匹配方法分析淘宝村和非淘宝村的差异。组织层面,研究团队关注引进电商能人政策对于乡村社会网络的影响,结合某乡镇在 2020 年村双委换届中推出的"能人担任村双委"政策构造准实验,采用不等同对照组准实验设计,将实验前人口、面积、经济等主要指标可比的部分行政村分为电商能人担任村双委的行政村、传统产业能人担任村双委的行政村、未受该政策影响的行政村三组,于实验前和实验后每半年通过社会调查获取数据,运用社会网络分析、双重差分等数理方法分析实验组和对照组之间社会网络结构变迁的差异。

实验的初步结果发现,农村电商提升了相关村民的信息水平,为农村提供了全国市场,对社会治理产生了深刻影响。个体层面上,农村电商改变了村民的信任格局,培育出了通用而非特享的社会信任。和非淘宝村相比,淘宝村的社会信任程度更高。组织层面上,能人在乡村社会网络中处于关键节点,在经济和公共事务方面都扮演着重要角色。和对照组相比,引进电商能人的行政村中,新兴组织成为重要治理主体,其组织形态等与传统产业形成的组织不同。

第3章

人工智能社会实验的伦理规范

科学研究活动会涉及众多科技伦理(science and technology ethics)问题。以人为主要研究对象的人工智能社会实验,由于受到人工智能技术发展的不确定性和社会实验数据采集过程中与研究对象间的复杂互动关系影响,也可能会面临较高的科研伦理(research ethics)风险。智能技术应用结果的不确定、研究者与被试之间权力的不平等,以及研究给双方带来的利益不对称,要求研究者在研究前、研究中和研究后都要进行伦理考量。因此,严格遵循科研伦理的有关准则,在研究的各个环节做好伦理审查,对于人工智能社会实验研究极为重要。

3.1 科学研究的基本伦理规范

3.1.1 科研伦理的概念内涵

伦理(Ethics),是人与人、人与社会、人与自然之间的道德关系及正确处理这些关系的规律、规则。战国时期,孟子首创"人伦"一词,指"父子有亲,君臣有义,夫妇有别,长幼有叙,朋友有信",已具有"道德准则"之义。"伦""理"连用,始见于《礼记·乐记》:"乐者,通伦理者也。"泛指事物的条理。自汉代以后,"伦理"一词被明确用以指称"道德准则"①。近代以来,随着科学技术的发展和社会工业化转型,理性精神勃兴,伦理的概念也日趋具体化、实际化和广泛化,成为一簇分支繁多的显学。

现代意义上的伦理,在内涵上可以区分为两大维度:一是理论伦理(theoretical ethics),旨在通过哲学思辨的方式,探寻社会道德生活的基本原理或者规律;二是应用伦理(applied ethics),研究如何使道德规范运用于现实具体问题,其目的在于探讨如何使道德要求通过个人行为实践、社会整体行为规则与行为程序得以实现,具体包括经济伦理、生命伦理、生态伦理、科技

---

① 夏征农,陈至立. 大辞海·哲学卷[M]. 上海:上海辞书出版社,2015:679.

伦理、政治伦理、媒体伦理、网络伦理、性伦理、宗教伦理、国际关系伦理等领域[①]。其中,科技伦理问题是当前尤为突出的问题。

科技伦理是应用伦理学的分支之一,指科技创新活动中人与社会、人与自然、人与人关系的思想与行为准则,包括科技发展与道德进步的关系,新科技革命中诸如试管婴儿、器官移植、遗传工程、核技术、人工智能等风险技术研发与应用的价值取舍,科技道德的本质、特点和功能,科技工作者及其共同体应恪守的价值观念、社会责任和行为规范等内容[②]。科技伦理是从观念和道德层面上规范人们从事各类科技活动的行为准则,其核心问题是使之不损害人类的生存条件(环境)和生命健康,保障人类的切身利益,促进人类社会的可持续发展。

科研伦理是科技伦理学科下的一个重要分支,指科研人员在研究活动中与合作者、被试和生态环境等利益相关方的利益关系及其调整需要遵循的伦理规范和行为准则,包括获得被试的自愿同意,允许其任何时候结束研究参与,尽量减少被试的风险和痛苦,确保预期研究收益大于研究风险以及研究者的学科素养、学术诚信与社会责任等方面[③]。科研伦理属于基本科学规范,而遵守科学规范是从事科学研究最基础也是最重要的原则,不遵守科研伦理则属于科学失范。忽视科研伦理会造成严重的不良后果,一方面有可能给研究对象、社会、环境带来不可逆的损失和伤害,另一方面也会破坏科技与社会的关系,导致公众对科学和新技术的怀疑。

3.1.2 科研伦理规范与准则

科研伦理的规范与准则不是一开始就存在的,是研究者们经过不断的探索而建立、修订和完善的。在 19 世纪至 20 世纪中后期,经过两次工业革命,近代科技达到了相当完善的程度,科学的发展呈现出新的特点:科学研究机构逐渐专业化,科研规模空前扩大,工业化、社会化水平不断提高。但与此同时,诸如危地马拉梅毒实验、曼哈顿计划辐射实验、越南二噁英实验、纽约地铁球芽孢杆菌扩散实验等严重违背科研伦理的事件也频繁发生,科学研究中的道德问题更加多样。自此,科学界开始考虑制订科研伦理规范,制约和引导研究中的道德问题[④]。

---

① 王泽应. 中国大百科全书数据库. 中国大百科全书(第二版). "伦理"词条[DB/OL]. https://h.bkzx.cn/item/218968? q=%E4%BC%A6%E7%90%86.

② 夏征农,陈至立. 大辞海·哲学卷[M]. 上海:上海辞书出版社,2015:676.

③ American Sociological Association. Code of Ethics[S]. 2018:4.

④ 金迪. 科研伦理规范发展史初探[J]. 科技管理研究,2014,34(20):246-250.

　　科学界对科研伦理规范的大范围讨论,滥觞于对医学实验中研究者与被试关系的关注。第二次世界大战结束后,国际社会吸取了纳粹德国借科学实验之名,屠戮 600 多万无辜生命的惨痛教训,在纽伦堡审判期间,由纽伦堡国际军事法庭主导制定了《纽伦堡法典》(Nuremberg Code),规定了自愿同意、对社会有利、避免伤害等十条人体实验的基本原则,作为国际上进行人体实验的行为规范,并于 1946 年公布于世。1964 年,世界医学会第十八届代表大会通过《赫尔辛基宣言》(Helsinki Declaration),进一步明确了以人作为被试对象的生物医学研究的伦理原则和限制条件,并在此后的数十次大会中不断予以完善,更加突出了知情同意等原则。1982 年,国际医学科学组织理事会(Council of International Organizations of Medical Sciences,CIOMS)和世界卫生组织(World Health Organization,WHO)共同制定了《人体生物医学研究国际道德指南》①,指南共计 25 条准则,围绕涉及人的健康相关研究中的科学价值、社会价值、个体受益和负担、资源贫乏地区、脆弱群体、社区参与、知情同意、参与者的补偿与赔偿、群随机试验、利益冲突、生物材料与数据使用等进行了详细阐述,为《赫尔辛基宣言》提供了一个详尽的解释,成为国际医学共同体的官方准则,促进了人体实验研究中伦理原则的正确运作。

　　在国际伦理规范的影响与引导下,世界各国也纷纷通过完善国家立法、建立伦理审查机构与监管制度等方式,对生物医药领域的科研伦理进行规范,确保人类的尊严、安全与权利不受侵害。1974 年,美国健康教育福利部首次将被试保护条款正式写入联邦法规第 45 主题 46 部分(45 CFR 46)。1979 年,美国发布了《贝尔蒙特报告》(Belmont Report),该报告基于美国联邦法规制定了保护被试的伦理原则,界定了临床医疗与医学研究的界限,提出人体研究的三项伦理原则:对人的尊重、有益和公正。1981 年,美国又颁布了《保护医学研究被试联邦法规》。英国于 2004 年颁布了《人体医学临床试验法规2004》,澳大利亚则制定了《人类研究道德行为国家声明》,均以国家立法的形式,明确了人体医学临床研究需要遵守相关科研伦理准则。

　　随着以生物医学为代表的自然科学研究伦理准则与审查制度不断发展完善,社会科学领域的科研伦理问题也开始受到关注。1963 年心理学家斯坦利·米尔格拉姆(Stanley Milgram)开展的"权力服从实验"(Obedience to Authority Study)、1970 年美国学者劳德·汉弗莱斯(Laud Humphreys)开展

---

　　① 该指南相关内容经过多次修订,于 1982 年、1993 年、2002 年、2016 年四次修改再版,并于 2016 年更名为《涉及人的健康相关研究国际伦理准则》,作为国际机构的官方准则,对世界各国生命伦理学界、健康相关研究工作提供了重要的参考。

的"茶室交易"研究(Tearoom Trade Study)①、1971年心理学家菲利普·津巴多(Philip Zimbardo)组织开展的"斯坦福监狱实验"(Stanford Prison Experiment)等一系列研究,均因为研究过程中存在采取欺骗性手段获取被试的个人隐私或对被试的身心健康造成严重损害等违反科研伦理的现象,受到社会科学研究共同体的严厉批评和声讨。在此背景下,社会科学研究共同体也参照生物医学等自然科学研究伦理标准,逐渐建立起了社会科学领域的科研伦理准则与审查制度。

📑 **专栏 3-1　斯坦福监狱实验**②

　　1971年,美国斯坦福大学心理学教授菲利普·津巴多(Philip Zimbardo)和同事们在斯坦福大学的地下室搭建了一个模拟的监狱,以每天15美元的报酬,征集了24名心智正常、身体健康的大学生志愿者,计划完成为期14天的实验。通过扔硬币的方式,24名参与者被随机分成了两组角色,其中9名学生担任监狱中的"囚犯",另外9名学生以三人一组轮班担任"看守"的角色,余下6名则作为实验候补。

　　"囚犯"们在一个星期天的早晨被同意与津巴多合作进行实验的加州警方"逮捕",戴上手铐,在警局登记名册,编上囚号,然后被带入"监狱"。根据研究者的设定,实验场景的"规则"与真实的监狱几乎没有差异。"囚犯"不再拥有自己的姓名,取而代之的是每个人的编号。"囚犯"需严格遵循日程表进行就餐等活动,此外的其他时间必须完全保持沉默,如果"囚犯"违反了任何一项规则,将受到非常严厉的惩罚。

　　尽管这只是一场"游戏",但每个"看守"和"囚犯"都很快进入了角色设定。"看守"将"囚犯"视为危险的象征,对他们严加管理。"囚犯"则将"看守"视为虐待狂,暗中心存不满。随着负面情绪的累积,"囚犯"们组织了一次抗争活动,却被残酷地镇压了。作为对抗争活动的响应,"看守"进一步强化了对于"囚犯"的约束,周而复始,陷入了恶性循环。

　　随着时间的推移,参与者们的心境大都发生了极大的变化。实验开始仅仅36小时,一名"囚犯"在极度的精神压力下出现了咒骂等歇斯底里

---

　　① 有关"权力服从实验"和"茶室交易"研究的内容,可参见:艾尔·巴比. 社会研究方法[M]. 邱泽奇,译. 第十一版. 北京:华夏出版社,2009:72-75.

　　② 案例改编自 Zimbardo P G. On the ethics of intervention in human psychological research: With special reference to the Stanford prison experiment[J]. Cognition,1973,2(2):243-256.

症状,退出了实验。实验仅仅进行了不到两天,参与实验的很多人都被折磨得濒临崩溃。一位扮演"看守"的和平主义者甚至性情大变。他原本待人和善,不喜欢攻击别人,但到了实验的第五天,他开始肆意虐待"囚犯"。他在日记中写道:"416 号不吃这种香肠,我决定强行让他吃,我让食物从他脸上流下来……我为逼迫他吃东西而感到内疚,但是,他不听话会让我更加恼火。"到第六天时,为保护这些参与者,实验者不得不宣布实验结束。实验过程中,原本十分正常的年轻人却轻易地被激发起施虐行为,这表明,特殊环境下的群体压力能够迅速地推动个人的性情发生转变,很大程度上解释了某些反常的过激行为。

尽管这一实验产生的结论对于心理学研究具有重要意义,然而,由于其对实验参与者身心健康的严重伤害,违背了科研伦理和人道主义的基本要求,而受到学术界的严厉批评,此后,这类实验均被立法禁止。

1982 年,汤姆·比彻姆(Tom L. Beauchamp)等美国学者率先编著了《社会科学研究中的伦理问题》(*Ethical Issues in Social Science Research*)一书,对社会科学研究中常见的伦理问题及应然的解决路径进行了系统的讨论[①]。伴随这些讨论,美国相继制定了一系列用于协调和解决科研各方利益冲突、数据管理、研究人员之间的合作关系、师生责任、同行评议与出版署名等各方面科研伦理问题的政策法规。由美国白宫科技政策办公室(Office of Science & Technology Policy,OSTP)提议制定的《关于科研不端行为的联邦政策》(*U. S. Federal Policy on Research Misconduct*)于 2000 年 12 月正式发布并生效,成为美国迄今效力最高、最权威的关于违背科研伦理行为相关治理措施的联邦法规。2001 年,美国人文学科基金会(National Endowment for the Humanities,NEH)颁布了《国家人文学科基金关于科研不端行为的政策》,对人文社会科学领域违背科研伦理行为的治理措施做出了专项说明与规定。

除美国外,英国经济和社会研究理事会(Economic and Social Research Council,ESRC)也在 2005 年颁布了《研究伦理大纲》(*Research Ethics*),作为社会科学研究伦理的指南性规则。2018 年 10 月,欧盟颁布了《社会科学与人类学伦理指南》(Ethics in Social Science and Humanities),首次正式以官方文件的形式,专门对社会科学和人类学领域研究需要遵循的伦理准则和审查制

---

① Beauchamp T L (eds.). Ethical Issues in Social Science Research[M]. Baltimore: The Johns Hopkins University Press, 1982.

度作了系统性的论述。

社会科学研究伦理主要涵盖三方面：一是研究者自身行为，包括学术诚信、同事关系、社会责任等；二是研究对象的保护，包括知情同意、匿名性、伤害规避等；三是对研究相关群体与环境的保护，如研究参与者所在组织、单位、社区、族群的基本权益、秩序、名誉、日常活动与行为等不受到该研究活动及其后续影响的侵害[①]。目前，国际社会科学研究中普遍流行的伦理准则基本沿袭了自然科学研究伦理规范的"四项基本原则"：

（1）尊重原则。研究者要充分尊重研究对象的自主性，尊重人的尊严，保障研究对象的人格完整性，保障其个人自由和知情同意权利，研究过程中应保持对研究对象的诚实和信息透明。要确保研究对象参与研究是自愿行为。研究者开展研究需要建立在研究对象"知情同意"的基础上，即参与研究的对象必须在完全了解他们可能受到的危害的情况下，仍然表示愿意参与研究，研究才可以进行。

（2）不伤害原则。研究者在研究过程中，要确保研究给研究对象带来的风险或伤害的最小化，避免给研究对象造成情感或心理上的苦恼以及生理上的伤害。对于社会科学研究来说，无伤害首要的和最基本的是保密，即不泄露被试的信息，包括文字和声音影像等。研究者要尽可能保护研究对象的隐私权，对研究对象进行匿名处理，对研究对象提供的资料信息严格保密。

（3）有利原则。研究首先必须有利于人类社会或科学知识的增长。对于研究对象，也要充分考虑其受益问题，包括物质意义上的报酬，还有一些信息上或者情感上的交换。"受益"要与"交换"挂钩，这是最基本的人际互动准则，需要被运用到社会科学研究之中，而不是一味地要求研究对象的合作和贡献[②]。

（4）公正原则。研究的开展必须保证程序公正、回报公正、分配公正，以确保研究对象权益不受损，科学研究有序开展。研究者应尽可能保持价值中立，秉持第三方立场，在对社会现象的观察、探索和解释过程中，只陈述事实，而摈弃价值判断和个人的好恶，采取一种"不偏不倚"的态度独立开展研究工作，做到研究结果的公正、准确，不受行政、商业利益等可能对研究质量产生不利影响的因素的干扰。

新中国成立以来，伴随我国科学研究水平的发展，我国也逐渐开展了科研伦理的探索。由于历史原因，在发展初期普遍缺乏可支撑独立研究的伦理

---

① 杜沙沙，余富强. 国外社会科学研究伦理审查制度的实践与反思[J]. 科学与社会，2019，9(4)：73-92.

② 黄盈盈，潘绥铭. 中国社会调查中的研究伦理：方法论层次的反思[J]. 中国社会科学，2009(2)：149-162.

规范和伦理审查制度,科研人员伦理意识较强但伦理知识较为薄弱。20 世纪 80 年代,为了在国际合作中为与其他国家接轨,我国率先面向医学和生命科学领域的科研伦理问题开展了大量开拓性工作。1988 年,我国成立了中华医学会医学伦理学分会,制定了《医院伦理委员会组织规程》,卫生部设立了医学伦理专家委员会,大型的三甲医院也普遍成立了医院伦理委员会[①]。此后三十多年间,我国各有关部门先后颁布了各类涉及科研伦理的相关政策,如表 3-1 所示。

表 3-1　我国颁布的涉及科研伦理相关政策文件

颁 布 主 体	颁 布 时 间	文 件 名 称
全国人大	2019 年 8 月	《中华人民共和国药品管理法》
	2019 年 12 月	《中华人民共和国基本医疗卫生与健康促进法》
	2020 年 5 月	《中华人民共和国民法典》
	2020 年 10 月	《中华人民共和国生物安全法》
	2021 年 8 月	《中华人民共和国医师法》
国务院	2001 年 5 月	《农业转基因生物安全管理条例》
	2007 年 3 月修订	《人体器官移植条例》
	2017 年 3 月	《实验动物管理条例》
	2017 年 7 月	《新一代人工智能发展规划》
	2018 年 1 月	《关于全面加强基础科学研究的若干意见》
	2019 年 5 月	《中华人民共和国人类遗传资源管理条例》
	2021 年 2 月	《医疗器械监督管理条例》
中办、国办	2009 年 6 月	《关于印发促进生物产业加快发展若干政策的通知》
	2015 年 12 月	《关于优化学术环境的指导意见》
	2017 年 10 月	《关于深化审评审批制度改革 鼓励药品医疗器械创新的意见》
	2018 年 5 月	《关于进一步加强科研诚信建设的若干意见》

---

① 本刊编辑部. 光荣的历程,庄严的使命——热烈祝贺中华医学会医学伦理学会成立[J]. 医学与哲学, 1989(1):1.

颁 布 主 体	颁 布 时 间	文 件 名 称
卫生部	1995 年 2 月	《临床药理基地管理指导原则》
	2001 年 2 月	《人类辅助生殖技术的管理办法》《人类精子库管理办法》
	2003 年 6 月	《人类辅助生殖技术规范》《人类精子库基本标准和技术规范》《人类辅助生殖技术和人类精子库伦理规范》《人类辅助生殖技术与人类精子库评审、审核和审批管理程序》
	2006 年 2 月	《人类辅助生殖技术与人类精子库校验实施细则》
	2009 年 3 月	《医疗技术临床应用管理办法》
国家卫生计生委	2015 年 12 月	《关于成立国家卫生计生委医学伦理专家委员会的通知》
	2016 年 10 月	《涉及人的生物医学研究伦理审查办法》
国家卫生健康委	2018 年 8 月	《医疗技术临床应用管理办法》
	2019 年 9 月	《加强辅助生殖技术服务机构和人员管理若干规定》
教育部	2016 年 6 月	《高等学校预防与处理学术不端行为办法》
民政部	2019 年 8 月	《高级社会工作师考试大纲》
	2020 年 10 月	《养老院院长培训大纲(试行)》《老年社会工作者培训大纲(试行)》
科技部	2006 年 9 月	《国家科技计划实施中科研不端行为处理办法(试行)》
	2006 年 9 月	《关于善待实验动物的指导性意见》
	2017 年 7 月	《生物技术研究开发安全管理办法》
国家自然科学基金委员会	2005 年 3 月	《对科学基金资助工作中不端行为的处理办法(试行)》
	2018 年 12 月	《国家自然科学基金委员会关于进一步加强依托单位科学基金管理工作若干意见》
	2020 年 12 月	《国家自然科学基金项目科研不端行为调查处理办法》
国家自然科学基金委员会、财政部	2019 年 3 月	《关于进一步完善科学基金项目和资金管理的通知》
国家中医药管理局	2010 年 9 月	《中医药临床研究伦理审查管理规范》
	2011 年 7 月	《关于成立国家中医药管理局中医药伦理专家委员会的通知》

颁 布 主 体	颁 布 时 间	文 件 名 称
国家中医药管理局	2011 年 7 月	《中医药临床研究伦理审查平台建设规范(试行)》
	2020 年 7 月	《中医药服务监督工作指南(试行)》
国家食品药品监督管理局	2010 年 11 月	《药物临床实验伦理审查工作指导原则》
国家食品药品监督管理总局	2013 年 10 月	《疫苗临床试验质量管理指导原则(试行)》
	2016 年 3 月	《儿科人群药物临床试验技术指导原则》
	2016 年 10 月	《特殊医学用途配方食品临床试验质量管理规范(试行)》
国家药品监督管理局	2018 年 11 月	《医疗器械临床试验检查要点及判定原则》
	2020 年 6 月	《药物临床实验必备文件保存指导原则》
国家卫生计生委、国家食品药品监督管理总局、国家中医药管理局	2014 年 10 月	《医疗卫生机构开展临床研究项目管理办法》
国家卫生计生委、食品药品监督管理总局	2015 年 7 月	《干细胞临床研究管理办法(试行)》《干细胞制剂质量控制及临床前研究指导原则(试行)》
	2016 年 6 月	《医疗器械临床试验质量管理规范》
国家药监局、国家卫生健康委	2019 年 11 月	《药物临床试验机构管理规定》
	2020 年 3 月	《医疗器械拓展性临床试验管理规定(试行)》
	2020 年 4 月	《药物临床实验质量管理规范》
	2022 年 3 月	《医疗器械临床试验质量管理规范》
国家卫生健康委、科技部、国家中医药管理局	2021 年 1 月	《关于印发医学科研诚信和相关行为规范的通知》
中国疾病预防控制中心	2012 年 11 月	《关于非人灵长类动物实验和国际合作项目中动物实验的实验动物福利伦理审查规定》
上海医药临床研究中心独立伦理委员会	2014 年 3 月	《上海重大疾病临床生物样本库伦理管理指南》
深圳国家基因库、华中科技大学和华大基因	2017 年 4 月	《生物样本库样本/数据共享伦理指南》

资料来源:根据公开资料整理。

2021 年 3 月 16 日,国家卫生健康委网站公布《涉及人的生命科学和医学研究伦理审查办法(征求意见稿)》,面向社会公开征求意见。这部审查办法是在 2016 年正式颁布实施的《涉及人的生物医学研究伦理审查办法》基础上,结合新的形势和要求起草的,旨在保护人的生命和健康、维护人的尊严、尊重和保护被试的合法权益,是国家科技伦理治理体系的重要组成部分。文件中对涉及人的生命科学和医学研究应当符合的八项原则作出了最新的修订和完善:

(一)合法合规原则。研究活动必须严格遵守国家和地方相关法律法规及伦理指导原则。(二)知情同意原则。尊重和保障被试的知情权和参加研究的自主决定权,严格履行知情同意程序,不允许使用欺骗、利诱、胁迫等手段使被试同意参加研究,允许被试在任何阶段无条件退出研究。(三)控制风险原则。将被试人身安全、健康权益放在优先地位,科学和社会利益次之。研究风险与受益比应当合理,尽最大努力使被试接受风险最小化的研究,力求避免被试受到伤害。(四)公平合理原则。应当公平、合理地选择被试,入选与排除标准具有明确的生命科学和医学依据。应当公平合理分配研究受益、风险和负担。(五)免费和补偿、赔偿原则。对被试参加研究不得收取任何研究相关的费用,对于被试在研究过程中支出的合理费用应当给予适当补偿。被试受到研究相关损害时,应当得到及时、免费治疗,并依据法律法规及双方约定得到补偿或者赔偿。(六)保护隐私原则。切实保护被试的隐私,如实将被试个人信息的储存、使用及保密措施情况告知被试并得到许可,未经授权不得将被试个人信息向第三方透露。(七)特殊保护原则。对儿童、孕妇、老年人、智力低下者、精神障碍患者等特殊人群的被试,以及受精卵、胚胎、胎儿或其他辅助生殖技术涉及的潜在被试,应当予以特别保护。(八)公共利益原则。个人利益和公共利益存在冲突时,应当经过严格论证。

近年来,随着国家对科研伦理问题的重视,除生命科学和医学外的其他学科的科研伦理建设步伐也明显提速。在社会科学领域,教育部、全国哲学社会科学工作办公室等机构陆续发布了《关于破除高校哲学社会科学研究评价中"唯论文"不良导向的若干意见》等一系列文件,明确提出了对学术伦理问题的指导方针,强调社科研究中研究参与者伦理保护的重要性。但由于科研伦理治理主体缺位、信息网络技术发展的冲击等因素影响,我国的科研伦理规则仍存在模糊区,科研伦理治理体系建设仍相对滞后,发展面临较为严峻的挑战[①]。

---

① 徐建. 科研伦理治理:进展、挑战与对策[J]. 天津科技,2021,48(5):1-4.

3.1.3　科研伦理审查与监管制度

为了充分保障上述四项基本原则在科学研究中得以实施,除了基于研究者伦理自觉的个人自主约束外,国际上也已经形成一套较为完备和系统的伦理审查和监督执行机制,包括审查方式、审查主体、审查原则与要点、审查程序与类别等,用以实现来自科学共同体和制度层面的约束。

在《赫尔辛基宣言》中,就明确对伦理委员会的独立性及审查、监管等权力作出了规定:"在研究开始前,研究方案必须提交给相关的研究伦理委员会进行考量、评论、指导和批准。该委员会的运作过程必须透明,必须独立于研究者、资助者和任何其他不当影响,必须具有相应资质。该委员会必须考虑研究实施所在国的法律和条例,以及相应的国际规范或标准,但不得削弱或取消任何本宣言提出的对研究被试的保护。委员会必须有监测正在进行的研究的权利。研究者必须向该委员会提供监测信息,尤其是任何有关严重不良事件的信息。没有委员会的考量和批准,研究方案不得更改。研究结束后,研究者必须向委员会提交包含研究结果和结论摘要的最终报告。"2000年,世界卫生组织以世界各国伦理审查实践的评价现状为基础,紧扣国际伦理指南中确立的伦理审查要求,颁布了《生物医学研究伦理审查委员会的工作指南》,进一步系统明确了伦理审查系统的章程、组成及工作程序等基本要件和内容。

从 20 世纪 50 年代开始,美国、英国等西方国家在伦理委员会监管的实践层面进行了前瞻性的探索。美国是较早组建伦理委员会的国家,率先建立了独立的伦理审查委员会(Institutional Review Board,IRB),进行各类科研伦理审查。自 1966 年以来,美国健康与公共服务部(Department of Health and Human Service,DHHS)规定,每个受联邦政府资助涉及人类研究的科研项目必须经过所在部门的 IRB 审查和批准才能展开研究,并专门成立人类研究保护办公室和监察长办公室,负责全国范围内的 IRB 运行的日常业务与各类监管。生命医学领域的科研伦理审查,还会受到联邦食品药品监督局(Federal Food and Drug Administration,FDA)的全面监管。在 1974 年和 1981 年颁布的两部联邦法律《保护被试法规》和《保护医学研究被试联邦法规》中,明确确立了伦理委员会审查制度,并经多次修改,成为美国规范伦理委员会的重要依据。两部立法层级高,内容具体明确、详细,具有很强的可操作性和指导性,奠定了伦理审查与监管制度的法治基础。20 世纪 90 年代以来,在联邦政府的严格管控下,美国几乎所有类型的科研项目都必须经过 IRB 的审查,无论其资金来源是私人捐赠、公司投入、社会组织筹款还是联邦政府拨款,也无论研究发起人是教授、研究员还是在读学生。

为了加强 IRB 伦理审查的科学性、规范性,美国的 IRB 本身也受到严格的准入监管和专业化认证。审查批准注册是 IRB 成立的必经程序。只要机构或组织建立了伦理审查委员会或私立营利性质的伦理委员会,都必须向人体研究保护办公室提交审查委员会的注册表。严格的注册准入制度为 IRB 的规范发展奠定了坚实的基础。在 IRB 认证体系建设方面,则是由美国医学与研究公共责任组织、美国医学院协会、美国大学联合会、美国实验生物学会联合会、社会科学协会联盟、全国州立大学和赠地学院协会、美国科学与健康委员会等七家组织共同创建了 IRB 的认证体系——人体研究保护项目认证协会,协会作为非营利性质的非政府组织,其极强的专业性和灵活自主性,有效降低了政府的监管成本。

在社会科学领域,美国社会学协会(American Sociological Association,ASA)、美国心理学协会(American Psychological Association,APA)等学科专业协会,也积极制定与发布各学科的研究伦理指南,为各类研究伦理审查委员会的运转提供专业建议,同时部分协会成员也是当地研究伦理审查委员会成员,直接为审查工作提供服务与顾问工作。

英国对于临床研究的伦理审查工作也非常重视,20 世纪 50 年代就在统一的国家立法及专门的监管机构基础上,探索建立研究伦理委员会(Research Ethics Committee,REC)开展伦理审查工作。但与美国由政府主导的伦理审查委员会运行模式略有不同,英国研究伦理委员会的运行主要由各类专业化协会主导,专业化协会对研究伦理工作具有引领作用,为研究项目提供资金,制定相关规则指南,并引导、推动和监督 REC 展开审查工作,政府则负责对 REC 的监管工作。2007 年,英国卫生部组建了“全国伦理研究服务委员会”,该机构依托国民卫生服务计划(National Health Service,NHS),负责制定法规政策和进行行政规划,管理伦理委员会,规范研究伦理,并作为监管机构承担对伦理委员会认证的职能,未经其正式认可的伦理委员会只能对药物以外的临床试验进行伦理学评审。这种模式的优点在于,相关制度的兼容性和可选择性强,审查标准也符合学科个性化特点的需求[①]。

由于不同学科特点各异,审查难度和程序存在一定差别。在实践中,大多数伦理审查工作主要在生物科学、临床医学等领域展开,人文社会科学领域的科研伦理审查力度较生命医学领域相对宽松。美国将人文社会科学领域的科研伦理审查纳入生命医学科研伦理审查的同一模式,运用同一套标准与相似的流程展开伦理审查工作,但会根据项目的风险度和研究价值,将伦

---

① 杜沙沙,余富强. 国外社会科学研究伦理审查制度的实践与反思[J]. 科学与社会,2019,9(4):73-92.

理审查类别分为免除审查(exempt review)、快速审查(expedited review)和全面审查(full review)等不同类别,以满足人文社会科学不同学科的研究需求。英国则通过专业化协会,如 ESRC,颁布与生命医学领域的审查规则相区别,特别适合社会科学定性研究方法设计等特殊研究需求的专业性科研伦理审查规则,用以指导社会科学领域的伦理审查。英国的大部分高校院所都单独成立了人文社会科学研究伦理委员会(REC for SSH),专门负责社科类研究的伦理审查工作。尽管世界各国对社会科学领域的伦理审查力度稍有降低,但也必须遵循三个维度的基本标准:①独立性。审查按照学术标准和社会标准进行,而不受行政力量和商业力量的干预。②适配性。社会科学研究预设性差、敏感性高、可重复性低,因此审查需要采取特定形式。③平等性。不同国家、不同文化在伦理审查上应对等。

与国际社会相比,我国科学研究事业起步相对较晚,科研伦理审查制度的确立和发展也相对滞后。前文提到,我国于 2007 年颁布《涉及人的生物医学研究伦理审查办法(试行)》后,经过近十年探索,才于 2016 年正式颁布《涉及人的生物医学研究伦理审查办法》,明确了伦理审查的相关制度规定。2018 年发生在深圳的"基因编辑婴儿"事件,使得全社会对科研伦理审查的呼声高涨。在此背景下,2018 年 11 月,国家自然科学基金委员会发表公开信:"要以对人类和生命高度负责的态度践行科学研究中的伦理规范。"2019 年 3 月 5 日,国务院总理李克强在第十三届全国人民代表大会第二次会议上所作的政府工作报告中明确提出,要"加强科研伦理和学风建设,惩戒学术不端,力戒浮躁之风"。2019 年 7 月,中央全面深化改革委员会第九次会议召开,会议审议通过《国家科技伦理委员会组建方案》,强调科技伦理是科技活动必须遵守的价值准则,组建国家科技伦理委员会,目的就是加强统筹规范和指导协调,推动构建覆盖全面、导向明确、规范有序、协调一致的科技伦理治理体系。要抓紧完善制度规范,健全治理机制,强化伦理监管,细化相关法律法规和伦理审查规则,规范各类科学研究活动。根据该方案,通过体制机制建设杜绝违背科技伦理的行为,主要体现在三个方面:一是建立体系化的法律法规制度,使科技伦理工作有法可依;二是建立体系内的自纠机制和体系外的监督机制,使其受到行政、司法和社会舆论的广泛监督;三是建立科学严谨的审查制度,切实做到事前审批、事中监督和事后跟踪。2019 年 12 月,国家科技领导小组第一次全体会议要求"大力弘扬科学家精神""严肃查处违背科研道德和伦理的不端行为",表现出我国对科研伦理问题的高度关注。

2020 年 1 月 20 日,上海市通过的《上海市推进科技创新中心建设条例》将科技伦理审查的范围拓展到生命健康之外的其他领域,首创设立综合性科技伦理审查制度的先例。2020 年 10 月 21 日,根据《国家科技伦理委员会组建方案》要求，我国正式成立国家科技伦理委员会。国家科技伦理委员会的成立，标志着我国的科研伦理准则与审查制度实现了从生物医学领域向包括社会科学在内的所有科学技术领域的跨越式发展。

2021年3月16日，国家卫生健康委网站公布并面向社会公开征求意见的《涉及人的生命科学和医学研究伦理审查办法（征求意见稿）》，进一步完善了相关伦理审查办法，指出开展涉及人的生命科学和医学研究的二级以上医疗机构和设区的市级以上卫生机构、高等院校、科研院所等机构是伦理审查工作的管理责任主体，应设立伦理审查委员会，开展涉及人的生命科学和医学研究伦理审查。其他开展涉及人的生命科学和医学研究且未设立伦理审查委员会的机构可以书面方式委托区域伦理审查委员会或有能力的机构伦理审查委员会开展涉及人的生命科学和医学研究伦理审查。受委托的伦理审查委员会应当对审查的研究项目进行跟踪审查。医疗卫生机构应当委托高于其等级的医疗卫生机构伦理审查委员会开展涉及人的生命科学和医学研究伦理审查。区域伦理审查委员会设置和管理的具体办法由省级卫生健康行政部门会同有关部门制定。除了医疗卫生部门之外，我国的高等院校、科研院所，也逐渐启动了涵盖人文社会科学等全学科研究需求的科研伦理审查制度和伦理委员会的建设探索。

3.2　人工智能社会实验的伦理风险与挑战

人工智能社会实验是利用社会实验方法，基于科学循证的逻辑，系统观测、评估人工智能技术应用引致的综合影响与社会变革的系统性科学工程。人工智能社会实验关注的是人的问题，是人工智能对个体、组织和社会的价值认知、利益的影响，必然涉及一系列科研伦理问题。从社会实验角度而言，由于其涉及的研究主体范围大、研究时间跨度长、研究场景应用广等原因，实验复杂性和研究不确定性显著增大；从人工智能技术角度而言，由于人工智能技术本身还处于快速发展期，增加了在人工智能社会实验中出现的伦理风险的可能性。因此，人工智能社会实验在实践过程中可能面临多重伦理风险。

3.2.1　社会实验的科研伦理风险

实验方法被广泛用于对未知和不确定性科学知识进行探索、尝试，其本身作为方法系统会存在一定的科研伦理风险。从历史经验来看，以"人"为实验对象的实验风险主要有几种：（1）实验对象的生命安全风险。特别是医学临床实验中，新的药物、手术方法、治疗方式在形成成熟应用范式之前都可能对实验对象的生命安全造成伤害。（2）实验的道德伦理性风险。在一些心理实验、社会实验中,心理学家、社会学家为了挖掘人类心理活动或者人类行为的内在机制,采用一些特定的刺激或者营造特殊环境,可能对被试心理造成短期甚至长期不良影响。同时,例如个人信息泄露或者实验结果不妥当的曝光可能给实验对象以及相关利益人的日常生活带来不利、不便,产生道德层面的风险,甚至造成消极的社会影响。(3)实验过程的失控风险。在实验实施时,由于实验设计、实验环境或者不确定性偶发因素导致实验过程与预期路径产生偏差,实验因此失败以及带来消极影响。(4)实验效益的无用性风险。由于在初始阶段缺少科学的可行性论证、精良的环节与流程控制,或由于实验设计的不科学、不完善,一些政策类的大型社会实验,由于参与规模大,参与者变动流失情况频繁,在耗费了大量财物、人力、时间成本后,却未能达到预期实验效果。

社会实验是基于实验法以及其他实证研究方法,将特定政治、经济、科技因素引入真实社会情境,并检验其所产生效应的经典研究方法,其核心在于将实验室实验的研究逻辑引入现实世界。因此,社会实验与一般实验存在共性,也会面临上述的科研伦理风险。此外,社会实验在真实的社会环境中进行,参与的被试往往规模较其他实验大,牵涉范围较广,需要花费更多成本进行干预控制;由于参与被试为社会多元主体,社会实验可能会对社会产生长期的、广泛的影响,还可能产生不同于其他实验的科研伦理风险。

国内外学者结合社会实验的特点及可能面临的伦理风险,从基本伦理准则、具体情境中伦理准则的应用、研究设计方法论等多个方面,对社会实验研究需要注意的问题和伦理规范进行了丰富的讨论。

在社会实验的基本伦理原则讨论方面,汉弗莱斯(Macartan Humphreys)从作为接收者的社会公众(public)、社会实验主体(agency)、知情同意(informed consent)这三个维度,对社会实验存在的伦理问题、伦理评估程序的局限性以及如何完善相关的伦理规范进行了反思,重点讨论了社会实验需要对干预措施的责任主体进行界定,以及对知情同意进行评估的问题[①]。希恩(Mark Sheehan)等[②③]与汉弗斯莱(Hammersley)[④]还从利益与价值角度,对社会研究伦理治

① Humphreys M. Reflections on the Ethics of Social Experimentation [J]. Journal of Globalization and Development,2015,6(1):87-112.

② Sheehan M,Dunn M,Sahan K. Reasonable Disagreement and the Justification of Pre-Emptive Ethics Governance in Social Research:A Response to Hammersley[J]. Journal of Medical Ethics,2018,44(10):719-720.

③ Sheehan M,Dunn M,Sahan K. In Defence of Governance:Ethics Review and Social Research[J]. Journal of Medical Ethics,2018,44(10):710-716.

④ Hammersley M. A response to Sheehan et al.'s "In defence of governance:ethics review and social research"[J]. Journal of Medical Ethics,2018,44(10):717-718.

理和监管主体和先发性道德监管必要性等问题展开了热烈的学术讨论,双方从"社会研究者自由权"与"社会实验主体自由权"之间的价值差异方面进行了深入、系统的阐释,并对社会伦理治理提出建议。

在社会实验伦理准则的应用方面,1981年发布的美国经济研究局会议报告(A National Bureau of Economic Research Conference Report)总结了针对美国政府近五年来实施的社会实验和政策效果进行的研究和讨论。有学者以健康政策的多危险因子干涉实验(Multiple Risk Factor Intervention Trial)研究为例,指出宏观和微观社会实验存在随机抽样、知情权的伦理约束问题,包括向随机选择的个体或是群体提供(或拒绝)特定的治疗是否道德、进行政策实验前让当地政府人员掌握有关实验关键信息的必要性、被试对于实验安全风险的充分知情等,并提出适合特定政策议题的社会实验方法的选择标准[①]。

社会实验伦理规范也对涉及社会实验方法相关的社会科学研究具体的研究设计提出了一定要求。例如,有学者专门对采用网络钓鱼式的社会实验(phishing experiments)进行了批判,认为其违背了知情同意的基本伦理准则,指出必须不断完善此类实验的伦理标准规范,以保证实验风险最小化、保密性和保护隐私,潜在参与者的自主选择权,被试在参与结束后得到适当反馈等原则[②]。

在以社会真实情景为背景进行研究时,可能会涉及社会敏感问题,尤其是社会实验研究可能会侵入私人领域,深入研究一些个人的私密想法和行为等,都可能带来伦理风险[③]。社会敏感话题通常包括性别歧视、性别或家庭暴力、色情业和犯罪群体等,其研究面临的伦理冲突和规范一直备受学界关注。方特斯(Lisa Aronson Fontes)重点归纳了在进行反对妇女暴力、跨文化研究、儿童研究、少数民族和移民等社会敏感问题的研究时,在知情同意、自愿、强迫、欺骗、安全、强制报告和传播等方面存在的伦理困境,并从研究者的研究规范和机构伦理审查制度角度,对于如何规避这些伦理冲突,以及遵循知情同意、保密和隐私、社会公正、社会效益、无害性的伦理原则,提出了可操作性

---

① Hausman J A, Wise D A(eds.). Social Experimentation[EB/OL]. (1985)[2021-05-14]. https://www.nber.org/system/files/chapters/c8375/c8375.pdf.

② Resnik D B, Finn P R. Ethics and Phishing Experiments[J]. Science and engineering ethics, 2018, 24(4): 1241-1252.

③ Lee R M, Renzetti C M. The problems of researching sensitive topics: An overview and introduction[J]. American Behavioral Scientist, 1990, 33:510-528.

的规范建议[①]。格里梅尔曼（James Grimmelmann）则基于法学视角,提出了进行社交媒体用户的社会实验所应遵循的伦理规范,包括在研究过程中涉及用户参与的界定、如何践行基本的知情同意原则以及构建相应的 IRB 审查制度[②]。

我国国内专门针对社会实验的伦理规范研究相对较少,大部分研究集中从基本研究伦理原则的角度,基于社会科学研究的一般科研伦理,提出了一些社会实验研究过程中应遵循的伦理规范原则。

首先,包括社会实验在内的所有围绕人而展开的研究,都应当遵循自愿参与、对参与者无害、匿名与保密等原则,这已经成为国内外学者普遍形成的共识[③]。在此基础上,有学者进一步探讨了在中国语境下社会研究中的隐私问题,认为相比于西方的隐私权,中国的信息伦理学处于起步阶段,但在实践过程中也要将隐私权概念与中国传统价值观保持基本一致[④]。在梳理社会科学研究发展历史和研究伦理冲突的经典案例基础上,一些学者基于历史、哲学与实践角度,归纳西方国家伦理原则和指导方针及其局限性,指出中国的社会科学研究伦理需要充分考虑与西方在历史、文化与政治的差异,尤其是中国在个人和集体关系理念、人情关系、文化传统和现代理念上的特点[⑤]。针对社会边缘人群和底层敏感群体研究、信息时代道德虚无、科学的欺骗性等当前社会研究中常见的伦理困局,学者们还对如何遵循社会研究伦理准则提出了具体要求[⑥]。

随着国内社会科学实证研究不断增加,研究伦理成为学术界日益关注的问题。有学者专门从数据采集的角度切入,剖析了实验法、观察法、访谈法和问卷调查法四种常见的社会科学数据采集方法涉及的伦理问题,指出任何与人相关的实验都潜存着伦理两难问题。在使用这些方法的过程中,很容易在诚实公开、公正平等、知情同意、隐私保密和自主选择方面损害参试者的利益,破坏公平诚信的学术研究生态,阻碍社会科学研究的良性发展[⑦]。因此,

---

① Fontes L A. Ethics in Violence Against Women Research: The Sensitive, the Dangerous, and the Overlooked[J]. Ethics & Behavior, 2004, 14(2): 141-174.

② Grimmelmann J. The Law and Ethics of Experiments on Social Media Users[J]. Colorado Technology Law Journal, 2015, 13: 219-271.

③ 艾尔·巴比. 社会研究方法[M]. 邱泽奇, 译. 第十一版. 北京: 华夏出版社, 2009: 63-70.

④ Lv H H. Privacy and Data Privacy Issues in Contemporary China[J]. Ethics and Information Technology, 2005, 7(1): 7-15.

⑤ 李荷. 社会研究的伦理规范: 历史、哲学与实践[J]. 人文杂志, 2011(3): 153-160.

⑥ 李强. 应用社会学[M]. 北京: 中国人民大学出版社, 1995: 505.

⑦ 侯俊霞, 赵春清. 社会科学实证研究方法应用中的伦理问题剖析[J]. 伦理学研究, 2018(2): 111-116.

研究伦理规范的制定既需要提高各参与主体的研究伦理意识与共识,也需要我国管理部门从科学和伦理的高度制定更加系统、具体的相关标准或准则,将研究活动的伦理法制化。

3.2.2　人工智能的技术伦理风险

人工智能作为一种变革性技术,在创造新的社会经济价值的同时,也深刻改变着人类的生存环境,重塑着人类的思维和行为方式。而人工智能技术本身发展的不确定性,人工智能对现有社会价值和机制的挑战,使得人工智能也面临着较高的技术伦理风险。

从人工智能技术原理和科学逻辑层面看,人工智能社会实验所介入的弱人工智能技术应用的有效性建立在海量数据训练和算法设计之上,数据本身是一种基于人类智慧的资源,数据的性质、数量和质量容易受到其所产生环境中制度安排的影响[①]。在实际运作中,数据和算法通常由特定的机构拥有和掌控,甚至成为某些特大型巨头的核心竞争力来源而被刻意隐瞒。数据的输入和输出被刻意筛选控制,而算法则演变成一个"黑箱",导致难以对其中的精细机制进行研究[②]。这种源自数据和算法的有偏性和复杂性,使得我们对它的解释和控制变得愈来愈困难,在缺乏系统性行为规范的情况下,智能技术研发失序和应用失控的状况也时常发生,给科学研究和政府监管带来诸多困难。

特别是应用日益广泛的移动互联网、传感器、强制数据交换以及数据交易机制,使得个人信息在政府及商业巨头间愈发变得透明,严重威胁公众的隐私安全[③]。垄断性平台可根据消费者的社会经济参数与消费行为,利用人工智能进行差异化的价格歧视以最大化消费者剩余[④];根据用户的行为偏好,定制化地推送相关消费、交往乃至社会信息和搜索引擎结果,形成"信息茧房"[⑤],并在此基础上精准地影响用户的价值判断。不具备技术应用知识和能力的群体,则可能被排除在外,形成新的"数字鸿沟"。此外,智能机器造成的劳动力替代问题,如果无法得到妥善解决,公众的就业空间可能被压缩,导致

---

① 许成钢. 人工智能、工业革命与制度[J]. 比较,2018(2):121-134.

② 唐钧. 人工智能的风险善治研究[J]. 中国行政管理,2019(4):46-52.

③ Pasquale F. The black box society[M]. Cambridge:Harvard University Press,2015.

④ Ezrachi A,Stucke M E. Virtual Competition[M]. Cambridge:Harvard University Press,2016.

⑤ Pariser E. The filter bubble:What the Internet is hiding from you[M]. London:Penguin UK,2016.

公众陷入财产困境,进一步扩大"两极分化"[①]。智能社会中居于技术强势地位的新组织和新平台,在赛博空间(cyber space)的"权力空场"中快速扩张,抢占新场域中的权力,将给治理带来新的挑战,甚至引发治理失调的风险。

英国哲学家科林格里奇(David Collingridge)在《技术的社会控制》一书中提到:一项技术的社会后果不能在技术生命的早期被预料到。然而,当不希望的后果被发现时,技术却往往已经成为整个经济和社会结构的一部分,以至于对它的控制十分困难。这也被称为"科林格里奇困境"[②]。为了避免智能技术发展走向科林格里奇困境,全社会对于智能技术伦理的规范与规制的关注与讨论也持续升温。联合国教科文组织(The United Nations Education, Scientific and Cultural Organization)、世界科学与技术伦理委员会(World Commission on the Ethics of Scientific Knowledge and Technology)、经济合作与发展组织(Organisation for Economic Co-operation and Development, OECD)等国际组织都相继发布了人工智能技术伦理的指导准则,并获得了世界主要国家的积极响应。

美国政府在应对人工智能技术伦理问题上进行了一系列的战略规划。2016 年 10 月 13 日,美国白宫科技政策办公室(OSTP)下属国家科学技术委员会(NSTC)发布了《为人工智能的未来做好准备》(*Preparing for the Future of Artificial Intelligence*)和《国家人工智能研究与发展战略计划》(*National Artificial Intelligence Research and Development Strategic Plan*)两份重要报告,指出要理解并解决人工智能的伦理道德、法律和社会影响[③]。2016 年 11 月,电气和电子工程师协会(Institute of Electrical and Electronics Engineers, IEEE)发布世界首个《人工智能道德准则设计草案》(*Ethically Aligned Design for AI*),希望借助该文件帮助科技行业打造能够造福人类的人工智能自动化系统,改变以往忽视道德伦理的观念。2019 年 11 月 1 日,美国国防创新委员会 10 月 31 日发布了一份关于人工智能伦理原则的报告,旨在为美国国防部未来如何在战斗和非战斗场景中设计、开发和应用人工智能提供建议。这份报告名为《人工智能原则:国防部人工智能应用伦理的若干建议》(*AI Principles: Recommendations on the Ethical Use of Artificial Intelligence*),提出了"负责、公平、可追踪、可靠、可控"五大原则。报告强调

①　Ford M. Rise of the Robots: Technology and the Threat of a Jobless Future[M]. New York: Basic Books, 2015.

②　中国指挥与控制学会. 给人工智能加以"紧箍咒":世界各国积极推出人工智能伦理规则[EB/OL]. (2019-05-05)[2021-06-07]. https://www.sohu.com/a/311835957_358040.

③　搜狐. 美国白宫《国家人工智能研究发展战略计划》[EB/OL]. (2019-07-03)[2021-06-01]. https://www.sohu.com/a/328800695_640913.

国防部应确保技术专家对人工智能的技术、开发过程和操作方法有足够理解；应避免偏见，以防在开发和部署战斗或非战斗人工智能系统时对人造成无意伤害等①。2020 年 7 月 23 日，美国情报体系发布《情报体系人工智能伦理原则》（*Principles of AI Ethics for the Intelligence Community*）及《情报体系人工智能伦理框架》（*Artificial Intelligence Ethics Framework for the Intelligence Community*）两份文件，以确保随着技术的飞速发展，情报体系能够安全、合法地开发人工智能系统，揭示了情报体系对人工智能伦理发展的广泛价值观和指南。《情报体系人工智能伦理原则》共提出六大原则：遵纪守法，知行合一；透明负责；客观公正；开发利用以人为本；确保安全，适应力强；通过科学技术为决策提供信息②。

2018 年 4 月 25 日，欧盟委员会发布政策文件《欧盟人工智能》（*Artificial Intelligent for Europe*），提出人工智能的欧盟道路。该战略提出以人为本的人工智能发展路径，旨在提升欧盟的科研水平和产业能力，应对人工智能带来的技术、伦理、法律等方面的挑战，让人工智能更好地服务于欧洲社会和经济的发展。2019 年 4 月，欧盟先后发布了两份重要文件——《可信赖人工智能伦理指南》（*Ethics Guidelines for Trustworthy AI*）③和《算法责任与透明治理框架》（*A Governance Framework for Algorithmic Accountability and Transparency*）④。根据官方解释，"可信赖的人工智能"有两个必要的组成部分：一是应尊重基本人权、规章制度、核心原则及价值观；二是应在技术上安全可靠，避免因技术不足而造成无意的伤害。这两份文件具体落实了欧盟人工智能战略提出的"建立适当的伦理和法律框架"要求，为后续相关规则的制定提供参考，体现了欧盟推动人工智能治理的坚定决心。

在我国，国务院 2017 年 7 月发布的《新一代人工智能发展规划》明确指出要"制定促进人工智能发展的法律法规和伦理规范""建立人工智能安全监管和评估体系"，要"加强人工智能相关法律、伦理和社会问题研究，建立保障人工智能健康发展的法律法规和伦理道德框架……开展人工智能行为科学和伦理等问题研究，建立伦理道德多层次判断结构及人机协作的伦理框架"，并

---

① 新华网.美国防创新委员会发布军用人工智能伦理原则[EB/OL].（2019-11-01）[2021-06-07]. https://baijiahao.baidu.com/s? id=16490093032266200512&wfr=spider&for=pc.

② 中国国防科技信息中心.美国情报体系发布人工智能伦理原则和框架[EB/OL].（2020-07-24）[2021-06-07]. https://www.sohu.com/a/409473061_313834.

③ European Commission. Ethics guidelines for trustworthy AI [EB/OL]. https://digital-strategy.ec.europa.eu/en/library/ethics-guidelines-trustworthy-ai.

④ European Parliament. A governance framework for algorithmic accountability and transparency[EB/OL]. https://www.europarl.europa.eu/thinktank/en/document.html? reference=EPRS_STU(2019)62426.

提出了三步走战略目标：到 2020 年，我国"部分领域的人工智能伦理规范和政策法规初步建立"；到 2025 年，"初步建立人工智能法律法规、伦理规范和政策体系，形成人工智能安全评估和管控能力"；到 2030 年，"形成一批全球领先的人工智能科技创新和人才培养基地，建成更加完善的人工智能法律法规、伦理规范和政策体系"。2019 年 6 月 17 日，国家新一代人工智能治理专业委员会发布《新一代人工智能治理原则——发展负责任的人工智能》，提出了人工智能治理的框架和行动指南。这是我国促进新一代人工智能健康发展，加强人工智能法律、伦理、社会问题研究，积极推动人工智能全球治理的一项重要展示①。

3.2.3 人工智能社会实验的叠加风险

由于人工智能社会实验是将人工智能技术与社会实验的研究结合起来，在人工智能社会实验开展过程中，更有可能面临社会实验的科研伦理风险与人工智能的技术伦理风险叠加的双重风险。

与以往社会科学研究不同，人工智能研究属于数据化和信息化时代的研究。随着研究逐步从单独的生活领域转移到更加深入日常活动的领域，无疑会给社会发展和运行带来一定的伦理挑战问题，在大数据和人工智能社会实验研究之中非常容易出现研究人员被指控侵犯人们的隐私权、知情权等违背了科研伦理规范的状况，道德伦理方面的困境也使得研究人员在分析数据时陷入困境。因此，智能社会的伦理问题成为科研伦理产生问题的高发领域。

相较于传统社会研究而言，人工智能技术具有极强的特殊性和高度的不确定性，对人工智能进行的社会实验研究，会带来新的伦理问题和挑战。具体而言，这些问题和挑战包括以下方面：实验研究者的侵权问题；被试的知情同意难题；如何有效保证被试的隐私权；数据信息化管理风险；人工智能场景下与环境互动的难题；面对不确定性做出符合伦理规范的决策问题等。对于数字时代人工智能社会实验存在的新的不确定性，早期构建的伦理思想和相关科研伦理准则已经难以应对这些挑战。

在大数据和人工智能社会实验研究之中，研究人员通常与公司或政府部门进行紧密的合作，对被试拥有更多的掌控力以及更高效的数据获取能力，很容易产生实验研究者对于被试的侵权问题。在缺乏相关明确的规则的情况下，在这一过程中研究人员非常容易忽视对研究对象或实验参与人员权益

---

① 中华人民共和国中央人民政府.发展负责任的人工智能：我国新一代人工智能治理原则发布 [EB/OL].(2019-06-17)[2021-08-25]. http://www.gov.cn/xinwen/2019-06/17/content_5401006. htm.

的保障,造成侵犯人们的隐私权、知情权等严重违背科研伦理规范的风险。人工智能算法的"黑箱"、歧视性问题,也会使得研究人员在分析数据时陷入道德伦理困境,很难保证社会实验要求的"公正原则"。

首先,泄露被试隐私的风险日益增加。人工智能技术依托大数据,对于个人信息的收集呈现出精准化、全面化、简便化、隐秘化趋势①。精准化是指人工智能收集的个人信息与信息主体的匹配度极高。全面化是指人工智能全方位收集个人信息,无论生物识别信息还是痕迹信息,都在其范围内。简便化是指收集个人信息的设备、指令、方式已极为简便,甚至实现了单设备信息采集、分析、处理一体化,并向进一步的便捷化发展。隐秘化是指人工智能收集个人信息的方式从公开转向隐秘,悄无声息地收集个人信息变得易如反掌。因此,在大数据的使用过程中,被试隐私泄露风险增大成为必然,且这些隐私收集之后对于研究对象没有助益,违背社会实验的"有利原则"。

其次,知情同意也因为人工智能技术而变得更加复杂。任何组织和个人均不得使用非法手段获取未经授权或超出授权范围的大数据。大数据背景下的知情同意原则与实现方式发生着重大改变。由于传统数据总量有限、时间明确、信息可预期,所以可进行个性化交流、充分知情、自主选择。知情同意方式往往为通过必要告知后签署知情同意书。而大数据的知情同意遇到挑战,海量数据、变化频繁、预期未知和复杂情况增多,实施知情同意的成本大幅上升,无法按此前的方式来实施知情同意,很多实验研究者会因为实验无法实施而对实验对象有所隐瞒,"尊重原则"很难落实。因此,大数据知情同意授权应从公民的基本权利与义务切入,在伦理审查与管理层面进行顶层设计和全程监管。

再次,数据信息化管理风险也因为人工智能技术的应用而带来更大的危害。在研究对象数据进行系统化存储之后,相关研究人员可以通过身份验证、密码登录等方式提升数据信息化管理的安全参数。但是在这个过程中,仍然无法避免黑客的攻击,也无法避免人为对于账户和密码的泄露。相比先前的数据泄露和安全管理而言,数据泄露的可能性更高,泄露的数据体量更大,因此对于数据信息化安全管理也提出了更高的要求。

最后,人工智能在社会场景中的应用是"人—机—环境"的综合协同过程,而机器在可解释性、学习性、常识性等方面的不足,将放大技术固有的缺陷和风险,对社会产生广泛而深刻的影响,引发人与社会之间的冲突,危害实验对象的安全。在这种情况下,甚至会导致违背"不伤害原则"的现象产生。

---

① 国家保密局指导管理司. 人工智能应用对个人信息保护的挑战及其对策[EB/OL]. (2019-11-14)[2021-08-25]. http://www.gjbmj.gov.cn/n1/2019/1114/c409091-31456089.html.

面对智能社会日益增长的不确定性,在人工智能社会实验的启动阶段,还没有一套准则适用于可能遇到的各类伦理问题,每个具体实验中能否做出合乎伦理标准的抉择很多时候取决于研究者自身的道德追求。因此,亟须进一步建立起相关准则加以规范。

📄 **专栏 3-2　Facebook 数据分析引发的社会实验伦理问题**

智能社会的来临为研究者搜集和分析数据创造了新的机遇,同时也伴随着新的伦理挑战。这些伦理挑战具有极大的不确定性,一旦爆发将产生更大的负面社会影响。人工智能社会实验研究者应高度重视此类问题。

2012 年,Facebook 开展了一项面向 70 万用户的情绪传染实验,研究个体情绪如何受到与其互动的人的影响。此次实验中,Facebook 收集了 689 003 位英语用户的信息流,观察其他用户是否会因为看到好友的帖子而发生情绪变化,进而改变自己的行为。实验中,公开的信息内容被分为正面和负面信息两类。Facebook 公司并不会直接编辑上述信息,而仅仅观察用户是否因看到相关的帖子而产生情绪波动,进而发布具有极端情绪的帖子。最后,研究者发现了情绪传染的相关证据。这项实验研究自发布之日起,就引发了巨大的社会争议,其核心问题在于,Facebook 公司并未争得参与者的同意,也未受到有意义的第三方监管。

此外,自 2006 年起,另有部分研究人员尝试从 Facebook 上采集学生的个人数据,并将这些包含社交信息的数据集合与校方提供的关于研究领域和居住地址的信息进行整合,探究社交网络的形成与演化规律。不幸的是,研究成果发布后,很快便有研究者根据数据情况推测出样本来源学校。相关数据分析过程中的匿名化等隐私处理流程名存实亡。由于未获得学生的知情同意,大量研究者指责该项目研究人员漠视社会科学研究的伦理标准,导致研究成果和数据库从网络上被永久删除。

上述案例表明,智能时代社会研究面临着诸多伦理挑战。除了可能侵犯被试的隐私权和知情权等潜在风险外,不恰当的数据管理也可能招致隐私泄露风险。这些来自多源渠道的数据一旦泄露,会给被试的社会生活带来巨大麻烦。尽管部分公开数据声称进行了匿名化处理,别有用心之人完全可能通过多渠道数据的比对和匹配进行推理,绝对的数据安全并不存在。

3.3　人工智能社会实验伦理规范体系构建

实验规范能够为实验的设计和过程提供指导,有效控制风险,使实验研究科研符合伦理道德。当前,构建人工智能社会实验的伦理规范体系已经成为全国人工智能社会实验工作开展面临的迫切需求。针对这一状况,国家新一代人工智能社会实验总体专家组伦理专委会的专家学者团队,从伦理规范、运行机制等方面,开展了大量工作,做出了卓有成效的探索。具体而言,在设计方案过程中,要充分考虑对被试的权利保护、实验因素的制约、实验过程的可控以及实验效益的有利①。形成实验设计方案后,还须对实验可能存在的风险展开伦理自查,提出风险防控与解决措施,并将实验设计方案和伦理自查报告一并上报给伦理审查委员会,由伦理审查委员会组织专家对实验设计方案、伦理自查报告进行科学性与可行性评估,以确保相关风险防控与解决措施行之有效,人工智能社会实验能够安全顺利开展。

3.3.1　人工智能社会实验伦理规范

参照国际医学科学组织理事会(CIOMS)联合世界卫生组织(WHO)2002年发布的《人体生物医学研究国际伦理指南》(*International Ethical Guidelines for Biomedical Research Involving Human Subjects*)、中国心理学会2007年发布的《中国心理学会临床与咨询心理学工作伦理守则》、国家药品监督管理局与国家卫生健康委2020年共同组织修订并发布的《药物临床试验质量管理规范》等生命医学领域基本科研伦理准则,以及欧盟委员会(European Commission)2018年发布的《人文社会科学伦理指南》(*Ethics in Social Science and Humanities*)中对于被试权利保护、实验因素制约、实验过程可控、实验效益有利的相关规定与要求,人工智能社会实验需要遵循以下伦理规范。

1. 保护实验被试的隐私权利

隐私保护是面向"人类"科学研究的基本规范准则。在新科研范式兴起的背景下,大数据和人工智能的使用在隐蔽性、传播性、扩大性等方面,给隐私保护带来了新的挑战。因此,人工智能社会实验更需要充分保障被试的隐私权利。在数据采集环节,要坚持"最小采集原则",采集在满足研究需求(例如随机性与代表性)前提下的最小样本量的同时,要避免采集研究所不必要

①　瞿晶晶,王迎春,赵延东. 人工智能社会实验:伦理规范与运行机制[J]. 中国软科学,2022,383(11):74-82.

的敏感信息(例如姓名、证照信息、住址信息、出行轨迹等)。在数据传输、存储、利用以及成果开放分享环节,要做好脱敏、加密处理,防止个人信息泄露。数据调用以及传输途径要做到可追踪,实现数据管理规范化、流程化。对于涉及安全等级较高的数据集,要防范技术对原数据的还原所导致的隐私泄露。

2. 保障实验被试的自主性权利

在人工智能社会实验实施过程中,还需要充分保障被试"知情同意"的权利,确保被试在是否参与实验,实验的开始、进行、退出、终止各环节,以及实验相关背景信息等方面拥有话语权和知情权。部分以开放环境作为实验场景的实验,需要利用大数据抓取与挖掘技术进行群体指征判断,精准确定施加干预的被试较为困难,无法对每一位被试都进行知情同意的规范操作。针对这种情况,实施者应当尽可能地通知可能涉及的被试,采取媒体宣传、公众沟通等灵活方式和渠道公开实验计划信息,并发布负责人的联系方式,听取、接受社会的意见建议。对于在线开展的社会实验,还可以充分借鉴新技术手段,开发第三方知情同意管理工具、个人信息管理应用程序以及区块链去中心化的解决方案,实现对被试知情同意权利的保障。

3. 确保人工智能社会实验对公众和社会有益

人工智能社会实验关注技术创新对社会带来的影响,旨在进一步推动构建对人类社会有益的技术应用范式。人工智能社会实验应发挥支撑智能时代治国理政的功能,通过人工智能社会实验,积累智能社会治理的经验知识。一方面,总结现有的技术或者技术社会应用系统中的不足与风险并及时反馈到技术研发者,助力技术更新迭代、健康发展;另一方面,针对现有治理体系的知识缺失和薄弱环节,提出新的干预措施和政策建议,为政府构建更加完善的治理体系、有效防范智能技术普及的潜在社会风险提供参考。因此,人工智能社会实验应秉持"有益性"原则,避免对被试和社会造成伤害。这种有益性是人类社会的共同利益,而不是某一组织、机构、国家或地区的单边利益。务必防止人工智能社会实验被简单操作为某种新技术产品的应用示范或市场测试,而忽略其社会后果。

4. 确保人工智能社会实验全流程的公平公正

作为一项面向社会公众开展的长周期、宽领域、多学科实验,人工智能社会实验要确保对所有被试公平公正。尤其是对未成年人、老人、残障人士、少数民族与宗教人士、创伤后人群(例如犯罪受害者)、非常规移民、难民、特殊行业从业者,以及与研究团队存在依从关系的群体(例如研究者的学生)等弱势方的保护,充分注重弱势群体感受,避免弱势群体感受到歧视或不被尊重。对于社会公平等必须包含弱势群体的相关议题研究,要综合实验对象个人特性与文化背景,尽量将安全风险最小化,并保证团队中有具备相关专业知识的人员进行必要的伦理风险防控工作。例如,教育领域针对未成年人的社会实验,应邀请心理学领域专家参与实验设计、执行以及监测,确保不会对未成年人的身心成长造成负面影响。在实验回报方面,要明晰实验对象参与实验的利益回报(回报形式和价值额度),注重实验利益的公平分配,维护研究回报的公平公正。如果没有实质报酬,应提前清晰地告知被试。对于实验可能产生的伤害风险,应提前制定补偿应对方案,在参与实验前向被试明确补偿形式以及价值额度。

3.3.2 基于伦理规范的人工智能社会实验运行机制

为了确保人工智能社会实验的伦理规范能够在实验过程中得到充分遵守,还需要建立科学、负责任的实验运行机制。从实验产品选择、场景规划、数据测量与分析、主体责任、管理制度、伦理审查等方面,进行系统化的闭环运行管理,为人工智能社会实验的合规开展、规避相关风险提供坚实的制度保障。

1. 采用较成熟的技术应用与产品进行社会实验

人工智能社会实验应在有较高的技术成熟度、较好的技术应用实践基础、技术水平具备规模应用的条件下开展。相关技术应用在进入社会实验前应当通过相关技术标准和质量检验,获得市场应用许可,并对已知的社会风险采取规避措施。对于缺乏可依据的技术规范或标准的新产品,应开展技术风险前瞻性评估,对技术产品的效能、技术应用与社会交互的影响等进行综合评估。在社会实验过程中也要对技术产品应用状况进行持续追踪,一旦发现不可预计的风险,及时采取应对措施,将"无伤害"的基本准则贯穿实验始终。

2. 科学规划人工智能社会实验场景

人工智能社会实验具有与现实社会情境高度融合的特性。一方面,人工智能社会实验对于现实场景具有高度依赖性,科学规划场景环境、合理应用场景数据对于规避实验的系统风险起到关键作用;另一方面,人工智能社会实验与场景中的"人"互动密切,因此要提前对所选取的实验场景做好风险控制的规划,确保社会实验场景中的"人"不受伤害。例如,无人驾驶社会实验需要对实验场景进行提前规划、细则规定,明确实验持续时间、地点以及参与人员,测试车辆应在封闭道路、场地等特定区域进行充分的实车测试,对于场景中的测试路段、测试时间、测试项目、测试规程均需要提交详细的规划方案、风险分析及应对措施①。同时,要关注到实验对"人"产生的精神心理性伤害,特别要避免对自闭症患者、多动症患者等在身份界限上存在一定模糊性的特殊群体开展有针对性的实验,防止这些群体被"标签化"。

3. 规范实验数据采集与利用过程

人工智能社会实验具有长时间周期、宽空间区域、多学科综合的特征,不同时间阶段、不同区域领域以及不同学科的异质性,可能导致实验数据呈现出多元、复杂的特点。因此,要制定系统化的定性定量数据测量方法与采集标准,对不同阶段的数据测量、采集与分析工作进行严格规范,在关键节点进行干预机制和质量控制设计,以确保实验收集的数据能够为开展科学分析提供支撑,同时有效避免因数据采集与利用过程中的不规范引发伦理风险,实现人工智能社会实验的敏捷可控。

4. 提前明确社会实验各主体责任

在人工智能社会实验工作启动前,就应明确参与社会实验工作各主体的责任,使人工智能社会实验在项目设立、执行、监测、评估、调整以及终止等各环节的主体责任清晰,确保每个环节能够责任落实,问责有效。人工智能社会实验责任主体包括了政府、企业、学术研究者、公众等多元主体,对于不同主体的关键性责任要进行明确定义。政府的主体责任应在于顶层设计、组织、推动社会实验工作,给予社会实验顺利开展的政策保障、人才保障以及一般基础性保障。企业的主体责任在于场景以及技术的支持,为社会实验提供研究场景以及开放技术研发应用过程。学术专家则应发挥科学研究作用,在设计实验方案、构建关键测量指标、采用科学测度方法、数据收集分析,以及确保实验的科学性、有益性以及伦理性方面给予智力支持。被确定为被试的组织和社会公众,在知情同意后参加社会实验过程中,应该履行实验中的相关责任义务,配合研究的开展。

5. 制定系统化的管理制度

除明确主体责任外,还应提前制定系统化的人工智能社会实验管制制度,通过建立完善的项目负责人制、定期督查制、定期报告制、适时查新制、目标责任制等管理机制,对实验全流程进行规范和保障。在实验前,要对实验的组织形式、管理流程,各主体的工作内容、职责范围等情况进行专业调研和综合评估。在实验过程中,从研究内容的任务分解、任务工作描述、任务责任

---

① 参见工业和信息化部、公安部、交通运输部于 2018 年 4 月 3 日印发的《智能网联汽车道路测试管理规范(试行)》(工信部联装〔2018〕66 号)。

分配、任务工作关系、任务工作时间估计等方面,通过勾画工作分解结构,进度计划甘特图,厘清工作流程和关键节点,制订措施对进度计划进行控制,以保证研究工作按计划合规、高效进行。

6. 开展全面的实验伦理审查

伦理审查是确保人工智能社会实验合乎伦理规范的关键制度保障,要在社会实验实施前和实验实施过程中的重要流程节点,开展全面的实验伦理审查,以保障实验在具备科学价值、政策价值的同时,其全过程符合伦理道德和人类福祉。在实验开展前,所有的实验方案应首先开展自我审查,对可能存在的伦理风险及相应的应对措施进行书面陈述,形成自我审查报告。然后,由实验组织者将实验方案与伦理自我审查报告一并提交给相关伦理审查机构或组织进行外部审查。审查内容应包括社会实验研究团队的专业性,对潜在的风险的论证和防范措施符合相应的法律和伦理规范要求,实验流程重点环节包含程序化的审查机制等。审查主体应是具有相关资质的合法组织,例如相应级别的科学伦理审查委员会。此外,要充分尊重并发挥公众、媒体、行业协会等第三方的监督协同作用,广泛吸纳第三方力量,共同开展人工智能社会实验的风险防控。人工智能社会实验最终应形成统一领导、发挥优势、科学有序、社会监督的多主体参与的工作体系,推进人工智能社会实验系统性开展。

📝 专栏 3-3　人工智能社会实验科研伦理自我审查报告参考模板[①]

一、研究方案设计简介

请简要介绍本课题的研究背景与目的、实验设计方案、样本抽样方法、测量对象(被试个体与组织)、测量参数、测量方法与过程、实验流程等。总数不超过 1 000 字。

二、研究的风险与预防

请简要介绍研究参与者在研究中可能面临的身体、精神、社会、法律、经济风险,主要针对哪些人群或个体? 对这些特定个体和人群带来的伤害或不良后果有哪些? 研究还有哪些潜在的生态环境风险和社会风险? 课题组对这些潜在风险采取了哪些预防和保护措施? 总字数不超过 1 000 字。

---

①　资料来源:来自本书作者所主持的国家科技创新 2030 "新一代人工智能"重大项目"人工智能综合影响社会实验研究"子课题科研伦理自我审查报告。

三、知情同意问题

请简要介绍本课题告知被试所采用的方式、知情同意书拟告知的信息和告知的过程。总字数不超过 1 000 字。

四、隐私和保密问题

请简要介绍本课题信息采集是否涉及隐私信息,若涉及,包括哪些隐私信息? 实验中或实验后,谁有权获得原始数据或研究记录? 如何对原始数据进行脱敏处理? 研究者如何保证在论文报告中不公开被试的身份信息? 总字数不超过 1 000 字。

五、涉及弱势群体的问题

请简要介绍本课题研究对象是否涉及弱势群体,如低收入人群、老人、儿童、孕妇等,如涉及弱势群体,请说明选择弱势群体的理由和对弱势群体的保护措施。总字数不超过 1 000 字。

六、利益关联问题

请简要介绍本课题研究成果是否有商业化的可能,如有,商业化收益与研究参与者数据的关联性如何? 有无将商业化的收益与研究参与者分享的计划? 本研究除此次科技计划项目资助经费外,有无其他经费来源? 如有,是否需要向其他经费资助者报告研究进程和研究结果? 总字数不超过 1 000 字。

第二篇

经典应用

从工业社会到扑面而来的智能社会,社会实验方法历久弥新,始终是中外研究者和实践工作者探索社会问题解决之道的重要方法。社会实验研究者先后于 2019 年和 2021 年获得诺贝尔经济学奖,更加凸显了社会实验方法在社会研究方法体系中的地位。本篇重点论述过去 100 余年间的 4 个经典社会实验案例,帮助读者更加系统地理解社会实验研究的思想传承和社会价值。

社会实验研究的标志性事件是二十世纪二三十年代哈佛大学教授乔治·梅奥及其团队在美国芝加哥附近的工厂开展的霍桑实验。霍桑实验聚焦工业化转型带来的社会影响,围绕工业文明时代人类的心理、行为和组织问题积累了大量的一手数据。其中关于"理性人"和"社会人"的思辨更是在此后的数十年中深刻影响了社会科学的发展进程。本书第 4 章基于翔实的历史资料对霍桑实验的时代背景、实验设计、研究结论等进行介绍,回顾人工智能社会实验的思想原点。

几乎在同一时期,梁漱溟、晏阳初、黄炎培、杨开道等一批中国的知识分子面对积贫积弱的社会现实,在广泛的中国乡村积极开展"乡村建设运动",努力探索救国救民的新路径,其中以邹平实验的影响最为深远。第 5 章对邹平实验的时代背景、实验过程和主要成果进行介绍。虽然邹平实验因日寇入侵而终止,但以梁漱溟为代表的老一辈知识分子在其中展现的家国情怀,仍然为人工智能社会实验研究者提供了效仿的榜样。

进入 21 世纪,美国及欧洲的部分发达国家相继开展"无条件基本收入"(Universal Basic Income)实验,重点研究新兴科技,特别是自动化和智能技术发展带来的就业冲击和社会福利问题。这些实验不施加任何限制,也不做资格审查,政府或团体组织向实验对象定期发放一定额度的金钱,对于传统的社会保障和社会福利思想形成了巨大的冲击。本书第 6 章将对相关实验进行介绍。

与此同时,在许多发展中国家,贫困仍然是难以逾越的社会鸿沟。2019 年诺贝尔奖得主班纳吉团队开展全球减贫实验,采用规范的社会实验方法,从卫生、政府治理、教育等多方面探索因地制宜的减贫路径,产生了重大的学术和政策影响。第 7 章将介绍相关内容。

这四个社会实验案例覆盖从工业社会到智能社会的演变过程,向读者展现了社会实验方法的发展脉络和无数前辈运用社会实验方法探索社会问题的生动实践,这些都将成为开展人工智能社会实验的思想力量。

第4章

霍桑实验

4.1 霍桑实验概述

二十世纪二三十年代,哈佛大学教授乔治·埃尔顿·梅奥(George Elton Mayo,1880—1949)及其团队通过细致科学的社会实验研究[①],一举开拓了管理科学中人际关系研究的新领域。这一研究领域的开创使西方管理思想继早期古典的管理理论和弗雷德里克·温斯洛·泰勒(Frederick Winslow Taylor,1856—1915)、亨利·法约尔(Henri Fayol,1841—1925)及马克斯·韦伯(Max Weber,1864—1920)的经典管理理论之后,进入到行为科学的发展阶段。

霍桑实验是 1924—1932 年哈佛大学梅奥教授等人在位于美国芝加哥附近的西部电气公司(West Electric)霍桑(Hawthorne)工厂所进行的一系列实验的统称。霍桑工厂是一个生产电话交换机的工厂,图 4-1 是该工厂的全景图。该工厂为工人配备了完善的娱乐设置,并制定良好的医疗制度和养老制度,但令管理人员奇怪的是缺勤、辞职率高等问题依然存在;工人们也常常抱有怨气,工作效率低下。为找出原因,1924 年 11 月,美国国家研究委员会(National Research Council,NRC)[②]组织了一个由心理学等多学科专家参加的研究小组,在霍桑工厂开展实验调查。NRC 最初的意图是希望通过实验的方式,探究工作环境、工作条件对工人工作效率的影响。然而,实验结果却出乎意料地显示了虽然管理方式对工人工作效率具有显著影响,但其中劳动者的内在心理因素起着决定性作用。

霍桑实验后,梅奥教授针对经济学理论中的"经济人"假设提出了"社会

---

① 关于梅奥教授的生平及贡献可参考:Smith J. H. The enduring legacy of Elton Mayo[J]. Human Relations,1998,51(3):221-249.

② 美国国家研究委员会组建于 1916 年,是美国国家科学院(United States National Academies of Sciences)的执行机构,主要职能是对重要科研项目特别是具有社会效益的项目给予资金等方面的支持。

图 4-1　霍桑工厂航拍图(1925 年)

资料来源：哈佛大学商学院图书馆网页,详情可参见：https://www. library. hbs. edu/hc/
hawthorne/big/wehe_001. html.

人"的假设,指出人们的行为并不单纯受经济利益驱动,还有社会和心理方面的需要。与经济利益相比,人们在工作中更看重精神激励与人际关系。他也第一次将企业中的非正式群体作为研究对象来进行论述,并指明了非正式群体在企业中的积极与消极作用,提出了正确处理非正式群体的方法。同时,他还提出了企业提振士气的重要性,指出员工对企业的满意度是决定生产率的第一要素,驳斥了经济利益第一位的观点。以上基于实地实验的研究发现,奠定了人际管理理论的基础,推动了管理学理论进入新的发展阶段[①]。

4.2　照明实验

正如美国国家研究委员会人力研究联合会主席(Chairman of the Personnel Research Federation, National Research Council)罗伯特·耶克斯(Robert Yerkes)在 1922 年指出的：“我们正站在一个新时代的起点,在这个时代注意力开始从工业机器转移到制造、拥有或操作机器的人身上。”[②]20 世纪初期,社会各界开始广泛关注工业工人工作条件恶劣的问题。当时的许多企业管理者认为企业和民主社会的基础在于肯定工人的作用。为了提高工人对企业的忠诚度,降低离职率并防止工会运动,企业管理者开始利用福利资本主义的方式来提高员工的福祉,向公众展示企业的良好形象。这些福利包括退休金、病假工资、残障津贴和股票购买计划等。西部电器公司还为工

① 乔治·埃尔顿·梅奥. 霍桑实验[M]. 项文辉,译. 上海：立信会计出版社,2017：2.

② Baker Library of Harvard Business School. The Human Relations Movement：Harvard Business School and the Hawthorne Experiments (1924—1933)[EB/OL]. [2021-06-15]. https://www. library. hbs. edu/hc/hawthorne/02. html♯two.

人开展了一系列娱乐活动和教育计划，如跑步比赛、网球比赛、棒球联赛、午餐音乐会、选美比赛和夜校等。西部电器公司还引入了事故预防计划，包括引入安全鞋、护目镜和重型机械防护装置[①]。

为了更好地了解工人的生产率和工作满意度，西部电器公司对来自社会学、行为科学和医学等学科的研究越来越感兴趣。因此，企业、大学和政府之间开始合作对诸如霍桑工厂这样的大型制造工厂的生产率进行研究。西部电器公司的主管唐纳德·奇普曼（Donald Chipman）曾说："他们说数字不会说谎，但是已经表明，我们可以拿一组数字并证明我们想要的任何东西。"[②] 20 世纪 20 年代，在美国国家研究委员会、洛克菲勒基金会（Rockefeller Foundation）和哈佛大学商学院的支持下，研究人员在西部电气公司进行了一系列行为实验。第一个便是从 1924 年到 1927 年实施的一系列照明实验，旨在确定提供照明等工作条件对三个独立制造部门的工人效率的影响[③]。

梅奥在其《工业文明的人类问题》一书中对照明实验的大致流程和结论进行了阐述。照明实验设置了两组工人，他们在照明条件相同的两间房屋内做同样的工作[④]。实验时只在其中一间房屋内逐渐慢慢降低照明度，记录下各个照明水平下的产量，与另一个仍然充分照明的房间的产量比较。然而，实验的目的并未实现，研究报告显示生产力和光照水平之间没有显著相关性。这个研究结果促使研究人员进一步调查影响工人产出的其他因素。图 4-2 是照明实验的记录，展示了实验组和对照组的方案设计及部分实验结果。

值得注意的是，梅奥并未全程参与照明实验。1923 年，梅奥成为宾夕法尼亚大学沃顿商学院的研究员，研究疲劳对员工流动的影响。他所擅长的基于多学科的研究方法引起了哈佛商学院院长华莱士·多纳姆（Wallace B. Donham）的注意。1925 年，多纳姆写信给哈佛大学校长劳伦斯·洛厄尔（A. Lawrence Lowell），要求拨款以及任命梅奥教授从事人际关系研究。洛厄尔起初回答说，他无法证明支持一门新学科的费用或风险是合理的，但多纳姆关于人际关系的研究对工业和社会价值的论述以及梅奥在这项工作中的独

---

①　乔治·埃尔顿·梅奥. 霍桑实验[M]. 项文辉，译. 上海：立信会计出版社，2017：10.

②　Baker Library of Harvard Business School. Harvard Business School and the Hawthorne Experiments（1924—1933）[EB/OL].［2021-06-15］. https://www. library. hbs. edu/hc/hawthorne/03. html♯three. w. library. hbs. edu/hc/hawthorne/03. html♯three.

③　Baker Library of Harvard Business School. The Human Relations Movement：Harvard Business School and the Hawthorne Experiments（1924—1933）[EB/OL].［2021-06-15］. https://www. library. hbs. edu/hc/hawthorne/anewvision. html♯e.

④　Mayo E. The Human Problems of an Industrial Civilization[M]. New York：Macmillan，1933：10.

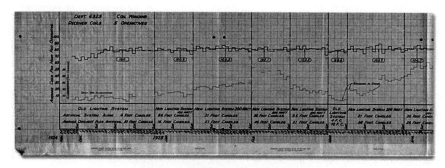

图 4-2　照明实验记录(1926 年)

资料来源：哈佛大学商学院图书馆网页，详情可参见：https://www.library.hbs.edu/hc/hawthorne/03.html♯wehe_032。

特价值最终说服了洛厄尔校长[①]。1926 年，梅奥受邀参加西部电气公司与NRC 开展的霍桑实验。

4.3　福利实验

4.3.1　福利实验背景及设计

照明实验的失败并非毫无意义。由于这个失败的刺激，研究团队筹划做进一步的实验。当时，研究疲劳、单调及其对工作效率和工人的影响正风靡一时。任何拥有和管理成千上万雇员的公司，自然要制定自己的管理方法或政策，但是当时公司管理人的方式并没有任何令人满意的参考标准。诸如此类种种考虑，推动了 1927 年 4 月的第二次实验，这一实验被称为"继电器装配实验"，也称"福利实验"[②]。

实施第二次实验的时候，研究人员全面吸取了第一次实验的经验教训。一组工人被隔离开来，以观察各种工作条件变动的影响，不再试图"监测单一变量(灯光变化)的影响"。这组实验对象人数很少，只有 6 名女性工人，这是因为公司管理人员已经注意到实验中人的精神状态变化可能很重要。他们相信这种精神状态上的变化，只有在被试人数较少的时候才更容易被监测辨识出来。图 4-3 是福利实验某一天的记录，工人们的对话反应了当时的精神

---

① Baker Library of Harvard Business School. The Human Relations Movement：Harvard Business School and the Hawthorne Experiments (1924—1933)[EB/OL].[2021-06-15]. https://www.library.hbs.edu/hc/hawthorne/04.html♯four.

② 本小节内容参见：乔治·埃尔顿·梅奥. 工业文明的人类问题[M]. 陆小斌，译. 北京：电子工业出版社，2013：45-61.

状态。为了精确计量产量的变化,也需要将实验人数控制在较小规模。需要对产量做精确计量主要有两个原因:一是产量的变化本质上反映了所有潜在影响因素的组合效应;二是产量与其他结果变量相比,在进行持续精确计量方面更具有可操作性。

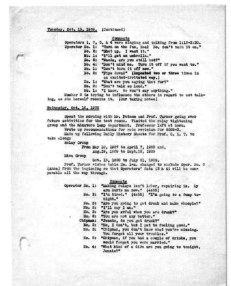

图 4-3　"每日记录"影印版(1929 年 10 月 15 日至 16 日)及作者自译

资料来源:哈佛大学商学院图书馆网页,详情可参见:https://www.library.hbs.edu/hc/hawthorne/06.html＃six。

4.3.2　福利实验流程

本次实验观察的工作是组装用于电话机的继电器。这项工作包括将一个线圈、铁芯、接触弹簧和绝缘子装配成一个设备,并用四个机用螺钉固定在适当位置。工作顺利时每个继电器的装配时间约 1 分钟,工作是重复进行的,操作工人为女性[①]。可供 5 名工人使用的标准装配工作台和需要的装备器材被安置于一间实验工作室内。这间屋子用约 10 英尺[②]的木制隔离墙与主装配间分开,工作台照明良好,布置了对温度和湿度变化的测量。原实验只是进行相对较短时间的监测观察,实际上实验工作室的运转时间从 1927 年 4 月

---

　　① 乔治·埃尔顿·梅奥. 工业文明的人类问题[M]. 陆小斌,译. 北京:电子工业出版社,2013:47.

　　② 1 英尺≈30.48 厘米。

持续到 1932 年 6 月,直到因为经济大萧条而不得不停止。实验共挑选了 6 名熟练的女工,5 人在工作台上工作,1 人为装配台上的工作人员配送部件。实验阶段、实验条件变化和实验结果如表 4-1 所示。

表 4-1 福利实验的实施流程

实验阶段	持续时间	实验条件变化	实验结果
1	2 周	原工作地点工作	
2	5 周	转移到实验室工作	
3	8 周	小组为单位计件付酬	产量上升
4	5 周	2 个 5 分钟的休息时间	产量上升
5	4 周	2 个 10 分钟的休息时间	产量上升
6	4 周	6 个 5 分钟的休息时间	产量小幅下降
7	11 周	公司在上午提供便餐	产量重回之前的高水平
8	7 周	提前半小时下班	日产量和周产量都显著上升
9	4 周	再次提前半小时下班	日产量和周产量小幅下降,平均小时产量上升
10	12 周	与第 7 阶段相同	产量上升
11	12 周	每周工作 5 日	日产量增加,周产量下降
12	12 周	与第 3 阶段相同	产量继续上升
13	31 周	在第 7 阶段条件的基础上,工人可自带便餐	产量再次上升
14	8 周	与第 11 阶段相同	产量再次上升

资料来源:(1)乔治·埃尔顿·梅奥. 工业文明的人类问题[M]. 陆小斌,译. 北京:电子工业出版社,2013;(2)Franke R H, Kaul J D. The Hawthorne Experiments: First Statistical Interpretation [J]. American Sociological Review, 1978, 43: 623-643;(3)Baker Library of Harvard Business School. The Human Relations Movement: Harvard Business School and the Hawthorne Experiments (1924—1933)[EB/OL]. [2021-06-15]. https://www.library.hbs.edu/hc/hawthorne/04.html#four.

　　5 名工人向实验工作室的转移过程是经过仔细安排的,由仪器记录的产量波动数据构成了重要的观察数值序列,形成了其他情况的参照基准。在 5 名操作工人转入特别工作间的两周前,研究者开始在她们不知情的情况下对她们每个人的产量进行记录,以此作为实验前的基础产量(第 1 阶段,第 1~2 周)。转移到实验工作间的前 5 周,在工作条件或工作程序不做任何变动的前提下,对她们的产量也进行了记录,这样可以排除转移过程产生的附带影响(第 2 阶段,第 3~7 周)。在为期 8 周的第 3 阶段,引入的实验性干预是"改变薪资支付方法"。在日常的大车间里,100 名工人按照团队总体的计件工资率获得报酬,而 5 人组成的实验小组也以小组为单位计件付酬,这意味着现在每一位姑娘挣到的钱更接近其个人业绩所占的比例[①]。这意味着,尽管还未直接关系到个人,但每位员工与团队工作绩效的关系更为紧密(第 3 期,第 8~15 周)。不出所料,实施小组计件工资之后总产量显著上升。需要指出的是,该处 100 名工人并非对照组,霍桑实验并未设置专门的对照组作为比较对象。

在实验的第 4 阶段,实验小组得到两个 5 分钟的工作休息时间,分别在上午 10 点和下午 2 点,这一阶段持续了 5 周。没有直接选择一次 10 分钟或 15 分钟的休息时间是因为休息时间太长,损失的时间可能无法弥补。正如实施小组计件工资之后总产量显著上升一样,在有了工间休息之后,产量又一次增长了(第 4 阶段,第 16~20 周)。然后,又开始实施最初备选的另一种工间休息办法,即给工人两次 10 分钟的休息,实验也由此进入第 5 阶段,这一阶段持续了 4 周(第 5 阶段,第 21~24 周)。第 6 阶段,实验小组得到 6 次 5 分钟休息时间,为期 4 周(第 6 阶段,第 25~28 周)。但是,员工们似乎对工作进程经常被打断表现出一些不满,产量曲线出现小幅下降。

在第 7 阶段,实验出现了较大的变化,这也使得该阶段成为剩余年头里实验的标杆。此后实验条件主要基于第 7 阶段进行调整。第 7 阶段最初的意图是观察工人对享用一些茶点的反应,例如,在上午的中间时段喝咖啡并吃一块三明治。通过与女工们交谈,负责观察的研究人员发现女工早晨上班工作之前只能草草吃点早餐。因此,距离午饭还有很长时间就开始饥肠辘辘,这被认为是午休之前产量记录有下降趋势的一个原因。但是,这就意味着要放弃 6 次 5 分钟工间休息,回到两次 10 分钟的工间休息。这种实验安排持续了 11 周,期间产量回到此前的高水平(第 7 阶段,第 29~39 周)。

实验的第 8 阶段至第 11 阶段保持第 7 阶段的工作条件不变,但引入了其他变化。在第 8 阶段(第 40~46 周),小组的下班时间每天提前半小时,随之而来的是每日和每周产量都显著上升。在这一阶段的早期,最初的第 1 号成员和第 2 号成员退出了,她们的位置被新的第 1 号和第 2 号操作员取代,后两位参加实验的时间比前两位长得多。在第 9 阶段(第 47~50 周),工作时长进一步缩短,小组成员每天 16 时下班。在此期间,日产量和周产量都有小幅下降,而平均小时产量上升了。

在第 10 阶段(第 51~62 周),小组回到第 7 阶段的工作条件,上午 15 分钟休息时间(有茶点),下午 10 分钟休息时间,下班时间为 17 时。在此期间,

---

① 乔治·埃尔顿·梅奥. 工业文明的人类问题[M]. 陆小斌,译. 北京:电子工业出版社,2013:47.

工作小组创造了最高日产量和周产量的纪录。第 11 阶段(第 63～74 周)是对工人施以福利的时期,工人每周只需要工作 5 日,在此期间工人的日产量继续增加,但是这种增长并不足以弥补周六上午不工作的时间损失,所以周产量小幅下降。值得注意的是,尽管出现这种下降,但是周产量仍然高于除了第 8 阶段和第 10 阶段的其他实验时期。

1928 年 9 月,是此项实验的一个重要的月份,开始进入到第 12 阶段的实验(第 75～86 周)。在此时期内,实验小组的工作条件回到第 3 阶段的情况,中场休息、茶点和其他福利统统去除。然而,回到初始工作条件的这 12 周内日产量和周产量比任何时候都高,在整个实验阶段内都没有出现下降的趋势。随后,第 13 阶段(第 87～117 周)的实验条件恢复到第 7 阶段的情况,唯一差异是上午休息时间不仅公司提供便餐,工人也可以自带食品。尽管第 12 实验阶段内工作小组的产量超过其他所有时期,但在重新实施工间休息和茶点供应的第 13 阶段产量再一次上升。很明显,在实验中逐次引入的条件改变,或许可以用于说明各阶段间的小差别,但并不能解释持续的产量增长。第 14 阶段(第 118～125 周)的实验是重复第 11 阶段的工作条件,从 1929 年 7 月 1 日到 8 月 31 日允许实验小组周六不工作。第 15 阶段实验再次回到第 13 阶段的工作条件。至此,梅奥主导的福利实验告一段落,实验小组的 5 位操作员每小时装配继电器的数量变化如图 4-4 所示①。

综合来看,"福利实验"的目的是找到更有效的控制影响职工积极性的因素。研究发现:(1)在实验中改进物质条件和工作方法,可导致产量增加;(2)安排工间休息和缩短工作日,可以解除或减轻疲劳;(3)工间休息可减少工作的单调性;(4)个人计件工资能促进产量的增加。

4.4　访谈实验

访谈实验是福利实验的再探索。在福利实验中,相似工作条件的第 7 阶段、第 10 阶段和第 13 阶段却分别生产了 2 500 单位、2 800 单位和 3 000 单位的继电器;同样相似工作条件的第 3 阶段和第 12 阶段也分别生产了完全不同数量的继电器,分别为 2 500 单位和 2 900 单位。这种奇怪的现象在梅奥后来的研究中被解释为合作带来的士气高涨,这才导致了无论改善工作条件与否都会导致产量增加,但是当时这些因素并未被第一时间发现。梅奥在其《工

① 乔治·埃尔顿·梅奥. 工业文明的人类问题[M]. 陆小斌,译. 北京:电子工业出版社,2013:55.

装配继电器数量/小时

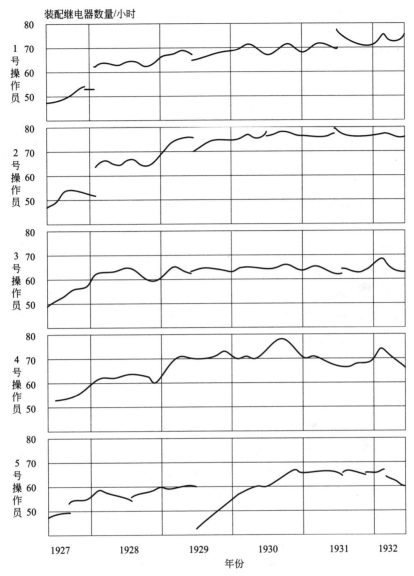

图 4-4　福利实验中 5 位员工继电器装配速度趋势图

资料来源：乔治・埃尔顿・梅奥. 工业文明的人类问题[M]. 陆小斌，译. 北京：电子工业出版社，2013：55.

业文明的社会问题》一书中指出，当采用实验方法进行研究时，由于一些重要的因素被无意或随意地排除在外而导致失败或部分失败时，研究者应当重复整个研究。因此，梅奥等人和公司管理层决定在实验室之外寻找原因，推动了访谈实验的实施①②。

福利实验一定程度上也表明了管理方式与职工的劳动生产率有密切的关系,应该进一步了解职工对现有的管理方式有什么意见,为改进管理方式提供依据。在 1928 年西部电气公司的《雇员访谈计划》文件中写道:"我们认为,如果对所有雇员都可以做面谈,并且获得他们诚实可信的意见,那么将会得出监督管理工作的方向以及工人对此类工作的期望。"计划中声明了访谈的预定目的,即"要了解雇员喜欢做什么、不喜欢做什么;为监管人员培训,为更好地加强工作条件管理、优化人员配置和提高工作效率,提供更为确切和可靠的根据;补充和核实从前进行的小规模实验测试研究中所得出的结论"。

访谈实验在福利实验执行到第 12 阶段时开始实施。梅奥等人发现问答式的访谈在当时无法达到访谈目的。工人们愿意沟通和交流,更愿意在谈话内容严格保密的保证下同公司代表或看起来具有权威态度的人谈话,而且访谈中要尽量做到倾听不打断。因此,研究团队制定了指导访问者进行工作的访谈规则:(1)把所有的注意力放到被访者身上,让其充分察觉到你在注意他;(2)以倾听为主,尽量不打断;(3)绝不辩论,绝不提意见;(4)观察什么是他想说的,什么是他不想说的,什么是如果不加帮助他说不出来的;(5)描述性概括被访者观点,时时总结对方的话,并询问是否准确;(6)对每一句话严格保密。

梅奥在霍桑工厂的质检组织(inspection organization)首先实施这一访谈实验计划。这个部门拥有 1 600 名员工,包括车间人员和办公室人员,研究团队对这些雇员都做了面谈。从管理层队伍中挑出 5 名访谈人员,根据访谈规则由他们来和雇员面谈,听取意见。女性访谈女性、男性访谈男性。根据总体计划,对质检统计部门的雇员面谈从 1928 年 9 月开始,于 1929 年年初结束。从这些早期的面谈中,获得了有助于实现研究目标的丰富材料。雇员提出的许多意见与在测试室中所发现的如出一辙。而且,除此之外,还了解到关于工作环境的更多意见,例如雇员对工作环境的想法和感受。随后,在1929 年又对操作部门(operating branch)的人员进行了面谈。1930 年访谈范围大规模扩展开来,实施访谈工作的人员大约有 30 人。具体的访谈实验实施进展和执行情况如表 4-2 所示。

---

① 乔治·埃尔顿·梅奥. 工业文明的社会问题[M]. 时勘,译. 北京:机械工业出版社,2016:62-78.

② 乔治·埃尔顿·梅奥. 工业文明的人类问题[M]. 陆小斌,译. 北京:电子工业出版社,2013:89-114.

在共计两年多的访谈实验中,梅奥等人对约 21 000 名雇员做了面对面访谈,并对访谈内容做了详细的记录和分析。图 4-5 为操作部门 1929 年访谈内容记录所做的早期分析的图形展示。访谈过程中雇员们自愿选择谈话的主题,其中的主题从此前的一万余次的访谈记录中归纳生成。柱图显示了对某个主题的意见总数,按照对公司现行政策是否满意分为两列,可以看出满意和不满意的人数差异较多。

表 4-2　访谈实验的实施进展和执行情况

访谈部门	访谈人数(名)			
	1928 年	1929 年	1930 年	1931 年
质检	1 600		514	2 114
操作		10 300	5 109	15 409
公关			8	8
产业关系			130	130
会计			637	637
生产			963	963
技术			1 166	1 166
特殊产品			699	699
总计	1 600	10 300	9 226	21 126

资料来源:Mayo E. The human problems of an industrial civilization[M]. London:Routledge, 2004.

访谈实验最大的贡献不在于研究个体关注和偏好哪种工作条件,而在于随着访谈进行,研究团队发现真正让工人效率提升的原因是团队工作和合作。梅奥等人发现,在福利实验实施过程中,管理层与女工协商、解释要进行的实验和要做这些实验的理由,并在某些问题上接受工人们的意见,使得女工们形成了一种自我管理的团队并凝聚了士气,这个团队可以全心全意地配合管理部门展开工作。这其实是关于"管理部门如何组织团体协作"的问题。此外,梅奥发现访谈工作本身就具有很重要的作用,可以促进工人同团队员工合作,还能够培养他们同管理方融洽相处的愿望和能力。管理方对工人处境的关切能够提高工人士气,进而影响工作效率。该现象体现了工人的"社会人"属性。

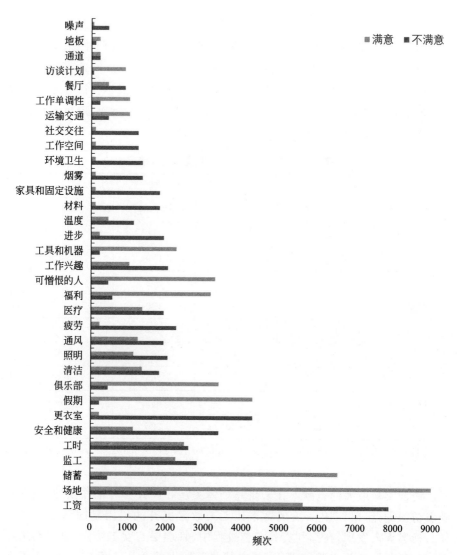

图 4-5　1929 年对操作部员工访谈内容的主题分析

资料来源：乔治·埃尔顿·梅奥. 工业文明的人类问题[M]. 陆小斌，译. 北京：电子工业出版社，2013：75.

4.5　群体实验

群体实验的目的是观察和研究一个群体内的社会关系和社会结构，重点在于验证组织中存在的非正式组织对工人态度的影响。这些问题是由研究小组的另外两名重要成员劳埃德·华纳（W. Lloyd Warner）和威廉·迪克森

(William J. Dickson)提出的。华纳是梅奥哈佛团队的一员,作为一名人类学家,他从一个完全不同的角度去观察霍桑工厂,即观察一个群体的社会行为[①]。群体实验和访谈实验展现了人类学方法等定性研究方法在实验研究中的重要作用[②]。受日益严重的大萧条带来的裁员的影响,群体实验于 1932 年春天结束。

群体实验选取 14 位男工参与绕线工作,并采用以小组总产量为依据支付每人报酬的工资制度[③]。研究人员原本期待这种制度会激励工人更加努力地提高产量,然而事实却与之相反。工人在完成一定数量的工作后,即便仍然拥有充裕的工作时间,但是也选择了停工。研究者运用人类学方法,观察到产生与理论预期不同事实的原因是:工人们意识到,如果他们的工作效率过高,就可能导致其他人失业或者其他对群体的负面影响。在这种非正式组织的群体规范的约束下,工人们选择既不做群体的搭便车者,也不当远超平均水平的佼佼者,而是完成群体认可的工作量,以换取群体成员的身份认同[④]。

群体实验反映的最大问题的是,工人们联合起来降低了生产速度,这表明需要对工人的社会关系进行分析。研究表明,小组中最受尊敬的员工是那些对权威表现出最强烈不满、最会放慢生产速度的人。研究结果证实了群体关系的复杂性,并强调了群体对个人偏好的期望。工厂是一个复杂的社会系统,有大量的非正式组织,在激励工人方面发挥着至关重要的作用。尽管工人的工资是根据个人生产率支付的,但生产率却下降了,因为他们害怕公司会降低基本工资。员工和研究人员之间没有信任,所以他们只是把生产控制在他们认为最符合自己利益的水平。群体实验表明员工有物质需求和社会需求,企业应关注工人之间的社会关系和组织结构。

4.6　霍桑实验的启示

得益于独特的选题和深远的立意,霍桑实验在管理学发展史上具有里程碑意义。霍桑实验将人的心理因素纳入管理学思想中[⑤],实现了由"经济人"

---

①　陶庆,牛潇蒙. 回归"文化""人"与重塑扎根理论(ET)——从缅甸高地到霍桑实验的"寻根"路径[J]. 学术月刊,2019,51(7):76-90.

②　李翔宇,游腾芳,郑鸿. 人类学方法在霍桑实验中的应用[J]. 广西师范大学学报(哲学社会科学版),2013,49(3):77-85.

③　丹尼尔·雷恩. 管理思想的演变[M]. 李柱流,赵睿,肖聿,等译. 北京:中国社会科学出版社,2000.

④　MBA 智库. 霍桑实验[EB/OL]. [2021-04-21/2021-06-15]. https://wiki. mbalib. com/wiki/%E9%9C%8D%E6%A1%91%E5%AE%9E%E9%AA%8C.

⑤　陈全明,张广科. 人力资源管理思想:三个里程碑及其在中国的升华[J]. 中国行政管理,2012(9):83-87.

假设向"社会人"假设的突破,超越了泰勒、法约尔、韦伯等效率至上的传统管理理论,形成了人际关系学说。

霍桑实验对"人"的关注源于其独特的历史背景。20 世纪 20 年代,经济的下行冲击了唯理主义哲学,"个人主义"伦理慢慢转向"社会的伦理"。同时,资本主义社会工人阶级日益觉醒,工会组织的不断壮大形成了新的政治环境,工人阶级斗争提高了工人在整个社会等级结构中的地位,使得管理者不得不关心企业中的工人。更为重要的是企业管理者发现科学管理理论所强调的经济刺激并不能充分调动工人的生产积极性,企业管理者也开始认识到科学管理理论和"经济人"假设的不足,主观上希望寻求新的解决办法。

梅奥等人正是抓住了上述历史中的反常因素,才成功地将社会学和心理学理论渗透到管理学领域。心理学和社会学进入管理学领域后,人的问题成为企业管理者面对的首要问题。访谈实验发现访谈可以使工人解脱情感负担,能够促使工人之间人际关系的改善,增进了工人群体与厂方的合作愿望。群体实验证明职工是社会人,在正式组织中存在着非正式组织,正式组织奉行的是效率逻辑,而非正式组织奉行的是感情逻辑[①]。对个人来说,心理学弥补了以往"经济人"假设的缺陷。对群体的人来说,社会学纠正了"群氓"[②]假设的理论偏失[③]。

需要指出的是,霍桑实验的初衷仍是探索如何通过改善工作条件和物质条件实现生产效率提升,因此霍桑实验并非是对科学管理理论的全盘否定,也并不是站在古典管理学的对立面。从研究目的来看,梅奥等人并没有否定科学管理时代的效率观和价值观。梅奥等人的理论立足点与泰勒、法约尔等人并无二致,因此霍桑实验所衍生出的管理学思想仍然是与泰勒等人的工业伦理一致的。区别在于,如果说泰勒是从科学技术入手,寻求人类合作的途径,梅奥等人则是从人际交往关系入手,铺垫社会和谐的基石。在这一意义上,霍桑实验发展起的行为科学属于对古典管理科学的纠偏,而不是对古典管理学的否定。

霍桑实验的另一贡献在于为社会科学引入了长周期、多阶段、大样本的社会实验方法。霍桑实验独特的研究路径(如图 4-6 所示)使得其能够从问题出发,经历复杂长周期的实验摸索,最终实现指导实践的目标。霍桑实验并非第一个使用社会实验方法的研究案例。早在 1923 年梅奥就结合临床医学

---

① 林志扬,陈福添,木志荣. 管理学原理[M]. 厦门:厦门大学出版社,2018:163.

② "群氓"一词来源于法国心理学家勒庞的《乌合之众》,根据勒庞的观点,群体就是聚集起来表现为同质均一心理意识的人类群体,他们拒绝理性而复杂的思考,对提供给他们的各种意见、想法和信念,只简单地选择两个极端,即要么全盘拒绝要么全盘接受,将其视为绝对真理和绝对谬误。

③ 席酉民,刘文瑞,慕云五. 行为与管理[M]. 北京:中国人民大学出版社,2009:96.

和精神病学的独特方法在费城纺织厂进行了实验研究,开创了管理学领域的社会实验方法,而霍桑实验是把这一方法发扬光大。霍桑实验在方法上带来的启示不仅限于管理科学"实验"思潮的引入,更在于其用 9 年的持续时间、4 个阶段的接力探索和 2 万余人的大规模实验对象,向社会科学研究者展示了长周期、多阶段、大样本的社会实验在实现理论突破中的重要性。此外,霍桑实验强调了定量数据和定性资料的结合在社会实验因果解释中的重要作用,也为后续社会实验的开展提供了方法参考。

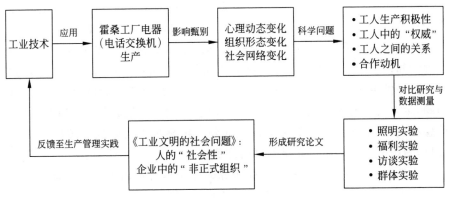

图 4-6　霍桑实验研究路径

资料来源:苏竣,魏钰明,黄萃. 社会实验:人工智能社会影响研究的新路径[J]. 中国软科学,2020,9:132-140.

　　除了上述理论和方法层面的贡献,霍桑实验为社会科学研究提供了两点重要启示。

　　第一,开展大规模社会实验需要融合多学科视角。科学是不断探索批判纠偏的过程,人的复杂性增加了社会科学研究的难度,唯有不断打破学科的界限,推动多学科交叉融合才能给出更完整的"人类画像",做出更具解释力的社会科学研究。霍桑实验之所以能够取得从"经济人"假设向"社会人"假设的突破部分要归功于梅奥等人能够从心理学和社会学的视角来反思照明实验和福利实验的失败。梅奥在心理学领域有很高的造诣,他系统研究过西格蒙德·弗洛伊德(Sigmund Freud,1856—1939)和皮埃尔·让内(Pierre Janet,1859—1947)的学说,对企业管理中的心理问题特别强调"整体的"心理研究(即完形心理学)①,也正因此梅奥开展了约 2.1 万人的大规模访谈实验,

---

　　① 格式塔心理学(gestalt psychology),又叫完形心理学,是西方现代心理学的主要学派之一,诞生于德国,后来在美国得到进一步发展。该学派既反对美国构造主义心理学的元素主义,也反对行为主义心理学的"刺激—反应"公式,主张研究直接经验(即意识)和行为,强调经验和行为的整体性,认为整体不等于并且大于部分之和,主张以整体的动力结构观来研究心理现象。

发现工人的行为受感情支配,由此诱发了以"社会人"假设替代"经济人"假设的初步设想。随后的群体实验进一步对话了社会学的"群氓"假说,即认为社会是由一群处于无组织状态的个人组成的,每个人都会从个人生存和自身利益出发理性地选择自己的行为。霍桑实验批判式地发现了该理论的偏差,证明了群体中存在非正式组织并支配个人行动。

第二,开展大规模的社会实验研究需要凝聚包括政府、企业、高校等社会等各界力量,形成"政—产—学"联合推动的研究局面。哈佛大学和麻省理工学院是霍桑实验研究的中坚力量,负责实验研究的组织、设计等核心工作。实验初期,麻省理工学院的电子工程教授杰克逊应邀负责霍桑实验的照明实验。照明实验失败后,梅奥带领哈佛大学商学院的研究力量加入,依靠其在心理学和社会学上的优势成功取得了实验研究的突破。此外,私营部门为霍桑实验提供了真实的田野场景,西部电气公司的霍桑工厂为解决面临的生产问题,全力支持梅奥等人开展实验研究,提供了真实的实验场所和充足的实验样本,解决了社会实验最为关键的问题。霍桑实验也得到了美国 NRC 的支持,为霍桑实验提供了充足的科研经费。

后来的许多学者也对霍桑实验研究的方法本身提出了批评。首先,霍桑实验缺乏干预控制等严格意义上的实验设计原则。其次,霍桑实验没有保证实验的非介入性,使得工人被试因为实验本身产生了行为变化,这被称为"霍桑效应"[①],为之后社会实验提高内部效度提供了借鉴。最后,霍桑实验的研究场所霍桑工厂并不具有典型性,属于一个各方面条件都较好的工厂,因此其结论的普遍性受到质疑[②]。

尽管霍桑实验有些许不足,但瑕不掩瑜,霍桑实验仍是社会科学研究历史上的里程碑,其长周期、多阶段、跨学科、大样本的社会实验研究方法为现代社会科学研究提供了一个值得永久探索的方向。

---

① 关于"霍桑效应"的讨论,参见本书第 13 章"实验中的常见问题与应对策略"中的 13.2.1 节。
② 苏竣,魏钰明,黄萃. 社会实验:人工智能社会影响研究的新路径[J]. 中国软科学,2020,9:132-140.

第5章

邹平实验

5.1 实验开展背景

20世纪20—30年代,中国农村经济萧条、社会动荡、民生凋敝的状况日益严重,农民日益贫困。西方文明的入侵对中国农村原有的道德秩序、伦理观念、价值判断造成侵蚀,农村传统的政治统治和社会秩序失范[1]。面对凋敝破败、困苦不堪的农村现状,梁漱溟、晏阳初、黄炎培、杨开道等有着强烈社会责任感的一批有识之士纷纷为救活中国农村而加紧奔波,旨在为破败的中国农村寻找一条出路,史称"乡村建设运动"。30年代初期,全国已有600多个从事乡村改良运动的团体,建立了1 000多处乡村实验点或实验区[2],其中以山东邹平、河北定县、江苏无锡、江苏昆山等地为代表,尤以梁漱溟于1931—1937年主持开展的邹平实验最具影响[3]。

梁漱溟是中国著名的思想家、哲学家、教育家、社会活动家、国学大师、爱国民主人士,是现代新儒家的早期代表人物之一,有"中国最后一位大儒家"之称。基于对中国社会的独到认识,梁漱溟致力于乡村建设运动,运用儒家文化拯救中国农村,并在1931年出版《乡村建设理论》一书,将其思想理论化,且在现实中积极实践,开展了邹平实验。

1928年,梁漱溟在广东广州试办乡治讲习所,后因缺乏支持而未办成。1930年,梁漱溟与彭禹廷、梁仲华等人在河南开办村治学院,出任教务长,后续的邹平实验积累了经验[4]。1930年9月,梁漱溟被聘为山东省政府高级政治顾问,积极推动邹平及菏泽、济宁等地的实验。1931年3月,山东省政府划邹平县为县政建设实验区兼乡村建设实验区,梁漱溟等着手在邹平成立山东

① 梁漱溟. 梁漱溟全集(第三卷)[M]. 济南:山东人民出版社,1989:366.

② 章元善. 乡村建设实验(第二集)[M]. 上海:中华书局,1935:19.

③ 其他乡村建设的实验内容可参考:许莹涟,李竟西,段继李. 全国乡村建设运动概况[M]. 北京:中国社会科学出版社,2018.

④ 梁卫星. 改造中国的实践——梁漱溟传[M]. 北京:中国友谊出版公司,2012:100.

乡村建设研究院,主持邹平乡村实验[①]。在研究院设立之时,梁漱溟与梁仲华等人商议使用"乡村建设"一词,不再使用先前的"村治"或"乡治"作为研究院的名称[②]。同时,梁漱溟在《山东乡村建设研究院设立旨趣及办法概要》中开宗明义,指出"中国的建设问题便应当是'乡村建设'"[③],并在全文中详细论述"乡村建设"的内涵,之后这个概念迅速为大多数乡村工作者所接受和认同[④]。

邹平县位于山东省中部,西临济南,东靠淄博,靠近胶济铁路,交通条件优良。邹平县全县面积为 650 平方公里,人口近 16 万人,其中农民 32 496 户,地权比较平均,86％为自耕农,其中无田者 2 540 户,占地百亩以上的 373 户,占地 200 亩以上的 37 户[⑤],基本没有大官僚或大地主的干扰,民风淳朴,易于管理。邹平县因交通便利、以农业经济为主、三等小县规模、社会相对稳定等有利于乡村建设实验开展的条件,被划为乡村建设实验区。随着实验的推进,乡村建设院的实验区域在三年内由邹平县扩展到了包括菏泽、济宁专区的二十余县[⑥]。

5.2 实验过程与操作

山东邹平乡村建设实验以创办乡村建设研究院为中心。1931 年 3 月,山东省政府拨款 10 万元设立筹备处,划定邹平为乡村建设实验区。经过 3 个月的筹备,1931 年 6 月在邹平县正式成立山东乡村建设研究院并进行乡村建设实验。该院的设立主要有两个目标:一是开展乡村建设问题的研究与实验;二是培训相关人才以开展后续工作[⑦]。邹平实验的时间脉络可见表 5-1。

表 5-1　邹平乡村建设实验时间线

时　　间	内　　容
1931 年 3 月	成立山东省乡村建设筹备处
1931 年 6 月	山东乡村建设研究院在邹平县正式开办
1931 年 11 月	着手筹建乡农学校

① 梁漱溟. 梁漱溟全集(第二卷)[M]. 济南:山东人民出版社,1990:31.
② 李渊庭,阎秉华. 梁漱溟年谱[M]. 北京:商务印书馆,2018:97.
③ 梁漱溟. 梁漱溟乡村建设文集(一)[M]. 北京:中国社会科学出版社,2018:283.
④ 敏泽. 物来顺应——梁漱溟传及访谈录[M]. 太原:山西人民出版社,1997:35-36.
⑤ 山东乡村建设研究院. 山东乡村建设研究院及邹平实验区概况[M]. 济南:山东(邹平)乡村建设研究院,1936:50-52.
⑥ 孙丰华. 破茧——梁漱溟的曹州岁月及前后[M]. 北京:中国社会科学出版社,2010:166.
⑦ 佟自光. 孤鸿卓立:梁漱溟[M]. 长沙:湖南师范大学出版社,2011:72.

时　　间	内　　容
1932 年 9 月	乡村服务人员训练部首届学生结业
1933 年 6 月	政府县政改革重组,建设县级行政机关
1933 年 7 月	成立民团干部训练所
1933 年 7 月	山东省政府确定邹平、菏泽为县政建设实验县
1933 年 8 月	成立农村金融流通处
1933 年 10 月	举办首次农业展览会
1934 年 1 月	成立成人教育特别班
1934 年 10 月	建立研究院卫生院
1935 年 7 月	成立农村合作事业指导委员会
1935 年 9 月	设立自新习艺所
1937 年 12 月	日寇侵略山东,邹平乡村建设实验被迫中止

资料来源:根据"山东乡村建设研究院. 山东乡村建设研究院及邹平实验区概况[M]. 济南:山东(邹平)乡村建设研究院,1936:54-60"以及"朱汉国. 梁漱溟乡村建设研究[M]. 太原:山西教育出版社,1996:134-153"整理。

邹平县乡村建设实验,可分为初级实验和高级实验两个阶段。

5.2.1　初级实验阶段

1931 年 6 月至 1933 年 7 月为第一阶段。第一阶段为初级实验时期,邹平作为乡村建设研究院下属的实验区,主要试办乡农学校,其工作重心是人才的训练及问题的研究[①],主要是从实验人才培养、调查研究、宣传教育、农业改良等方面为后续工作打下基础。

1931 年 9 月起,连续举办了两期乡村小学教师假期讲习班,共培训了教师 400 人;1931 年 11 月,研究院 300 名师生分赴各乡村试办乡农学校,历经 3 个月,共办起学校 91 处,入学人数 3 996,平均年龄 25 岁,其中农民占 98%,旨在启发试验区农民自觉地、有组织地进行自救,实施农业改良措施,开展合作运动,改良乡村社会。于 1931 年和 1932 年连续举办了两届农品展览会,展会介绍了新型农业技术、种子和农业设备,扩大了研究院的影响及与外界的联系。研究院还于 1932 年 9 月在孙镇分村成立了美棉运销合作社,同时还办起了林业合作社、机织合作社等。

---

① 朱汉国. 梁漱溟乡村建设研究[M]. 太原:山西教育出版社,1996:140.

第一阶段,研究院未能得到政府赋予的实验权力,工作重心在于研究训练与宣传发动,实验处于初步准备和基础建设阶段。

5.2.2　高级实验阶段

1933 年 7 月—1937 年 10 月为第二阶段。第二阶段为高级实验阶段,主要按照乡村建设理论及试验计划开展实验。1933 年 7 月,邹平县由原"乡村建设试验区"改为"县政建设实验区",全面推行县政改革、地方自治、社会改革等一系列实验,邹平的乡村建设实验进入了新时期①。这一阶段邹平实验研究开展路径如图 5-1 所示。

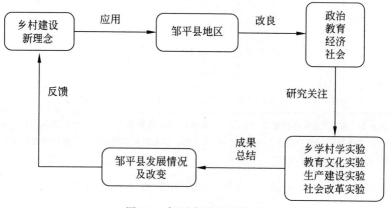

图 5-1　邹平实验开展路径

第二阶段邹平乡村建设实验主要围绕以下几方面工作开展:

1. 建设礼俗——乡学村学重塑组织构造

在政治上,进行县以下地方自治实验以及社会改进实验。1933 年起,邹平实验县废除撤销了原有的区、镇、乡建置,改以乡、村、闾、邻四级,全县整改为 14 个乡。全县整个行政系统实行教育机关化,在乡驻地设立"政教合一"的地方自治组织——乡学,在各村设立村学,乡学、村学是乡村教育机关以及乡村行政机关的复合体。至 1937 年,邹平县建立乡学和村学共 285 处(其中乡学 14 处,村学 271 处)②。

20 世纪上半叶,中国乡村沿袭了千年的社会组织构造在西方文明的冲击下已经濒临崩溃,重塑"乡村社会组织"便成为邹平实验的第一要务。梁漱溟指出:"中国需要一个中国精神的团体组织,即以中国固有精神为主,而吸收

---

①　朱汉国. 梁漱溟乡村建设研究[M]. 太原:山西教育出版社,1996:142.

②　朱汉国. 梁漱溟乡村建设研究[M]. 太原:山西教育出版社,1996:144.

了西洋人的长处。这个团体组织是一个伦理情谊的组织,以人生向上为前进的目标。"①同时,梁漱溟认为"要培养团体生活,须从小范围着手,即从乡村小范围地方团体的自治入手"②。因此梁漱溟废掉乡镇公所,主张在"吕氏乡约"等宋明"乡约"的基础上加以补充改造③,建设新礼俗,设立乡学,在乡学下设村学,"两项工作连锁如环,学校式教育、社会式教育适当运用,乃村学(乡学)活动准则"④。

乡学村学不仅是道德教育的场所,还是一个新的基层社会组织,纳政治于教育之中,将社会变为一个大学校,变政治统治为教育管理。"办社会教育的机关,借政府力量施行他的社会教育;而政府则借社会教育功夫,推行他的政令。或将下级行政机关,合并于社会教育机关;或就下级地方组织,而设教育机关;或以教育机关,而兼负下级行政的任务"⑤。乡学村学新组织吸收了西方团体生活的长处,结合中国古代贤人政治,以知识权威为中心将散漫的农民组织在一起,复合改造为人治的民主政治,以逐步训练国人参与政治的能力和民主意识。

2.创造文化——普及教育进行乡村改良

在文化教育上,提倡农民"求进步""向上学好",以教育为乡村改良导向,创造新文化。梁漱溟认为现代化的根本是文化,中国与西方的社会构造存在根本的文化差异,因此将当时深重的民族危机归因于"极严重的文化失调"⑥,将中国的问题归结于文化崩毁,主张从传统文化固有的理性精神出发来调和中西文化的长处,强调文化的改造离不开教育,乡村建设与社会教育是统一的关系,将乡村建设运动的本质看作"一场自下而上的文化运动,一场以大众的文化觉悟和实践为出发点,旨在解决当时中国社会经济危机的文化运动"⑦。

开展实验前,邹平文化教育事业并不发达,乡学村学建立了学校式基础教育、社会式文化教育、农民职业技能教育的综合体系。社会教育是邹平实验区的特色以及进行各项实验活动的抓手。各学校根据当地的实际情况,因地制宜,从事有特色的社会教育。乡学设升学预备部与职业训练部。前者相

① 梁漱溟. 梁漱溟全集(第二卷)[M]. 济南:山东人民出版社,1990:322.

② 梁漱溟. 我是怎样一个人——梁漱溟自述[M]. 北京:当代中国出版社,2021:58.

③ 宋立林. 梁漱溟乡建理论与儒学基层治理的现代尝试[J]. 深圳大学学报(人文社会科学版),2020,037(1):14-22.

④ 梁漱溟. 梁漱溟全集(第五卷)[M]. 济南:山东人民出版社,1990:460.

⑤ 梁漱溟. 梁漱溟全集(第二卷)[M]. 济南:山东人民出版社,1990:470.

⑥ 梁漱溟. 乡村建设理论[M]. 上海:上海人民出版社,2006:22.

⑦ 崔洪植. 关于梁漱溟乡村建设运动的理念目标研究[J]. 当代韩国,2003,000(1):36-39.

当于高级小学,全县共设 17 个班;后者则根据区域特点进行职业培训,如养蚕、植棉等。村学为乡学的基层组织,分设男子部、妇女部、儿童部。为解决师资缺乏问题,曾采取"会者教不会者"、共处学习、高年级教低年级等多种办法,促进了乡村教育的发展。成年农民是教育的重要对象和主要目标。1935年前后,山东乡村建设研究院先后颁布了《邹平实验县青年义务教育实施大纲》《邹平实验县成年教育实施办法》,在全县范围内进行义务教育和成人教育。梁漱溟等人明确指出,"乡村组织要以中国的老道理为根本精神"[①],强调以道德和伦理的自觉精神代替法律,通过乡村建设研究院培养道德自觉,推行情谊教育,"惟有情谊才可促进人类的好生活"[②],培养具备儒家德能的知识分子,以人生行谊或精神陶炼为主题,实现农村人际关系的协调,重塑一个伦理情谊的中国乡村和社会。

邹平实验县通过乡学村学教育宣传,并运用自治及行政手段提倡"新风俗、新习惯",取缔中国农村长期存在着的各种陈规陋习,如求神拜佛、妇女缠足、早婚早育、吸毒赌博等;倡导推广现代科学健康的生活方式,宣传推广计划生育,教育大家一起齐心向上、好学、求进步;大力宣传复兴中国优秀的传统文化礼俗,通过排演文明戏并送戏下乡、放映队下乡放映无声电影、举办农民运动会和乡射等形式,丰富了农民的业余文化精神生活。

3. 发展生产——促兴农业改良经济建设

采取多种措施促兴农业,以期实现"促兴农业以引发工业"。坚持"从农业引发工业,完成大社会的自给自足,建立社会化的新经济构造"。邹平实验中,在经济上确立了"团体组织、科学技术"的方针,以"合作教育、合作指导"为纲要[③]。

在实验开始的第一阶段,邹平就组织了美棉运销合作社,1933 年后仍把组织合作社作为邹平实验的主要任务。图 5-2 中展示了《邹平实验县公报》头版头条刊登的合作社法规相关内容。1935 年 7 月,为了集中力量指导推进合作事业,为此成立了"邹平实验县合作事业指导委员会",负责统一指导全县各种合作事业,制定了"五年计划"。合作化以"团体组织"齐心生产,减少中间商盘剥,试图达成一个资本共同支配、享受和占有的乡村经济制度。到1936 年年底,邹平有棉花运销、蚕业、林业、信用、庄仓、机织生产等 6 类合作

---

① 梁漱溟. 自述、朝话、乡村建设大意[M]. 北京:中国社会科学出版社,2018:214.
② 梁漱溟. 梁漱溟全集(第二卷)[M]. 济南:山东人民出版社,1990:73.
③ 梁漱溟. 我生有涯愿无尽:梁漱溟自述文录[M]. 北京:中国人民大学出版社,2004:98.

社①。到 1938 年,已经发展起几百个从事养蚕、编织、林业、植棉、信贷等项目的合作社。

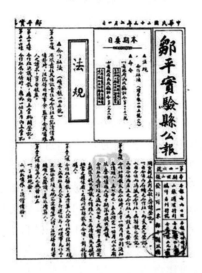

图 5-2　《邹平实验县公报》第 146 期头版

资料来源:详见"全国报刊索引"网站,https://www.cnbksy.com/literature/browseEntity/f48ae65acb158ebefac46ef74f015a83? bc=&source=FULL_BROWSER。

"所谓乡村经济的建设,便是前所说之促兴农业。此处所说农业并概括有林业、蚕业、茶业、畜牧、养鱼、养蜂、各项农产制造等,一切乡村间生产事业皆在内。"②邹平实验致力于通过引进科学技术改良棉业、蚕业、畜牧业、林业等农业品种,并依托农产品展览会、农场实验推及各种合作社进行良种推广。其中,由研究院划定棉业改进区,从 1932 年起用改良脱力斯美棉替代本地棉种,进行棉业改良;通过研究院农场示范实验推广畜牧业改良,改良猪种、鸡种,并引进荷兰乳牛、瑞士乳羊等国外品种进行繁殖,后提供给农户饲养。疏浚河道,凿井灌溉,兴修水利,1931 年邹平全县仅有农用灌溉井 180 眼,后通过无息贷款的方法鼓励农民打井,到 1935 年全县凿井 1 035 眼。于 1933 年 8 月成立了实验县农村金融流通处,含有农业银行、商业银行及县金库三种性质③,进行放存款、储蓄、代兑证券等业务,对缓解邹平乡村金融危机、解决高

---

①　梁漱溟. 山东乡村建设研究院概览、山东乡村建设研究院及邹平实验区概况[M]. 北京:中国社会科学出版社,2019:150.

②　梁漱溟. 梁漱溟全集(第五卷)[M]. 济南:山东人民出版社,1990:221.

③　山东乡村建设研究院. 山东乡村建设研究院及邹平实验区概况[M]. 济南:山东(邹平)乡村建设研究院,1936:119-123.

利贷问题、活跃农村金融、支持农村合作事业的发展都起到了积极作用[①]。

4. 社会改革——改造乡村塑造社会基础

通过局部的社会改革,从改造个人入手再造传统乡村社会,塑造能够支撑现代国家的社会与公民基础。

开展乡村自卫实验。在邹平被划规为实验县以后,为巩固地方防务,维护乡村社会正常秩序,培养一般民众组织习惯和能力,乡村建设研究院将原有公安局和民团大队改组为干部训练所,设立干部队及征训队,随后制定了《邹平实验县联庄会训练暂行办法》,组织联庄会训练,建立乡村自卫体系。以成年农民为主体,以实施成人教育为自卫训练主旨,以地段编制为自卫组织体系,以推进乡村事业发展的"寓兵于农"的自卫体制,不仅提高乡民乡村自卫能力,维护社会治安,而且提高农民民族意识,养成有纪律的生活追求[②]。乡村自卫之要旨也被纳入了 1936 年 6 月由山东邹平实验县政府编写的《邹平乡村自卫实验报告》的第一部分,详见图 5-3。乡村自卫体制取得了良好的效果,地方治安多有保障,盗匪及贩毒者基本肃清。乡村自卫组织同时还承担了县政府和研究院的多项建设事业。"至是则农民将尽为有训练有组织之民众,凡需寄托于农民自卫之事业,即无异于寄托于自卫组织之上,则此自卫组织自足以策动各项事业之进行。故以此为自卫组织之运用,不但为民众组织之基础,并足为一切事业之核心也。"[③]

开展乡村卫生实验。1934 年 10 月,与山东最高医学教育机构齐鲁大学医学院合作正式建立研究院卫生院,以邹平作为乡村卫生实验基地。卫生院作为实验区的卫生健康领域的机关,是邹平县政府的下设机构[④]。卫生院的工作从个人、学校、家庭、社会和训练人才入手,主要开展了妇婴卫生、学校卫生、家庭和社会卫生、预防传染病、卫生教育等五个方面的工作。卫生院内设保健、防疫、医务、总务四个组,后逐渐向下普及,在每乡设一个卫生所。由于财力和人手限制,第一批卫生所只建立了 6 个,但成效显著。然而,随着"七七事变"爆发,成立第二批卫生所的计划被迫取消。卫生院照顾贫苦农民的经济状况,收费较低,且服务态度较好,每天都有数十人到医院看病,因此医院发展很快。卫生院还多次举办卫生讲座,宣传卫生知识,举办卫生助理培训

---

① 山东乡村建设研究院. 邹平农村金融工作实验报告[M]. 济南:山东(邹平)乡村建设研究院,1935:17.

② 梁漱溟. 山东乡村建设研究院概览、山东乡村建设研究院及邹平实验区概况[M]. 北京:中国社会科学出版社,2019:143-146.

③ 山东邹平实验县政府. 邹平乡村自卫实验报告[M]. 济南:乡村书店,1936:6.

④ 梁漱溟. 山东乡村建设研究院概览、山东乡村建设研究院及邹平实验区概况[M]. 北京:中国社会科学出版社,2019:165.

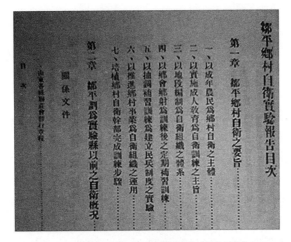

图 5-3　邹平乡村自卫实验报告目录(部分)

资料来源:王强. 近代乡村建设史料汇编.第一辑(3)[M].扬州:广陵书社,2016:237.

班,培养了一批乡村卫生员。1935 年 4 月倡导成立了妇婴保健会和家庭卫生训练班,主动深入乡村宣传"优生优育"知识,提倡新法接生和科学抚养婴儿方法。当时于山东省乡村建设研究院执教的薛建吾在学员的帮助下收集了数千首邹平地区的民间歌谣,其中一些歌谣从侧面反映了此时医疗卫生领域的新面貌。例如,《衣裳净》写道:"梧桐叶密满院青,我娘叫我拴根绳。绳儿拴在树荫外,洗了衣裳叫她晒。衣裳净,穿在身上不生病。身上无病自然壮,不在吃的胖不胖。"[1]经过几年的努力,邹平的医疗卫生水平得到了极大改善,群众卫生意识大为增强。

5.3　实验效果

1937 年,日本帝国主义入侵山东,邹平乡村建设实验被迫停止[2]。长达七年的邹平乡村建设实验,是梁漱溟实践乡村建设运动最主要的阶段。

"邹平模式"在当时也引起了国内外人士的广泛关注。到 1934 年年底,到邹平参观考察借鉴的国内外机构团体就有 71 个,130 余人,其中不乏国民党政要、社会问题专家、国际合作问题专家、教育专家等社会名流和专家学者。以梁漱溟为首的山东乡村建设研究院借机大力宣传邹平乡村建设实验,扩大

---

① 参见:《民国时期文献资料海外拾遗》编辑组. 民国时期文献资料海外拾遗 第一二二册[G]. 2014:199.

② 梁漱溟,艾恺. 这个世界会好吗? 梁漱溟晚年口述[M]. 北京:生活·读书·新知三联书店, 2015:223.

影响,并着力将邹平实验活动向山东其他区域拓展。

到 1937 年,邹平 14 个乡 316 个村共建立乡学 14 处、村学 271 处,合计 285 处,一个相互联系的乡村教育网络被建立。以乡学村学为核心,构建由知识分子、地方乡绅等新老精英群体和农民共同参与的地方自治组织,提高了农村的组织化水平和治理能力。乡农学校不断充实起来,成为一个"活"的组织,成为培养中国人民主习惯和过"团体生活"的摇篮。它既是地方自治的必要条件,也是农民学习和接受科学技术的重要桥梁。

在促兴农业、发展经济方面,建立合作组织,培养农民的团体精神,推广科学技术,是乡村建设的重要实验内容。研究院和实验县主要采取两种办法:一是组织合作社,实现农业生产的社会化;二是在农业上大力推行最进步的新知识、新品种、新技术、新器具。

建立合作社等经济社会组织,意图通过干预式调节来重振乡村经济,建构新型的地方性精神,打通农村社区与外部世界的联系。到 1936 年年底,邹平的合作事业共有棉花运销、蚕业产销、林业生产、信用庄仓、购买、机织 6 种类型的合作社,社数有 307 所,社员共有 8 828 户。邹平北部是传统的产棉区,但本地的棉种已经退化,产量低、质量差,销路不畅。1932 年 9 月梁邹美棉运销合作社成立,从美国引进"脱立斯长绒棉"供棉农种植,合作社负责技术指导、统一收购、扎花、打包,解决了棉花销售问题,避免了商人的中间盘剥。1932—1935 年,邹平地区棉花产业统计数据如表 5-2 所示,棉花种植规模不断扩大,几乎普及全县,邹平成为鲁中地区棉花主要产地之一。当时有报道称赞"梁邹美棉合作社,用合作方法,改善棉产品质,两年以来,成绩大著"[1]。邹平实验中的合作事业建设取得了积极成效,对推广新技术、新品种起了很大作用,直接促兴农业以及使广大农民不同程度受益,有力地推动了邹平其他事业改革的发展。现今亲身经历过乡村建设实验的老人回忆起所办的合作社时,大多对其持肯定态度,认为本意是想利国利民,使农村、使国家富裕起来。

表 5-2　1932—1935 年邹平棉花产业发展概况

时间/年	美棉运销合作社社数/个	社员人数/人	棉田面积/亩
1932	15	219	667
1933	20	306	3 464
1934	113	2 810	21 341

---

[1]　参见《民国日报》,1935-4-1.

续表

时间/年	美棉运销合作社社数/个	社员人数/人	棉田面积/亩
1935	118	2 749	30 111

资料来源：李善峰. 民国乡村建设实验的"邹平方案"[J]. 山东社会科学,2020(12):32-38.

　　实验区在农业技术进步、作物品种、饲养动物品种改良等方面的实验性探索颇具成效。研究院在邹平提倡植树造林,帮助农民组织林业合作社,推广新式凿井技术,成功举办过三届农产品博览会,开阔了农民的眼界。除此之外,还成功推广脱里斯美棉、杂交的波支猪、来克行鸡、改良蚕种等。研究院的实验农场改进的优良品种通过乡农学校和合作社推广的同时,还向全国各地出售优良品种。

　　在邹平进行乡村建设实验之时,梁漱溟高度重视解决农民资金流通问题。1933 年邹平县政府决定三年分期给予财政资助共 10 万元以支持成立金融流通处,并在其后几年里陆续成立了信用合作社、信用庄仓合作社、购买合作社等,如表 5-3 所示。信用合作社自开办就显现出良好的效果,并得到山东省政府的赞扬和鼓励。相关举措一定程度打开了邹平的金融局面,为邹平乡村建设建立了良好的经济基础,切实改善了农民经济生活。

表 5-3　1934—1936 年邹平信用合作社发展概况

时间/年	信用合作社社数/个	社员人数/人	贷款金额/元
1934	21	314	6 600
1935	33	589	9 486
1936	48	1 095	23 626

资料来源：乡村建设研究院. 邹平信用合作社第三届报告[R]. 乡村建设,1937,06(17-18).

　　研究院和实验县重视社会风俗改良,利用乡学、村学宣传复兴良好礼俗,同时反对和革除社会陋习。由于宣传有力,措施得当,邹平的贩毒、吸毒、赌博、缠足等现象明显减少。在乡村医疗卫生问题上,邹平同当时的全国大多数县一样,并没有现代的公共卫生医疗和防疫设施,甚至没有一家医院。1934 年 9 月邹平卫生院成立,设有保健、防疫、医务和总务四组,既重治疗,也重防疫。"在社会卫生教育方面,采用运动会、卫生陈列室、化装表演、巡回演讲队等方式进行"。从 1934 年 10 月卫生院建立至 1935 年 6 月,邹平县卫生院共诊治患者 7 635 人,医治病例 8 592 例,诊疗次数 17 868 次[①];到 1937 年 9

---

①　山东乡村建设研究院. 山东乡村建设研究院及邹平实验区概况[M]. 济南：山东(邹平)乡村建设研究院,1936：133.

月卫生院先后训练约 100 名接生员和 30 名妇幼卫生宣传员。1934 年后,邹平没有发生过流行性传染病。卫生院建立了妇幼保健系统,训练护士、地方助产士,并通过她们对当地的育龄女性及孕妇做检查和普及卫生知识。

5.4　邹平实验的启示

时至今日,史学界仍多以"失败"来评价梁漱溟的邹平乡村建设实验,但梁漱溟提供了乡村现代化的整体方案,以乡学村学作为乡村建设的具体组织形式。邹平实验实践了一种不同于"政府主导式"的乡村建设模式原型,是一个以社会为本位的建设方案,对于后世的乡村建设具有重要的启示意义。

在邹平实验中,梁漱溟将文化问题上升到最重要的角度进行审视,把中国问题的症结归因于文化衰落,旨在通过重振儒学的方式培育乡村文化、呼唤公民意识,进而达到乡村的善治。这种方案虽然没有触及当时社会的最根本矛盾,但是不失为乡村社会资本培育、乡村文化振兴的一次探索。

乡村建设研究院为相关实验提供了人才队伍支撑。研究部共办了 3 期培训,培养学生 66 名;训练部共办了 4 期培训,培养学生 1 260 名;其他短训班 4 期,培养学生 1 300 余人;培养的各类学生总数达到 2 626 名[①]。他们在毕业后,投身到实验区的不同工作中去,成长为社会实验的中坚力量。

邹平实验中的乡村建设理论与实践至今仍有一定的借鉴意义。二十世纪六七十年代韩国、日本新农村建设的成功,均吸收了梁漱溟邹平乡村建设实验中有价值的理论内容,甚至某些可操作的具体设计,如合作组织的建立等。梁漱溟提出,适合中国经济发展的路线,"就是散漫的农民,经知识分子领导,逐渐联合起来为经济上的自卫与自立;同时从农业引发了工业,完成大社会的自给自足,建立社会化的新经济构造"[②]。经济建设要"从农业引发工业,更从工业推进农业;农业工业叠为推进,农业乃日进无疆",包含有以"工业反哺农业"的思想。因此,如果"放宽历史的视野",就可以肯定梁漱溟乡村建设理论及其实践在中国革命胜利后乃至在今天仍有很高的价值,仍然是我们现代化建设中重要的本土精神遗产之一。最后,以梁漱溟为代表的一群知识分子、社会实验者,在邹平实验开展过程中所展现出的通过实验改良和建设社会的情怀和格局,值得今人学习和借鉴。

---

① 朱汉国. 梁漱溟乡村建设研究[M]. 太原:山西教育出版社,1996:137-138.
② 梁漱溟. 梁漱溟全集(第二卷)[M]. 济南:山东人民出版社,1990:495.

第6章
全民基本收入实验

6.1 UBI 兴起的背景

全民基本收入（Universal Basic Income，UBI）是一项为每个成年社会公民定期提供固定数额金钱的政府计划。这一想法可以追溯到几个世纪以前。16世纪的英国哲学家和政治家托马斯·莫尔在他最著名的著作《乌托邦》中提到了这个观点。他提出了一项税收计划，利用税收为"每个人，无论贫富"持续提供保障[1]。

近现代以来，基本收入的理念得到了许多人的认同。马丁·路德·金（Martin Luther King，Jr）在他1967年出版的著作《去向何处：混乱还是共享》(*Where Do We Go from Here : Chaos or Community ?*)中提出了保障收入的概念[2]。虽然美国联邦政府通过劳动所得税收抵免（EIC）、贫困家庭临时援助（TANF）等项目为低收入美国人提供财政支持，但美国从未大规模实行普遍收入制度。在发展中国家的脱贫实践中，全民基本收入与定向转移支付成为了备选的政策工具[3]。

近年来，UBI日益引起世界各国的广泛关注。在2020年美国大选中，民主党候选人杨安泽（Andrew Yang）将UBI作为竞选的基石，他将UBI称为"自由红利"，承诺每个月给每位18岁以上的美国公民一张1000美元的支票。2022年韩国大选候选人李在明也将全民基本收入纳入了竞选纲领中。随着人工智能和自动化技术的不断发展，机器人将替代越来越多的工作，这也促使全民基本收入的理念不断传播扩散。联合国开发计划署也于近年开展关于在中国推行UBI的可行性分析[4]，为中国经济社会发展提供借鉴和

---

① Moore T. A Utopia[M]. Cambridge，UK：Cambridge University Press，1516，1989.

②③ Martin Luther King，Jr. Where Do We Go from Here：Chaos or Community? [M]. Boston，US：Beacon Press，1967.

④ 报告全文详见网址 https://www.cn.undp.org/content/china/en/home/library/innovation-/universal-basic-income-in-china.html.

参考。

图 6-1 展示了 2011—2021 年 UBI 一词的谷歌搜索热度。结果表明,十年间 UBI 一词的热度呈波动上升趋势,在 2020 年 4 月杨安泽提出相关竞选纲领后达到顶峰。总体来看,UBI 在全球各地的兴起可以分为四种情况。

一是福利导向。此类型以北欧高福利国家为代表,这些国家往往财政充裕,具有高水平的社会福利,但现有福利项目面临着复杂、低效、官僚主义等挑战,UBI 被认为是解决这些问题的重要手段。

二是救济导向。以新冠肺炎期间的各国政策为代表。在特殊时期,许多民众无法通过工作获得收入,因此 UBI 就成为政府的一个可选政策。

三是政治导向。政治人物出于竞选考虑,提出 UBI 的概念来吸引选民。除 2020 年美国大选期间总统候选人杨安泽的竞选口号外,2017 年,法国社会党候选人阿蒙也曾提议给年满 18 周岁的公民无条件每月发放 750 欧元工资。

四是社会稳定导向。随着自动化和人工智能的发展,越来越多的制造业和其他领域的工人被替代。生产力大幅提升的结果是大量的人失去工作,UBI 就成为解决这一问题的备选方案之一[①]。

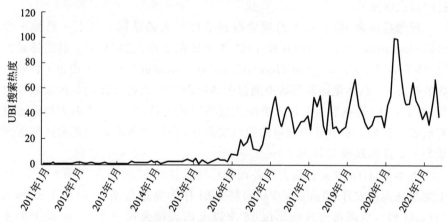

图 6-1　2011—2021 年 UBI 谷歌搜索热度变化趋势
资料来源:根据谷歌趋势整理绘制[②]。

---

①　Fouksman E, Klein E. Radical transformation or technological intervention? Two paths for universal basic income[J]. World Development, 2019. 122: 492-500.

②　详情请参见:https://trends.google.com/.

6.2　UBI 的特点与数学表述[①]

霍因斯(Hilary W. Hoynes)和罗斯坦(Jesse Rothstein)认为 UBI 不同于其他社会保障项目,具有三方面关键特征:① 它提供了足够的现金让没有其他收入的人也能维持生活;② 它不会随着收入的增加而逐步或缓慢地消失;③ 它对绝大部分人是适用的,而不是针对特定群体。

班纳吉等学者将不满足条件(1)而只满足条件(2)和(3)的社会保障项目也归为 UBI[②]。这主要取决于学者对于 UBI 的理解,在满足条件(1)的保障项目中"基本"可以被理解为满足基本生活所需,而在不满足条件(1)的保障项目中,"基本"被理解为基础的收入。在发达国家中推行的 UBI 实验大部分都满足条件(1),而在发展中国家进行的 UBI 实验并不满足。

霍因斯和罗思坦根据项目的实际运行情况将全民基本收入(UBI)以及其他不同的社会保障项目归纳为公式(6-1):

$$B(X,Y) = E(X) \times \min\{G + SY, M, \max[M - T(Y - P), 0]\} \quad (6\text{-}1)$$

其中,B(benefit)表示为基本特征为 X、收入为 Y 的家庭提供的转移支付;G(guarantee)表示零收入家庭提供的基本保障金;S(subsidy rate)表示补贴率,指保障金随收入增长的比率;M(maximum transfer)表示最大补贴;P(phaseout)表示一个家庭获得最大补贴所能有的最大收入,即高过此收入的家庭会逐步退出补贴计划;T(tax rate)表示在家庭收入超过 P 后,补贴减少的比率;E(eligibility)表示根据家庭基本特征 X 得到 $E(X)$,确定是否具有接受转移支付的资质[③]。根据公式(6-1),可以将社会保障项目用图 6-2 来刻画。

根据公式作图后,可将不同的社会保障项目进行对比。如图 6-3 所示,相比于失业补贴和就业补助等传统社会保障项目,理想的 UBI 不跟随收入变化而变动,且一直保持在较高水平。对于图 6-3 中列出的几类保障项目,其资质项 $E(X)$ 均与 X 无关,在所有情况下都取 1,但对于养老保险、生育补贴等项目,其资质项 $E(X)$ 的取值与 X 有关。

---

① 本节主要参考 Hoynes H W, Rothstein J. Universal Basic Income in the US and Advanced Countries[R]. NBER Working Papers, 2019.

② Banerjee A, Niehaus P, Suri T. Universal Basic Income in the Developing World[R]. NBER Working Papers, 2019.

③ Hoynes H W, Rothstein J. Universal Basic Income in the US and Advanced Countries[R]. NBER Working Papers, 2019.

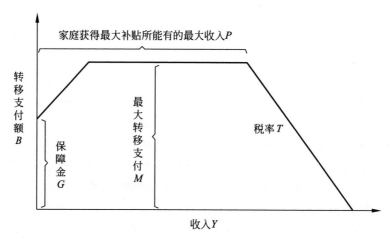

图 6-2　社会保障项目的转移支付额与家庭收入的关系

资料来源：根据公式（6-1）绘制。

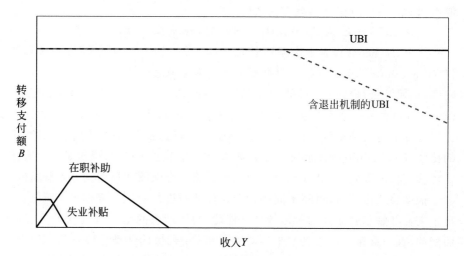

图 6-3　不同社会保障项目的对比

资料来源：参考图 6-2 以及参考文献 Hoynes H W，Rothstein J. Universal Basic Income in the US and Advanced Countries[R]. NBER Working Papers，2019.

6.3　UBI 的意义

6.3.1　实现智能时代的收入再分配

人工智能技术引发的劳动力替代及其可能引发的收入不平等已经成为全球社会关注的热点议题。一部分观点认为，人工智能引致的技术革命所导致的失业也会像此前几次工业革命一样,被新创造的工作需求和经济增长所舒缓。与此同时,也有部分观点关注到智能技术的进步并未像此前几次技术革命一样驱动生产率的快速提升,因而对在数字时代实现经济的持续增长并创造出足够的需求存在疑虑。然而,尽管存在争议,两派观点大都认为,智能技术引致的冲击要求我们重构社会保障体系。为没有和缺乏有意义工作的个体提供 UBI 被认为是解决上述问题的有效方案之一。

阿西莫格鲁(Daron Acemoglu)在他的研究中表示,原则上机器人可以提高劳动生产率,从而大幅增加全球实际收入[①]。但是,越来越多的收入份额将流向一小部分精英群体(比如机器人专利的拥有者),加剧贫富分化,从而让其他所有人陷入贫困。奥托尔(David Autor)的研究表明低技能工人的工资和收入在过去几十年里一直停滞不前[②]。皮凯蒂等人(Thomas Piketty et al.)的研究表明,从 1980 年至 2014 年,收入在后 50% 的人群,税前收入仅增长了 1%,而中间 40% 的人群的税前收入增长了 42%,顶层 10% 的人群的税前收入增长了 121%[③]。因此,未来社会面临的一项重要经济挑战可能是确定收入再分配的方案,使大量失业的工人能够维持生活质量,并通过参与教育、培训和其他活动重新进入劳动力市场。

UBI 由于其全民性和基础性,可以实现维持工人生活质量的基本目标,在此基础上,其自由支配性使得工人可以根据自身需求,在教育和培训上进行有针对性的投入,因而被认为是实现智能时代收入再分配的重要手段。

6.3.2 取代零散而低效的保障项目

现有的许多保障项目存在零散和低效的问题。穆雷(Charles Murray)研究发现,现有的许多贫困计划会造成实际上的高累积边际税率[④]。这导致低收入人群的累积边际税率实际上为负,从而制造了福利陷阱,让那些原本可以更好地从事有偿工作的人继续依赖福利。UBI 将从根本上简化保障体系,减少扭曲的激励,同时仍然确保那些真正无法工作的人的最低收入水平。

同时,现有的福利体系有很多漏洞,由于保障项目的零散性以及对官僚

① Acemoglu D, Restrepo P. Artificial Intelligence, Automation and Work[R]. NBER Working Papers, 2018.

② Autor D H. Skills, education, and the rise of earnings inequality among the "other 99 percent"[J]. Science, 2014, 344(6186): 843-851.

③ Piketty T, Saez E, Zucman G. Distributional national accounts: methods and estimates for the United States[J]. The Quarterly Journal of Economics, 2018, 133(2): 553-609.

④ Murray C. In our hands: A plan to replace the welfare state[M]. Washington, US: AEI Press, 2006.

系统的依赖,自美国 20 世纪 90 年代推行福利改革以来,许多低收入家庭(尤其是没有孩子的家庭)得不到任何福利,或只得到非常少的福利。UBI 能够构建一个更全面的保障体系,它能覆盖所有需要帮助的人,而不仅仅是统计上的弱势群体。

6.3.3　增进人的自由

　　一些学者从哲学的角度肯定了 UBI 的意义,例如,帕里斯基(Philippe Van Parijs)等人认为由于其全覆盖和无条件的特点,UBI 可以增进人类的自由①。同时 UBI 能够在一定程度上缓解低收入者在生活中面临的污名化,让工作成为一种选择,并且突破以家庭为主的收入分配基本单元,确保富裕家庭中的无收入个体能够拥有选择和支配的权利,实现人的自由发展。帕里斯基的主要论点是,如果我们真正关注自由,我们就不应该只关注少数人的自由,而是所有人的自由。我们应该追求一种最大化的自由,并设计出这样一种社会——与其他任何社会制度安排相比,最大限度地让那些处境更差的人获得自由②。真正的自由应该是“做自己想做的事情的自由”,这不仅仅是一个人想做什么就可以做的正式权利,也是可以这样做的实际能力③。UBI 通过直接的、无条件的货币供给方式,使得人们可以利用货币直接去购买所需服务,为实现真正的自由奠定基础。

6.3.4　为福利资助去污名化

　　追求普遍公正使用 UBI 的支持者认为,成为特定的利益接受者是高度污名化的。这在一定程度上解释了福利资助的领取率低的现象。出于对污名化的压力和被妖魔化为福利乞丐或是福利女王的恐惧④,加之申请福利的严格排他性条件以及复杂的行政程序,许多符合条件的申领者宁可忍受贫穷和饥饿也不愿意向政府申请福利资助。UBI 提供了另一种可行的途径,它通过使每个人自动获得普遍默认的福利,将福利资助这一特定权利转化为普遍权利,用一种较为激进的方法减弱了这一问题,并强化了 UBI 方案本身的稳定性。

---

① 　Van Parijs P, Vanderborght Y. Basic income: A radical proposal for a free society and a sane economy[M]. Cambridge, US: Harvard University Press, 2017.

② 　Van Parijs P. Real Freedom for All: What (if Anything) Can Justify Capitalism? [M]. Oxford, UK: Clarendon Press, 1995.

③ 　Van Parijs P. A basic income for all[J]. Boston Review, 2000, 25(5): 4-8.

④ 　Moffitt R. An economic model of welfare stigma[J]. American Economic Review, 1983, 73(5): 1023-1035.

6.4　UBI 存在的若干弊端

6.4.1　UBI 与价值理性缺失

"完美主义"认为我们应该促进繁荣的生活①,并以此来反对 UBI 所提倡的真正的自由。第一类批判的声音认为,我们不应该支持想做什么就做什么的自由,而是应该让人们知道行使自由是美好生活的核心。完美主义视角对自由加上了社会性的价值判断,认为纯粹个人主义的自由追求并不能促进繁荣的生活,因此需要反思 UBI 所提倡的真正自由的价值理性。第二类批判的声音认为,我们不应该以牺牲被认为是人类繁荣核心的特定自由为代价来促进普遍自由②。相关学者认为,UBI 是一种非常粗糙的工具,可能促使人们形成特定的善意观念③,这些林林总总的善意观念会产生普遍自由,抑制特定自由对于人类繁荣的促进作用。

6.4.2　UBI 与国家家长制

政府在决策过程中会基于经验事实判断做出符合政府预期方向的政策决策,并依据其认可的"事实",有侧重地选取某一类型的政策工具,这就在实践中体现出了国家家长制。在 UBI 中,即使不断强调普遍民主,也依旧无法完全脱离家长制的成分,这解释了包括 UBI 在内的各种社会保障项目各有侧重的原因。例如,国家不允许 UBI 接受者转让他们未来的基本收入来获得贷款。这制约了个人使用 UBI 的普遍自由,他们不能通过一次性支付大笔款项买房或投资企业,因而尚未完全摆脱家长式作风的影子。

6.4.3　UBI 责任性不足

UBI 的反对者认为,如果无差别地对努力工作者和游手好闲的人提供同等的补偿金,这将会产生一种新的剥削行为,因而鼓励或允许这种搭便车行为的制度设计将是显失公平的。按照普遍共识,如果没有完全丧失劳动能力,工作应当是接受福利补助的人的责任。罗尔斯(John Rawls)认为:"我们

---

① Quong J. Paternalism and perfectionism[M]// Liberalism Without Perfection. Oxford, UK: Oxford University Press, 2010:73-107.

② Anderson E. Optional freedoms[M]// Widerquist K, Noguera J, Vanderborght Y, et al. (eds.). Basic income: An anthology of contemporary research. New Jersey, US: Wiley-Blackwell, 2013:23-25.

③ Van Parijs P. Competing justifications of basic income[M]// Arguing for Basic Income: Ethical Foundations for a Radical Reform. London, UK: Verso, 1992:20.

不应该设计机构来补贴那些决定整天在网上冲浪的人;如果这些人想要收入,他们将不得不使用他们的生产能力。"①德沃金也同样拒绝了"拾荒者"和那些从事非生产性活动的人能够获得收入的权利的想法②③。那些真正选择懒惰或非生产性活动的人不能指望那些致力于从事生产性工作的人补贴他们的生计。责任是公平的核心,UBI 的政策理念与这一观念相冲突。

6.4.4 UBI 与公平公众

UBI 吸引了一大批自由意志主义思想家,却遭到了左翼怀疑论者的猛烈批判。他们认为,UBI 倾向于放弃社会主义的两大支柱——工作和劳动阶级的利益,从而怀疑 UBI 是一种并不公平的自由论。扶贫政策往往聚焦缩小贫富差距,但 UBI 为全社会所有人提供了同等资金的补助,对于贫富差距的缩小没有直接作用。同时,UBI 没有对受资助人群进行区分,而人对于资助的需求是不同的,总存在一部分人比另一部分人更需要社会援助④。所以,当 UBI 对所有人采取一视同仁的资助时,势必会超额满足某一类人群而无法满足另一类人群,从而在形式公平的面纱下忽视了实质公平。

6.4.5 UBI 与财政危机

作为一项货币激励政策,UBI 需要强大的财政支持。现行方案中的普遍做法是通过税收和转移支付进行资金援助,这对于财政的负担是巨大的,当政府资金流出现断裂,UBI 将会很大程度陷入停滞。此外,不可否认的是,现行的 UBI 项目大都发生在环境较为稳定的社会中,社会中各项支出较为稳定,不存在类似战争经费等高额的临时性支出项目。如果这样微妙的平衡被打破,政府又出于政策惯性想继续推行 UBI,则不可避免会采用加印货币的方式。这将使得大量货币流入市场,产生恶性通货膨胀,导致财政危机。

① Rawls J. Justice as Fairness: A Restatement[M]. Cambridge, US: Harvard University Press, 2001:179.

② Dworkin R. Sovereign virtue: The theory and practice of equality[M]. Cambridge, US: Harvard University Press, 2002.

③ Dworkin R. Is democracy possible here? [M]. Princeton, US: Princeton University Press, 2008.

④ Anderson E. Optional freedoms[A]// Widerquist K, Noguera J, Vanderborght Y, et al. Basic income: An anthology of contemporary research[C]. New Jersey, US: Wiley-Blackwell, 2013: 23-25.

6.5　UBI 实验实例：芬兰的实践及研究发现

近年来,全民基本收入实验在芬兰、美国加州斯托克顿市、加拿大安大略省等多地展开,引起了广泛关注。表 6-1 将这些实验的基本情况根据公式(6-1)的描述进行了统一梳理。

可以看出,在这些声称自己是全民基本收入(UBI)的实验中,只有芬兰的实验能够在较大程度上满足 6.2 节中对 UBI 的定义。斯托克顿市、安大略省以及 Y Combinator 公司(实验地点分布在美国境内)都对实验人员的资质进行了限制,安大略省和 Y Combinator[①] 公司的实验还设置了明显的退出机制。

然而截至目前,芬兰的 UBI 实验是唯一成功完成了全国随机对照实验的项目。在芬兰的实验中,研究者采用了非常丰富的研究方法,包括微观模拟、调查、深度访谈等。因此本节接下来将重点介绍在芬兰开展的 UBI 实验。

表 6-1　UBI 实验情况

实验地点	芬兰	美国斯托克顿	加拿大安大略省	Y Combinator
基本保障(G)	€560/月	$500/月	C$1 415/月	$1 000/月
补贴率(S)	0%	0%	0%	0%
最大金额(M)	€560/月	$500/月	C$1 415/月	$1 000/月
退出收入(P)	无	无	0	平均收入
税率(T)	0%	0%	50%	∞
资质(E)	无	25～58 岁、领取失业救济金	18～64 岁、低收入人群	21～40 岁
参与人数(N)	2 000	100	4 000	3 000

资料来源：根据相关网络报道整理。

注：∞表示当家庭收入大于 P 后,退出补贴项目,完全不再获得补助,故补助减少的比例为∞。

芬兰的 UBI 实验为期两年,项目在最初的失业者中随机挑选了 2 000 名组成实验组,他们每个月会得到一笔担保的、无条件的、自动发放的现金(560 欧元),这一资助水平远远低于大多数芬兰家庭的收入,而对照组则由所有其

---

① Y Combinator 简称 YC,成立于 2005 年,是美国著名的创业孵化器。该孵化器主要扶持初创企业并为其提供创业指南,其在《2019 胡润全球独角兽活跃投资机构百强榜》中排名第 18 位。公司网址为：https://www.ycombinator.com/.

他继续领取标准福利的失业者组成。实验取得了以下几项发现[①]。

6.5.1　UBI 对就业的影响

许多政策制定者认为,完全无条件的收入保证会降低人们工作的积极性。这导致许多国家采取积极的劳动力市场政策,要求领取失业救济金的人不断证明自己的资格,并常常要求他们参加就业培训或为他们提供工作。然而,芬兰公布的最终结果发现,基本收入实际上对就业有积极影响。实验组比对照组的人更有可能就业,尽管差异很小,但在统计上具有显著意义。这可能因为 UBI 的无附加条件特点,促使实验组成员寻求和接受他们本不会尝试的工作。

6.5.2　UBI 对幸福感的影响

全民基本收入在多个维度上显著提高了参与者的幸福感。调查结果表明,实验组的平均生活满意度为 7.3 分,而对照组为 6.8 分,这个增幅几乎消除了失业和就业人群之间的生活满意度差距。基本收入改善了生活满意度的各个维度。与对照组相比,实验组成员的健康状况更好,压力、抑郁、悲伤和孤独水平更低。与对照组相比,实验组成员也对他们的认知技能更有信心,对自己的记忆、学习和专注能力的评估也更高。UBI 使实验组成员认为他们的财务状况更加安全和可管理,即使他们的收入并不比对照组的人高。最后,实验组成员对自己的未来、同胞和公共机构表达了更高程度的信任。

6.5.3　UBI 产生的正反馈

基本收入产生了正反馈,使人在多个方面获得成功,完全改变了成本效益分析的分析过程。芬兰的研究发现,UBI 在个人和社会层面上都产生了正反馈效应。

在个人层面上,每月的、有保证的、完全无条件的现金解放了许多实验组成员。更好的健康、认知能力和财务安全感让他们产生信心,而这种信心则鼓励他们寻求更广泛的工作机会。这些活动反过来又激发了更多的积极情绪。相比之下,研究发现,经历稀缺和不确定性往往会使人感到无助和困扰。

在社会层面上,芬兰的基本收入实验促进了社会信任的良性循环。对他人和政府机构的信任是社会良好运转的基础,也是幸福和经济繁荣的决定因

---

① 本节主要参考：Allas T, Maksimainen J, Manyika J, et al. An experiment to inform universal basic income [EB/OL]. （2020-09-15）[2021-06-15]. https://www.mckinsey.com/industries/public-and-social-sector/our-insights/an-experiment-to-inform-universal-basic-income.

素。当人们信任诸如警察、司法和公共服务等机构时,他们对他人的信任也会增加,而 UBI 则提升了这种信任水平。在经过两年的实验后,实验组成员对其他人和机构的信任度都提高了。一种解释可能是基本收入实验避免了官僚主义,另一种解释是受惠者认为社会没有忽视那些陷入困境的人们。

6.6　UBI 的启示

UBI 实验作为一个基于乌托邦式的设想而进行的社会实验,具有很强的创新属性,它为基于逻辑推理的哲学思辨提供了基于现实情境的证据支持,并基于实验结果为 UBI 的开展提供了循证基础。它用科学的手段观测和检验全民基本收入带来的影响,用数据分析结果来回应围绕 UBI 而产生的种种争论,探索性地揭示了该资助计划对于个人心理、行为等的因果作用机制,达到了实验的预期目标。

从实验方法来讲,UBI 具有可控干预的特征,属于"框架的实地试验"(Framed Field Experiment)。UBI 实验通过告知实验参与者,保证实验参与者对其自身在实验情境中的知晓性,同时基于现实情境对其进行真实的货币资助干预。但是,在现有已开展的国际研究中,仅有芬兰的实验进行了较好的实验组和对照组设置,也取得了较好的实验结果。在斯托克顿和安大略省的 UBI 实验中,没有设置对照组,因此不属于严格意义上的社会实验。这揭示了有 UBI 社会实验的规范性不足,未有一套标准的实验规范供研究者进行参考,需要基于实践探索归纳总结出一套公认的实验标准。

目前的 UBI 实验都存在一个共性问题,即对于实验预期探究的情境模拟与真实的社会情境具有较大差异,可能会极大削弱实验结论的外部有效性。按照定义,真正的 UBI 是面向所有民众的。但在现有的 UBI 实验中,基本是基于百人到千人的样本进行小范围的实验,且支持实验的经费并不完全来自于 UBI 所主张的政府税收,而大多是来自于一笔专项经费。这与真正推行 UBI 的情境大相径庭,忽视了推行 UBI 可能会对国家宏观财政、税收以及福利体系带来的较大系统性冲击,削弱了依据实验做出的因果推论的有效性。这本质上反映了本书第三篇第 13 章将讨论的局部与全局均衡问题。

从伦理上来讲,UBI 实验存在着一定的道德风险,当 UBI 实验停止时,许多实验组成员可能会产生对现实情境的不适应。由于在实验中,实验组成员可以无偿获得来自政府的资金资助,并将其作为自己的固定可支配收入。在这样的情况下,实验组的成员会倾向于产生依赖心理。如果实验持续的时间较长,这样一种期待心理会逐渐成为一种习惯,逐步影响实验组成员的消费行为。届时,如果实验干预突然停止,实验组成员会感到其"收入"出现了部分丧失,将会造成其收入与消费结构性不匹配。基于此,实验组成员可能会在实验结束之后产生心理上的负面情绪。虽然应当在进行实验研究设计时尽可能避免此类不良情绪的产生,但若实验结束后,仍有实验组成员出现了明显不适,就仍需要实验开展者在实验之后提供适宜的心理咨询服务,以消除实验本身带给参与者的负面影响。

第7章 / 全球减贫实验

7.1 全球减贫实验概述

7.1.1 全球减贫实验与2019年诺贝尔经济学奖

2019年10月14日,诺贝尔经济学奖授予美籍印裔经济学家阿比吉特·班纳吉、法国经济学家埃斯特·迪芙洛和美国经济学家迈克尔·克雷默,以表彰他们为抗击全球贫困所贡献的实验性方法。颁奖词中写道:"今年获奖者进行的研究大大提高了贫困行动实验室(the Abdul Latif Jameel poverty action lab,J-PAL)抗击全球贫困的能力。在短短二十年间,他们基于实验的新方法改变了发展经济学,如今已成为一个蓬勃发展的研究领域[1]。"所谓"新方法",是指以在生物医药领域已经成熟的随机对照实验(randomized controlled trial,RCT)为基础开展的一系列具有深厚社会实验思想的随机田野实验(randomized field experiment)。这一方法将贫困研究的视角从宏观重新转向微观,注重将扶贫工作分成一系列规模可控、边界清晰的问题,从而运用实验科学的基本思想,在随机分配的基础上,精准评估减贫效果,找到最优扶贫方案。

7.1.2 全球减贫实验的主导者

作为2019年诺贝尔经济学奖得主和全球减贫实验的主导者,班纳吉、迪芙洛和克雷默三位学术大师的经历也引人关注。

班纳吉[2],麻省理工学院(Massachusetts Institute of Technology,MIT)福特基金会国际经济学教授,美国国家经济研究局(National Bureau of

---

① 2019年诺贝尔经济学奖的颁奖情况和相关介绍,可阅读以下网址:https://www.nobelprize.org/prizes/economic-sciences/2019/press-release/.

② 阿比吉特·班纳吉的个人简介详见:https://www.nobelprize.org/prizes/economic-sciences/2019/banerjee/facts/.

Economic Research,NBER)研究员,1961 年出生于印度孟买,后加入美国籍。班纳吉教授是迪芙洛教授在 MIT 的博士导师,两人 2003 年与森德希尔·穆莱纳桑(Sendhil Mullainathan)共同创立了 J-PAL 实验室,并于 2015 年结为夫妻,成为一段学术佳话。班纳吉教授撰写了大量文章和书籍,其中,与迪芙洛教授合著的《贫穷的本质》系统总结了全球减贫实验的研究发现,获评高盛年度最佳商业书籍,产生了广泛的社会和政策影响力。班纳吉还曾担任联合国秘书长 2015 年后发展议程高级别专家组成员。

迪芙洛[①],MIT 发展经济学教授,1972 年出生于法国巴黎,1999 年获 MIT 经济学博士学位,J-PAL 实验室联合创始人及现任负责人之一,NBER 研究员,2010 年克拉克奖章获得者。克拉克奖章仅颁发给 40 岁以下青年经济学家,意味着获奖者在年轻时就已经在经济学领域做出了杰出成就。迪芙洛的研究聚焦于发展中国家穷人的微观行为,采用大规模随机田野实验方法评估教育和卫生促进项目与贫困人口福利改善的关系。目前,迪芙洛是经济学顶级期刊 *American Economic Review* 的主编。

克雷默[②],哈佛大学教授,1964 年出生于美国纽约,美国艺术与科学院院士,1992 年获得哈佛大学经济学博士学位,之后前往 MIT 工作,并于 1999 年成为哈佛大学教授。多年来,克雷默一直在相关领域中声誉斐然,先后获麦克阿瑟奖学金、总统学院奖学金,被世界经济论坛评为全球青年领袖。克雷默尤其以如何为贫困国家提供药品、疫苗等公共服务产品的研究而闻名。

7.1.3 全球减贫实验的组织基础

J-PAL 实验室是大规模全球减贫实验的主导机构[③]。经过多年的发展,J-PAL 已经成为一个由全世界 224 名(所)知名研究者(机构)共同构成的合作网络。J-PAL 实验室重点关注女性入学率、农业产出、就业种族偏见等影响发展中国家长期可持续发展的痼疾,旨在通过科学的实验研究,向决策者提供明晰的科学成果,帮助制定更好的扶贫政策,提高扶贫项目的有效性。

1. J-PAL 的发展概况

J-PAL 实验室于 2003 年在 MIT 由班纳吉、迪芙洛、穆莱纳桑教授创立,旨在改变世界应对贫困的方式。2005 年,该实验室以 MIT 校友、贾米尔社区

---

① 埃斯特·迪芙洛的个人简介详见:https://www.nobelprize.org/prizes/economic-sciences/2019/duflo/facts/.

② 迈克尔·克雷默的个人简介详见:https://www.nobelprize.org/prizes/economic-sciences/2019/kremer/facts/.

③ J-PAL 实验室的官方网站地址为:https://www.povertyactionlab.org/.

(Community Jameel)创始人穆罕默德·阿卜杜勒·拉蒂夫·贾米尔
(Mohammed Abdul Latif Jameel)的名字重新命名。多年来,J-PAL 的工作
也得到了社会各界的广泛支持。除去贾米尔社区外,其主要捐赠者还包括阿
诺德资本(Arnold Ventures)、比尔和梅琳达·盖茨基金会(Bill and Melinda
Gates Foundation)、谷歌、威廉和佛洛拉·休利特基金会(William and Flora
Hewlett Foundation)、金慈善基金会(King Philanthropies)、道格拉斯·马歇
尔家族基金会(The Douglas B. Marshall Jr. Family Foundation)、奥米迪亚
网络公司(Omidyar Network)、阿尔弗雷德·P·斯隆基金会(The Alfred P.
Sloan Foundation)、澳大利亚外交和贸易部、英国国际发展部等。此外,J-
PAL 也与创新扶贫行动(Innovations for Poverty Action,IPA)、芝加哥大学
犯罪实验室等机构形成了广泛合作,保障了全球减贫实验的顺利实施。截至
2021 年年底,J-PAL 已经拥有覆盖研究、政策、教育、培训等不同领域的 400
余名核心员工,并在全球设有七家办事处,产生着广泛的社会影响。

2. J-PAL 的研究工作

J-PAL 强调,严谨的科学研究是解决世界面临的核心挑战的关键。基于
广泛的合作网络,自成立以来,J-PAL 的研究人员在印度、孟加拉国、赞比亚、
肯尼亚等国先后开展清洁水源、小额信贷、预防犯罪、减少腐败、基础设施建
设等不同主题的 1 000 余项随机田野实验项目。

开展具体项目的同时,J-PAL 实验室也在官方网站主页开辟"研究资源"
(Research Resources)专栏,开发了一系列专业的研究资源来服务更多的研究
者。这些工具包括项目评估手册、调查工具模板、Stata 软件代码示例、伦理审
查指南、研究案例范本等。作为 MIT 数据、经济学和发展政策微型硕士
(Micro Masters)课程的一部分,J-PAL 实验室与 MIT 经济学系共同开发了
一系列在线课程,指导学习者如何在决策中使用数据得出坚实的结论。这些
课程和研究项目对任何有兴趣促进循证(Evidence-based)决策的人们开放,
为全球减贫实验的开展积累了丰厚的人力资源。

此外,J-PAL 实验室也关注附属机构和合作伙伴的社会资本建设,主动
帮助附属机构与项目需求方建立联系,以促进更多研究创新,最终形成一个
知识和证据相结合的生态系统。图 7-1 展示了 J-PAL 实验室在麻省理工学
院官方网站面向全球征询社会实验场景的通知。

3. J-PAL 的政策参与

在开展高水平科学研究的基础上,J-PAL 实验室也同样注重将研究成果
转化为具体的政策行动,不断弥合研究者和政策制定者的差异和分歧,向全
球推广循证的决策文化。在实践中,J-PAL 与世界各地政府、企业和社会组

图 7-1   MIT 官方网站刊登的 J-PAL 实验室社会实验场景征询通知

资料来源：https://news. mit. edu/2021/j-pal-north-america-calls-proposals-state-local-governments-0201。

织的高层决策者建立伙伴关系，通过高质量的高管培训课程、合作研讨会等形式，提升合作伙伴的科学素养，帮助其区分决策过程中的关键科学证据，并结合全球证据和当地实际情况，发展解决问题的具体框架，为框架的实施提供广泛的资金、技术和人力支持。截至 2021 年，J-PAL 开展的研究工作已经在肯尼亚、印度尼西亚、法国等国家转化为真实世界的政策方案，累计惠及人数逾 4 亿人，形成了广泛的政策影响力。

7.2   全球减贫实验的经典案例

历经多年的积累，班纳吉、迪芙洛和克雷默三人主导的全球减贫实验已经涉及公共卫生、政府管理、教育、人口与生育等多个政策领域。本节选取四个典型案例，介绍相关实验的操作过程和分析思路，以期进一步加深读者对于全球减贫实验的理解。

7.2.1   公共卫生的减贫实验[①]

在欠发达地区，"因病致贫""因病返贫"是常见的致贫原因。一次严重的疾病甚至会成为可怕的"贫困陷阱"。例如，父母因为严重的疾病丧失基本劳动力，降低了家庭的生活水平。家庭的生活水平降低可能进一步影响孩子的

---

① 本案例主要改编自：Banerjee A V, Duflo E. Poor economics：A radical rethinking of the way to fight global poverty[M]. New York：Public Affairs, 2011.

健康状况和应对突发事件的能力,最终影响家庭的长期收入水平,阻碍脱贫的努力。因此,通过有效的卫生干预,为穷人提供必要的健康保障,对于长期减贫而言至关重要。

与发达国家主要集中于心血管疾病、癌症等"富贵病"的疾病谱不同,疟疾、血吸虫等恶劣环境带来的传染性疾病是欠发达地区居民面临的更大的健康挑战。这意味着,欠发达地区的卫生干预应当聚焦于更加基础性的公共卫生领域,以期带来更大的总体福利增益。在公共卫生干预中,清洁的水资源又是重中之重。仅仅通过提升水质,便能有效阻止疟疾等疾病的传播,发挥巨大的公共卫生效果。

然而,这一看似十分简单的道理在欠发达地区实施起来却并不容易。受到有限的资源限制,穷人往往特别回避做一些不能立刻看到收益的事情(这种问题又称为"时间不一致性")。由于清洁用水的效果往往要在一段时间后才能显现,穷人往往并不愿意将时间花在这个问题上,遑论形成健康用水习惯。

克雷默教授研究团队尝试使用行为经济学的"助推"思路,克服现有的添加含氯消毒剂的净水方式操作较为复杂的问题,真正提升穷人饮用和使用净水的概率。经过长期的探索,他们在取水装置的设计上找到了答案。克雷默团队的核心思路在于,要为穷人提供一种最便捷易行的操作方案。为此,他们将一个名为"转一圈"的机器添加在原有的水井上,使得每个来取水的人在转动取水装置时便自动地给水源添加了微量的氯元素。随机对照实验表明,这个方案以最小的成本,"润物细无声"地实现了净水和改善卫生水平的目的,有效地实现了成本和效益的兼顾,展现出随机对照实验的突出优势。

7.2.2　控制腐败的减贫实验[①]

除去恶劣的自然环境外,欠发达地区往往也缺乏高效、清廉的行政管理体系。隐藏在行政体系中的腐败问题,往往严重阻碍扶贫项目的有效实施。同时,这些地区往往基础设施老旧、信息流动不畅,进一步提升了行政监督的难度。在这样的背景下,如果因势利导地在欠发达地区引入管理信息系统,是否能够提升行政效率和降低腐败水平呢?

为此,班纳吉团队与印度比哈尔邦政府合作进行了一项大规模实验,以评估财政发放系统的透明度是否能在实施工作福利计划时提高问责制和减

---

①　本案例来源于 Banerjee A, Duflo E, Imbert C, et al. E-governance, accountability, and leakage in public programs: Experimental evidence from a financial management reform in India[J]. American Economic Journal: Applied Economics, 2020, 12(4): 39-72.

少腐败。在实验开始前,由于地理距离较远且通信设施不完善,为了避免耽误地方政府的日常工作,比哈尔邦主要通过预付款的方式发放财政资金。然而,这种做法一定程度上增加了地方政府对于预付款的控制权,可能滋生不受监督的腐败和寻租。为了减少腐败的可能性,一种可行的做法是要求下级政府对于资金的处理方案必须得到上级政府批准。管理信息系统的引入使得这种方案成为可能。

2012 年 9 月—2013 年 3 月,班纳吉团队与比哈尔邦农村发展部合作,在印度圣雄甘地国家农村就业保障计划(Mahatma Gandhi national rural employment guarantee scheme,MGNREGS)这一世界上最大的劳动福利计划中引入管理信息系统来检验上述命题的可靠性。MGNREGS 要求政府给所有具有工作意愿并且介入本地建设的人提供一定的就业补贴。在之前的体制下,村委会直接负责项目实施。村委会可以在不指明用途的情况下先申请预支资金,事后得到区级政府批准即可。

在这次改革中,研究者为区域的各级政府引入电子拨款平台。在平台建成后,村委会可以直接在中央数据库中输入受聘人员的姓名和补贴金额,在中央政府批准后直接拨款到村委会账户。半年后,研究者发现干预取得了极好的效果。总体而言,发放就业补贴的总支出和申报时间显著下降,虚报姓名骗取就业补贴的现象明显减少,地方政府相关官员自我报告的个人资产亦有一定程度的下降。这说明减少层次和增加透明度的努力显著减少了社会福利项目中的腐败。

2015 年 8 月,受到这一实验结果的积极推动,MGNREGS 官员建立了一个全国性的系统,将管理信息系统直接应用到全国的拨款管理中。2016 年 6 月,印度财政部发布命令,要求在所有的国家计划中进一步扩大信息系统的使用,进一步降低了居高不下的行政成本,再次体现出循证决策的显著效能。

7.2.3　教育的减贫实验

教育是促进人力资本积累最为主要的渠道之一,对于欠发达地区摆脱贫困具有重要意义。然而,欠发达地区普遍面临着儿童受教育时长不足和教育机会性别分布不均衡等一系列问题,严重阻碍了这些地区的脱贫进程。如何更好地提升贫困地区儿童的受教育时长并促进适龄儿童公平享有教育机会,就成为了全球扶贫工作中的重要议题。

对于这一问题,学者和实务界形成了两派截然不同的观点。一部分学者和实务工作者强调从优化教育资源供给入手,即教育政策的核心是建设足够规模的学校并配置足量的、训练有素的教师,从而达到诸如"95％的儿童都能在离家半英里内的学校"的政策目标。另一部分专家则更加关注需求侧,强调提升贫困地区儿童受教育水平的重点是帮助穷人更好地认识到教育带来的积极影响。一旦穷人父母意识到教育的价值,提升家庭对于教育的投入便水到渠成。两派观点争执不下,亟须扎实的实证证据支撑教育扶贫政策的制定。

班纳吉团队的研究者在印度北部三个城邦中人迹罕至的 160 个村庄针对上述问题展开实验研究,其中实验组和对照组按 1∶1 分配[①]。在这些地区,儿童受教育程度相对有限,且存在较为明显的性别差异。实验中,研究者与离岸电话呼叫中心展开合作,邀请离岸电话呼叫中心前往实验组中的村庄举办一次真实的离岸呼叫中心电话女工招聘会。招聘会完成后,研究者持续追踪实验组和对照组村庄女童的教育和健康状况。经过三年的追踪调查,研究者发现实验组村庄中 5～11 岁的女童整体入学率提升了 5％,且整体身体健康状态有了明显的提升。在调研中,研究者发现,驱动这一变化的主要原因是当地的穷人家长开始意识到让女儿上学也能获得可观的经济回报,因此投资教育的意愿有了明显的提升。

上述实验的研究发现有着深刻的理论和政策意涵。研究结果表明,教育具有很高的投资属性,而穷人家长在做出投资决策时同样也具有很高的理性,能够对市场的变化做出反应。因此,仅仅从供给一侧推动教育改革可能并不能解决问题。最好的教育政策可能是没有教育政策,政府只要找出急需劳动力的相关行业,让投资教育显得“有利可图”,家长便很可能增加对于教育的投资。当然,上述结果并不能完全否定教育资源供给的重要性,只是从一个侧面强调了从需求角度推进教育改革的作用。随着类似实验证据的积累,研究者和实务工作者可以对如何推进教育扶贫改革积累更加系统的认知。

7.2.4　生育的减贫实验

人口是欠发达地区陷入贫困的另一个重要因素。首先,欠发达国家往往具有较高的人口出生率,对家庭形成沉重的经济负担,影响家庭的资本积累过程。其次,由于欠发达地区的公共卫生条件较差,较频繁的性行为如果没有必要的安全保护,可能加快艾滋病等传染病的传播。此外,过多的怀孕和生育次数往往与过早的怀孕紧密相关,对于女性的发展也会产生明显的负面影响。怀孕次数更多、怀孕更早的女性可能更早离开学校。迫于抚养的压力,生育次数更多的女性也更难以获得正规部门的就业机会。上述因素的共同作用使得过多的生育成为贫困代际传递的重要原因。引导民众推迟初次

---

①　Jensen R. Do labor market opportunities affect young women's work and family decisions? Experimental evidence from India[J]. The Quarterly Journal of Economics,2012,127(2):753-792.

性行为年龄并减少不安全的性行为,对于减少生育规模、阻止传染病传播和减少贫困具有重要意义。

对于怀孕过早的问题,肯尼亚等国家政府长久以来采取的应对策略是强调禁欲的重要性,具体包括:禁欲(abstain)、忠贞(be faithful)、使用避孕套(condom)和"……否则你就会死去"(die)(简称为 ABCD 策略)。这一策略的隐含逻辑是少年在选择性行为对象时责任心不强,不够理性,难以权衡性行为的收益与风险,需要政府和学校加以引导。然而,克雷默率领团队在肯尼亚开展的两项大规模社会实验发现,青少年的决策逻辑与政府的认知完全不同,青少年在选择性行为对象时表现得十分理性。这意味着解决青少年怀孕过多过早的问题需要采用完全不同的策略[①]。

第一项实验从 328 所学校中随机选取 164 所,对这些学校的老师进行系统的"ABCD"课程培训,再由经受培训的老师向学生讲授相关课程。研究团队进行了五年的追踪调研,分别在第一年、第三年和第五年分别进行三次测量。测量时,研究者既关注学生对于危险性行为的认识,又测量实际怀孕比率。三次调研结果均表明,实验组与对照组学生在上述问题上均没有显著差异。这表明,难以通过提供额外的规范性信息来帮助青少年提升对生育选择的理性程度。

第二项社会实验与第一项实验的总体样本相同,在其中随机选取 71 所学校作为实验组。实验组学校的教育重点是告诉学生一些他们不了解的信息。在肯尼亚当地,过早怀孕的一个重要原因是学生辍学后和年长的男人发生性关系(被称为"甜爹",与这些男人成为性伴侣可以获取较好的经济条件)。因此,在实验组中,老师重点告诉学生,年长的男性比年轻的男性感染艾滋病的概率要高 5 倍。结果显示,实验组女生怀孕的概率降低了 1/3(由 5.5% 降至 3.7%)。

上述实验结果表明,肯尼亚女生大都了解不安全的性行为可能导致怀孕和疾病的传播,但可能面临经济条件因素的权衡。在不知道年长的男性更可能感染艾滋病的情况下,选择与这些人发生性关系可能是一个改善家庭经济状况的好办法。一旦了解可能的安全风险,提前怀孕的比率有所降低。上述实验结果表明,穷人同样也具有完备的理性思考能力,只是关注的内容与政府和富人可能存在差异。政府不应当带着先验的"优越感"来制定人口与生育政策,要从穷人的角度去思考问题。"灌输式"的教育并不能缓解过早和过多怀孕的现象,提供她们真正不了解的知识,可能起到事半功倍的效果。

---

① Dupas P. Do teenagers respond to HIV risk information? Evidence from a field experiment in Kenya[J]. American Economic Journal: Applied Economics, 2011, 3(1): 1-34.

7.3 全球减贫实验与社会实验方法的发展

作为实验经济学的标志性学者,班纳吉、迪芙洛和克雷默不仅将实验性研究从实验室带到了更加复杂多样的真实社会场景中,也进一步发展和完善了实验性研究的方法体系。一方面,三位大师将实验性研究方法与模型推理、行为经济学和社会调查等经典方法进行了系统的对话与融合;另一方面,三位大师也立足外部效度不足这一实验性方法的固有问题,针对性地提出了一系列解决方案。

这些努力都进一步提升了实验性方法在社会科学方法论体系中的地位,促进实验性研究日益成为社会研究方法中的一门"显学"。本节从四个方面简要论述之。其中,前三部分主要论述实验性研究与其他经典方法的融合,第四部分主要论述如何更好地通过组合设计提高实验性方法的外部效度。

7.3.1 融合经典模型推理的实验逻辑演绎

基于形式模型的逻辑演绎是经济学理论构建的经典范式。诺贝尔经济学奖评委会在对三位大师学术成果的总结性评述中提到,三人的研究工作"仍然坚持以微观经济学理论作为指导"。这一特点是通过在实验的逻辑演绎过程中融合形式模型推理实现的。通过引入形式模型推理,班纳吉团队的研究工作不仅具有了更完备的逻辑基础,也为分析"穷人"行为的非理性特征提供了"理性"的参照点,从而大大丰富了文章的理论意涵。

我们以班纳吉团队在肯尼亚开展的蚊帐实验为案例进行说明[①]。疟疾是肯尼亚等非洲国家常见的流行病,常常通过蚊虫叮咬传播。要降低民众被蚊虫叮咬的概率,使用蚊帐是一种可行的思路,但如何促进穷人意识到蚊帐的潜在好处并持续使用,始终是当地公共卫生部门的一个难题。对于穷人而言,持续使用蚊帐是一笔巨大的经济负担,因而必要的补贴有助于提升蚊帐的使用率并帮助穷人养成使用习惯,从而降低疾病的传播。然而,如果补贴额度过高,穷人也可能对于补贴形成依赖,反而不利于使用的可持续性和疾病的控制。因此,需要选取一个合理的价格来最大化疫情防控效果。

然而,蚊帐定价与疾病控制效果间可能存在复杂的传导关系,研究者需要对问题进一步简化。研究者将这一问题建模成一个最优化问题。将疾病传播风险记为 Y,决策目标为选择一个蚊帐的价格 P 使得 Y 最小化。由以上

---

① Cohen J, Dupas P. Free distribution or cost-sharing? Evidence from a randomized malaria prevention experiment[J]. The Quarterly Journal of Economics,2010,125(1):1-45.

的逻辑演绎可以知道,疾病传播风险 Y 与蚊帐的有效覆盖率 C 有关,而 C 本身是价格 P 的函数,因此,Y 可以表示为 $Y[C(P)]$。另外,蚊帐的有效覆盖率 C 可以表示为 $(I\times O)/N$,其中 O 是拥有蚊帐的人数,I 是有效使用率[①],N 是该地区的总人数。于是,$Y[C(P)]$ 可以进一步表示为 $Y[C(O(P), I(P))]$,考虑多元函数求导的链式法则,可以发现估计 $\partial Y/\partial P$ 的核心本质上是估计 $\partial I/\partial P$。因此,研究在后续实验中将蚊帐的有效使用率作为田野实验中收集的关键变量。整个实验的基础逻辑演绎部分得以完成。

在这一案例中,融合模型推理的实验逻辑演绎呈现出独特的优势。对于原始问题而言,直接估计蚊帐价格对于疾病传播风险的影响可能有诸多不确定因素,在选取控制变量等诸多问题上也很容易陷入争论。通过严谨的形式模型推理,文章将复杂的研究问题大大简化。正如诺贝尔奖评委会所言,"他们的方法……将提升低收入国家人力资本的问题分解为更小、更可控的具体课题,每个小问题都能通过精心设计的田野实验进行严格考察"。

7.3.2 融合行为科学视角的实验干预设计

以理查德·泰勒获得 2017 年诺贝尔经济学奖为标志,行为经济学日益成为新古典经济理论之外的另一种主流的经济学理论范式。与新古典经济学主要基于理性人和完备信息等假设的形式模型不同,行为经济学(科学)视角主要关注个体系统的非理性特征,为我们理解人类行为提供了一条崭新的渠道。

在全球减贫实验的代表性著作《贫困的本质》中,班纳吉等人指出,对于穷人形象和行为规律的误解,正阻碍扶贫政策取得效果。在诸多文学作品和社会理论中,穷人往往被描述成"有时懒惰,有时上进;有时高尚,有时鬼祟;有时愤怒,有时顺从;有时无助,有时自强"[②]。这样的矛盾体在特定语境下可能足够生动,但却无助于我们理解真实的穷人世界。通过系统调研,班纳吉团队指出,穷人诸多看似"不理性"的行为背后存在系统性的规律。要制定出真正有效的扶贫政策,就要走入穷人的内心。行为科学视角可能恰恰是我们走入穷人内心世界的"钥匙"。基于行为科学的简单干预(又称为"助推")设计可能起到"四两拨千斤"的巨大效果[③]。这一特点在班纳吉团队的诸多工作

---

① 研究者在调研中发现,拥有蚊帐而未有效使用是本地区难以控制疟疾的一个关键问题,因此,蚊帐的有效使用率是建模过程中十分重要的变量。

② Banerjee A V, Duflo E. Poor economics: A radical rethinking of the way to fight global poverty[M]. New York: Public Affairs, 2011.

③ Thaler R H, Sunstein C R. Nudge: Improving decisions about health, wealth, and happiness [M]. London: Penguin, 2009.

中都得到了体现。

一方面,班纳吉团队就诸多经典行为科学命题在穷人群体中的适用性进行了系统的探索。除去上文中提到的蚊帐外,欠发达地区的公共卫生干预还包括应用净水药物等一系列措施,而这些措施的推广无一例外地面临定价这一难题。穷人在购买产品时可能存在丰富的心理动机。一方面,初次使用产品的价格可能会对于穷人心理产生"锚定效应",一旦后续价格超过初次的价格便不再愿意付出。因此,如果整体定价较高,而补贴不具有可持续性,他们的购买意愿可能会迅速下降[①]。另一方面,价格也可能发挥"信号效应",他们可能根据价格推断产品的质量。如果定价太低或补贴太高,他们可能会质疑产品的质量[②]。因此,定价对于相关物品有效使用率的影响很可能呈现出强非线性特征,在某个实验中,班纳吉团队甚至设置了多达 17 个档次的价格浮动来进行系统的探索[③]。

另外,班纳吉团队基于对穷人行为规律的深入理解,有针对性地设计了一系列精巧的"助推"方案,取得了很好的实施效果,解决了不少贫困地区长期难以突破的"痼疾"。上一段提到,无论是蚊帐还是净水药物,穷人的需求量对于价格都十分敏感,但长期的高额价格补贴显然不具有可持续性。那么应当如何以较低的成本实现有效的疾病预防呢? 克雷默等人参考"默认选项"的"助推"思路,提出了一种名为"转一圈"的解决方案。克雷默的团队在村庄的水龙头上增加了一个机器。取水的把手每转一圈,这个机器就会释放出微量的氯元素,从而在不知不觉间起到了净水的效果。成本—收益分析表明,这一方法以很低的成本有效地控制了疾病的传播[④]。

7.3.3　融合质性社会调查的影响机制挖掘

传统的实验性研究主要通过概率统计模型和计量经济模型对结果进行分析,关注实验的平均处理效应(average treatment effect,ATE)等指标的测量,以此作为实验有效性的评价标准。然而,"冰冷"的数值估计很多时候并不足以帮助我们走近穷人"火热"的内心世界。要真正地理解量化指标背后的逻辑内涵,研究者不可避免地需要走进田野,贴近穷人的真实生活,方能真

①　Rabin B K. A Model of Reference-Dependent Preferences [J]. Quarterly Journal of Economics, 2006, 121(4):1133-1165.

②　Riley J G. Silver Signals: Twenty-Five Years of Screening and Signaling[J]. Journal of Economic Literature, 2001, 39:432-478.

③　Dupas P. Short-run subsidies and long-run adoption of new health products: Evidence from a field experiment[J]. Econometrica, 2014, 82(1): 197-228.

④　关于这一案例,读者可参考:https://www.povertyactionlab.org/policy-insights/health.

正理解许多"反常识"的结论。三位大师主导的一系列社会实验在这一问题上的处理也尤为出色,具有很强的人文关怀。

在班纳吉团队的诸多工作中,质性的社会调查都扮演了重要的角色,从而在数理模型之外讲述了更加生动的"贫困经济学"。一个典型案例是对于营养的"贫困陷阱"研究。许多发展经济学学者认为,没有钱购买食物,从而难以获得充分营养是穷人陷入"贫困陷阱"的重要原因。然而,很多实验性研究的结果却表明,即便获得足够的经济支持,穷人也只是将其中很少的一部分用于购买食物,而用于购买食物的资金中,又只有很少的一部分被用来满足基本的营养需求。这表明基于营养的"贫困陷阱"假说并不可靠[①],但研究者始终未能就背后的原因达成一致的认识。

通过对印度等地穷人的生活进行细致的田野调查,班纳吉团队发现上述问题有着深刻的社会经济根源[②]。一方面,在印度等地的欠发达地区,婚丧嫁娶的"人情往来"往往给穷人带来经济压力,很多时候其重要性甚至超过改善营养摄入。另一方面,即便在最贫穷的地区,穷人的思维也并不一定满足马斯洛的金字塔式思维。换言之,穷人并不是在满足基本的营养需求等生理性需求后才关注尊重、享受(例如,穷人可能需要从美食中获取快乐)等高层次需求。很多时候,这些需求是同时发生的,更多体现出权衡性而不是序贯性。因此,仅仅给予经济或食物支持并不能解决穷人的危机,需要系统性的文化变革并指导他们建立起良好的饮食习惯。

7.3.4 通过组合设计提升社会实验的外部效度

外部效度是(社会)实验方法始终面临的一项关键批评。批评者认为,社会实验方法的结果具有高度的情境依赖性,结论可能不具有可推广价值[③]。班纳吉、迪芙洛和克雷默并没有回避这些争论,而是将职业生涯的很大一部分精力聚焦于如何通过发展实验性研究的方法论体系来克服上述"痼疾"。三位学者指出,通过实验的组合设计,能够有效提升结论的外部效度,从而为后续工作的开展奠定了更加坚实的方法论基础。

班纳吉、迪芙洛和克雷默等人曾撰文指出,实验性研究很多时候扮演着"概念证明"(proof of concept)的角色。从概念证明到政策推广的过程中,可能存在市场均衡效应、溢出与学习效应、政治反应、情境依赖效应、随机化偏

---

① 相关研究可参考:Jensen R T, Miller N H. Giffen behavior and subsistence consumption[J]. American economic review, 2008, 98(4): 1553-1577.

② 相关调研数据可参考:https://www.pooreconomics.com.

③ Experimental conversations: Perspectives on randomized trials in development economics [M]. Cambridge: MIT Press, 2016.

差和执行偏差等六大类关键挑战[1]。其中,政治反应主要提示研究者某些具有政治敏感性的实验项目在推广过程中可能遇到利益相关方的抵制,执行偏差主要提示研究者当研究团队实力不足以支撑大规模推广时,快速推广带来的执行团队质量的下降可能影响实验结果。这两类问题的警示意义更强,较少涉及通过组合实验设计提升因果推断质量的工作,因而以下主要围绕其余四类问题介绍解决方案。

市场均衡效应强调,小规模的项目试点可能仅改变局部的市场均衡,而大规模的项目推广可能改变市场的全局均衡。一个典型案例是小规模的助学金项目可能提升获奖者的教育回报率,而所有人都能获得的助学金则显然无法关注到教育回报率的提升。解决市场均衡效应的一种经典策略是进行两阶段随机分配,即除了在目标样本内部做随机分配外,额外增加样本间的随机干预指派[2]。

溢出和学习效应强调,样本在实验中并不是孤立存在的,对于某一样本施加的干预可能溢出到附近的样本中,样本也可能对周围样本受到干预的情况进行"学习"和"适应",从而间接地受到干预的影响。由于社会学习曲线通常存在从缓慢增长到快速增长的拐点,因而随着实验干预规模的增加,实验结果可能发生非线性的变化。这一问题也可以通过类似于两阶段随机分配的方式解决[3]。

情境依赖和随机化偏差强调,实验性研究的结果可能与实验地区的社会经济背景相关,而实验(特别是社会实验)样本的选取往往并不具有随机性。研究者可能出于成本动机,选择关系较好的地区作为样本,也可能出于影响力动机,选择更加知名的地区作为样本。同时,实验样本也可能出于类似的动机,产生明显"自选择"效应(例如,参与某些试点以提升个人或组织声誉)。重复实验和元分析可能是解决上述问题的关键策略[4]。

---

① Banerjee A, Banerji R, Berry J, et al. From proof of concept to scalable policies: Challenges and solutions, with an application[J]. Journal of Economic Perspectives, 2017, 31(4): 73-102.

② 解决市场均衡效应的两阶段随机分配案例可参考: Crépon B, Duflo E, Gurgand M, et al. Do labor market policies have displacement effects? Evidence from a clustered randomized experiment[J]. The Quarterly Journal of Economics, 2013, 128(2): 531-580.

③ 估计溢出和学习效应的经典工作可参考: Dupas P. Short-run subsidies and long-run adoption of new health products: Evidence from a field experiment[J]. Econometrica, 2014, 82(1): 197-228.

④ 解决环境依赖和随机化偏差的重复实验和元分析案例可参考: Kremer M, Brannen C, Glennerster R. The challenge of education and learning in the developing world[J]. Science, 2013, 340(6130): 297-300; Banerjee A V, Duflo E. The experimental approach to development economics[J]. Annual Review of Economics, 2009, 1(1): 151-178.

7.4 全球减贫实验引发的方法论争鸣

尽管班纳吉、迪芙洛和克雷默主导的全球减贫实验对经济学乃至社会科学的研究范式都产生了重大的影响，国内外的很多学者仍然对其方法论基础提出了尖锐的批评。这些批评一方面切中肯綮，提醒研究者理性看待社会实验方法的优势与不足，另一方面也在客观上促进了社会实验方法的进一步发展。

2015年诺贝尔经济学奖得主安格斯·迪顿（Angus Deaton）是社会实验方法反对者的典型代表。迪顿指出，社会实验的方法论体系存在以下几个无法回避的缺陷[①]。首先，社会实验是小规模的局部分析，局部均衡与大规模的社会均衡结果往往存在很大的差异，研究者很多时候难以解释不同实验结果的差异。其次，社会实验的随机性能够保持统计意义上的无偏性，但无偏性不能等同于对社会现象的因果性推断。再次，在研究者建立起系统的理论体系前，基于实验发现的政策建议可能与现实脱节。最后，社会实验方法过多关注微观问题，可能缺乏必要的宏观视野。

部分中国学者也对社会实验方法进行了批评。例如，林毅夫在2019年诺贝尔经济学奖颁发后接受媒体采访时指出，社会问题的复杂度要远高于生物医药这一实验性方法的经典应用场景。要控制一个社会问题背后所有的潜在影响因素，需要进行数以万计的社会实验，这在成本上是不可接受的。同时，过分痴迷于对微观问题的关注，可能导致研究者忽视影响发展绩效的宏观要素。如果微观的随机对照实验成为学术界顶级期刊发表的"标准配置"，可能将发展经济学乃至经济学和社会科学引入歧途[②]。

笔者认为上述争鸣有其内在合理性，但相关评论往往只集中在社会实验的劣势上，学术界应更加辩证地看待社会实验方法。在厘清上述辩论的过程中，研究者需要清晰地认识到世界上并没有一种完美的研究方法，社会研究方法论体系的发展恰恰是在解决现有问题的过程中实现的。对于方法论的评述，应当在清晰理解其缺陷的基础上，更加聚焦于该方法对于现有方法体系的边际贡献，并积极探索该方法与其他方法相结合的潜力。

一方面，社会实验方法的边际贡献拓展了相关领域的微观视角，从而使得人类对于贫困的认识更加丰富立体。以贫困研究为例，长期以来，主流研

---

① 相关争议可参考：Hello SS, Guarino E, Experimental conversations: Perspectives on randomized trials in development economics[M]. Cambridge: MIT Press, 2016.

② 关于中国学者的批评，读者可参考：https://finance.ifeng.com/c/7qvjUEFkDTj.

究者聚焦于对宏观制度因素的探讨,却始终难以真正提高国际援助等政策实践的效率。一个重要的原因是,上述探讨希望以一种"放之四海而皆准"的方法解决问题,忽视了欠发达地区和穷人生活的差异性,最终反而失去了解决问题的根基。基于社会实验的微观贫困研究能够弥补宏观视角的空白。通过在实践中比较不同解决方案的优劣,社会实验研究真正地将具体情境信息融入扶贫方案的设计中,往往能够取得更好的效果。需要注意的是,尽管发展微观视角是社会实验研究的一个重要贡献,微观贫困研究仍然不是完美的。过度聚焦于微观实践,也可能陷入"一叶障目,不见泰山"的局限。例如,中国多样化的扶贫创新实践,在根本上仍然嵌入在全面脱贫攻坚的制度基础之下。因此,社会实验研究所代表的微观视角与现有理论脉络有着千丝万缕的关联。只有进一步加强宏观与微观视角的整合,才能真正加深人类对于贫困现象的理解。

另一方面,社会实验方法的确存在难以回避的缺陷,但上述缺陷可能在与其他方法的进一步整合中得到解决。本质上,人类社会是一个开放的巨型系统。任何社会研究都是对于复杂社会系统的简化,需要灵活地选取系统的边界。过大的系统边界可能导致复杂度危机,而过小的边界则难以反映真实世界。因此,研究者必须在上述问题间做出权衡,而这恰恰成为了误差的来源。此时,如果能将实验方法与其他方法紧密结合,上述误差可能得到有效控制。首先,对于不同样本选取情景下实验结论的差异问题,元分析(meta-analysis)可以帮助研究者在案例层面进一步提取规律,形成对于误差的系统性理解。其次,对于一些意料之外的阴性结论,研究者可以结合质性的社会调查,深入挖掘背后的机制。最后,实验性研究结论也可以与真实世界的研究相结合互为稳健性检验,进而提升结论的信度[①]。

7.5　全球减贫实验的启示

基于日益扩大的国家间收入差异,班纳吉、迪芙洛和克雷默三位学者敏锐地认识到,仅仅从宏观制度层面对于贫困和收入不平等的成因进行分析,远远不足以揭示全球减贫的复杂性。因此,他们进一步转变思路,采用社会实验的独特视角,将贫困研究从宏观制度体系进一步拓展到微观生活场景。三位学者主导的系列研究工作通过大量实验和调查证据的积累,实证地探索

① 关于实验性方法与面板数据回归互为稳健性检验的工作,读者可参考:Yin H, Zheng S, Yeoh W, et al. How online review richness impacts sales: An attribute substitution perspective[J]. Journal of the Association for Information Science and Technology, 2021, 72(7):901-917. https://doi.org/10.1002/asi.24457.本书第三篇将进行更加详细的介绍。

了微观"贫困陷阱"的多维度成因,大大加深了研究者对于贫困问题的理解,产生了巨大的学术影响力,对于未来的社会实验研究者具有重要的指导价值。

班纳吉、迪芙洛和克雷默的研究表明,全球范围内的贫困问题具有十分复杂的成因,多重市场失灵、政府失灵和社会失灵的存在,导致了穷人日益被排除在现行的市场体制之外[①]。首先,信息不对称严重阻碍了穷人观点的转变。由于穷人的生活环境往往较为闭塞,加之不同地区又存在着风格迥异的文化传统,穷人往往对市场和科学信息知之甚少。传统的强制手段和经济激励均不能有效缓解上述问题,需要基于特定环境设计巧妙的"助推"策略。其次,多任务冲突严重限制了穷人的决策空间。经济和社会资本的缺失使穷人时常面临强烈的多任务冲突。当某一任务具有较强的时间不一致性[②]时,出于风险规避的思考,穷人可能放弃机会,也就放弃了跳出"贫困陷阱"的可能。要解决这一问题,重点是通过机制设计构建激励相容的环境,在某些时点上为穷人跳出"陷阱"提供支撑。再次,角色分工和角色期待严重削弱了穷人改变命运的动机。"贫困陷阱"不仅仅来源于社会经济环境,社会化的角色塑造也是关键一环。例如,印度的很多穷人已不相信自己能实现阶层跃迁,如果上述情况持续下去,即使给予穷人同样的条件,他们可能也未必有动机进一步创造财富。解决这一问题的重要手段是通过朋辈示范等方式,帮助穷人重新塑造对未来的预期。最后,上述因素的综合作用使得服务于穷人的市场越来越窄。例如,服务于穷人的小额信贷的运作成本往往远高于同类产品,相关金融机构不得不退出市场。这使得穷人更加难以获得创业起步的资金支持。因此,在解决前述问题的基础上,我们还需要通过信息技术和服务模式的创新进一步拓展面向穷人的市场。

在基于实验研究深入揭示贫困成因的基础上,三位学者主导的全球减贫实验对于社会实验的方法体系也做出了巨大贡献。首先,全球减贫实验系统挖掘了实验结论外部效度的主要影响因素,回应了学术界关于社会实验方法的主要争论。尽管长期深耕于社会实验领域,但三位学者从未回避学术界对于社会实验研究外部效度不足等问题的批评,而是在应用实验工具的同时,进一步从理论层面发展了上述问题的系统性解决方案[③],为方法论体系间的对话和交融提供了空间。其次,全球减贫实验推动了实验研究与政策实践的深度对话,促进实验发现更好地转化为社会治理效能。除去理论层面的探索

---

① Banerjee A V, Duflo E. Poor economics: A radical rethinking of the way to fight global poverty[M]. New York: Public Affairs, 2011.

② 时间不一致性指某些行动的投入和产出并不发生在同一时期的情况。例如,如果穷人允许自己的子女保持在学校学习,父母当期需投入经济成本,但子女因教育产生的回报却发生在未来。

③ 可参考 7.3.4 节的内容与相关参考文献。

外,三位学者同样注重通过具体政策实践的反复迭代,找出真正有效的政策方案以回应关于社会实验方法外部效度的争议[①]。这些实践探索不仅推动了积极的跨领域交流,更为实验研究的进一步开展凝聚了广泛的社会认同。最后,全球减贫实验对于实验研究的组织模式进行了深入探索,为后续开展大规模社会实验提供了有益的借鉴。成本高企是社会实验面临的一项重要批评,大规模实验的推广迫切呼唤高效的组织模式。三位学者主导的 J-PAL 实验室通过整合政府、企业、学术界、社会组织的广泛力量,对于上述问题进行了积极探索。多年来,J-PAL 以线上公开课、社会创新竞赛、田野实训等方式系统化地培养了一大批从事社会实验工作的研究骨干,为全球减贫实验的开展奠定了良好的基础。

作为社会实验研究的最新代表性成果,全球减贫实验对于后续研究有很大的启示价值。未来的社会实验工作可以考虑从以下几个方面进一步拓展。第一,研究者可以进一步运用生态瞬时评估、人本计算、维基调查等数字化技术改进传统的社会实验研究,克服社会实验成本高企的重要缺陷[②]。第二,社会实验的主题应从扶贫等经典领域进一步向智能社会转型等新兴议题拓展,从而进一步扩大社会实验研究的影响力和应用场景,人工智能社会实验正是这一思路下的典型案例。第三,随着面向社会实验研究的积累,研究者要更加注重开展元分析工作,促进实验发现更好地转化为普遍科学规律。第四,研究者应当进一步优化社会实验的组织架构和运作模式,整合更加广泛的社会力量加入其中,一方面壮大社会实验的研究力量;另一方面集思广益,提出更多更好的实验思路。第五,在做好具体的社会实验工作之外,要进一步推广和倡导基于循证逻辑的决策范式,从而促进社会实验发现更好地转化为社会治理效能,为国家治理体系和治理能力现代化作出应有贡献。

---

① 一个典型案例是班纳吉团队与印度布拉罕基金会(Pratham)开展的教育辅导实验。该实验的早期版本发现,恰当的校外辅导能够提升学生成绩,但上述效果在穷人和富人中的分布并不均衡。为此,班纳吉团队在后续实验中探索出两种相对有效的解决方案:一是将课外辅导纳入教师的日常考评体系;二是邀请有相关技能的志愿者加入。目前,改进版的实施方案已惠及印度 10 余万所学校的 520 余万名儿童,成为一项重要的政策实践。关于该实验的早期版本,可参考 Banerjee A V, Banerji R, Duflo E, et al. Pitfalls of participatory programs: Evidence from a randomized evaluation in education in India[J]. American Economic Journal: Economic Policy, 2010, 2(1): 1-30. 关于改进版本,可参考: Banerjee A, Banerji R, Berry J, et al. From proof of concept to scalable policies: Challenges and solutions, with an application[J]. Journal of Economic Perspectives, 2017, 31(4): 73-102.

② 关于如何利用数字技术改进社会实验,读者可参考: Salganik M J. Bit by bit: Social research in the digital age[M]. Princeton: Princeton University Press, 2019.

第三篇

方法设计

前两篇对于社会实验的"理论渊源"和"经典案例"进行了分析和评介，阐释了开展人工智能社会实验的思想基础。在实践中，开展人工智能社会实验工作需要根据不同地区的实际情况和不同智能应用场景的发展阶段，有针对性地选用恰当的社会实验方法。因此，第三篇开始向读者系统地介绍社会实验的方法体系，力图规范地向读者介绍各种实验设计的基本原理、操作过程和应用场景。

　　社会实验的经典理论体系是开展人工智能社会实验工作的基本遵循。在此基础上，设计人工智能社会实验方案需要关注两大核心问题。一是要注重回应智能社会中的新兴社会现象和社会运作过程中的常见问题。二是要关注智能技术对于传统社会实验理论的赋能作用。本篇正是以上述思考为基础展开，不同研究目标和研究基础的读者都可以在其中寻求感兴趣的内容参阅。

　　一方面，社会实验的经典方法体系是行文的主线，沿着从单一实验方法到实验方法与非实验方法的组合，从理想实验环境到非理想实验环境的逻辑展开，依次介绍自然实验、实地实验、调查实验、计算实验四种经典方法，进而介绍实验方法与非实验方法在不同研究层次上的结合路径，最后介绍实验过程中的常见问题与应对策略。

　　另一方面，在介绍经典社会实验方法体系的基础上，重点突出智能社会的相关要素，回应以上提及的两大核心问题，着重为开展人工智能社会实验提供有益的借鉴。例如，8.5节关于公共数据开放、9.2节关于数字政务服务、10.2节关于智能技术的社会合法性、10.4节关于公民讨论平台的设计、12.4节关于在线购物场景中评论功能的设计等探讨均紧扣智能社会的热点议题。9.3节关于数字空间的实地实验及其延伸讨论、11.3节关于多智能体仿真、11.4节关于智能技术嵌入计算实验的内容均探讨了智能技术对于传统社会实验体系的赋能作用。

　　在掌握社会实验经典方法体系的基础上，深入研读相关专题案例，熟练掌握各种实验方法，清楚了解不同方法的适应场景、实验过程乃至局限性，对于读者举一反三，深入思考智能时代社会实验研究的开展路径具有重要价值。

第8章

自然实验

8.1 引言

随机对照实验(random control trial,RCT)是检验因果效应的黄金标准。但在社会场景下,研究者往往无法完全按照研究意图开展随机实验。例如,为满足实验伦理要求,我们无法通过随机实验决定哪些人接受教育,哪些人不接受教育;谁获得社会福利,谁不能获得社会福利;谁使用智能产品,谁不能使用智能产品。因此,RCT 并不总是社会科学研究者开展研究的理想选择。

那么,RCT 的局限性是否意味着社会科学研究者对于政策评估、项目评价等问题束手无措呢?答案显然是否定的,自然实验(natural experiment)为我们提供了一个极具潜力的选择。2021 年 10 月,三位经济学家戴维·卡德(David Card)、乔舒亚·安格里斯特(Joshua Angrist)和吉多·因本斯(Guido Imbens)因他们创造性地利用自然实验开展因果推断而得出的一系列成果被授予 2021 年的诺贝尔经济学奖。其中,卡德的主要贡献集中于巧妙地利用新泽西州出台的最低工资政策以及古巴移民潮等外生干预,对于经济学中的一系列争议问题给出了令人信服的因果推断[1]。安格里斯特和因本斯的成果则集中于方法论层面——如何保证自然实验因果推断的信度与效度[2]。在介绍他们的成果时,诺贝尔经济学奖组委会旗帜鲜明地指出"Natural experiments help answer important questions for society"(自然实验有助于回答社会中的

---

① 可以进一步阅读:Card D, Krueger A B. Myth and Measurement: The New Economics of the Minimum Wage[M]. Princeton: Princeton University Press, 1995;Card D. The impact of the Mariel boatlift on the Miami labor market[J]. Industrial and Labor Relations Review, 1990, 43: 245-257.

② 可以进一步阅读:Angrist J D, Imbens G M. Two-stage least squares estimation of average causal effect in models with variable treatment intensity[J]. Journal of the American Statistical Association, 1995, 90(430):431-442. ;Imbens G W, Angrist J D. Identification and Estimation of Local Average Treatment Effects[J]. Econometrica, 1994, 62(2), 467-475.

重要问题)①。这一观点对我们后续开展人工智能社会实验工作具有重要的启示价值。人工智能社会实验研究也应当充分挖掘社会智能化转型过程中某些外生冲击在不同地区、不同社会群体间产生的差异,对于智能化转型的综合社会影响进行因果推断。

与人为开展的实验室实验不同,很多时候,自然现象②、重大政策③、社会浪潮④、技术应用⑤、偶发因素⑥等外生冲击也可能近似随机地将人群区分为受到影响和不受影响的群体,就好像"自然地"发生了实验干预一样。因此,研究者将类似外生的冲击所形成的社会干预称为"自然实验"。需要说明的是,不同类型的自然实验干预的随机性仍然存在一定的差异。例如,自然灾害等干预的发生往往是完全随机的,而某些重大政策的出台随机性则要低一些,难免有些相关的信息会提前发出。因此,纯粹的自然实验干预往往是罕见的。更多时候,我们谈论的自然实验本质上是一种"准实验"⑦。为了保持术语的统一,本书中将其统称为"自然实验"。

虽然自然实验为识别社会现象背后的因果机制做出了重要贡献,但如果研究者忽略了某些外在条件,自然实验也会失去因果推断的效度。曾有研究者使用四个政治科学自然实验的例子,表明即便自然实验在某些情况下保证了干预的随机性,也不能得到正确推论⑧。其背后的主要原因在于,自然干预产生的分组和研究者希望比较的分组不同,或是自然产生分组的因变量变化不大。这启示我们,由于自然实验的干预不受到研究者的意志影响,我们需要特别关注自然干预会产生怎样的实验组和对照组,以及这样的实验组、对照组和我们关注的因果效应如何相关,方能利用自然实验评估真实的社会影响。专栏 8-1 介绍了安格里斯特等人开展自然实验研究的一个典型案例⑨,具有较高的借鉴价值。

① 关于三位经济学家的获奖介绍全文,可以进一步阅读:prize. org/prizes/economic-sciences/2021/press-release/.

② 例如,飓风等自然灾害可能对居民行为产生深远影响,可参见:Kirk D S. A natural experiment on residential change and recidivism: Lessons from Hurricane Katrina[J]. American Sociological Review,2009,74(3):484-505.

③ 可进一步阅读8.2节介绍的评估税收政策出台对减少污染排放影响的自然实验研究。

④ 可进一步阅读2021年诺贝尔经济学奖得主Card的成名之作:Card D. The impact of the Mariel boatlift on the Miami labor market[J]. Industrial and Labor Relations Review,1990,43:245-257.

⑤ 人工智能社会实验即是这一逻辑下的典型案例。

⑥ 可进一步阅读8.4节介绍的利用高考分数线两侧群体能力的随机差异开展的自然实验研究。

⑦ 关于"准实验"和"真实验"的关系,读者可参考本书第1章。

⑧ 可参见:Sekhon J S, Titiunik R. When Natural Experiments Are Neither Natural nor Experiments[J]. American Political Science Review,2012,106(1):35-57.

⑨ 可参见:Angrist J D, Krueger A B. Does compulsory school attendance affect schooling and earnings? [J]. The Quarterly Journal of Economics,1991,106(4),979-1014.

专栏 8-1 用工具变量开展自然实验: 义务教育法案对教育年限和收入的研究

义务教育对于提升国民综合素养至关重要。但由于受教育年限、收入水平与居民个人能力等诸多因素均呈显著相关,研究者无法直接评估义务教育法案(以下简称"法案")对国民受教育年限和收入的影响,实验可能因为遗漏变量导致对法案政策效果的有偏估计。而 2021 年的诺贝尔经济学奖的得主之一乔舒亚·安格里斯特通过工具变量开展自然实验,突破了传统研究基于普通最小二乘法回归的局限,避免因遗漏变量而导致的有偏估计,为因果效应检验做出了前瞻性的贡献。

工具变量需要同时满足相关性与无关性,即与研究的内生变量(X)有一定的因果关系,对因变量(Y)的影响只能通过内生变量进行传导,不能直接影响因变量,且与影响因变量的其他遗漏变量不相关。在该研究中,"家庭住址"便不能作为工具变量,其在一定程度上代表了居民的财富水平,财富水平和生活环境可能直接影响家庭的教育观念,因此不满足无关性的前提。由此可见,选取工具变量是一项巧妙的工作,恰当的工具变量往往使研究事半功倍。

安格里斯特的实验将居民的出生年月作为工具变量,重新评估了法案的影响。由于美国的法案要求学生在年满特定周岁前都需要参加义务教育,因此同年不同季度出生的学生一起入学,但是在年初出生的学生将可以比年末出生的学生更早地退出义务教育。值得注意的是,出生年月是一个纯粹的外生变量,与个人能力等因素相互独立,既与法案相关,又不会对收入造成直接影响,满足了"相关性"和"无关性"的前提。因此,研究者在模型估计中可以弥补可能存在的变量偏差,更准确地识别因果效应。

为了证明法案对收入的影响具有因果效应,研究者利用已经脱离义务教育阶段的大学生的数据,检验发现出生年月和收入之间不存在统计学意义上的显著关系,说明出生年月不会对法案和收入的关系造成影响,进而推论法案和收入具有因果关系。同时,研究者比较了普通最小二乘法和二阶段最小二乘法的研究结果。当不存在遗漏变量时,两种方法的估计结果没有显著差异,当存在遗漏变量时,普通最小二乘法会低估教育回报率。

本章将结合具体研究案例对于常见的自然实验类型进行分析,可以对应到人工智能社会实验的不同场景。本章剩余内容安排如下:8.2节是自然实验的常见情况——具有多个实验组和对照组。作为本书论述实验方法的起点,此节中回顾了被试内、被试间和混合设计三种估计实验效应的基础逻辑,以及在不同情况下如何实现实验组和对照组的匹配,也探讨了基准情况中估计实验干预效应的方法。在实践意义上,此节所探讨的情况适用于国家和区域尺度上开展的大规模智能化建设项目试点。

8.3节是基准情形的拓展。由于先驱性试点、重大突发事件等特殊情况的影响,实验中仅有单个实验组。此时,需要采用特殊的方法为实验组寻找合适的对照。在实践意义上,8.3节所探讨的情况适用于某些非常具有先驱性的智能化项目,例如在全国范围内率先开展的建设试点。

8.4节是基准情形的另一个拓展。有时候,研究中的实验组和对照组并没有明显的区分。此时,借助某些社会规则形成的"断点",研究者可以巧妙地构建外生干预,抓住"断点"左右样本结果的巨大差异来进行因果推断。在实践意义上,8.4节所探讨的情况适用于某些恰好落选智能化试点建设项目和刚好入围智能化试点建设项目的个体之间进行比较的场景。

8.5节探讨了自然实验的长周期影响研究。这一类研究在方法上并无新的特点,而是更关注挖掘历史事件中的随机差异,并结合多渠道数据进行综合性推断,与人工智能社会实验"长周期"的研究目标高度契合,也是自然实验研究的重要方向之一。

最后,立足于人工智能社会实验工作的实际情况,探讨了自然实验质量的评价标准以及中国的"试点"现象与自然实验的关系等,为开展高水平的自然实验研究提供参考。

8.2 基于多实验组的自然实验

8.2.1 实验干预效应的估计逻辑

作为方法设计部分的开篇,我们首先回顾实验效应估计的基本逻辑。在第1章中介绍实验法的基本分类时,我们已经初步提及了相关知识。尽管自然实验不完全遵循传统 RCT 研究的要求,但仍然遵循实验效应估计的一般逻辑。根据实验效应的测量方式差异,实验法可以分为被试内设计、被试间设计和混合设计三种基本类型(三种实验设计的基本逻辑见图 1-2~图 1-4)。三种基础实验设计对于社会实验具有重要意义,后续评介的案例大都可以在这三种分类中进行定位。

简单回顾三类实验设计的基本特征。被试间设计是标准的 RCT 的研究逻辑。例如,当研究者计划研究某种智能设备对于个体生活方式的影响时,可以将所有被试样本随机分为各方面条件近似的实验组和对照组,并给予实验组一套相关设备。一段时间后,研究者将两组人群的差异作为实验的干预效应。

如果存在被试样本数量较少、难以实现有效分组等问题,研究者也可以采用被试内设计。此时,所有被试均接受实验干预,通过比较实验前后被试的变化,可以得出实验干预的因果效应。例如,研究者仍然关注智能设备的运用对于个体生活方式的影响,按照被试内设计的逻辑,此时研究者可以给予所有被试某种先进的智能设备,令其使用一段时间,观察其生活方式的变化,干预期限结束后,再收回设备,再次观察其生活方式的变化。

被试内设计和被试间设计各有优劣。被试内设计的测量准确性更高,但容易受到混淆变量的干预。例如,经过整个实验期,天气可能发生很大的变化,影响实验结果。此外,如果涉及多次被试内设计,可能出现练习效应(随着时间的推移,被试越发了解了实验环境)、疲劳效应(随着时间的推移,被试越发对实验产生厌烦)等心理机制。被试间设计可以避免外在环境因素及多次干预之间的相互干扰,但整体上对样本数量和分组要求更高。因此,有机结合两者特点形成的"混合设计"能够兼具两者优势,成为诸多情况下研究者的最佳选择,可以更好地提升实验的精确度。此时,研究者比较的是实验组与对照组改变量之间的关系。

上述内容为我们理解实验设计提供了一个基础性框架,我们在此基础上进行拓展。在实践中,由于诸多因素的限制,并非所有的实验都可以恰如其分地开展实验前和实验后的测量,研究者需要根据实际情况做出一定调整,采用一些补充设计对实验效应做出相对稳健的估计。下面重点介绍代理前测设计(the proxy pretest design)、前后测样本分离设计(the separate pre-post samples design)和交换复制设计(the switching replications design)三种设计方案。

"代理前测设计"适用于干预已经发生且可以构造自然实验,但无法获取实验前基准数据的情况。这一现象在人工智能社会实验的工作中可能尤为普遍。在不同地区,信息技术的应用推广可能先于实验发生。在实验前,研究者可能并未有意识地收集相关数据。因此,研究者可以采用代理前测设计来解决这一问题——让参与者估计干预前的情况。虽然自主填报数据可能存在偏误,但在某些实验中,个体感知的变化恰恰是非常关键的因素。此外,研究者也可以通过深度挖掘历史文档资料的方式生成实验前数据。

"前后测样本分离设计"适用于由于条件限制无法持续追踪个体,导致前后测样本存在差异的情况。例如,在一项重大决策出台前,研究者面向市民进行了一次 1 万人的大规模问卷调查。一年后,完全追踪这 1 万人的感受可能需要极高的成本,因此实践中往往采用一次同等规模的调查进行替代。这种方案本质上是代理前测设计的一个变体,即用第一次调研数据作为第二次的代理前测。此外,如果两次调研的人口特征总体存在一定差异,研究者还需要进一步采用本书第四篇第 18 章提到的各类匹配方法以提升因果推断的信度和效度,感兴趣的读者可以深入阅读参考文献[①]。

"交换复制设计"适用于实验干预在全场景发生,难以分离出对照组的情况。在实践中,因为伦理约束和发展需要,人工智能技术往往在全域部署,但部署时间存在一定的差异。交换复制设计有助于解决这一问题。交换复制设计的核心思路是使用场景部署的时间差。第一阶段,实验者对于实验组和对照组均开展前测,对实验组进行干预并开展后测。第二阶段,实验者对原来的对照组进行实验干预并后测,而将原来的实验组作为控制。交换复制设计保证了所有参与者都会受到干预,克服了仅有一部分参与者受到实验干预的困境。

除了上述设计外,非等价非独立变量设计(the nonequivalent dependent variables design)、回归点位移设计(the regression point displacement design)等方法都可以帮助我们在特殊情况下完成自然实验设计,感兴趣的读者可以进一步阅读脚注文献[②]。总体而言,研究者应当根据场景实际条件和客观条件约束,灵活地选择实验设计路径,尽可能地提升因果推断质量。

8.2.2 估计多实验组下的干预效应

我们已经对于估计实验干预效应的基本和扩展框架进行了介绍,但在真实的社会场景下,正确地做出实验干预效应估计面临着更多的挑战。研究者需要根据选取干预的实际情况,努力控制干预中未能实现随机分配的潜在误差,并有针对性地采用一系列方法加以校正。在常规情况下,估计多实验组情境下的干预效应要包含三个层次的工作。

第一个层次,如果实验干预已经基本完全实现随机分配,此时实验效应的估计过程与 RCT 一致。无须复杂统计方法,研究者只需要运用独立样本 t

---

① Wang Q, Niu M. Exploring the relationship between government budget information and citizens' perceptions of public service performance in China[J]. Public Management Review, 2020, 22(3): 317-340.

② 更多关于补充实验设计的内容,感兴趣的读者可以参考:https://conjointly.com/kb/quasi-experimental-designs-other/.

检验、方差分析等方法①对于实验组和对照组的平均值进行比较,确认两者是否存在显著差异即可。实验干预的因果效应是实验组和对照组均值的差。这本质上是一种被试间设计。由于这种情况对于实验干预的随机性具有非常高的要求,真实世界中并不多见。但作为估计实验干预效应的起点,仍然举一个例子进行阐释②。

以专栏 8-1 为代表的诸多研究关注到出生年月可能对于个体受教育情况产生微妙的影响。在中国,划分儿童入学学年的时间标准是 9 月 1 日,此后出生的儿童需要在后一学年入学。因此,在 8 月底出生的儿童往往是同年级同学中年纪最小的,要比前一年度 9 月 1 日出生的同学小 1 岁左右③。在儿童成长早期,1 年可能导致巨大的心智成长差异,在同一级中 8 月底出生的同学可能面临很大的学习压力。由于学习有时是一种优势累积的过程,如果研究者要关注制度带来的微小差异是否影响了儿童的长期发展,一种可行的思路是,在全市范围内收集全体 2010 年 8 月 27—31 日、2010 年 9 月 1—5 日出生的儿童小学阶段的成绩,将后者作为实验组而前者作为对照组。由于两组学生分别出生在一年之中的同样时间,且儿童出生是随机的,并不存在高收入家庭和低收入家庭集中生育等现象,两组儿童的平均成绩差异可以几乎认为完全由入学制度所影响。此时,逐年对于两组学生的成绩均值进行比较便可以帮助我们了解入学制度带来的差异。

入学制度是一种几乎完全随机的干预冲击。然而,很多情况下,我们用于开展自然实验的干预并不是完全随机的,典型案例是中国开展的一系列政策试点。试点与实验既有联系又有区别,并不总是满足随机性要求,8.6 节将对两者的关系进行更加详细的讨论。此时,综合采用被试内与被试间混合设计,运用双重差分等方法控制潜在的混淆因素就显得尤为重要。前文已经提及,混合设计的核心思想是比较实验干预前后实验组和对照组改变量的关系。双重差分(Difference in Difference,DID)正是该思想的一个典型代表。双重差分方法将干预效应定义为(实验组干预后水平－实验组干预前水平)－(对照组干预后水平－对照组干预前水平),本质上是实验组与对照组该变量的差值,由此衍生出的一系列方法组合对于多实验组场景下的干预效应估计都具有重要价值。这是估计多实验组情境下的干预效应的第二个层次,将在第四篇中进行深入介绍。

---

① 关于相关统计术语的定义,感兴趣的读者可参考本书的统计学附录。

② 此处举例重点阐释自然实验的思想,数据为虚构,干预机制也未必准确,需要在实践中加以证明。

③ 此处暂且不考虑运用非正式渠道提前上学的情况,此情况属于 13.3.2 节介绍的样本不遵从现象。

在了解双重差分框架的基础上,如果非随机分配下实验组和对照组之间有较大的差异,有时还需要进一步使用匹配方法加以控制。本质上,匹配方法的核心思想是使用统计方法找出实验组和对照组中较为相似的部分,为比较提供一个良好的基准。当然,这样处理必然涉及如何定义相似性以及如何寻找的过程,这是估计多实验组情境下的干预效应的第三个层次,将在第四篇中进行详细的介绍。

以上对分析实验干预效应的三个层次进行了简要的介绍。可以看出,完全随机分配情况下,实验干预效应的分析较为容易,而后两种情况要复杂得多。因此,我们为读者提供一个综合案例,以期更好地加深读者对相关问题的理解。

江苏省自 2009 年起在太湖流域开展主要水污染物排放指标有偿使用和交易制度体系,是自 2006 年以来我国开展的一系列面向污染物排放治理的政策试点的重要组成部分。本质上,该政策是一种征收环境税的政策,是通过在现行规定的基础上增加排污成本来促进企业进行更大力度的减排。虽然这一思路已经在实践中得到较为广泛的应用,但本质上仍然还是一种通过价格间接影响排放总量的方案。在实践中,这一政策究竟能取得多大的效果?对于此,已有研究还存在一定的争议。其中,一派学者认为,类似增加税收的思路会促使企业在生产末端进行集中排污处理以尽可能少地上缴税款。另一派学者则认为,类似增加税收的思路会促使企业在生产前端进行技术创新从而减少整个生产过程中的污染排放。因此,真实世界中的效果究竟如何,还需要更加深入的探索。

江苏省在 2009 年启动的政策创新试点构造了一个较为纯粹的自然实验。实验前,江苏省内所有企业面临的环境标准总体近似。实验后,对于太湖流域江苏省境内的企业来说,他们受到了外生政策的影响,属于自然实验的实验组。对于太湖流域非江苏省境内的企业来说,他们的行为与这一试点政策无关,属于自然实验的对照组。由于太湖区域的产业结构与全省并不完全相似,匹配方法与双重差分相结合的思路就为我们评估自然实验的处理效应提供了良好的契机[①]。

此研究的时间范围为 2008—2010 年,关注的核心因变量为化学需氧量(chemical oxygen demand,COD),具体包括 COD 浓度、减少强度和成产强度三个维度。相关变量的具体测量方式可以参见原文。基于中国能源统计数

---

① 本案例可参见:He P, Zhang B. Environmental Tax, Polluting Plants' Strategies and Effectiveness: Evidence from China[J]. Journal of Policy Analysis and Management, 2018, 37(3), 493-520.

据库以及江苏省提供的政策参与者名录,研究者确定了该自然实验中的实验组和对照组。研究者还通过数据清洗,排除了一些规模过小的企业,最终保留了 39 个不同行业的排污量前 85％的企业及数据。此外,基本的统计分析发现,实验组和对照组企业在基本特征上存在较大的差异,因此要采用匹配方法加以控制。这里的匹配主要基于 2006—2008 年相关企业的 COD 数据进行,在相关行业内寻求尽可能相似的企业进行对比。研究者还进一步控制了年份和行业等特征。

　　基于上述设计的实验研究最终发现,截至 2010 年,江苏省施行的排污权许可政策减少了 35.7％～38.1％的 COD 和 37.9％～39％的 COD 浓度。同时,此研究进一步表明,面对税收的提升,企业短期内更多地还是通过生产末端,而不是工艺创新进行污染物减排。研究还考虑了太湖流域处于浙江、江苏和上海三方共管的问题进行了三重差分检验。三重差分暂且超过了本书的讨论范围,但在思想上与双重差分并无显著差异。

　　本节对于自然实验中有多个实验组的常见情况进行了介绍。对于那些形成多个实验组和对照组的自然实验干预,基于双重差分的一系列方法为研究者提供了一种可行的思路。如果自然情况下实验组和对照组的样本差异较大,有时研究者还需要通过匹配方法实现实验组和对照组的精准匹配。在人工智能社会实验工作中,此方法对于那些在广泛时空范围内开展的智能化建设项目均有一定的适用价值,值得研究者重点关注。

8.3　基于单实验组的自然实验

8.3.1　单实验组的形成逻辑

　　上一节探讨了一种自然实验中的理想情况。此时,实验涉及多个实验组与对照组,可以较为便捷地在其中进行匹配并挖掘出干预的实际影响。然而,很多时候,上述的理想条件并不容易实现。在实践中面临的一类重要问题是,有时仅有一个实验组,大样本情况下适用的匹配方法均不再适用。此时,研究者需要开发新的方法来较为准确地分离出干预的因果效应。

　　基于对已有文献的回顾,单实验组情况的出现主要有两方面的原因:一是先驱试点的开展;二是某些偶然突发的重大历史事件。前者是指某些试点或项目的开展具有前瞻性,还尚未在大范围内进行推广,其典型案例包括中国人民银行等部委在无锡等地首先开展的绿色金融试点[①]、贵阳市率先提出

---

① Sun J, Wang F, Yin H, et al. Money Talks: The Environmental Impact of China's Green Credit Policy[J]. Journal of Policy Analysis and Management, 2019, 38(3): 653-680.

发展大数据产业①、上海等地提出建设科技创新中心②等。对于这些先驱试点,进行科学的绩效评估是进行大规模推广的前提。后者是指某些事件的发生太过于具有偶然性,其典型案例包括中国 2008 年全球金融危机期间开展的经济刺激政策③、《京都议定书》的签订④等。这些案例既没有同一时期足够数量的类似事件,未来也很难规律性地出现,常规情况下很难获得合适的对照组,因此成为推断干预效应的难点。

总体而言,与后者相比,前者在人工智能社会实验中要更加普遍,尤其是在相关领域工作开展的初期阶段。例如,浙江省湖州市德清县关于"数字乡村一张图"的试点工作是首先在单个实验组——五四村展开的。因此,了解单一实验组下的干预效应推断策略,对于人工智能社会实验的开展具有重要价值,值得读者重点阅读。

8.3.2 估计单实验组下的干预效应

对于一些智能化转型中的先驱试点和偶发的重大事件,实验中的实验组数量可能极其有限,甚至实验组可能是现实中受到外生实验干预的唯一个体。此时,即便研究者充分运用匹配方法,也不能保证能够在现有数据中找到合适的对照组进行干预效应识别,因此需要发展新的方法来克服上述难题。

经过多年的探索,科学家提出一种名为合成控制法的思路来解决上述问题。再次回到前文提到的自然实验的基本思想,我们需要为有限的实验组寻求一个其他所有条件都尽可能接近,唯独没有接受实验干预的个体作为对照。如果现实中并不存在这样的样本,我们是否能够人为构造一个相关的虚拟个体作为对照呢?答案是肯定的。合成控制法指出,可以通过其余样本的加权线性组合来构造出尽可能接近单点实验组的对照组,从而通过实验组和对照组的差异来获取干预的因果效应。

以上描述较为抽象,我们不妨举一个具体的例子。假定某项经济政策仅仅在 A 市于 2010 年开展,而 A 市附近有 B、C 三个城市,城市的相似性主要

---

① 尚虎平,刘俊腾.欠发达地区的政策创新真的促进了"弯道超车"吗?——一个面向贵阳市大数据发展政策的合成控制检验[J].公共管理学报,2021,18,72(4):34-45,168.

② 孟溦,李杨.科技政策群实施效果评估方法研究——以上海市"科技创新中心"政策为例[J].科学学与科学技术管理,2021,42,477(6):45-65.

③ Ouyang M, Peng Y. The treatment-effect estimation: A case study of the 2008 economic stimulus package of China[J]. Journal of Econometrics, 2015, 188(2): 545-557.

④ Almer C, Winkler R. Analyzing the effectiveness of international environmental policies: The case of the Kyoto Protocol[J]. Journal of Environmental Economics and Management, 2017, 82: 125-151.

从经济总量和城市化率两个维度来界定[①]。我们将对比的时间范围定为
2008—2012 年，共计 5 年的时间。假定 A、B、C 三个城市的经济和城市化数
据如表 8-1 所示。

表 8-1　模拟的合成控制案例

年份	A 市经济	A 市城市化	B 市经济	B 市城市化	C 市经济	C 市城市化
2008	10 000	0.50	8 000	0.49	12 000	0.51
2009	12 000	0.51	10 000	0.50	14 000	0.52
2010	14 000	0.52	12 000	0.51	16 000	0.53
2011	19 000	0.55	14 000	0.52	18 000	0.54
2012	23 000	0.58	16 000	0.53	20 000	0.55

可以看出，在干预前，A 市的主要统计指标可以完全准确地表示为
(0.5B＋0.5C)。因此，(0.5B＋0.5C)可以作为 A 市的一个理想对照组。在
此基础上，我们可以发现，2010 年干预发生后，A 市的统计指标迅速超越了
(0.5B＋0.5C)这个与干预前的它完全一致的虚拟城市。这表明于 2010 年实
施的政策取得了较好的效果，明显带动了经济增长和城市化水平的提升。关
于合成控制法的具体数理分析过程不再赘述，感兴趣的读者可以进一步阅读
第四篇第 17 章。在通过虚拟案例讲述合成控制基本思想的基础上，向读者介
绍美国工作权法案效果评估的真实案例，以期进一步加深读者对于单个实验
组下实验干预效应估计过程的理解。

劳工权利和工会组织是美国社会的热点问题之一，其中争议的一个焦点
是工作权(right to work，RTW)法案。RTW 旨在赋予员工自主决定是否为
工会活动捐款的权利，而不必在工资中强行扣除。该法案的支持者认为，
RTW 法案提高了工人的潜在工资，并强化了工会的责任[②]。与此同时，亦有
一部分反对者认为，该法案使得工人可以在不付出任何成本的情况下获得代
表权，可能在工会博弈过程中出现搭便车现象，降低工会的存在感，最终导致
工人工资的降低[③]。两派观点在逻辑上均有一定的道理，RTW 法案对于劳动
力市场的影响究竟如何需要用实证数据进行证明。

---

　① 　现实中，这一论断当然不成立，但不管评价城市相似性的指标数量如何，其处理思想是一致
的，此处仅仅用作示例。此外，随着目标数量的增加，使用其余样本线性组合来近似实验组的尝试未
必可以获得与干预前完全一致的理想对照组，但通过算法帮助，我们可以较为容易地获取相似性最大
(误差最小)的权重组合。

　② 　Texas v. Ohio[N]. The Wall Street Journal，2008-03-03.

　③ 　Jackson D. Obama：Right-to-work laws are politics[N]. USA Today，2012-12-11.

回溯历史,俄克拉荷马州于 2001 年正式通过 RTW 法案,此后直到 2012 年才有密歇根州和印第安纳州通过。从历时性和数据丰富性的角度来看,俄克拉荷马州便成为了 RTW 法案效果评估的最佳案例。由于难以找到一个劳动力市场各方面条件在 2001 年与俄克拉荷马完全相似的案例,研究者必须使用合成控制的方法进行研究。在实验设计中,研究者将私营部门工会率、制造业工会率、私营部门就业率、制造业就业率、私营部门平均工资以及制造业部门平均工资作为劳动力市场影响的表现,将总人口、总面积、人均收入、白人人数、男性人数、大学毕业生人数等变量作为衡量各州相似性的核心指标。基于美国劳动力市场统计数据的真实情况,用于在各州间进行比较的数据从 1983 年开始。同时为了控制金融危机的影响,数据止于 2008 年。需要说明的是,由于该研究中具有多个结果变量,因此在每个结果变量上都选择拟合误差最小的权重组合。

图 8-1 以私营部门工会比率作为结果变量进行了合成控制分析。在此案例中,合成的俄克拉荷马州主要由科罗拉多州、佛蒙特州和新墨西哥州加权构成,且在干预前与俄州的数据基本趋势一致。比较干预后的情况,经过计算发现 RTW 法案大约降低了私营部门 30.6% 的工会率。关于其余结果变

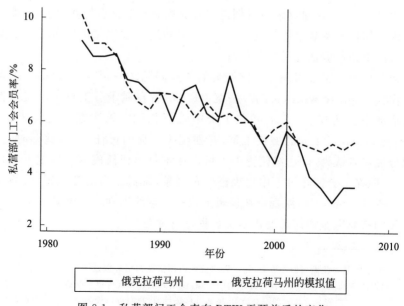

图 8-1　私营部门工会率在 RTW 干预前后的变化
资料来源:根据文献原文结果翻译。

量的评估可参考文献原文^①。

　　总体而言,在仅存在单个实验组的条件下,研究者可以以合成控制方法为基础为单点实验组寻求合适的虚拟对照,尽可能严谨地对于实验的干预效应进行推断。这一特点使其对于仍处于智能化转型早期的中国和开展初期阶段的人工智能社会实验工作而言具有极为重要的价值。当然,合成控制方法也并非完美无缺,而更多情形是研究者在有限信息条件下的权宜之计。一方面,对照组权重的构建完全由数据驱动的程序进行,存在不可解释性。另一方面,衡量相似性的关键指标也几乎完全由人为选取,这也可能导致误差。研究者应当在实验报告中充分汇报相关结果,尽可能保证研究的透明性。关于合成控制法优劣的详细讨论,感兴趣的读者可参见本书第四篇的对应内容。

8.4　基于社会规则构造的自然实验

8.4.1　规则与社会"断点"的形成

　　在某些场景下,我们甚至不能清晰地找到实验组与对照组的存在。此时,开展因果推断要更加困难。沿着自然实验的基本思想,解决这一问题的思路是借助场景背后的某些社会规则来巧妙地构建自然实验。这种构造方法的核心逻辑是将规则视为一种社会的"断点"。例如,高考分数线将同学能否够进入清华大学截断开来。正如我们认为,与清华大学分数线只差 2 分的同学与刚好过线的同学并没有太大的区别,在"断点"两侧附近的一定范围内,个体之间可能并没有显著差异,但却处于截然不同的状态。由于位于"断点"两端很大程度上只是随机性因素的影响,这巧妙地将人群区分开来,使我们可以观察通过规则要求和未通过规则要求的个体的差异,并将其归因于规则的影响。

　　现实生活中,可以用于构建社会"断点"的规则至少有三种:(1)广泛接受的社会规则;(2)自然地理和空间分界线;(3)基于机器学习等方法模拟还原的规则。其中,前两种为真实存在的断点,第三种为人为构建的断点。

　　首先,被广泛接受的社会规则是最常见的"断点",其典型案例包括成绩录取线、入围标准线、投票获胜线等。由于社会规则的评判往往会受到一定偶发因素的影响,位于"断点"两侧的样本即使情况基本相同,也会受到规则的强制作用而被分配到线上和线下的两组中。这些案例在生活中非常普遍。无论是因 1 分之隔名落孙山与刚好过线的高考学生,还是因数票之差遗憾败

　　① Eren O, Ozbeklik S. What Do Right-to-Work Laws Do? Evidence from a Synthetic Control Method Analysis[J]. Journal of Policy Analysis and Management, 2016, 35(1), 173-194.

北与恰好当选的政治家,他们的基本素质都没有显著差异,此时我们便可以在很大程度上将结果的差异归结为生活的阴差阳错。

除了上述直接可见的规则外,有些规则要相对间接。此时,改变命运的不再是某些个体,而是一个或若干个年龄队列(cohort)。例如,1986 年我国开始实行《中华人民共和国义务教育法》。当年恰好适龄的一批儿童的教育机会便远超比其大 1~2 岁的儿童群体[①]。这些"断点"的发掘,有赖于研究者对于社会规则的深入理解。

其次,越来越多的学者开始利用自然地理和空间分界线开展"断点"构建。一般情况下,位于空间分界线附近的地区,气候环境相通、地形地貌相似、资源禀赋相近、人群构成相像、文化风俗相合、政治经济相仿,仿佛天然的"双胞胎",具有很强的对照价值。然而,由于政策或规则干预往往只能在有限空间内实施,必须要划定一个基本的空间范围,原本的"双胞胎"将受到不同的干预。如果此时研究者按照空间界线将两侧的样本分配到实验组和对照组中,就构成了一个自然实验。一个典型案例是"秦岭—淮河"沿线。该线是我国 1 月 0℃等温线。按国家规定,该线北侧地区实施集中供暖,而南侧不予实施。由于沿线边界上的城市在经济发展和风土人文等维度上并不存在显著差异,冬季供暖便成为一项区分两地差别的重要干预。此案例在后续章节还将提及。

最后,一些新兴的研究开始利用机器学习等方法模拟还原一些复杂的社会规则。这些规则往往在历史上真实存在,但因为旷日持久,现有的资料难以直接复原出清晰的逻辑。得益于机器学习技术的进步,研究者可以在大致了解当时决策逻辑的基础上,对于规则进行接近真实的还原。

8.4.2　借助规则"断点"估计干预效应

基于社会规则构建"断点"估计,其规则类型虽千差万别,但思想内核是高度一致的,即仍然沿着自然实验的基本思想,利用规则两侧样本其他条件相差不大,但结果状态却千差万别的特点开展因果推断。我们不再基于规则"断点"类型差异进行讨论,也不再赘述自然实验的基本思想,而重点根据不同场景下策略的特殊性进行阐释。断点回归的数理分析过程可阅读本书第四篇第 16 章的内容。可以看出,这仍然是一种比较标准的被试间设计。

要利用规则"断点"两侧的结果差异来对干预效应进行推断,研究者至少需要回答三个问题:第一,基于规则构造的"断点"真的是随机的吗?是否存

---

① 刘生龙,周绍杰,胡鞍钢.义务教育法与中国城镇教育回报率:基于断点回归设计[J].经济研究,2016,51(2):154-167.

在人为操纵的可能？第二，"断点"两侧样本在其他条件上是否真的不存在显著差异？第三，一切理想的环境下，如何通过"断点"两侧样本点的差异来推导出干预效应？这个"区间"的长度应该是多大？图 8-2 提供了断点回归的示例，我们以此为例进行说明。

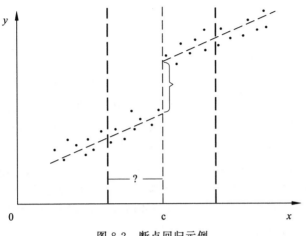

图 8-2　断点回归示例

对于第一个问题，一种初步的思想是，如果此断点是人为构造的，那么位于断点两侧的样本数量可能并不均衡，因此一种直观的检验方式是比较"断点"左右两边一定范围内样本点的数量是否均衡，这一工作可以通过统计软件得以轻松解决。对于第二个问题，研究者可以进一步绘制其他变量在"断点"两侧的分布规律，检验是否存在"跳跃"的显著差异。对于第三个问题，计量经济学家已经证明，在满足随机性假设的前提下，干预效应可以表示为"断点"左右两侧区间中样本点平均值的差异。

以一个与中国人切身福利息息相关的政策干预为例，对估计社会规则形成的"断点"效应进行说明[1]。在 2014 年前，冬季严重的空气污染是中国环境和健康治理面临的重要挑战。一种解释将其归因为冬季集中供暖的政策。由于一系列历史原因，冬季集中供暖的政策仅仅在"秦岭—淮河"以北开展。"秦岭—淮河"沿线便成为天然的空间"断点"。通过比较"秦岭—淮河"南北地区的空气污染状况和人均健康状况，我们可以对冬季供暖的环境和健康影响进行估计。

---

　①　Chen Y，Ebenstein A，Greenstone M，et al. Evidence on the impact of sustained exposure to air pollution on life expectancy from China's Huai River policy［J］. Proceedings of the National Academy of Sciences，2013，110(32)：12936-12941.

首先,"秦岭—淮河"是中国 1 月的 0℃ 等温线,也是冬季供暖分割线,其中受到人为因素约束的可能性很小。具体到个人层面,并没有显著的证据表明沿线两侧的居民会大量地根据冬季供暖情况决定自身的定居地。其次,通过国家官方统计数据,可以发现"秦岭—淮河"沿线南北方城镇的整体规模、社会经济发展等因素差异不大,不存在"跳跃性"。最后,通过一系列数理分析发现,"秦岭—淮河"沿线南北两侧的污染物浓度和人均寿命存在显著差异。第 16 章断点回归设计提供了详细的数据分析结果,感兴趣的读者可以进一步关注。

总体而言,"断点回归"的方法巧妙地利用普遍存在的社会规则,在规则周围一定范围内构建出了一个非常接近于 RCT 的环境,基于两侧样本状态的差异对于规则的干预效应进行了质量较高的因果推断。然而,正如上述文章发表后便引发强烈社会争议,这一方法本身并不是完美无缺的,其实质上是在断点周围构建了一个接近 RCT、但规模很小的理想环境。随着环境规模的扩大,随机分配的属性将不可避免地弱化。因此,基于此类方法得出的结论往往不能大规模推广。例如,文章中的研究结论便不能够推广到"南北"居民的健康差异,否则将"失之毫厘,谬以千里"。

8.5 自然实验的长周期影响

8.5.1 历史事件的长周期影响

人工智能社会实验的根本目标是对智能化转型的综合社会影响进行长周期、宽领域、多学科的评估,为人类社会积累面向未来的系统性知识。在这一过程中,"长周期"是最重要也是最具有难度的研究目标。本书选择在自然实验章节对社会实验的"长周期"影响问题进行介绍,主要是因为自然实验往往涉及更大规模的社会系统,更可能产生长周期的社会影响。第 9 章将要介绍的实地实验往往局限在有限的社会系统内部,产生的综合社会影响较为局限。本书第 13 章的局部均衡与一般均衡部分对此有较为详细的论述。

许多研究已经证实了重要历史事件可能产生延绵数百乃至数千年的重要影响。例如,美国政治学会(American Political Science Association,APSA)原主席罗伯特·帕特南(Robert Putnam)在《使民主运转起来》一书中提到,中世纪意大利南北方的政治传统的差别与今日不同地区的社会资本存量息息相关[①]。此外,前文提及的哈佛大学教授梅丽莎·戴尔也是一位用历

---

① 罗伯特·D. 帕特南. 使民主运转起来[M]. 王列,赖海榕,译. 北京:中国人民大学出版社,2015.

史事件做自然实验的新锐学者。戴尔教授对于诸多地区的发展历史进行了深入的回顾,并在其中挖掘出微小的差异以评估某些干预的长周期影响①。除了上述制度、政策等因素外,自然灾害等因素也可能对人民健康和人力资本的积累产生长期的深远影响②。

现有文献指出,均衡依赖(equilibrium dependence)是历史事件发生长周期作用的核心机制。均衡依赖是一系列相互联系的因果过程,其核心逻辑系统的长期平衡状态可能受到诸多因素的影响,因而系统可能存在多种截然不同的均衡结果,但每一时刻具体实现的均衡往往受到前一时刻均衡结果的影响。这样的均衡依赖将导致长期的结果依赖,最终导致历史事件对后续产生长期的显著影响。以上论述读起来较为抽象,我们用一个假想的案例进一步说明。

一场战争摧毁了 A 国所有的建筑。此前,A 国的建筑使用木头、砖块、钢筋水泥等多种材料。在战后重建的过程中,由于不同地区的建材资源存在差异,一些地区重建的建筑都是木质,另一些地区的建筑则都是由砖块建造。因此,在第一轮战后重建完成后,A 国的建筑完全由木质和砖块建筑构成,可以说某一地区具体的建材结构由当地的资源结构所决定。随着社会生活的恢复,A 国每年将更新 1% 的建筑,新建筑可以使用各种材料。不难看出,100年后,第一轮战后重建的建筑将经历又一轮的更新。那么,100 年后这一地区木质建筑的占比与战前当地的材料资源禀赋有什么关系呢?这一案例巧妙地解释了均衡依赖的巨大作用。不难看出,其答案取决于建筑商的建筑更新策略。假设建筑商希望新建筑与现有社区保持统一,这是一种显著的正反馈机制。此时,如果该地区在第一轮战后重建中以木质为主导,那么 100 年后将仍然几乎全部是木质建筑。反之,如果建筑商在城市更新过程中选择当时最便宜的建材,那么 100 年后的结果将与第一种情况存在巨大差异。这凸显了均衡机制差异对长期历史结果产生的影响。在这个假想的案例中,除了建筑更新策略,其他条件均不发生变化,可以看出最终结果与建筑更新策略确实是因果关系。在 8.5.2 节关于科举制度的长期影响研究中,我们还将看到均衡依赖机制发挥的巨大作用。

① 例如,戴尔发现,越南南北部由于纳入中央集权的时间不同,使村民的集体行动能力和组织性产生了深远的差异。更早纳入中央集权的地区,其居民组织性反而更强。这一结论具有一定的反常识性,深化了学术界对国家公民关系的理解。可参见:Dell M, Lane N, Querubin P. The Historical State, Local Collective Action, and Economic Development in Vietnam[J]. Econometrica, 2018, 86: 2083-2121.

② Karbownik K, Wray A. Long-Run Consequences of Exposure to Natural Disasters[J]. Journal of labor economics, 2019, 37(3):949-1006.

　　以上论述更多从理论层面阐释了历史事件发挥作用的机制,现实中由于时间跨度大、混杂因素多、作用机制复杂,科学评估一项干预的长周期影响并不容易。本质上,这涉及如何看待历史发展的认识论问题。马克思主义历史观强调,历史发展有客观规律可循。这一论断主要是在宏观层面进行阐释。除此之外,聚焦到每一个微观具体事件上,历史则可能充满着随机性。非常微小的意外便可能改变均衡之间的依赖关系,导致截然不同的现实影响。因此,要充分挖掘历史事件的长周期影响,我们首先应当在认识论上明确历史发展是宏观规律性与微观随机性的统一。

　　在此基础上,通过系统挖掘史实史料,研究者能够进一步找出历史事件中恰当实现(近似)随机化分配的自然实验干预,并对其效果进行深入评估。此处,我们引用一个具有悠久历史的自然实验来展示对史料的挖掘过程①。19 世纪 50 年代,伦敦经历了严重的霍乱疫情。当时,人们认为霍乱主要是通过空气传播的,因而难以防控。一位名叫斯诺(John Snow)的医生通过绘制霍乱感染人数地图,对空气传播假说提出了质疑。斯诺发现,霍乱死亡人数主要集中在伦敦索霍区(Soho District)布罗德街道(Broad Street)的供水处。这表明,水源传播可能是更重要的影响机制。此后,斯诺对于伦敦的供水系统开展了深入的调查,发现伦敦两家主要供水公司在管道铺设策略上的差异在霍乱传播过程中产生了重要的影响。当时,兰贝斯(Lambeth,以下简称 L)公司和萨瑟克—沃克斯豪尔(Southwark & Vauxhall,以下简称 S)公司占据了伦敦市供水市场的绝大部分份额。在 1852 年,为了更好地避免受到日益增加的城市生活污水的影响,L 公司将其进水管道移到了泰晤士河上游,S 公司则未做调整。在对于家庭用水习惯的深入调研中,斯诺发现,“由于两家供水公司存在激烈的竞争,不同家庭会使用不同公司的水源。甚至在许多情况下,同一房间两侧的供水渠道都不相同”“每一家公司既给富人供水又给穷人供水……接受不同公司供水的家庭用户的生活条件和职业类型并无差异”。因此,两家供水公司供水管道铺设策略的差异就为评估霍乱的传播渠道提供了完美的契机。进一步统计发现,使用 L 公司供水的用户其霍乱死亡率仅仅是 S 公司的 1/10 左右,这为推翻霍乱的空气传播假说提供了坚实的证据。

　　值得注意的是,在研究历史事件长期影响的过程中,研究者应当尤为关注三方面的潜在偏差。一是测量偏差。数据准确性是历史研究中的重要议题,任何使用大量历史数据的研究都可能会受到测量误差的影响,威胁因果

---

　　① 以下案例综合改编自:Snow J. On the mode of communication of cholera[M]. London:John Churchill, 1849;Freedman D A. Statistical models:theory and practice[M]. Cambridge:Cambridge university press, 2009;Dunning T. Natural experiments in the social sciences:a design-based approach [M]. Cambridge:Cambridge University Press, 2012.

推断的效度。二是空间依赖问题。历史影响研究的本质是利用现代数据在同一分析单位上对历史数据进行回归,以此来解释所关注变量的空间分异,这意味着有时研究者需进一步强化空间计量经济学的使用来控制潜在空间趋势导致的误差。三是干预后偏误(posttreatment error)的影响。由于历史事件往往与研究者关注的因变量具有数十年以上的间隔,如果在事件发生后,某一变量恰好处于干预到结果变量的因果路径上,就可能产生干预后偏误。这主要有两方面原因:一是研究者可能不经意间在统计模型中控制了干预后变量;二是研究者根据不同的研究目的对样本进行了切分。当处理存在缺失、噪声和通过聚合产生的历史数据时,准确地确定相关变量的采集时间和时序关系非常具有挑战性。例如,两个变量可能均被记录为 17 世纪,但究竟孰先孰后却很难测量。这意味着处理遗漏变量偏误的努力可能需要与潜在的干预后偏误风险进行权衡。这一问题可能有两种解决方案[1]:一是运用有向无环图方法测试因果效应是否可以识别;二是运用因果中介分析等检验混淆变量是否恰好出现在因果路径上。

上述问题也同样发生在人类社会的智能化转型中。尽管"智慧社会""智能社会"等概念最近几年才出现,但社会智能化转型的一些先驱尝试却早已开始。一个典型案例是公共数据开放。1972 年,美国一套名为 Landsat 的全球卫星遥感数据集对外开放。研究者通过访谈当时负责相关工作的官员,发现由于某些偶然因素的差异,Landsat 数据库在不同地区的成像质量不一。进一步研究表明,成像质量的差异恰恰解释了这一时期金矿开采产业发展程度的差异。这意味着,矿业发展程度,说明公共数据质量的提升显著带动了相关产业的发展[2]。此后的二十余年间,由于费用高昂,该数据只被用于有限的行业中。1995 年,Landsat 的价格突然降低了 43%。研究者以此作为干预进一步构造自然实验,证实公共数据可获得性的提升促进了科学研究产出的增加和科学研究的民主化与多元化[3]。展望未来,随着人类社会智能化程度的提升,更多更加鲜活的"智能"故事将不断涌现。这些都为我们在今后长时期内持续观察智能化转型的社会经济影响提供良好的契机,值得研究者和实

---

① 关于干预后偏误的处理,可参见:Cirone A, Pepinsky T B. Historical persistence[J]. Annual Review of Political Science,2022,25:241-259.

② Nagaraj A. The Private Impact of Public Data:Landsat Satellite Maps Increased Gold Discoveries and Encouraged Entry[J]. Management Science,2022,68(1):564-582.

③ Nagaraj A, Shears E, De Vaan M. Improving data access democratizes and diversifies science [J]. Proceedings of the National Academy of Sciences,2020,117(38):23490-23498. 此处的"多元化"和"民主化"指不同地区研究者平等地享受科技基础设施进步,并将其转化为科学研究成果的权利。从具体表现来看,此处指随着数据收费的下降,欠发达地区研究者的研究产出明显提升,与发达地区的差距不断缩小。

务工作者持续关注。

8.5.2 估计历史干预的长期影响

我们以一个关于科举制的研究为例①,具体阐释如何估计历史干预的长期影响。尽管此项研究不直接与人类社会的智能化转型相关,但其选取的事件历史跨度超越千年,潜在的混淆因素极为复杂,进行高水平因果推断的难度极大,对于后续实验工作的开展具有重要的启示意义,故重点评介。

本研究关注科举制度作为一项历史制度遗产对中国社会产生的深远影响。这种影响既可能是直接的,也可能通过塑造文化的方式产生间接影响。总体来看,科举制对经济发展的影响已是"前人之述备矣",因此此文重点关注科举制对中国社会文化的塑造。是否在科举制发展更好的地区人们更加关注教育? 这又是否能转化为更高的人力资本积累呢?

逻辑上,科举制度的确可能对于社会文化产生重要的影响。作为世界上历史最悠久的人才选拔机制,科举制度以个人才干,而非家世背景作为标准,旨在选拔训练有素的公民进入官僚体制工作。由于通过考试的公民将获得丰厚的金钱奖励与崇高的社会声望,科举制度吸引了一大批平凡学子的关注。随着时间的推移,这一制度塑造了以尊师重教为特征的地方精英群体。那么,这样的群体文化能否转化为真实的人力资本积累,并对于经济发展产生更加久远的影响呢?

在充分理解问题背景的基础上,我们要进一步关注如何巧妙地找出潜在的实验干预。直接将历史时期的科举发展水平与当前的地区人力资本关联起来并不是一个好的策略。因为这些地区可能本身具有更好的自然和社会经济条件,是这些条件而非科举塑造了当前的人力资本积累。我们必须要找到一个更加巧妙的切入点,使之既与科举成绩相关,又不直接影响当前的人力资本积累水平。

通过深入考察科举制的运作模式,研究者找出了一种基于工具变量的巧妙解决方案。基于对历史地理资料的考察,研究者选取明清时期各府到附近松木与竹木河运航线的距离作为科举发展水平的工具变量。这一设定有深厚的历史文化渊源。四书五经是中国科举考试的关键,但只有四书五经的原本是不够的,学子要成为科举考试的赢家,还需要一系列经史子集作为参考书,而这些资料的获取离不开松木、竹木与印刷。作者主要考察的明清时期的 278 个府级建制中有 19 个主要的印刷中心。由于印刷中心通常与经济繁

---

① Chen T, Kung J K S, Ma C. Long live Keju! The persistent effects of China's civil examination system[J]. The Economic Journal, 2020, 130(631): 2030-2064.

荣程度有关,仅仅以区域到印刷中心的距离并不足以作为一个优质的工具变量。进一步挖掘资料发现,相关原料主要通过水路运输,特定区域到相关水路的距离就直接影响了获取资料的便捷性。特别地,由于这一时期经济和人口中心已经转向南方,而南方水网密集,府级建制到关键航线的距离并不直接与经济发展水平相关,因此区域到相关航线的距离就成为了一个优质的工具变量。这一变量既不直接影响今日的人力资本与经济发展,又与该区域学子获取学习资料,从而在考试中占据优势直接相关。

该研究的核心被解释变量是地方人力资本存量,以 2010 年全国第六次人口普查的平均受教育年限进行衡量,核心解释变量是明清时期各地区对应府级建制的科举成绩,使用明清时期(1371—1905 年)各府每万人的进士数量来衡量。除此之外,还控制了地区基本自然条件(如到海洋的距离、地形崎岖程度)、地区现代经济发展水平(各地区 2010 年的夜间灯光亮度[①]等)、地区历史繁荣程度(历史上的人口密度、城镇化率等)等。

该研究先后进行了两轮的统计分析。第一轮统计分析不考虑工具变量,发现各府每万人中的进士数量增加 1 倍,第六次人口普查时相应地区的平均受教育年限增加 6.9%(约 0.6 年)。第二轮统计分析考虑工具变量以进一步控制内生性,发现各府每万人中的进士数量增加 1 倍,第六次人口普查时相应地区的平均受教育年限增加 8.5%(约 0.74 年)。上述统计关系均是显著的。进一步分析人口教育结构,发现科举成绩较好的地区,高中以下学历人口比重显著下降,高中及大学学历人口比重显著提升,大学学历人口比重提升最为明显。这与重视教育的文化氛围的预期相一致。

研究人员还进行了丰富的机制检验。首先,2010 年中国家庭追踪调查数据表明科举成绩与居民对教育的态度显著相关,表现在更愿意花时间陪伴孩子的教育、更愿意投入教育、更希望政府投入教育等多个维度。其次,科举成绩更高的地区也拥有更好的教育基础设施。无论是民国时期还是当代,科举成绩较好的地区的中学和高水平大学数量都更多。此外,可能的机制还包括凝聚社会资本、传播竞争性文化等,研究者们都进行了相应的分析。

以上展示了一个利用历史事件开展自然实验研究的经典案例。虽然此案例的内容并不与智能社会治理直接相关,但仍有诸多值得学习借鉴之处。一方面,此案例充分考察了科举制相关的历史资料,发现对竹木印刷的经史子集学习资料的获取难度是影响学生成绩的关键要素,在此基础上设计出府级政府到竹木水运航线的距离这一颇为精巧的工具变量,较好地实现了干预的随机性,有助于提升自然实验的研究质量。另一方面,基于历史事件的自

---

① 夜间灯光亮度往往被作为统计数据之外衡量地区经济发展水平的重要变量。

然实验时间跨度大,潜在的混淆因素多,干预是否实质性发挥作用需要进行更加细致的论证。此案例综合运用不同年代的居民调查、教育统计等多种渠道来源的数据进行机制验证。例如,通过数据的验证发现,科举制越发达,民国时期的新式学校数量和当今高水平大学数量也越多,恰恰体现了前文提及的均衡依赖机制。总体来看,本案例研究的层次性和严谨性对开展自然实验的长周期影响研究具有很强的启示意义。

8.6 拓展讨论

本章已经详细讨论了不同场景下开展自然实验的学术思想。下面我们来重点探讨两个与自然实验紧密相关的学术议题。首先,如本章开篇所言,实践语境下的自然实验往往是学术意义上的"自然实验"与一系列"准实验"的结合。这意味着实践中的自然实验案例不可避免地存在很大的质量差异。对于纯粹的自然实验,其分析过程往往非常简洁,反之,则更加接近传统的观测性研究,需要结合大量的事后统计处理。因此,研究者应当更加审慎地评估一个自然实验案例的研究质量,并根据不同案例的潜在缺陷选择合适的补救策略。8.6.1 节和 8.6.2 节将重点讨论此问题。其中,8.6.1 节主要讨论自然实验干预质量的理论评估框架。8.6.2 节结合政策试点这一中国情境下常用作自然实验干预的场景,探讨具体的解决方案。其次,在保证研究质量的基础上,自然实验更多聚焦"事后"评估的特性往往伴随着探索性缺失的问题,研究者需要在社会实验整体方法谱系下理性思考自然实验的优劣,8.6.3 节将对此进行论述。

8.6.1 自然实验干预质量的评估框架

前文已经提到,实践中自然实验往往包含了一系列质量良莠不齐的研究,因而系统评估自然实验干预的质量就显得尤为重要。邓宁(Thad Dunning)提出自然实验的"强研究设计"框架,较为全面地评估了自然实验干预质量的潜在影响因素及其关联[①]。邓宁的"强研究设计"框架包含:(1)近似的样本随机性;(2)统计模型的可信度;(3)干预的实质相关性三个维度。只有尽可能同时满足以上三个条件,研究者开展的自然实验研究才具有最高的研究信度。研究者应充分考虑三方面因素的综合作用,对于一个自然实验的质量进行判断。以下将对于三个维度的核心要素进行论述。

---

① 可参见:Dunning T. Natural experiments in the social sciences:a design-based approach[M]. Cambridge:Cambridge University Press,2012.

1. 近似的样本随机性

尽管自然实验的研究者均声称,借助某种自然力的干预能够实现对样本的近似随机分配,但在不同的自然实验中,随机分配的程度往往存在很大的差异。例如,基于彩票开奖数据研究"横财效应"对个人后续生活的影响,或是基于意外去世现象研究 CEO(Chief Executive Officer)和精英科学家对其所在公司和行业领域的影响等研究往往具有很高的随机性。然而,在更多的现实案例中,自然实验的随机分配过程仍然在不同程度上被政府或其他大型机构所掌控,一些潜在的管理因素也可能损害原本具有随机性的分配机制。例如,诸多文献将美国在越南战争期间基于抽签的征兵制度作为自然实验,研究战争经历对于个体后续生活的影响。该制度以出生日期为标准制作小球进行抽签,本身具有很好的随机性。但有学者发现,在战争后期,抽签盒内的小球没有得到充分的混合,使得个人被抽中服兵役的概率并不随机。这就可能损害这一制度作为自然实验的合理性[①]。因此,即便是看似非常合理的自然实验干预,研究者也应当结合质性社会调查等方法,充分考察干预的社会历史背景,以此确认样本分配的随机性程度如何[②]。

2. 统计模型的可信度

以多元回归分析为基础的观测性研究往往因其在模型选择、控制变量选取等方面的诸多不确定性而饱受诟病。理想情况下,自然实验能够通过精巧的研究设计规避潜在的混淆因素,大大简化模型估计的复杂度。如果一个自然实验保障了充分的随机性,根据本书第 14 章介绍的 Rubin 因果框架,研究者只需要简单地比较实验组和对照组的均值便可以得出稳健的研究结论。一方面,自然实验干预不同程度的随机性缺失要求研究者需要结合合适的事后统计处理。8.6.2 节将对此进行具体论述。另一方面,即使是完全相同的研究任务,研究者在数据处理微小细节上的选择差异也可能导致完全不同的

[①] 可参见：Starr N. Nonrandom risk：The 1970 draft lottery［J］. Journal of Statistics Education，1997，5(2).

[②] 上述论述更多聚焦于单个社会实验。然而,有前沿文献关注到,当一个自然实验案例发表在知名期刊上后,后续研究者常常使用其检验不同的结果变量,称为"重复使用自然实验"(Reusing Natural Experiments)。相关研究指出,即便原始干预实现了随机化分配,也可能导致更加复杂的多重假设检验问题,需要加以额外的统计处理。感兴趣的读者可关注：Heatha D，Ringgenberg M C，Samadi M，et al. Reusing natural experiments［J］. Fisher College of Business Working Paper，2022 (2019-03)：21.

结果[①],研究者仍然需要开展更加广泛的稳健性检验来确保研究信度[②]。

3．干预的实质相关性

即使一个自然实验干预已经实现了充分的随机化过程,并进行了细致的数理模型设定,其究竟能否为具体的理论问题或政策实践提供强有力的证据仍然具有不确定性。换言之,自然实验所涉及的样本在多大程度上与总体相似? 自然实验干预与研究者和实务工作者关注的结果变量是否真正相关? 这些问题都会影响自然实验的研究效度。邓宁总结了影响了自然实验干预实质相关性的三大问题[③]。一是缺乏外部有效性,指基于某一特定研究组的自然实验结果难以推广到其他研究组或类似的自然实验场景中。二是干预条件的异质性,指自然实验中的关键干预并不是理论上或实践中最为核心的条件。三是干预手段的捆绑,指研究者使用的自然条件干预是若干个小干预的组合,但很难区分哪一类具体发挥了作用。这些因素的综合作用使得研究者应当十分谨慎地检查自然实验干预与研究目标的相关性,即使是广泛使用的自然实验也可能因为与研究目标并不充分匹配而难以与预期相符。

8.6.2　政策试点在自然实验中的应用

在上文系统论述自然实验干预质量影响因素的基础上,本小节聚焦中国情境,分析政策试点这一常用作自然实验干预的共性问题,探讨如何开展好基于政策试点的自然实验研究。

广泛而多层次的政策试点是中国改革开放以来实现增长奇迹的重要经验。近年来,以新一代人工智能创新发展试验区、国家智能社会治理实验基地等为代表的面向智能社会发展和治理的政策试点已在神州大地上稳步展开,为我们进一步挖掘研究场景、积极开展面向智能社会的自然实验研究提供了宝贵的契机,但研究者在处理类似研究设计时也需要保持谨慎。

总体来看,政策试点与社会实验在思想上既有相似之处,也存在明显差异[④]。一方面,政策试点和社会实验都具有选择性干预和对照等核心要素,因

---

① 可参见：Breznau N, Rinke E M, Wuttke A, et al. Observing many researchers using the same data and hypothesis reveals a hidden universe of uncertainty[J]. Proceedings of the National Academy of Sciences, 2022, 119(44)：e2203150119.

② 关于稳健性检验的系统开展路径,感兴趣的读者可参阅：Neumayer E, Plümper T. Robustness tests for quantitative research[M]. Cambridge：Cambridge University Press, 2017.

③ 可参见：Dunning T. Natural experiments in the social sciences：a design-based approach[M]. Cambridge：Cambridge University Press, 2012：Chapter 10.

④ 关于这一问题的更多讨论,感兴趣的读者可以参考：王思琦. 中国政策试点中的随机实验：一种方法论的探讨[J]. 公共行政评论,2022,85(1)：30-50.

而具有一定的相似性。另一方面,中国的政策试点更多遵循一种科层体系内部的沟通、协调与资源配置的逻辑,而非科学研究下的因果推断逻辑。试点过程中,中央、地方呈现出双向选择的能动性,而不仅仅是数学意义上的随机性。此外,与社会实验追求干预的统一性和标准化相比,政策试点大多是模糊化和复合化的,需要为进一步发挥地方主观能动性,进行因地制宜的政策再生产提供空间。此外,与社会实验相比,政策试点的目标也更复杂。科学意义上的社会实验旨在通过因果推断为政策推广提供依据。政策试点的目标则可能还包括积累面对不确定性的经验、为推广破除障碍等,单纯因果效应的大小并不构成政策推广的充分条件。

在上述要素的综合作用下,政策试点的随机性往往并不满足自然实验的要求。一方面,考虑到对多重目标的兼顾,政策试点往往对特定地区或特定群体存在一定的偏向性。另一方面,政策试点往往在某些特定背景下出台,使得政策干预发生的时间节点往往与通常情况存在较大的差异。至于干预的实质相关性和估计模型有效性等问题,则需要结合具体场景进行分析,上一节已进行论述。简言之,研究者应十分警惕直接将政策试点等同于社会实验进行分析的倾向。

为了在保证研究质量的情况下,尽可能充分地利用好中国丰富的政策试点资源,我们建议研究者在项目开始前,对于政策试点的随机性程度进行尽可能细致严谨的统计分析。对于样本选择的随机性问题,研究者可以系统分析哪些变量(通常为社会经济变量)可能显著影响样本进入试点的概率,并将其纳入核心统计模型以削弱内生性的影响[①]。由于进入试点与否通常为二分类变量,研究者可以直接构建 Logit 模型,将试点情况作为因变量,将其他社会经济变量作为自变量进行回归分析,并将其中具有显著性的变量纳入后续的回归方程。时间随机性则可能涉及政策预期效应等更广泛的问题,感兴趣的读者可以进一步阅读参考文献[②]。

8.6.3 自然实验的"事后"分析视角

在充分保障干预质量的基础上,自然实验的另一个潜在缺陷是聚焦于"事后"分析视角所带来的探索性缺失。当使用自然实验范式对重大社会事件、关键政策等进行因果推断时,研究者的视野在很大程度上被局限在现有

---

① 对于分析试点随机性的技术细节,感兴趣的读者可以进一步阅读:Li P, Lu Y, Wang J. Does flattening government improve economic performance? Evidence from China [J]. Journal of Development Economics, 2016, 123: 18-37.

② 对于试点时间的随机性分析,可参见:蒋灵多,陆毅,张国峰.自由贸易试验区建设与中国出口行为[J].中国工业经济,2021,401(8):75-93.

的社会空间中。研究者更加聚焦于对已经发生过的事件、政策所产生的影响进行精确的评估,往往失去了探索未知世界的主观能动性,很难突破现实的约束,关注现实中本可能发生的、更具有探索性的政策或方案。事实上,上述过程可能形成一个自我加强的正反馈环路。研究者越多地使用自然实验的分析视角,便越难以关注到那些更有探索性和变革性的潜在方案。当具有探索性和变革性的潜在方案越少地被提及,研究者和实务工作者的工作思路便更可能被约束在现行的政策或方案上。这与实验主义治理在实践中积累知识增量的思想还存在一定的差异。

因此,在社会实验的整体方法论体系中,自然实验势必需要与一种更加具有探索性和实践性的方法相结合,使得研究者既能精准评估过往事件的社会影响,又能积极探索不同社会治理和发展方案的潜在效能。这正是第 9 章实地实验关注的核心内容。

第9章

实地实验

9.1 引言

在社会实验的方法谱系中，自然实验和实地实验好似两条泾渭分明的脉络，分别体现了研究者对于接近理想实验环境的不同追求。自然实验是在人力所不能及的情况下，借助自然力量，寻求社会生活中已经发生的近似随机化分配的干预。这种路径实现了大范围内的近似随机化分配，具有非介入性等突出优势，但很大程度上牺牲了人的主观能动性，失去了对于社会现实的"干预控制"。与之相对，另一波学者则从未放弃对于"干预控制"的追求，严格遵循费希尔提及的随机化、可重复性和干预控制的社会实验基本要素，实地实验正是这一波学者的主要研究路径。

实地实验（field experiment）有时也被称作"田野实验"，是指在真实环境下开展的随机对照实验研究。这里的"实地"或"田野"并不仅仅是狭义的某种物理空间范畴，而更加强调实验的真实性和实验空间的广阔性，能够更好地兼顾研究的内部与外部效度。与其他实验方法相比，实地实验具有一系列突出的优势。除去前文与自然实验的对比外，参与人群的广泛性和实验空间的真实性也使得实地实验与实验室实验相比，能够更好地克服某些主观心理偏误，实现更好的研究效果。关于实地实验的基本概念，第1章已进行了大量介绍，有需要的读者可自行回顾。

已有文献指出，实地实验的"实地性"可以通过干预真实性、参与者真实性、背景真实性和结果测量真实性四个维度进行衡量[①]。在实践中为了简便起见，也可以按本书第一章所述将其分为自然、框架和人为的实地实验三类。在自然实地实验中，作为研究对象的被试将在自然环境中接受基于现实信息的真实干预，但被试本人并不知晓。在框架实地实验中，被试已知自己是被

---

① 可参见：Gerber A S, Green D P. Field experiments: Design, analysis, and interpretation [M]. New York: WW Norton & Company, 2012.

试者,并接受基于现实情境信息的真实干预,有助于保障被试的"知情同意权",降低实验的伦理风险。人为实地实验则近似于实验室实验,将现实情境下的被试浸入由实验者设计的模拟情景中,接受价值诱导干预,这类实验通常需要借助网络、数据模拟等信息化途径实现。得益于诸多优势和灵活的实验设计,实地实验近年来在社会科学的方法论体系中得到了长足的发展。实地实验的集大成者班纳吉夫妇于 2019 年获得诺贝尔经济学奖,成为实地实验发展的一个高峰。

本章并不仅仅按照现有的类型学划分进行介绍,而是更加聚焦于实践,重点关注实地实验不同于自然实验等其他方法的突出特征,并结合智能化转型的时代特点,对实地实验的发展趋势进行论述。需要说明的是,第 8 章对于实验效应估计一般逻辑的叙述仍然适用于实地实验,相关内容不再赘述。

本章内容按以下顺序展开。9.2 节从实验科学的基本理论脉络出发,从随机分配和干预控制两个维度,结合具体研究案例,探讨实地实验在方法论意义上相对于其他方法,特别是自然实验的突出优势。具体讲述随机分配的操作框架以及设计实验干预的巧妙方法。

9.3 节结合智能化转型的时代特点,说明在智能时代基于数字空间开展的实地实验具有一系列突出的优势,特别是有助于弥补传统条件下实验研究控制性和介入性之间的矛盾,但需要进一步考虑数字时代的社会伦理问题。

9.4 节关注实地实验与社会系统的互动。任何一个实地实验项目都不是孤立存在的,会对其所嵌入的社会系统产生外部效应,而外部效应本身的大小与实验干预强度有关。合理的实验设计有助于研究者进一步了解外部性将如何影响实地实验的最终效果,并为实地实验结论的推广打下坚实的基础。

9.2　实地实验的优势

相对于自然实验寻求自然力量获得对于不同样本的近似随机化分配,实地实验更加强调通过完全的干预控制与随机分配,实现研究的可重复性,从而真正满足费希尔对于社会实验信度效度的基本要求。事实上,当研究者实现了完全的干预控制和随机分配,研究也就基本上具有了可重复性。因此,随机分配和干预控制是实地实验最为突出的两项优势。下面将结合具体案例进行介绍。

9.2.1　随机分配

随机分配是实地实验的第一个优势。被试被随机地分配到实验组和对照组中,没有任何系统性倾向。随机分配本身是一种透明且可重复的步骤,意味着可观测到的和不可观测到的混淆因素在实验组和对照组都获得了同样的体现,因而能够精确反映实验的干预效应,成为区分社会科学实验研究与非实验研究的分界线。在本章,我们暂且假定被试完全遵从随机分配,但研究者应当始终对于分配的随机性等问题保持谨慎。事实上,在实践中,完全可能出现被试不遵从等情况,我们将在第 13 章对此进行详细介绍

在了解原则的基础上,真正的随机化过程还要遵循一些基本的框架,2^k 析因设计是其中最典型的方法。所谓析因设计,是指研究者对于所有因素的可能组合进行逐一的测试。研究者将所有的被试样本在所有因素的可能组合间进行随机分配。最常见的析因设计是 $k=2$ 的情形。此时,如表 9-1 所示,所有的被试按照两个主要因素的高/低或是/否取值,被非常清晰地分为四组。通常情况下,$k \geqslant 3$ 时模型将非常复杂,因此绝大多数情况下主要构建 $k=2$ 的析因框架。此外,如果需要,2×2 框架也可以拓展成 $m \times n$ 框架。基于上述框架,研究者便可以对每个因素的单独效应和组合效应进行评估。

表 9-1　经典的 2×2 析因框架

析因框架		因素 2	
		高/是	低/否
因素 1	高/是	类别①	类别②
	低/否	类别③	类别④

为了便于理解,下面来介绍尼古拉·贝勒(Nicola Bellé)关于公共组织管理的实验研究[①]。其研究的核心问题是货币奖励对于公共部门员工动机和绩效的影响以及可能调节上述影响的因素,主要研究对象为意大利公立医院的护士。对于这一问题的讨论起源于新公共管理运动以来对于效率和"多劳多得"的探讨。自 20 世纪 70 年代以来,大部分经济合作与发展组织(OECD)国家的公务员都采取了绩效工资制度,但很少有文献对这种策略的效果和潜在影响进行因果效应挖掘。贝勒以意大利公立医院护士组装手术包的真实工作环境为场景,为上述讨论提供了真实的实验证据。

该研究的关注薪酬形式对于工作绩效的影响。具体工作绩效由规定时间内护士组装的手术包数量进行衡量。贝勒假定,货币报酬与工作绩效呈正相关。此外,贝勒还考虑了两种潜在的条件关系。一是奖励公开对于薪酬形式与工作绩效关系的调节作用。贝勒假定,奖励公开负向调节上述关系,即

---

① 可参见:Belle N. Performance-Related Pay and the Crowding Out of Motivation in the Public Sector:A Randomized Field Experiment[J]. Public Administration Review,2015,75(2):230-241.

奖励公开时,货币奖励对于工作绩效的正向激励相较于不公开时更弱。二是与受益人的接触会进一步正向调节奖励公开对于货币奖励的负向调节作用,即与受益人联系密切时,奖励公开会进一步削弱货币奖励对于工作绩效的正向激励效果。此项研究的最终框架如图 9-1 所示:

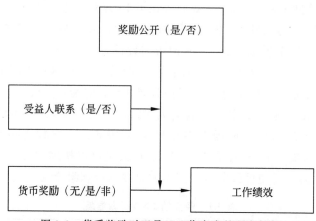

图 9-1　货币奖励对于员工工作态度的研究框架

　　与理想情况相比,该研究的析因框架较为复杂,为 2×3×2 设计。其中,奖励公开分为是、否两类,货币奖励分为固定薪酬、绩效薪酬(固定薪酬＋货币奖励)和非货币性奖励(固定薪酬＋非货币奖励)三类,受益人联系分为是、否两类。受益人接触指的是已经痊愈的患者向护士讲述接受服务的体验。使用随机数发生器,每位被试被随机分配到 12 个小组之中,每组包含 25 个被试[①]。

　　完成分组后,研究者从多个方面检验分组的随机性,其中既包括年龄、性别、护理年限等人口统计信息,也包括公共服务动机、声誉重要性等态度变量。态度变量主要用表 9-2 展示的六分类李克特量表进行测量。结果显示,12 个小组的护士在相关维度上均没有显著差异,表明该研究的分组具有较好的随机性。基于案例的研究框架,研究者使用最小二乘回归(ordinary least square,OLS)对假设进行了验证。结果表明,薪酬的奖励公开将削弱货币奖励对工作绩效的影响,而受益人联系正向调节了奖励公开对货币奖励的负向调节作用,主要研究假设得到了证实[②]。这些结论进一步表明,由于公共部门具有披露薪酬的强制要求,应当谨慎直接使用货币奖励的做法。

　　这一案例聚焦于公共组织的绩效管理策略,重点研究了货币奖励对工作

---

①　关于具体的实验干预形式,感兴趣的读者可以阅读原文。

②　案例原文还包括组间比较等非常丰富的统计结果。

绩效的影响及其影响因素。通过扎实的实地实验研究，贝勒对于长期存在的学术和管理争议提供了更加坚实的证据。聚焦于实验方法，此案例也提供了一个更加复杂的随机分组框架。基于析因框架与随机数等技术的结合，研究者可以在实地实验中实现较为高效便捷的随机分组，从而实现对自然实验等方法的重要突破。

表 9-2　关键变量的测量量表

变 量 名 称	测 量 量 表
外部奖励性	• 我的努力工作得到了认可 • 我的努力工作得到了充分的回报
声誉重要性	• 我希望给同事留下好印象，并向同事证明我自己 • 我担心同事们会如何看待我的表现
亲社会行为感知	• 我非常清楚我所做的工作将如何造福于他人 • 通过我在项目中的努力，我可以对其他人产生积极的影响
公共服务动机	• 有意义的公共服务对我来说非常重要 • 我经常被日常事件提醒，我们是多么依赖彼此 • 对我来说，改变社会比个人成就更重要 • 为了社会的利益，我准备做出巨大的牺牲 • 我不怕去争取别人的权利，即使这意味着我会被嘲笑
自我效能感	• 我确信我能成功地完成当前工作中分配给我的任何任务 • 我能完成我所期望的工作 • 我没有做好充分的准备来满足我工作的所有要求(反向设问)
责任心	• 我能马上把杂务做完 • 我经常忘记把东西放回原处(反向设问) • 我喜欢秩序感 • 我把事情搞得一团糟(反向设问)
内在动机	• 我的工作很有趣 • 我觉得我的工作很有吸引力 • 我喜欢我的工作
公平敏感性	• 当我能在工作中可以不劳而获时，我真的很满意 • 聪明的员工能得到尽可能多的回报，同时他(她)的付出也尽可能少

资料来源：根据案例文献整理。

9.2.2　干预控制

干预的真实性是实地实验方法的另一个重要特征。在自然实验场景下，干预完全由自然力量支配，研究者难以施加影响。与之相反，实地实验的干预完全由研究者控制，具有更多和更加灵活的选择。这些措施可以是现实中已有的政策或方法,也可以由研究人员自己创新设计①。那么,实地实验的干预设计是否有较为系统的方法论可以遵循呢?面向智能社会治理的实践背景,下面重点介绍基于行为科学视角的干预设计逻辑。

行为科学起源于学术界对于传统理性人假设的反思和批判。行为科学认为,人的理性是不完备的,但有限理性的个体具有某些系统性的行为规律可以挖掘。如果研究者可以深入了解不完全理性人的行为规律,便可以有针对性地设计一系列方案,以较小的成本达成推动更大范围内社会变革的目的,更好地提升社会福祉。2017 年,理查德•塞勒凭借其在行为经济学领域的研究成果被授予诺贝尔经济学奖,此后行为科学研究日益获得了学术界的广泛关注。这种基于对人性的深入理解而产生的巧妙设计又被称为"助推"(nudge)。已有文献已经在医疗、教育、理财等领域发现了一系列卓有成效的"助推"方案②,在改变个体行为等方面取得了惊人的成效。"助推"思想对于实地实验的干预设计具有重要的启示价值,与传统的强制性手段等工具相比,"助推"思想更能够"润物细无声"地引导人类行为变革,某种意义上降低了实验干预的介入性,从而更好地避免霍桑效应等主观偏误,对于提升实验效果具有重要意义。

我们以一个数字政务服务的案例,对如何利用行为科学视角设计实验干预进行介绍。电子政务是现代政府管理的一项重要创新,不仅为公民提供了便捷透明的信息,也建立起了更加健全的政府问责制,显著提升了公共部门的运转效率。然而,电子政务和数字政务服务的扩散过程中始终面临使用率低的结构性制约。较低的公民使用率意味着较高的单位服务成本,从而限制了规模效益,使政府没有足够的激励进一步应用互联网技术改进数字政务服务。如何加以有针对性的改进,提升公民的数字服务利用率对数字政府的管理者和建设者来说就显得尤为重要。

此研究的实验地点在澳大利亚维多利亚州的道路与执照管理局(VicRoads)。维多利亚州是澳大利亚人口第二多的州,VicRoads 每年要处理超过 900 万个公民的地址变更服务。与许多政府机构一样,VicRoads 也在实施在线自助服务,包括鼓励客户在线更改地址(而不是亲自到客户服务中心现场办理)。2016 年 9 月 7 日到 2017 年 1 月 7 日间,研究者借助参与VicRoads 信息化工作的契机,设计了行为实验。

在为期四个月的实验中,所有前往 VicRoads 将其地址改为位于实验组

---

① 陆方文. 随机实地实验:方法、趋势和展望[J]. 经济评论,2017(4):149-160.

② 关于"助推"的内容,可以参考:泰勒. 助推:如何做出有关健康、财富与幸福的最佳决策[M]. 北京:中信出版集团股份有限公司,2018.

(邮政编码为 3175 的地区)和对照组(邮政编码为 3021 的地区)的公民都是本研究的实验对象,共计 5 533 人。年龄从 16 岁到 85 岁不等。这些人口统计学特征与之前一段时期办理业务的人群基本一致,具有较好的代表性。

在实验中,对于对照组,工作人员继续按照传统的"取号—等号"模式进行服务。对于实验组的干预设计则充分体现了行为科学的思想。基于对相关行为科学文献的回顾,研究者指出影响公民采纳新事物的关键因素是感知便利程度和感知收益,具体如表 9-3。因此,实验组设置了专门的平板电脑用于进行更改地址服务。工作人员会在一旁对有困难的顾客进行协助,并且辅以很多激励性的标语和海报,宣传使用线上服务能够有效节约时间,省去排队的麻烦,重点突出便利度和收益两方面的因素。

表 9-3　干预行为设计与行为科学的关联性

概　　念	核 心 要 点	具 体 措 施
感知服务便利程度	更改传统服务流程	在对照组,工作人员会指导客户"取号-等号",排队办理业务;在实验组,工作人员向顾客提议,使用店内的平板电脑办理业务
	提供便利使用条件	工作人员主动上前提示顾客使用平板电脑的方法,并提供帮助
	提升顾客感知的系统便利程度	工作人员在顾客使用前强调便利性的相关信息,例如介绍"用平板电脑办理非常方便且简单";VicRoads 服务点布置海报对"电子服务很容易"这一观点进行宣传,并可视化业务步骤
感知收益	增强顾客的感知收益	工作人员在顾客使用电子服务之前,强调使用电子服务有助于避免长时间排队和等候等优势;在服务点的桌面放置卡片,宣传在线服务更加节约时间的优势

资料来源:根据案例文献整理。

研究者进一步使用线性概率模型对干预发生前后服务办理量的变化进行了双重差分分析,并跟踪实验组和对照组接下来对电子政务的使用情况,通过比较实验组和对照组在干预措施实行前后两个月时间内的结果变化,来消除环境和时间因素的干扰。结果表明,干预措施显著提升了公众对电子政务服务的使用率,实验组电子服务的采纳率与对照组相比平均提升了 14.1%,对传统服务方式的使用率则降低了 11.6%。此外,研究者还对于顾客满意度的变化趋势进行了深入分析。

基于对新技术采纳过程中个体行为规律的深入分析,研究者有针对性地设计了一系列行为干预举措,发现行为科学指导的干预设计能够有效地促成公共服务目标的实现。此研究对于人工智能社会实验工作具有重要的启示意义。数字政府和数字社会建设是数字化转型的重要环节,其中离不开以公民(用户)为视角的精心设计。深入理解相关规律,有助于我们的工作达到"事半功倍"的效果。当然,行为科学视角下的干预设计也存在包括干预时效性在内的一些不足,仍需要与其他工具进一步充分融合。

9.3 智能时代的实地实验

9.3.1 实验研究中控制性与非介入性的权衡

通过前文的回顾,我们了解了实地实验与自然实验等方法各自的优势和局限,实验方法的发展脉络中一直蕴含着控制性与非介入性的深层次权衡。一方面,自社会科学研究者开始尝试使用实验方法探索社会问题时,始终怀有发挥主观能动性、实现有效"干预控制"的愿景。因此,研究者不满足于单纯利用自然环境形成的近似随机分配,而不断探索实现高质量实地实验的潜在路径。另一方面,随着实验控制性的提升,实验介入所产生的霍桑效应等问题也日趋显著,人为意志和能动反应的异化逐渐成为进一步提升实验信度效度的阻碍。研究者也不断关注寻找减少介入性、更加"润物细无声"的实验干预策略,以更好地提升实验效果。

不同类型的实地实验在实现有效"干预控制"和减少介入性两大目标中往往各有所长。在自然、框架和人为实地实验的分类中,前者要求在被试不知晓实验干预、随机分组、真实环境等条件同时满足的情况下进行,是在控制性和非介入性两个维度上最为平衡的方法,却也是对于实验环境要求最高、最复杂的一种,实践中很难找到相关的实验案例。大多数情况下,研究者都需要在两个维度间做出一定的权衡。那么,是否有系统的路径能够克服这种权衡,更加全面地提升实验效果呢?随着智能时代的来临,日益兴起的数字空间为我们提供了契机。

9.3.2 智能时代与数字空间的兴起

随着智能时代的不断发展,人类的社会活动也日益由物理空间向数字空间转移。无论是社交媒体,还是更加新兴的数字孪生、元宇宙等概念,数字空间在人类社会中的地位不断提升已是不争的事实。人类活动向数字空间的转变也重新塑造了实地实验中"实地"的概念。实地实验已越来越不局限于学校、医院、社区、乡村等物理空间中的范畴,利用社交媒体等数字空间开展大规模实地实验的工作方兴未艾,成为实地实验发展的重要趋势之一[①]。

这一现象背后受到诸多因素的驱动。正如前文提及,开展数字空间中的实地实验有助于弥合控制性和非介入性之间的矛盾,具有诸多优势。首先,在数字空间中,研究者往往能够以一种更加隐蔽的方式进行干预而不为大众所充分感知[②]。例如,如果基于数字平台的信息发布开展实验,研究者可以利用平台的功能设置,向不同群体提供略作修改的信息,轻松高效地达到实验目的。其次,在具有基础平台架构的条件下,数字实地实验能够以一种近乎零边际成本的方式扩展实验规模。这使得大部分数字实地实验的规模要远超于常规的实地实验,往往可以达到数万乃至数十万的样本量。更大的规模允许实验者开展更加精细的设计,例如利用不同维度的协变量开展异质性分组,分析异质性处理效应。再次,基于平台记录的一系列数字痕迹,研究者也能够以较低的成本获取被试更多的协变量信息开展预处理工作,与第一点优势相辅相成。最后,大部分实验室实验和常规的实地实验受到条件限制,必须在有限的时间内进行干预处理并测量实验结果,而数字实地实验的时间跨度要长得多,有助于研究者关注实验干预的长周期影响。

以上四个特点使得开展数字实地实验的优势日趋凸显[③]。在此背景下,各大平台逐渐将实地实验的功能融入系统设计中。早年间基于数字平台开展的政治动员实验[④]和情绪传染实验[⑤]等经典案例往往是基于研究者与平台的深度合作。由于这些合作中嵌入了一定的非正式关系,使得数字实地实验具有较高的门槛,难以为普通研究者所触及。此后,随着平台功能的日益完善,研究者可以逐渐通过自主申报等方式开展独立的数字实地实验研究。接下来,我们用一个在 Facebook 平台上开展的真实案例来说明数字实地实验的基本流程和方法。此案例由研究者在平台规则下独立开展工作,对后续研究具有很强的借鉴意义。

---

①　可参见:Aral S. Networked experiments[M]// Bramoullé Y, Galeotti A, Rogers B(eds.). The Oxford Handbook of the Economics of Networks. New York:Oxford University Press,2016.

②　典型案例包括互联网公司开展的 AB 测试,可参见:刘玉凤. AB 实验:科学归因与增长的利器[M].北京:机械工业出版社,2022.

③　关于数字实地实验的优势,可以参考:Salganik M J. Bit by bit:Social research in the digital age[M]. Princeton:Princeton University Press,2019.

④　关于政治动员实验,可参见:Bond R M, Fariss C, Jones J, et al. A 61-million-person experiment in social influence and political mobilization[J]. Nature,2012,489:295-298.

⑤　关于情绪传染实验,可参见:Kramer A, Guillory J, Hancock J. Experimental evidence of massive-scale emotional contagion through social networks[J]. Proceedings of the National Academy of Science of the United States of America,2014,111:8788-8790.

9.3.3 开展数字空间中的实地实验

塞巴斯蒂安·吉尔克(Sebastian Jilke)等人设计了一项在 Facebook 平台开展的实地实验研究,重点关注政府资助对于非营利组织募捐绩效的影响[1]。这一问题是公共管理,特别是非营利组织管理领域的经典问题。已有文献指出,政府对于非营利组织的资助可能同时对潜在的捐赠个体产生"挤入"和"挤出"效应,因而总体上效果并不明确。不同研究在不同场景设计下亦未能取得一致的结论。得益于数字空间发展带来的优势,研究者可以在更广大的范围内进行实证研究。

研究者利用 Facebook 的自定义广告模块,面向嵌套在 600 个集群中的296 121 名用户开展了时长 24 小时的数字实地实验。此研究的实验背景是为真实存在的纽约食物银行募捐。通过集群随机化[2],用户被随机分配到如图9-2 所示的三种实验场景中。三个场景唯一的差异在食物银行的修饰语上,分为不体现任何特征、基于个体捐赠的食物银行(donation-funded)和基于政府捐赠(government-funded)的食物银行三种。其中,第一种陈述作为安慰剂组[3],第二种陈述作为对照组,第三种陈述作为实验组。用户在看到广告封面后,以实际点击广告内容数据的概率作为评判募捐效果的标志。这是在真实环境中的真实干预,并且被试并不充分知晓干预的存在。因此,这是一个典型的自然实地实验,具有控制性和非介入性的特点。

经过 24 小时的投放,大约有 30 万人收到了相关广告,且三个组中被试的分布相对均衡。研究发现,约有一半的被试实际点击了广告,但实验组、对照组和安慰剂组中的被试点击广告的用户比例差异很小,并不存在统计意义上的显著性。网页浏览数据也证明了类似的结论。因此,与之前研究的结果不同,本研究基于巨大的样本规模,发现政府资助并不能显著影响用户对于非营利组织的捐款意愿。基于新颖的数字实地实验方法,此研究以一种兼顾内部和外部效度的方式,达到了传统研究不可能覆盖的样本规模,丰富了研究者和实务工作者对于经典问题的认知。

需要注意的是,这一案例仅仅反映了数字实地实验的一种研究路径,即

---

① Jilke S, Lu J, Xu C, et al. Using large-scale social media experiments in public administration: Assessing charitable consequences of government funding of nonprofits[J]. Journal of Public Administration Research and Theory, 2019, 29(4): 627-639.

② 为避免个体生活受到不必要的干扰,Facebook 的自定义广告模块并不允许研究者或发布者在个体层面实现随机化,而是在以年龄、性别等某些指标进行预先分层后的再随机。这也是数字伦理的重要表现。

③ 关于安慰剂效应,感兴趣的读者可进一步阅读第 13 章对于实验中常见问题的描述。

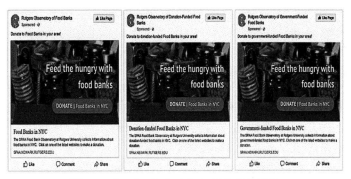

图 9-2　Facebook 上三个自定义广告模块

对于传统的物理空间行为数字化的研究。随着智能社会建设的深入,虚拟现实、增强现实、元宇宙等前沿技术不断涌现,智能社会的人类行为场景将更加多元,人类在物理空间和数字空间上的时间分配也处于动态变化中。未来研究者还应当进一步立足于建成的智能社会场景,关注纯粹的数字空间中的人类行为规律[①]。

　　这一类研究对于未来的智能社会治理和人工智能社会实验工作也具有很强的启示意义。首先,数字空间和数字平台的发展为理解智能时代人类的行为规律提供了良好的工具。在智能社会,个体行为越来越具有隐蔽性和私密性,尤其当涉及对于敏感问题的观点和态度时,更加难以直接通过传统的调查问卷获得。此时,"数字痕迹"为我们提供了分析研究对象行为的优质资源,能够更好地提升研究的信度和效度。其次,数字空间和数字平台不仅仅是智能社会治理的基础工具,其本身也是智能社会的重要场域,是智能社会治理的重要组成部分。以数字空间为对象开展的研究更能贴近智能社会治理实践,为智能社会治理政策的完善提供依据。最后,尽管数字空间中的实地实验能够以一种相对隐蔽的方式开展,但这仍不意味着实验干预不会对公众的日常生活产生影响,例如谣言传播等问题,如果研究中稍有不慎,可能会产生更大的负面问题。因此,数字空间的实地实验要更加注重伦理审查,并通过集群随机化等方式更好地避免伦理损害。

---

　　① 目前,相关的系统性研究还不多,但部分前沿研究成果已经显现出在数字空间中开展深度干预的雏形(例如,开发符合特定细分需求的数字平台空间、运用机器人干预数字空间中人类的社交网络结构等),感兴趣的读者可以关注：Greenberg J. Social network positions, peer effects, and evaluation updating：An experimental test in the entrepreneurial context[J]. Organization Science, 2021, 32(5)：1174-1192;Stewart A J, Mosleh M, Diakonova M, et al. Information gerrymandering and undemocratic decisions[J]. Nature, 2019, 573(7772)：117-121.

9.4 实地实验的外部性

9.4.1 实地实验与社会系统的互动

根据实验科学的一般逻辑,在了解实验基本背景的情况下,研究者可以较为便捷地对实验干预效应进行估计。然而,这一前提假设是否真的成立呢? 实地实验作为一个人为干预形成的社会系统,是否会对它所嵌入的社会系统产生影响? 这些影响又将如何改变实验的基本结论和结论的推广价值呢? 这是实地实验设计中需要关注的一个重要问题:外部性。

一般情况下,对于自然实验而言,外部性并不是一个重要的问题。这是由于自然实验的影响范围通常就是整个社会系统本身,或者至少覆盖了其中非常广泛的范围。然而,随机分配和人为控制干预使得实地实验的覆盖范围必然是有限的,否则整体成本将失去控制。这个时候,实地实验更像是嵌入宏观社会系统的一个子系统。按照系统科学的思想,一个新的子系统的嵌入将重构系统的运作逻辑,甚至改变系统的均衡状态。这些案例在实践中非常常见。例如,仅仅给予少数贫困生助学金有助于缩小教育不平等。然而,如果所有人都获得了助学金,实验的积极影响便不再存在,教育不平等也未能得到实质意义上的缩小。因此,实地实验与宏观社会系统的互动便成为一个有趣且重要的研究议题。除去影响实验本身的结论外,这一问题更加深远的影响集中于实验结论的外部推广价值。这恰恰是实地实验研究面临的重要争议。科学地解决上述问题,能够促进关于实地实验学术价值的理性讨论。

按照实验科学的一般理论,干预是实验结果的影响因素。因此,要研究实地实验系统与社会系统的互动,干预力度是其中最为重要的变量。理论上,当一种干预力度较小时(例如,局部开展的政策试点),其产生的影响也相对可控,可能不会对社会系统中的其他要素产生明显的作用。这是一种经济学上的局部均衡效应。随着实验干预力度的提升,其影响也显著增强,便可能与社会系统的其他要素发生交互。此时,实验系统产生的影响从局部均衡上升为一般均衡。实验干预产生的影响具有了更加复杂的传导机制,产生的一般均衡效应既可能抵消局部干预的效果,也可能进一步放大相关干预的影响[1]。事实上,上述过程恰恰契合了一项试点走向推广的情况。干预力度差异产生的结果差异某种意义上正是实践中某些试点走样的注解。因此,上述问题具有重要的理论与实践价值,需要进一步发展实地实验研究的方法论,

① Banerjee A, Banerji R, Berry J, et al. From proof of concept to scalable policies: Challenges and solutions, with an application[J]. Journal of Economic Perspectives, 2017, 31(4): 73-102.

探究不同干预力度产生的外部效果差异,进一步促进关于实地实验效果的学术辩论。

9.4.2　通过实验设计探究外部性

我们以一个面向就业市场的实地实验为例,对研究干预一般均衡效应的过程进行说明[①]。在现实中,运用实地实验方法研究就业市场是一种非常容易产生全局均衡效应的问题。由于劳动力市场普遍存在竞争,对于某些实验样本的支持,某种意义上将影响其他未被干预的劳动者。换言之,某种看起来非常有益的就业干预政策可能是以牺牲未被干预群体利益为代价的。此时,一般均衡将进一步削弱小规模试点时的局部均衡效应。同样,如果某些政策被证明在小规模时是有害的,随着干预范围的推广,其负面影响也可能被一般均衡效应所中和[②]。因此,在关于就业市场的实地实验研究中,一般均衡效应应当特别得到研究者的关注。在总结实验结论时,除了基础干预外,干预力度也应当成为其中非常重要的变量。

在诸多发达国家中,就业援助是一种受欢迎的就业促进手段。求职者参与私人中介机构(包括非营利组织)的就业服务项目,获得一系列求职就业的培训与服务。当求职者找到稳定的长期工作后,才收取全部的酬金。布鲁诺·克雷彭(Bruno Crépon)等人以法国的就业援助项目为对象,考察就业援助对于劳动力市场的局部和一般均衡效应。在法国,官方机构是就业援助的主体,但近年来民间就业机构也逐渐兴起。有调查表明,越来越多的求职者表示,他们通过私营就业援助机构找到了工作。那么,私营机构和公共机构在就业援助上究竟是互补还是替代关系呢? 具体地,就业援助项目的积极效果是否以那些未参加项目求职者失去潜在就业机会为代价? 对于这一问题的思考将改变就业政策的逻辑基础,具有重要的理论和实践价值。

研究者们采用一种名为两阶段随机化的方法开展研究,实验干预分为两步。第一步,研究者选取了分布在法国 10 个行政区的 235 个公共就业援助机构。由于法国劳动力市场上人员的流动性并不高,而且这 235 个机构各自的覆盖范围没有重叠,因此可以认为其主要服务人群基本上互不重叠。基于每个机构的覆盖面积和人口规模的相似性,研究者将 235 个机构分为 47 个群组。对于每个群组的 5 个机构,随机赋予 0%、25%、50%、75%、100%接受干

---

① Crépon B, Duflo E, Gurgand M, et al. Do labor market policies have displacement effects? Evidence from a clustered randomized experiment[J]. The quarterly journal of economics, 2013, 128(2): 531-580.

② Marinescu I. The general equilibrium impacts of unemployment insurance: Evidence from a large online job board[J]. Journal of Public Economics, 2017, 150: 14-29.

预人群的初始比例。此后的所有分析均在群组内进行。第二步,研究者通过官方机构获得了区域内的所有求职者信息,并按照第一步给每个机构设置的比例,分别抽取了一批求职者,将求职者名单发送给当地的民营就业援助机构,由民营机构邀请名单上的求职者参与该机构的就业援助项目(实验组),同时这些公司不能接触那些未被抽中的求职者(对照组)。求职者自愿选择是否加入民营机构的援助项目,如果加入则进入实验组。在实验开始后的第8、12、16个月和第 20 个月,研究者分别针对挑选的实验对象开展调查,了解其真实的求职情况。

研究结果表明,当不考虑外部性,即实验组获得额外就业支持对于对照组的影响时,接受就业援助提高了求职者找到长期工作的概率。然而,当进一步考虑外部性时,随着区域内初始援助人口比例的提升,对照组的求职将更加困难。这充分证明了负外部性的存在。市场整体劳动力供给越疲软、求职竞争越激烈,这种负外部性更加显著。

基于两阶段随机化设计,研究者通过大规模、长周期的实地实验,对于就业援助政策的一般均衡效应进行了深入的研究,是一个考察实地实验系统与宏观社会系统互动的典型案例。实验结果表明,如果仅仅利用传统的社会调查数据进行估计,我们可能会高估就业援助项目带来的积极影响。自然实验以及后文将提及的调查实验等方法也难以达到上述目标。这凸显了两阶段随机化设计法在研究相关问题上的价值,为我们通过实地实验获取具有较高推广价值的政策建议提供了有价值的借鉴。

此项研究对于人工智能社会实验工作的开展也具有重要价值。在智能化时代,不同地区、不同人群的联系日益紧密。局部干预所产生的"涟漪"也越来越可能对社会全体产生更加广泛的影响。例如,随着某项智能应用场景的扩展,那些因知识不足或年老体衰而难以利用智能技术的弱势群体便更难融入智能社会的整体环境。这就要求研究者和实务工作者更加理性和全面地看待智能化转型的潜在影响,并更加主动和及时地为潜在风险做出充分的准备,形成具有前瞻性的治理方案,从而更好地提升智能社会的人文温度和人文关怀,让社会智能化转型的积极影响更多地为全体人民所共享。

第 10 章　调查实验

10.1　引言

第 8 和第 9 章分别对社会实验的两种重要方法自然实验和实地实验进行了介绍。其中，前者主要寻求自然力量在大范围中形成的近似随机分配，而后者更加强调人为控制干预的特点。总体来看，两种方法均是社会科学研究者寻找接近自然科学实验状态的重要尝试，但都面临着不小的局限性。例如，前者的使用场景往往过于苛刻，可重复性很弱。后者虽然实现了严格的干预控制，但实施成本很高，容易对被试的工作生活产生影响，可能产生伦理问题。此外，对于一些新兴的研究问题，有时候研究者还不具备在物理空间中进行大规模干预的能力。针对这些问题，研究者还需要进一步发展社会情境下更加便于实施、成本更加可控的实验方法。得益于信息技术快速发展的便利条件，基于大规模社会调查基础之上的调查实验，逐渐成为上述问题的一个解决方案。

调查实验（survey experiment）是将实验方法与传统抽样调查有机结合，既能充分体现研究群体的代表性，又能实现因果关系检验的研究方法[1]。在调查实验中，研究者会选取一个具有代表性的大型样本作为被试群体，并通过问卷调查的形式开展研究。与传统的问卷调查不同，被试收到的问卷并不是统一的，而根据实验的分组存在差异。不同问卷所提供的差异化信息，此时扮演了实验中干预的效果。此外，由于问卷的整体成本较为低廉，调查实验可以获得相对于其他方法更多的样本。因此，调查实验能够较好地兼顾内部与外部效度。得益于上述优势，调查实验方法在政治绩效考核评估[2]、新技

---

① 传统的抽样调查类似于归纳法，用于概括一种社会现状或群体特征，但无法较好地明确事件之间的因果关系。实验方法恰好有助于解决上述问题，但实验人群往往不具有很好的代表性。

② George B, Baekgaard M, Decramer A, et al. Institutional isomorphism, negativity bias and performance information use by politicians: A survey experiment[J]. Public Administration, 2020, 98(1): 14-28.

术的公众接受度[①]等一系列领域中得到了日益广泛的应用,成为一种重要的实验性研究方法。

本章将对调查实验的基本知识和主要特点进行系统的介绍。需要说明的是,调查实验本质上是将经典调查技术嵌入实验情境下,因此,调查实验的开展不可避免地涉及社会调查、问卷调查的基本知识,感兴趣的读者可以阅读社会调查的有关文献资料[②]。囿于篇幅的限制,本章更加聚焦于实验方法与调查的结合,首先讲述调查实验的基本流程,再向读者介绍面向隐私问题和面向多目标偏好的两类特殊的调查实验应用。

本章内容将按照以下结构展开。10.2节是全篇的基础,主要介绍调查实验的基本知识和操作流程,并通过一系列真实的研究案例,帮助读者对调查实验方法形成直观的理解,基本掌握在一项研究中嵌入调查实验的能力。

自10.3节起关注调查实验方法的特殊应用。10.3节主要关注面向隐私问题的调查实验。隐私问题始终是社会调查的一大难点,让被试"说真话"对于提高调查质量具有重要意义。借助调查实验的特殊优势,研究者可以以一种介入性更弱的方式,"润物细无声"地引导被试表达真实经历与感受,更好地实现研究目标。10.3节综述了随机化应答技术(randomized response technique,RRT)与列举实验(list experiment)两种特殊的调查实验方法,并对其优劣进行讨论。

10.4节关注另一个调查实验方法的特色应用——面向多目标权衡的调查实验。在公共服务等诸多问题中,公民往往对于同一问题有着多维度的偏好,理解这些偏好之间复杂的互补与替代关系,深入挖掘公民在不同偏好间的权衡逻辑,对于更好地设计相关服务具有重要意义,但传统社会调查往往对此无能为力。调查实验中联合实验(conjoint experiment)的兴起为上述问题的解决提供了契机。10.4节简要综述联合实验的基本思想,并结合数字化转型的真实案例加以说明。

10.2 调查实验的基本流程

调查实验是将调查方法嵌入实验情境下产生的研究方法,因而同时具备了社会调查和实验研究的基本要素。大体上,一个调查实验应当分为基础问

---

① Zampetakis L A, Melas C. The health belief model predicts vaccination intentions against COVID-19: A survey experiment approach[J]. Applied Psychology-Health and Well Being, 2021, 13 (2): 469-484.

② 艾尔·巴比. 社会研究方法[M]. 邱泽奇,译. 第十一版. 北京:华夏出版社,2009.

卷设计、场景模拟、样本分配、数理分析四个步骤。

1. 基础问卷设计

研究者应当基于实验的基本假设确定问卷的调查背景、基本的变量关系以及主要问题和答案选项。选项的测度数值或答案应当在一定程度上反应被试的变量特征和水平,以此验证实验的假设,并为不同场景下问卷情境的调整奠定基础。

2. 场景模拟

在基准问卷的基础上,研究者应当根据实验的干预设计,创建不同版本的模拟问卷,以此作为实验核心干预设计的表征。这里通常需要考虑两方面问题。首先,实验中应当包括多少种干预设计? 常用的处理方式仍然是实地实验章节提及的 $m \times n$ 析因设计,具体如表 10-1 所示[①]。在此框架下,研究者往往需要构建 $m \times n$ 版本的场景以及与之对应的情境模拟问卷。

表 10-1　调查实验中的析因框架

		因素 X		
		模式 1	模式…	模式 n
因素 Y	模式 1	分组 1	分组…	分组 n
	模式…	分组…	分组…	分组…
	模式 m	分组 $n(m-1)+1$	分组…	分组 mn

其次,实验应当如何将情景模拟与干预设计结合起来? 除去应当为每一个分组设计一套问卷外,更重要的是,研究者要深刻理解每一个分组的核心内涵。在保持问卷其他要素不变的情况下,对每一个分组的特殊元素进行调整,达到既突出干预,又控制潜在混淆因素的目的。我们以清华大学研究团队已经开展的关于城市大脑合法性的实验研究工作为例[②],对于构建情境模拟问卷的原则和操作方法进行说明。

重新回顾专栏 2-1 的案例,随着人工智能等信息技术的快速兴起,以"城市大脑"为代表的新技术应用重新塑造了政府和城市治理进程。然而,在促进公共服务高效化、精准化和智能化的同时,这些应用也可能放大公众的隐私风险等。如何降低公众对于隐私问题的疑虑,提升安全感和对于智能应用

[①]　与实地实验章节的论述一致,$m \times n$ 析因设计是一种广义情况,实践中为了控制研究的复杂度,大部分情况下我们仍然采用 2×2、1×3 或 1×4 的设计版本。

[②]　以下关于问卷设计的介绍,均选自:魏钰明. 智能治理与公众认同:城市大脑的社会合法性研究[D]. 北京:清华大学,2021.

的认同,对于智能治理的持续深化具有重要意义。根据清华大学研究团队在全国各地的调研,一些地方政府在经历或意识到公众认同对于智能治理的作用后,已经开始尝试通过向公众传达特定信息的方式,提升对以城市大脑为代表的治理创新实践的认同。

调研表明,对于这类问题的宣传策略大致可以分为三种:(1)绩效声誉模式,重点宣传城市大脑等应用能够提升公共服务效率;(2)程序声誉模式,重点介绍在运行城市大脑等应用中政府制定的规则约束;(3)道德声誉模式,重点介绍政府运用城市大脑等应用以保护公众权益的过程和效果。可以看出,这是一个 1×4 的析因框架,分为对照组、绩效声誉组、程序声誉组、道德声誉组四类,具体如图 10-1 所示。

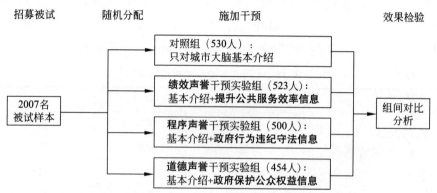

图 10-1　城市大脑社会合法性的调查实验研究析因框架

总体来看,调查实验更适用于此研究情境,主要有两方面原因:一方面,城市大脑等应用在全国范围内仍是新生事物,很少有对公民认可度的大规模数据集积累;另一方面,目前各地政府的主要工作还是集中在通过城市大脑提升公共管理效率上,相关的宣传和声誉建构等问题属于零星的探索。但无可争议的是,在面向未来的城市治理实践中,此类应用的重要性一定会不断提升。上述案例是一个探索性研究,调查实验能够帮助我们更好地对公民的潜在认知进行探索。

接下来,我们重点讲解不同版本问卷的编制过程。对于此类前瞻性较强的调查,研究者有时候需要先了解被试基本的知识水平,避免完全不了解相关问题的被试"污染"数据。因此,研究者首先编制了一个前置模块[①]。实验设计中的前置模块并不复杂,主要询问被试关于相关技术应用的基本认识。如果被试完全不了解相关知识,其回答的可信性存疑。在前置模块的基础

---

　　①　前置模块并不总是必需的。

上,研究进一步构建了每个场景的共性部分,暂且称之为基本模块。在此模块中,研究者重点介绍了两方面信息,即城市大脑的基本情况和城市大脑收集个人数据的情况,以此强化被试对城市大脑的基本认识。

前置模块和基础模块构成了每个场景下问卷的共性。随后,研究者开始设计每个场景的可变模块,即实验干预部分。在向公民提供城市大脑的基本信息后,研究者开始尝试不同的宣传策略。基于前期调研中收集的各地政府的宣传素材,研究者编制了三个实验组的文字材料。此后,组内的每位被试进一步回答同样的问题。可以看出,如果被试被随机地分配到各个小组,那么除了宣传策略外,他们接受的信息是完全相同的,能够满足实验研究的基本要求。前置模块、基础模块及三个可变模块的文本设置如专栏 10-1 所示。

📝 **专栏 10-1　问卷设计中前置模块、基础模块及可变模块的文本设置**

前置模块:公民基本信息与态度

包括六个问题,考察受访者对新技术的兴趣、对于城市大脑的基础认知、对于智慧应用的隐私设置等问题的认知。

基础模块(问卷导语):

城市大脑是创新运用大数据、云计算、人工智能等前沿科技,对分散在政府、企业、社会的各类数据进行整合归集,形成的城市大数据仓库和智能治理中枢。请您阅读以下材料,然后回答问题,谢谢您的配合!

目前,全国各城市的政府都在如火如荼地建设城市大脑,并对分散在各个渠道的市民个人信息数据进行整合归集,这些信息数据可能涉及以下六类信息:(1)个人身份信息,如身份证、护照、驾驶证、居住证、社保卡、军官证、工作证、电话号码等;(2)个人生物识别信息,如面部识别特征、指纹等;(3)个人财产信息,如征信信息、存款信息、房产信息、信贷信息、银行流水记录等;(4)个人家庭生活信息,如家中水电气消耗情况、生活垃圾产出情况、家庭成员情况等;(5)个人健康生理信息,如医疗诊断记录、生育信息、既往病史、家族病史等;(6)个人活动轨迹信息,如定位记录、通信记录、网络浏览记录、酒店住宿记录、道路交通抓拍记录等。

实验组 1(绩效声誉宣传组):

一直以来,公共服务效率不高是困扰城市健康发展的一个痼疾。城市大脑利用前沿科技发展的最新成果,对城市数据资源进行整合归集和应用开发,实现了对城市运行、居民生活的全面监测和精准治理,有效提升了城市公共服务的效率和质量。

根据统计,基于城市大脑开发的智能政务服务系统,可以将您办理各类证照的行政审批时间缩短90%以上,原本需要一个月才能办成的证件,现在只需要一天即可办成:(1)智能金融服务系统可以将您申请小额信贷的时间缩短99%,从信用评估到钱款到账最快只需要2分钟;(2)智能医疗服务系统,可以为您实现线上挂号、线上缴费、轻症与慢性病线上诊疗,以及域内不同医院之间医学影像与医学检验报告互认等功能,将您看病的等候时间缩短40%,门诊费用降低30%;(3)智能交通服务系统可以将您寻找、等待停车位的时间缩短70%,将高峰时段道路通行效率最高提升50%;(4)智能社区服务系统,可以对拥有低龄儿童、高龄老人、残障人士的家庭进行精准服务,将社区服务响应速度提升80%。

实验组2(程序声誉宣传组):

根据新颁布的《中华人民共和国民法典》《中华人民共和国个人信息保护法》《中华人民共和国数据安全法》,以及各城市施行的数据共享开放管理办法等法律规章的规定:(1)各有关单位和个人在采集公众个人信息数据时,必须事先获得公众授权同意;(2)各有关单位和个人在利用城市大脑平台对于涉及公众个人信息的数据进行整合、共享、开放时,必须进行加密和匿名化等脱敏处理;(3)任何单位和个人,未经政府有关部门批准,不得擅自利用公众个人信息数据,开展以盈利为目的的商业活动;(4)对于获得政府有关部门批准,利用脱敏后的公众个人信息数据进行相关应用服务产品开发的单位和个人,应及时向社会公示所利用数据类型、审批详情、加密与脱敏措施、所获收益及收益分配办法。任何单位和个人,故意非法窃取、泄露、篡改公众个人信息数据,或因违反相关规定,导致公众个人信息泄露、篡改、丢失的,都将被严肃追究法律责任。

为了充分保护公众的合法权益,避免公众个人信息数据泄露给公众人身、财产安全和个人隐私带来风险和危害,除了不断强化数据安全保护技术外,城市大脑对相关数据的整合严格遵循了国家和地方有关的法律法规和监管政策,并对相关数据资源的使用权限进行了严格的限制。

实验组3(道德声誉宣传组):

近年来,随着智能手机、智能手环等设备的大规模普及,相关手机应用软件开发企业积累了大量用户的个人信息数据。但由于部分企业对用户数据保护意识不强,以及数据分散分布给政府监管造成较大困难,导致不法分子通过各种途径窃取公众个人信息数据,对公众进行电信网络诈骗的案件频繁发生,社会危害严重。

> 　　而受限于专业知识和能力的不足,在面对自身信息数据被肆意采集和滥用的情况时,公众往往不具有与应用软件开发企业讨价还价和保护自身权益的能力,处于极端弱势的地位。建设城市大脑,借助行政力量,逐步对被不同组织占据的个人信息数据进行收拢整合、集中建库,引导社会各界树立对数据公共性的认知和数据安全保护意识,是政府运用新技术手段,提升对数据要素资源的监管和治理能力、防范数据资源滥采滥用风险、打击电信网络诈骗、保护弱势群众的信息数据权益、维护公共利益的一项伟大尝试。

3．样本分配

调查实验中的样本分配与实地实验中的样本分配无明显区别。根据析因框架确定的分组数量,运用随机数等技术将实验样本随机地分配到不同小组。研究者应注意,需要使用独立样本 t 检验等方法(可参见"统计学附录"),对样本关键变量特征分布的平衡性进行检验。如果样本已经实现随机分配,此时不同小组的人口统计学信息,例如,年龄、性别、学历等应当没有显著差异。此后,被试按要求填写相关问卷。

4．数据分析

在被试按要求填写问卷后,研究者首先对于原始数据进行清洗。恰当的清洗对于提高问卷质量至关重要。例如,研究者可以首先进行注意力检测(attention check)。注意力检测要求读者确认此前问卷中的核心要素。仍然以城市大脑合法性研究为例,如果被试被分到绩效声誉组,研究者可以在问题开始前嵌入一个问题:"您所看到的问卷提到了《个人信息保护法》和《数据安全法》吗?"[①]并请被试回答"是"或"否"。只有当被试回答"否"时,该问卷才被视为有效。此外,在利用数字平台开展的问卷实验中,为了减少乱填写现象,研究者可以首先试填问卷,确定大致的用时范围,然后剔除填写时间过长或过短的问卷。此后,研究者选择合适的数理方法对问卷结果进行分析即可。

10.3　面向敏感问题的调查实验

调查实验的本质是通过改变问卷背景中的部分要素,向被试提供差异化的信息作为实验干预。因此,通常情况下,调查实验中的问卷由共性背景信

---

① 此问题中的两个法律是程序声誉组问卷中的内容。因此,如果绩效声誉组的被试回答看到了上述内容,可以反映其没有充分阅读实验材料。

息、可变背景信息和调查问题共同组成。但调查实验的技巧并不局限于此。对于调查问题的精心设计能够帮助研究者探索更加广泛的内容,敏感问题的调查是其中的典型。

敏感问题一直是社会调查中面临的重要挑战。有时候,被试可能认为,研究者关心的问题并不适合在公开场合表达,因而可能拒绝回答或故意错答。这些问题在社会科学研究中非常常见,例如,政府评价[①]、种族歧视[②]、性别平等[③]、文化偏见[④]等。这将导致回收的样本数据不具有真实性,形成敏感问题误差。在传统问卷调查中,敏感问题误差难以解决,而调查实验的兴起为此提供了一个宝贵的契机。得益于调查实验的随机化和多场景优势,研究者可以适当弱化单一问题的敏感性程度,而通过某些巧妙的设计,利用组间比较的方式,获取被试的答案分布差异,并反推出真实结果。总体来看,这些方法大致可以分为随机化应答技术和列举实验两类。接下来,我们对这两类方法的基本原理、优势劣势和适用范围进行具体介绍。

10.3.1　随机化应答技术[⑤]

随机化应答技术包括 Warner 模型[⑥]、Simmons 模型[⑦]等,下文依次介绍两种主要模型的基本原理和应用过程。

1. Warner 模型

专栏 10-2 中为 Warner 模型的基本操作流程。在使用 Warner 模型的过

---

① Malhotra N, Kuo A G. Attributing Blame: The Public's Response to Hurricane Katrina[J]. Journal of Politics, 2008, 70(1):120-135.

② Anderson B A, Silver B D, Abramson P R. The effects of race of the interviewer on measures of electoral-participation by blacks in SRC national elections studies[J]. Public Opinion Quarterly, 1988, 52(1):53-83.

③ Auspurg K, Hinz T, Sauer C. Why Should Women Get Less? Evidence on the Gender Pay Gap from Multifactorial Survey Experiments[J]. American Sociological Review, 2017, 82(1):179-210.

④ Lachapelle E, Kiss S. Public perceptions of hydraulic fracturing (Fracking) in Canada: Economic nationalism issue familiarity and cultural bias[J]. Extractive Industries and Society, 2018, 5(4):634-647.

⑤ 在利用随机化应答技术时,敏感问题又可以分为二值型、多值型和数值型。二值型是只需要被试回答"是"或"否"的问题。多值型是给被试多个选项,例如,"优""中""差"的问题。数值型是需要被试回答具体数字的问题,例如,做某事的次数。我们以二值型敏感问题作为案例具体演示,并给出其他类型的处理思路和拓展文献。

⑥ Warner 模型可参见:Warner S L. Randomized response: a survey technique for eliminating evasive answer bias[J]. Journal of the American Statistical Association, 1965, 60(309): 63-65.

⑦ Simmons 模型可参见:Greenberg B G, Abul-Ela A L A, Simmons W R, et al. The unrelated question randomized response model: Theoretical framework[J]. Journal of the American Statistical Association, 1969, 64(326): 520-539.

程中,研究人员只能知晓两种问题被抽中的概率和被试回复的答案,无法判断被试所选择的问题,因而可以在极大程度上保护被试的隐私。

📑 **专栏 10-2　Warner 模型的操作流程**

步骤 1:根据所涉及的敏感问题设立两个相互对立的提问方式 A(敏感问题的肯定式问法,例如,我曾在考试中作弊)和 B(敏感问题的否定式问法,例如,我未曾在考试中作弊),且两个问题均可回答"是"或"否";

步骤 2:确定问题 A、B 的被选择概率;

步骤 3:制作两个问题的提问媒介,例如卡片、信纸、硬币等,问题 A、B 的外部要素需要完全相同,例如卡片 A 和卡片 B 的颜色一致、大小统一等;

步骤 4:开展正式调查,研究人员只能记录被试回复的答案,但不能询问其抽取的问题,被试在回答完毕后,需要将问题放回,以保证两个问题在后续抽样中的概率保持不变,待全部被试回答完毕后,通过两组结果的差异来估计真实回答的比例和标准误。

得到答案后,通过一个简单的数理推演便可以得出敏感问题的比重。假设共有 n 个被试,问题 A 被抽中的概率为 P,问题 B 被抽中的概率为($1-P$),所有被试中涉及该敏感问题的比例为 γ。此时,我们已经知道所有样本中回答"是"的比例 α。基于以上操作流程,我们看出,A 问题中所有回答"是"和 B 问题中所有回答"否"的个体是涉及该敏感问题的个体。因此,可以列出以下的等式:

$$n\alpha = nP\gamma + n(1-P)(1-\gamma) \tag{10-1}$$

基于以上公式,可以得到 γ 的最优估计值[①]:

$$\tilde{\gamma} = (\alpha + P - 1)/(2P - 1) \tag{10-2}$$

显然,基于已有数据,可以得出涉及该敏感问题的人群比例。上述公式中,P 不能等于 0、0.5 和 1,即我们既不能让 A、B 两类问题被抽中的比例相同,也必须保持两类问题同时存在,否则此时上述推理便不构成"随机化"应答。

基于以上结果,可以进一步估计 γ 的方差。这代表了我们估计敏感问题

[①]　需要注意,α 是一个随机变量,这也进一步导致 γ 具有了随机性,所以我们得到的 γ 的估计值,同时这进一步涉及后文对 γ 方差的估计。极大似然估计可以得到完全一致的结果。

人群占比结论的稳健性。通过数学推理,可以得到 γ 的方差如式 10-3[①]。这一结果进一步表明,当 n 越小或 P 越接近 0.5 时,结论估计的稳健性越差。因此,在使用 Warner 模型时,增大样本量或增加回答两种问题比例的差异有助于取得更好的估计效果。

$$\text{Var}(\tilde{\gamma}) = \frac{1}{n}\left[\frac{1}{16(P-0.5)^2} - (\gamma-0.5)^2\right] \tag{10-3}$$

如果问题是数值敏感型问题或多项敏感型问题,研究者也可以采用对应的处理策略。例如,对于数值敏感型问题,研究者可以让被试随机抽取 0~9 的随机数,将抽取的数字乘 10 后再加上敏感问题的答案,作为回答的答案。对于具有 k 项的多项敏感型问题,调查者可以让被试随机抽取 0~k 的数字,每个数字的抽取有一定的概率。若被试抽到数字 0,则对于敏感问题进行"是"或"否"的回答,否则无须告知研究人员,只需在问卷上回答抽到的数字。

2. Simmons 模型

Warner 模型虽然解决了直接提问敏感问题所带来的误差,但其提出的两个问题都具有一定的敏感性,被试可能仍有戒心。1967 年,西蒙斯与他的合作者们在 Warner 模型的基础上进行迭代,提出用一个敏感性较低的问题 C 替代 Warner 模型中的问题 B,进一步降低调查的敏感性。

沿着 Warner 模型的参数设定,Simmons 模型进一步引入了一个参数 δ 来代表调查中真正符合问题 C 肯定回答的比例[②]。其余参数与之前相同,可以得到以下关系式:

$$n\alpha = nP\gamma + n(1-P)\delta \tag{10-4}$$

专栏 10-3　Simmons 模型的操作流程

步骤 1:根据所涉及的敏感问题设立一个敏感问题 A(敏感问题的肯定式问法)和非敏感问题 C(与问题 A 和其他敏感问题无关,例如,您的出生日期尾数是否为单数?),且两个问题均可回答"是"或"否";

步骤 2:确定问题 A、C 的被选择概率;

---

① 关于推导过程,可以阅读:Warner S L. Randomized response: a survey technique for eliminating evasive answer bias[J]. Journal of the American Statistical Association, 1965, 60(309):63-65.
② 在 Warmer 模型中,问题 B 是敏感问题 A 的否定式问法,而在 Simmons 模型中,问题 C 是一个完全外生的问题。在这种情况下,参数 δ 的值要通过外部资料计算,例如询问被试是否读过研究生,在实验结束后,可以通过客观数据进行推算。

> 步骤 3：制作两个问题的提问媒介,例如卡片、信纸、硬币等,问题 A、C 的外部要素需要完全相同,例如卡片 A 和卡片 C 的颜色一致、大小统一等;
>
> 步骤 4：开展正式调查,研究人员只能记录被试回复的答案,但不能询问其抽取的问题,被试在回答完毕后,需要将问题放回,以保证两个问题在后续抽样中的概率保持不变,待全部被试回答完毕后,通过两组结果的差异来估计真实回答的比例和标准误。

同理,我们可以得到关于符合敏感问题人群比例的最优估计值以及估计的方差结果:

$$\tilde{\gamma} = \frac{\alpha - (1 - P)\eth}{P} \tag{10-5}$$

$$\mathrm{Var}(\tilde{\gamma}) = \frac{\alpha(1 - \alpha)}{n \times P^2} \tag{10-6}$$

可以看出,Warner 模型和 Simmons 模型各有优劣。一方面,Simmons 模型放宽了对于 P 的假设,在 $P = 0.5$ 时仍可以发挥作用。另一方面,Simmons 模型需要额外确定 $\eth$ 值,如果相关过程难度较大,则求解将非常困难。

在实际操作中,研究者可以根据客观情况灵活使用以上两种模型。一些细节设计有助于保障 Simmons 模型的运作。例如,全程不收集被试的个人身份信息;把敏感问题和无关问题都印在信封里,填写结果只有被试知道自己在回答哪个问题;每个被试将他们的答案写在单独的答题卡上,答题卡上不标注提问问题;被试在访谈结束后将答题卡放入投票箱中,保证研究者不知道哪张答题卡是由哪位被试填写;若被试仍感到尴尬,可以鼓励他们提交一份未填写的表格,而不是填写虚假答案。有研究结果表明,通过综合运用以上手段,在某次实验中被试敏感问题的填写率提升到了远超于往常的 96.4%[①]。

---

① 可参见：Jing L, Lu Q, Cui Y, et al. Combining the randomized response technique and the network scale-up method to estimate the female sex worker population size: an exploratory study[J]. Public Health, 2018, 4(2): 81-86.

10.3.2 列举实验

列举实验又称条目计数法,其应用最早可以追溯到 20 世纪末期[①]。与随机化应答技术相同,列举实验的应用场景也主要集中在某些敏感问题,例如,对社会暴力行为、种族歧视等问题的看法和态度。在列举实验的实施过程中,被试只需回答题目中符合个人情况的选项数量,而不用告知研究人员具体选项,能够更加显著地降低被试在接受调查过程中感受到的社会压力。由于两组问题的选项在敏感问题以外的其他方面是相同的,且被试的分配完全随机,实验组和对照组之间的平均值差异就可以归因于敏感问题。专栏 10-4 给出了开展列举实验的具体步骤。

> ### 📄 专栏 10-4 列举实验的具体步骤
>
> **步骤 1**:根据所涉及的敏感问题编制一套问卷 A(所有问题和选项不包含敏感问题)和问卷 B(提问回避敏感问题,部分选项中包含敏感问题)。问卷 B 增加的选项就是研究者认为有可能带来社会压力的敏感问题;
>
> **步骤 2**:确定研究的被试,并将其随机分配为组 1 和组 2,随机确定两组被试需要填写的问卷,例如,组 1 填写问卷 A,组 2 填写问卷 B;
>
> **步骤 3**:开展正式调查,在问卷填写过程中,被试只需回答每个问题符合个人情况的选项数量,不用告知研究人员具体选项内容,研究人员准确记录被试每道题目的回答数字;
>
> **步骤 4**:被试在回答完毕后,通过数据分析计算出对照组和实验组在应答数量上的差异,以获取被试群体对敏感问题的认同比例。

不难看出,与随机化应答技术相比,列举实验省去了复杂的统计处理,整体操作更加便捷。但在开展列举实验的过程中,研究者仍有一系列需要关注的问题。一方面,研究者应谨慎地设计问题的提问方式,避免"设计效应"。不够恰当的提问方式,可能让被试直接感受到实验者的意图,发觉问题与敏感选项的强相关性,从而诱导答案。另一方面,备选项的设计也颇具艺术性。研究者应当避免发生"欺骗者效应"。这意味着既不能出现所有选项都满足

[①] Kuklinski, James H, Michael D C, et al. Racial Attitudes and the "New South"[J]. Journal of Politics, 1997, 59(3):32-49.

被试实际的情况,也不能出现只有敏感选项满足被试实际的情况[①]。为了尽可能地减少误差,研究者应一方面尽可能地让问题直指本质,另一方面可以预先在问题中埋置若干个互斥的选项,且其中一个符合大部分被试的情况。除此之外,提问的学术性、备选题项的长度等因素都可能增加被试回答问题偏离实际的可能性[②]。研究者需要根据被试对象的情况加以灵活调整。

以下通过一个在美国开展的关于对同性恋关系认知的列举实验[③]进行说明。在美国,同性恋问题是一个非常敏感问题。为避免被试因为社会压力而难以表达出内心真实的想法,研究者设置了两套不同的问卷。问卷共包括导语和备选项 2 个部分。专栏 10-5 介绍每个部分的具体内容。

专栏 10-5 列举实验中的备选题项设置举例

导语

请仔细阅读,告诉我们您支持以下几个选项。需要注意的是,我们不需要知道您具体支持哪一个,只需要知道您一共支持多少个。

实验组备选项

(1)奥巴马总统的医疗改革("奥巴马医改");(2)使计划生育违法;(3)削减食品券开支;(4)法律规定酒后驾驶是违法行为;(5)允许同性恋合法结婚。

对照组备选项

(1)削减食品券开支;(2)使计划生育违法;(3)奥巴马总统的医疗改革("奥巴马医改");(4)法律规定酒后驾驶是违法行为。

可以看出,实验组与对照组唯一的差别在于多了一个"允许同性恋合法结婚"选线。通过比较两套问卷中被试支持项目个数的差异,研究者可以估计出被试对于同性恋合法化的支持程度。上述问卷有两个突出的优点值得我们学习。一方面,研究者考虑到了问卷的顺序效应,在保持内容元素相同的情况下,打乱了项目的顺序;另一方面,研究者巧妙地加入了奥巴马医改和

---

① Rosenfeld B, Kosuke I, Jacob N. An Empirical Validation Study of Popular Survey Methodologies for Sensitive Questions[J]. American Journal of Political Science, 2016(60):783-802.

② Eric K, Keith W. Measuring Sensitive Attitudes with the List Experiment Solutions to List Experiment Breakdown in KENYA[J]. Public Opinion Quarterly, 2019(83):236-263.

③ Jeffrey R L, Justin H P. Are Survey Respondents Lying About Their Support for Same-sex Marriage? Lessons from A List Experiment[J]. Public Opinion Quarterly, 2016,80(2):5-33.

削减食品券开支两项在政治立场上相互矛盾的案例,避免了"欺骗者效应"。

10.3.3　方法比较

随机化应答技术和列举实验都是应对敏感问题的常见策略,其目的都是最大化提升被试的信任度和问卷数据质量。在实践中,无论运用哪种方法,研究人员都需要在问卷和面对面接触中向被试充分解释两种方法的操作过程,进而获得被试的信任。总体而言,两种方法各有优劣,研究者可以根据实际情况进行灵活的选用。

相比较而言,随机化应答技术对被试的要求较低,其实施过程类似于模拟游戏,更容易增加被试的沉浸感,但后期的数据分析过程对研究人员的要求较高。研究者可以根据被试类型和所掌握的数据颗粒度有选择性地使用Warner 模型或 Simmons 模型。其中,在使用 Warner 模型时,研究者需要充分考虑 P 值的设定。如果研究者只追求结果的稳健性而将 P 值设定得过高或过低,会降低对被试隐私的保护程度,甚至可能失去被试的信任。因此,研究者应当认识到,Warner 模型本质上是在保护被试隐私和结论的稳健性之间进行权衡。与 Warner 模型相比,Simmons 模型对 P 值的设定并无特殊要求,在实际操作中,部分较为敏感的被试可能为了避免研究人员通过外部数据估算出本人信息,故意错答非敏感问题 C,导致结果误差。因此,只有比较容易获得真实的δ值时,Simmons 模型的应用效果才优于 Warner 模型。

相比之下,列举实验在实验过程中和事后分析的操作相对简单,但对被试的要求相对较高,但在提问方式和选项的设定上则需要满足一定条件,否则得到的问卷结果将偏离实验假设。由于每次实验所覆盖的被试的年龄结构、知识层次、职业收入等群体特征均存在差异,调查人员需要有针对性地适当修改提问方式以提升实验效果。

人工智能社会实验的很多研究场景中也不可避免地遇到隐私问题,例如对政府某项工作的评价、对数据隐私的态度等。研究者可以根据实际情况,选择随机化应答技术或列举实验的方法以应对敏感问题带来的挑战。但无论采用哪种方法,都需要充分保障被试的知情同意,即在向被试说明实验原理、操作流程并得到允许后,才能进一步开展相关的研究工作。

10.4　面向多目标权衡的调查实验

传统社会调查中的另一类常见问题是了解受访者对于多个项目或目标的偏好排序。例如,在面向公共服务的调研中,研究者常常让受访者在"价格低廉""环境舒适""服务快""24 小时办理"等多个目标中选出最关心的几项并给出排序,以此作为指导未来工作的基础。上述方法具有清晰明确、简便易行的优势,但也面临着一系列挑战。一方面,上述方法更多地将不同项目(属性)视为独立的个体,关注其绝对偏好水平的差异。然而,在现实中不同项目(属性)往往是联合发挥作用的,上述方法并不能真实地模拟公众的心理决策过程。另一方面,上述方法提供的更多是描述性证据而非因果关系,制约了结论的推广潜力。

调查实验的发展为解决传统社会调查中的上述问题提供了宝贵的契机。随着计算机辅助调查技术的普及,用于分析多属性偏好关系的联合实验(conjoint experiment)应运而生。总体来看,联合实验在社会科学研究中主要有三个方面的应用。一是对特定群体的评价[①],例如,政治候选人、恐怖分子、移民群体等。二是对特定产品和服务设计的评价[②],例如,在线公共服务平台、公民参与平台等等。三是对特定价值观的权衡取舍[③],例如,自由、安全、经济成本等一系列核心政治价值观。由于以上三类文献的差异主要集中在研究对象上,在分析过程上并无显著区别,本节以一个关于公共讨论平台设计的研究为例,对联合实验的分析思想进行说明[④]。

多年来,政治学家一直畅想通过信息通信技术的进步来创造更加便于公民与政策制定者间充分交流的虚拟社区,实现更大范围的参与式民主。但在很多国家,这些平台并没有取得理想的效果。究其根本,更多地通过自上而

---

① 关于对政治候选人的评价,可参见:Druckman J N, Donald P. Conjoint Survey Experiments[M]. Cambridge Handbook of Advances in Experimental Political Science,2019;关于对移民群体的评价,可参见:Hainmueller J, Hopkins D J, Yamamoto T. Causal Inference in Conjoint Analysis: Understanding Multidimensional Choices via Stated Preference Experiments[J]. Political Analysis, 2014, 22(1):1-30;关于对恐怖分子的评价,可参见:Huff C, Kertzer J D. How the Public Defines Terrorism[J]. American Journal of Political Science,2018,62(1):55-71.

② 关于基于联合实验的产品和服务设计的一般性探讨,可参见:Green P E, Carroll J D, Goldberg S M. A general approach to product design optimization via conjoint analysis[J]. Journal of Marketing, 1981, 45(3): 17-37. 关于各类平台案例的设计,可参见:Christensen H S. A conjoint experiment of how design features affect evaluations of participatory platforms[J]. Government Information Quarterly, 2021, 38(1): 101538;Pleger L E, Mertes A, Rey A, et al. Allowing users to pick and choose: A conjoint analysis of end-user preferences of public e-services[J]. Government Information Quarterly, 2020, 37(4):101473.

③ 相关文献可参见:Häusermann S, Kurer T, Traber D. The politics of trade-offs: Studying the dynamics of welfare state reform with conjoint experiments[J]. Comparative Political Studies, 2019, 52(7): 1059-1095;Belle N, Cantarelli P. Your Money, Your Life, or Your Freedom? A Discrete-Choice Experiment on Trade-Offs During a Public Health Crisis[J]. Public Administration Review, 2022, 82(1): 59-68.

④ 案例可参见:Christensen H S. A conjoint experiment of how design features affect evaluations of participatory platforms[J]. Government Information Quarterly, 2021, 38(1): 101538.

下加以推动,而没有充分考虑公民的实际偏好,是这些平台难以获得充分推广的重要原因。然而,上述偏好的内部结构往往非常复杂,公民也未必能够清晰地加以表达,研究者难以通过直接询问公民获得。

联合实验为解决上述问题提供了一个重要的契机。通过联合实验,我们可以量化公众对于不同目标的偏好程度,更好地指导平台设计。为解决上述问题,研究者首先基于文献资料和田野调研,确定了公民对于在线讨论平台信息可用性、参与目的、身份验证、匿名参与、访问性等方面的主要偏好,具体如表10-2所示。可以看到,每个维度的偏好都被操作为2~4个不同层次的特征。

表 10-2　研究人员假定用户对平台感兴趣的设计特征

设 计 特 征	具 体 描 述	具 体 选 项
讨论	用户在平台中进行讨论的范围	(1) 不可以讨论 (2) 用户之间可以随意讨论 (3) 用户可以在第三方主持人的协调下充分讨论
互动性	与政策制定者或学界专家互动讨论的可能性	(1) 无互动功能 (2) 可以向政策制定者和学界专家提问,并在几天后得到回复 (3) 通过平台与政策制定者和专家学者提问,并在线得到回复 (4) 在不定期的线上直播会议中,通过视频链接向政策制定者和专家学者提问
信息	平台公开信息的质量	(1) 公开的信息无价值 (2) 用户可以查阅与决策有关的所有正式文件 (3) 用户可以查阅与决策有关的部分重要信息
决策角色	用户在平台参与决策过程中的角色或程度	(1) 不明确甚至无法参与 (2) 可以提出新建议和新想法 (3) 可以参与讨论现有的建议和想法 (4) 参与决定最终决策
用户身份核实	平台是否需要核实用户的真实身份	(1) 无须验证 (2) 通过电子邮件验证码验证 (3) 通过银行卡等包含个人信息的方式验证 (4) 通过居民身份证进行验证
匿名度	用户匿名登录平台的可能性	(1) 用户无法匿名登录平台 (2) 用户可以选择匿名登录平台
使用性	用户访问平台的操作途径和便利性	(1) 通过计算机登录平台 (2) 通过手机或平板电脑的 App 登录

表 10-2 为我们开展联合实验提供了一个基准和参照。通过表格中所列特征的排列组合,我们可以考察公民对于不同维度特征的偏好关系。上述案例共邀请到 1 048 名被试对平台特征进行评估,每个人需要完成 6 个小实验。表 10-3 呈现的是模拟了一次小实验的情景。在受访时,被试需要比较左右两种情形,并选择个人更加偏好的一种。左右两列是根据表 10-2 随机生成内容的组合。完成所有的流程后,研究者将获得 1 048×2×6＝12 576 个数据样本,每个数据样本会被被试标记为"偏好"或"不偏好"。

表 10-3 一个模拟的联合实验案例

设 计 特 征	问卷 A	问卷 B
讨论	用户之间可以随意讨论	不可以讨论
互动性	无互动功能	通过平台与政策制定者和专家学者提问,并在线得到回复
信息	用户可以查阅与决策有关的所有正式文件	公开的信息无价值
决策角色	不明确甚至无法参与	可以提出新建议和新想法
用户身份核实	无须验证	通过居民身份证进行验证
匿名度	用户无法匿名登录平台	用户可以选择匿名登录平台
使用性	通过手机或平板电脑的 App 登录	通过计算机登录平台

基于以上数据,运用回归分析方法,研究者可以考察不同偏好的相对重要性。具体结果如图 10-2 所示。其中,估计值用圆点表示,原点两侧横线的覆盖范围表示估计值的 95% 置信区间。如果置信区间穿过左侧 0 点的垂直虚线,则表示不能排除估计值为 0,此时该属性的作用将被认为不显著。可以看出,公民对于严格的身份认证、在线讨论和提交问题功能以及对于讨论议题摘要的浏览是最受关注的几个特征。这些特征应当在未来平台的发展和建设中给予充分的考虑。在未来,类似的项目建设前,项目主导者和研究者也可以重复这一类型的研究,及时跟进公民偏好的最新变化趋势。

此外,在完整进行上述研究流程的基础上,研究者还需要进行一系列检验来确保研究的信度和效度,具体包括延滞效应(carryover effects)、属性的顺序效应、随机化偏误、属性组合脱离实际情况等。感兴趣的读者可以进一步阅读脚注中的文献了解相关处理思路①。

---

① 关于联合实验的必要检验,可参见:Hainmueller J, Hopkins D J, Yamamoto T. Causal Inference in Conjoint Analysis: Understanding Multidimensional Choices via Stated Preference Experiments[J]. Political Analysis,2014, 22(1):1-30.

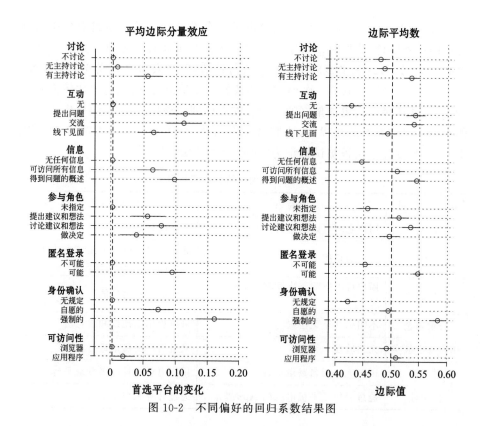

图 10-2　不同偏好的回归系数结果图

　　总体而言,联合实验是一种优势和劣势并存的研究方法。一方面,与经典调查实验主要依赖析因框架模拟有限个数的研究环境相比,联合实验充分发挥大数据时代的计算优势,通过关键维度特征的排列组合,构建了海量虚拟环境,并通过被试的反复决策判断,对不同特征的相对重要性进行估计,捕捉大样本人群偏好的内在结构。同时,由于联合实验本身包含了多个变量,被试并不会担心研究人员将他们的选择与某个特定变量联系起来,有助于减轻敏感问题带来的应答差异,达到"一石多鸟"的效果。

　　另一方面,联合实验框架的设计需要研究者对被试偏好的内在结构有着较为清晰的认识,但对于某些具有较强探索性的场景而言,往往难以实现。首先,研究者需要将现有文献与田野调查充分结合起来,达到数据驱动与知识驱动的统一。其次,某些要素的随机化组合可能产生完全背离现实情况的选项,这种情况下被试做出的评价可能较为勉强。最后,联合实验的复杂度与变量数目几乎呈现指数关系,研究者需要在框架的复杂性和边际贡献之间进行权衡。

　　本节认为,联合实验将在人工智能社会实验的开展过程中发挥重要作用。首先,当前智能技术驱动的一系列新应用、新场景、新模式不断涌现,适应智能社会需求的公共数据交易平台、城市大脑、政务服务平台等新型组织加速发展,对于这些新生事物的公众认知和接受程度还存在较大的不确定性。秉持用户导向(user-centered)的设计和管理理念,灵活运用联合实验方法探究服务目标群体和组织目标客户的偏好结构,以此指导服务设计和组织制度设计,将在优化公共服务递送效率、提升公民公共服务满意度和提高智能社会的人文关怀上发挥更加重要的作用。

其次,随着智能技术日益广泛地嵌入传统社会系统中,社会价值观念的均衡也在不经意间发生着变化[①]。一方面,公众对于智能社会系统的某些价值判断可能在概念层面就存在很大的模糊性。例如,对于算法系统的公平性,现有文献通常认为有两种检验公平的方法:一是关注算法对不同亚群的预测错误率是否存在系统性差异;二是检验算法结果对于不同亚群产生的实际影响是否相同。有研究表明,不同定义下的公平性难以同时实现。另一方面,某些特定价值观的实现往往以其他社会成本为代价。例如,有研究发现,算法系统的准确性和公平性往往难以兼得。如果研究者为算法同时施加过多的约束,这不仅将导致算法系统的效率下降,亦可能导致算法系统的行为特征更加不可捉摸,更加难以实现公平的目标。这启示研究者,应当避免过度基于应然视角对智能社会治理效果进行评判,而要更多地关注实践中的价值均衡,了解公民如何在真实的问题上做出权衡取舍。我们不仅需要探讨"智能社会应当如何",更需要实证地研究公民在何种程度上能够实现"一致同意",以此构建智能社会的价值观和伦理框架[②]。此时,联合实验方法将具有广阔的用武之地。

---

① 关于本段以下论述,感兴趣的读者可参见:Corbett-Davies S, Pierson E, Feller A, et al. Algorithmic decision making and the cost of fairness[C]//Proceedings of the 23rd ACM SIGKDD international conference on knowledge discovery and data mining, 2017:797-806.

② Willems J, Schmidthuber L, Vogel D, et al. Ethics of robotized public services:The role of robot design and its actions[J]. Government Information Quarterly, 2022,39(2):101683.

第11章 / 计算实验

11.1 引言

　　计算实验是社会科学中一种相对新颖的实验方法。计算实验又称为"仿真实验",是一种以综合集成方法论为指导,充分融合现代计算技术、复杂性科学等交叉学科视角,通过计算方法再现社会系统的基本环境、不同主体的行为特征与互动关系,最终揭示社会活动演化规律的新兴研究方法[①]。早在20世纪60年代,计算实验方法就已经出现于社会科学研究中,但直到20世纪90年代前后才逐渐得到学术界的广泛关注[②]。过去30年间,计算实验方法得到了长足的发展,已经在社会科学,特别是计算社会科学的方法体系中占有一席之地。有学者认为,计算实验(仿真)已经成为计算社会科学的五种主流方法之一[③]。

　　计算实验的蓬勃发展,得益于其对经典社会科学研究方法固有缺陷的补充。近年来,社会科学研究日益受到复杂性时代来临的挑战,传统社会研究方法对于现实的过度简化等问题越来越引起跨学科研究者的质疑[④]。一方面,基于数理推导的经典形式模型方法受到绝对理性假设和解析解存在性等的约束,往往对于主体异质性和复杂的非线性关系无能为力。另一方面,统计学、计量经济学及随后衍生出的因果推断等方法背后往往蕴含着强烈的"还原论"思想。这些方法虽然能够对变量之间的相关和因果关系做出较为准确的推断,但在刻画真实社会系统的互动结构与整体演化规律等方面仍然

---

　　① 盛昭瀚,张维.管理科学研究中的计算实验方法[J].管理科学学报,2011,14(5):1-10.

　　② 罗卫东,程奇奇.社会仿真研究:中国社会科学跨越式发展的可能路径[J].浙江社会科学,2009(2):2-7,125.

　　③ Cioffi-Revilla C. Introduction to computational social science[M]. London and Heidelberg: Springer,2014.

　　④ Lazer D, Pentland A, Adamic L, et al. Computational social science[J]. Science,2009,323(5915):721-723.

乏善可陈。

计算实验方法的发展在上述问题之间取得了较好的平衡,对于社会科学的主流方法体系形成了有机的补充,这主要体现在五个方面。第一,计算实验方法突破了对于复杂社会系统的"还原论"研究,有助于我们更加清晰地理解真实的社会互动结构及其潜在影响。第二,以智能体模拟为代表的计算实验方法突破了绝对理性的约束,在主体的决策模式中加入了适应性和学习能力,更加贴近真实的人类。第三,以智能体模拟为代表的计算实验方法在模型结构上允许了主体异质性的存在,突破了传统代表性行为人建模的限制,更加贴近人类社会的组织和运作模式。第四,由于不再苛求全局解析解的存在,计算实验方法在假定主体间的非线性互动关系上做出了更加积极的尝试。第五,与计量经济学及其后续衍生出的一系列因果推断方法主要集中于提供"事后评估"相比,计算实验方法为研究者和实务工作者以较小成本进行"事前评估",模拟不同情境下的事件演化规律提供了一种可能性[①]。一个典型的案例是新冠肺炎疫情期间,兰州大学等机构建立的模型能够较为准确地研究多次散发疫情的演化规律,为世界卫生组织和各地区政府的防疫实践提供了重要参考[②]。更为重要的是,社会智能化程度的不断提升,数据资料的极大丰富、高性能算法的不断优化和计算资源的快速积累都将进一步强化计算实验的优势。因此,基于多渠道数据荟萃综合而开展的计算实验将在智能时代得到极大的发展,有望成为人工智能社会实验的高级阶段。需要说明的是,任何计算模型在刻画真实世界时都存在着不同程度的简化,因此计算实验的核心并不总是提供一个绝对精确的数值结果,而是向世人展示考虑了若干关键因素时社会活动演化的复杂性,为我们决策和认识世界提供参考。

本章以时间为脉络,基于人类认知的发展历程,对计算实验(仿真实验)的方法体系与应用场景进行介绍。11.2 节和 11.3 节分别关注计算实验的两个重要分支:基于方程的计算实验(equation-based modeling,EBM)和基于智

---

①　Todd P E, Wolpin K I. The best of both worlds: Combining RCTs with structural modeling[J]. Journal of Economic Literature, 2020, Forthcoming.

②　上述工作可参见:Huang J, Zhang L, Liu X, et al. Global prediction system for COVID-19 pandemic[J]. Science bulletin, 2020, 65(22):1884;Liu C, Huang J, Ji F, et al. Improvement of the global prediction system of the COVID-19 pandemic based on the ensemble empirical mode decomposition (EEMD) and autoregressive moving average (ARMA) model in a hybrid approach[J]. Atmospheric and Oceanic Science Letters, 2021, 14(4):100019.

能体的计算实验(agent-based modeling,ABM)[①]。

EBM 是计算实验的早期形态,在经济政策、生产与运营管理、社会可持续发展等领域有着十分广泛的应用。EBM 方法重视系统内部不同要素间的互动关系,注重自上而下地对系统结构进行解构,并运用(一组)方程来描述不同要素间的相互作用规律,在认识论层面取得了重要的突破,但仍然存在着难以把握主体异质性等固有缺陷。

正是基于这些问题,ABM 方法应运而生。ABM 方法不再从宏观层面关注系统的运作规律,而将视角聚焦于系统中的微观主体,通过微观主体之间以及微观主体与环境的复杂互动,自下而上地实现系统行为的涌现,是计算实验方法取得的又一次重要进展,也是目前社会科学主流的计算实验方法。

11.4 节考察在智能社会中开展计算实验的部分先驱性尝试,对于计算实验方法在智能社会中的发展趋势进行展望,与数字孪生、政策信息学等新领域的充分融合将成为未来计算实验方法发展的重要驱动力。

11.2 基于方程的计算实验(EBM)

11.2.1 EBM 的研究逻辑

基于方程的计算实验(EBM)是计算实验发展的早期阶段,但时至今日仍然在不同领域具有广泛的应用。EBM 方法使用一组确定、清晰的方程来模拟系统的宏观行为,其变化主要体现在关键参数变化带来的影响。

在 EBM 研究中,方程(组)的设定体现了研究者对于系统内在结构的理解。以新冠肺炎疫情为例,不同学科研究所广泛采用的 SEIR 模型是一系列常微分方程组的联立[②],其背后暗含的是研究者对于全体人群中易感人群、暴露人群、已感染人群和恢复健康人群(包含死亡人群)相互关系的理解。不难看出,EBM 方法具有清晰明确、操作简便的突出优势。以下为被广泛应用于新冠肺炎疫情趋势预测的 SEIR 模型。

$$\dot{S} = -S\beta I + \lambda - \mu$$
$$\dot{E} = \beta SI - (\mu + k)E$$

---

① 关于 ABM 和 EBM 的理论分野,可以阅读:Van Dyke Parunak H,Savit R,Riolo R L. Agent-based modeling vs. equation-based modeling:A case study and users' guide[C]//Sichman J S,Conte R,Gilbert N(eds.). Multi-agent systems and agent-based simulation. Berlin,Heidelberg:Springer,1998:10-25.

② Adam D. Special report:The simulations driving the world's response to COVID-19[J]. Nature,2020,580(7802):316-319.

$$\dot{I} = kE - (\gamma + \mu)I$$

$$\dot{R} = \gamma I - \mu R$$

其中，S 表示易感人群，E 表示暴露人群，I 表示已感染人群，R 表示已恢复人群。上方加点的字母表示相关变量对于时间 t 求微分。β 表示易感人群和感染者接触后被传染的概率，λ 表示易感人群的增加率，μ 表示死亡率，k 表示从暴露人群到确诊感染者的比率，γ 是感染者的康复率。SEIR 及相关传染病模型信息可参见相关流行病学资料。

EBM 的方法谱系十分复杂，大致包含四类：(1)基于控制论和动力系统的 EBM；(2)基于运筹学的 EBM；(3)基于可计算一般均衡方法的 EBM；(4)基于系统动力学(system dynamics, SD)的 EBM。总体来看，基于控制论和动力系统和基于可计算一般均衡的 EBM 研究主要侧重于宏观经济系统领域[①]，基于运筹学的 EBM 方法则更加聚焦于工商管理和工业生产[②]，基于系统动力学的 EBM 研究的应用范围要广泛得多。"从公司战略研究到艾滋病病毒与人类免疫系统间的斗争……再到福利改革的各种问题"[③]，系统动力学被广泛地应用于上述领域。考虑到宏观经济、运营管理等领域均不是人工智能社会实验的核心研究领域，我们主要以 SD 为例对 EBM 方法进行评介。

11.2.2　EBM 的重要分支

系统动力学是系统科学理论与计算机仿真结合形成的交叉领域，是研究系统反馈结构和行为一门科学，是系统科学与管理科学的重要分支[④]。系统动力学最早起源于 1956 年美国麻省理工学院福瑞斯特(Jay W. Forrester)教授所组织的工业动力学小组。此后，随着应用范围的扩展，"工业动力学"正式改称为"系统动力学"。

到了 20 世纪七八十年代，系统动力学发展走向成熟，其中的一个标志性成果是罗马俱乐部在《增长的极限》一书中构建的世界可持续发展模型[⑤]。该模型从人口、工农业生产、污染、能源消耗等角度出发构建系统模型，预测 100 年内地球的可持续发展趋势，发现如果人类继续保持原有的发展趋势不变，地球将不可避免地突破其物理极限而走向灭亡。这一结论引发了全球范围内的热烈讨论，系统动力学方法也因而为世人所了解。

---

① 基于控制论和动力系统的 EBM 研究可参见：王铮. 政策模拟导论[M]. 北京：科学出版社，2016：第 4~5 章；基于可计算一般均衡的 EBM 研究可参见同书第 2~3 章.

② 程理民，吴江，张玉林. 运筹学模型与方法教程[M]. 北京：清华大学出版社，2000.

③ Sterman J. Business dynamics[M]. New York：McGraw-Hill, Inc., 2000.

④ 钟永光，贾晓菁，钱颖. 系统动力学[M]. 北京：科学出版社，2013.

⑤ 王其藩. 系统动力学[M]. 北京：清华大学出版社，1998.

也正是在这一时期,系统动力学方法传入中国[①]。20 世纪 90 年代以后,系统动力学的应用愈加广泛,在环境保护[②]、气候变化[③]、经济发展[④]、医疗管理[⑤]、教育政策[⑥]等领域都产出了一系列重要成果。系统动力学日益成为研究复杂社会问题的重要方法之一。

系统动力学认为,反馈结构是影响系统行为的关键所在。因果反馈环(causal feedback loop)是系统动力学中最为重要的基础性概念。因果反馈环由多个变量和表示变量间关系的因果链构成,具有正(＋)、负(－)两种极性,其中的箭头表示一个变量通过物质或信息流作用于另一个变量。图 11-1 以人口变化为例展示了两个反馈环。其中,左侧为正反馈环,表示一种自我加强的过程。左侧的正反馈环表示,在出生率给定的情况下,出生人口的增加将导致人口总量增加,进而导致下一期出生人口增加,周而复始,最终导致人口趋于无穷。右侧为负反馈环,表示一种互相抑制的过程。右侧的负反馈环表示,在死亡率不变的情况下,死亡人口的增加将导致人口总量减少,进而导致下一期死亡人口的减少。不难看出,负反馈环有助于促进系统回归均衡,避免人口爆炸式的增长或衰减。

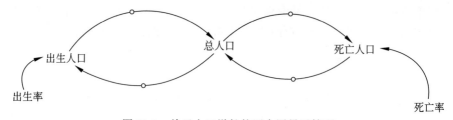

图 11-1　关于人口增长的两个因果反馈环

① 　王其藩. 系统动力学[M]. 北京:清华大学出版社,1998.

② 　Anand S,Vrat P,Dahiya R P. Application of a system dynamics approach for assessment and mitigation of CO_2 emissions from the cement industry[J]. Journal of environmental management,2006,79(4):383-398.

③ 　Gallagher K S,Zhang F,Orvis R,et al. Assessing the Policy gaps for achieving China's climate targets in the Paris Agreement[J]. Nature communications,2019,10(1):1-10.

④ 　Cosenz F,Rodrigues V P,Rosati F. Dynamic business modeling for sustainability:Exploring a system dynamics perspective to develop sustainable business models[J]. Business Strategy and the Environment,2020,29(2):651-664.

⑤ 　Kochan C G,Nowicki D R,Sauser B,et al. Impact of cloud-based information sharing on hospital supply chain performance:A system dynamics framework[J]. International Journal of Production Economics,2018,195:168-185.

⑥ 　Faham E,Rezvanfar A,Mohammadi S H M,et al. Using system dynamics to develop education for sustainable development in higher education with the emphasis on the sustainability competencies of students[J]. Technological Forecasting and Social Change,2017,123:307-326.

　　在通过因果反馈环呈现系统要素间相互作用的基础上,我们还需要存量流量图以实现对于系统行为的定量刻画。存量是给定时间关键变量的累积量,而流量则是一定时期内关键变量的变化量。小学奥数中我们经常遇到的水池问题恰恰是对于存量流量关系的一个生动体现(如图 11-2)。在水池问题中,存量是给定时刻水位的高度。流量则是一定时间内流入水池的水量与流出水池水量的差值。一定时期中,如果流进水池的水量多于流出量,流量为正,此时水池的水位上升,存量增加;反之则反是。从以上过程中,我们不难得出,流量的变化是存量变化的直接原因。

图 11-2　水池问题与存量流量关系

　　我们以人口变化的反馈环为例进一步绘制存量流量图,如图 11-3 所示。需要说明的是,人口变化是一个开放的巨型系统。囿于篇幅限制,本书不打算也没有能力穷尽所有的可能性,而以一种较为简洁的方式对存量流量关系进行说明。如果读者对于系统动力学的技术细节感兴趣,可以进一步阅读相关参考资料[1]。

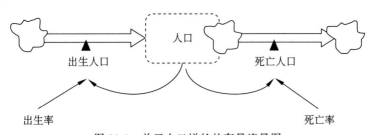

图 11-3　关于人口增长的存量流量图

----

① 钟永光,贾晓菁,钱颖. 系统动力学[M]. 北京:科学出版社,2013.

在绘制测量流量图的基础上,如果我们进一步确定变量之间具体的关系形式,便可以对系统行为规律进行初步的计算实验。图 11-4 提供了当初始人口为 1 万、年均人口出生率为 50‰、年均人口死亡率为 40‰时人口的变化趋势的仿真图。可以看出,当确定模型的因果反馈结构与具体函数关系后,系统动力学模型可以定量地刻画系统的行为规律。

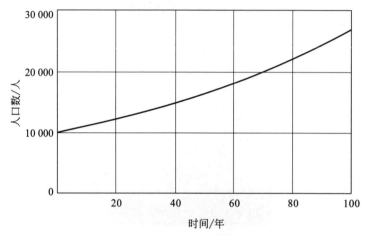

图 11-4 关于人口增长的一个简易计算实验案例

系统动力学建模并不需要完全复现真实场景,而更多地在于推演给定核心条件下目标系统行为的发展方向。罗马俱乐部在《增长的极限》一书中通过多种场景的比较,既警示了人们不加控制的增长可能带来的严重后果,也在比较中找出了可能的"有序增长"路径,引发了全球社会的极大反思,为人类纠正自身行为提供了宝贵契机。这启示我们,不苛求于单一情境的绝对准确,而关注多种潜在情境的可能性是计算实验取得成功的重要路径。

11.2.3　EBM 的优势与不足

基于人工智能社会实验的研究目标与研究环境,以系统动力学为例呈现了一个 EBM 实验的研究流程。尽管系统动力学本身只是 EBM 方法的一种,但在系统评述上述案例的过程中,我们可以对 EBM 方法本身的优劣形成一定判断。

一方面,EBM 方法是计算实验研究取得的重要突破,具有一系列较为明显的优势。首先,EBM 方法更加重视对系统内部复杂互动结构的刻画,相对于传统"还原论"主义的研究,大大加深了研究者和实务工作者对于真实社会的理解。其次,EBM 将系统运行简化为了一种类似于物理规律的逻辑(尽管有的环节通过拟合和近似方法实现),逻辑清晰简洁。与后文提及的 ABM 模型相比,同类型 EBM 的整体计算复杂度要低得多。最后,EBM 方法经过多年发展,已经为研究者积累了较好的研究基础。学术界和工业界已经开发了许多可直接用于构建和分析模型的直观拖放工具(drag-and-drop tools)①,为研究者提供了极大的便捷。

另一方面,EBM 方法的劣势也不容忽视。首先,虽然以系统动力学为代表的 EBM 研究试图以一种近似于物理规律的方法还原系统的运作逻辑,但很多时候,社会系统的物理结构并不清晰。例如,在宏观经济系统中,我们可以明确得出 GDP 等于消费、投资、政府支出和净出口的加总,但如果研究者关注 GDP 和社会智能化程度的关系,便很难得到如此清晰的函数表达,只能采用拟合等近似方法作为替代。上述过程不可避免地存在误差,并且随着系统的反复迭代,这些误差甚至可能从根本上影响结论。其次,EBM 方法往往使用一系列个体的加总平均来计量关键系统变量之间的关系,在较为清晰地呈现系统的运行规律的同时,却忽视了个体之间的异质性②。然而,个体在不同社会干预下的异质性响应恰恰是大数据时代社会科学最具有挑战性的研究问题之一③,这成为了应用 EBM 方法的遗憾所在④。下面论述的 ABM 方法正是在这样的背景下应运而生的。

11.3　基于智能体的计算实验(ABM)

11.3.1　ABM 的研究逻辑

EBM 方法以数值算法为基础,通过一系列方程(组)确定系统行为的运作规律,但在应用于复杂社会情形时往往存在着难以考虑主体异质性等弊端。为了克服 EBM 方法的局限性,研究者将非数值方法引入计算实验之中,形成了基于智能体的方法体系(ABM),成为计算实验方法发展的一个新阶段。

智能体(Agent)是 ABM 方法的基础构成元素。ABM 方法首先设定智能体之间以及智能体与环境互动的算法规则,进而通过智能体之间的互动来自

---

① 以系统动力学模型的构建为例,开源软件 Vensim 提供了一个无须编程的便捷选择,本节中的启发式案例正是基于 Vensim 软件进行绘制。

② Van Dyke Parunak H, Savit R, Riolo R L. Agent-based modeling vs. equation-based modeling: A case study and users' guide[C]// Sichman J S, Conte R, Gilbert N (eds.). Multi-agent systems and agent-based simulation. Berlin, Heidelberg: Springer, 1998: 10-25.

③ Salganik M J. Bit by bit: Social research in the digital age[M]. Princeton: Princeton University Press, 2019.

④ 需要注意的是,在某些条件下,特别是当研究者只需要关注系统的宏观行为规律时,EBM 方法仍然具有很高的应用价值。

下而上地刻画系统的总体运作规律和动力过程。上述特征使得 ABM 方法更加适用于社会科学中的计算实验(仿真)研究。一方面,ABM 方法不要求目标系统的动力机制是连续的,更加贴近现实世界中不同社会主体间离散的互动过程;另一方面,ABM 方法主要基于规则来维持系统的运作,与真实社会系统依赖政策或社会规范进行运作的特点有很大的相似性。得益于这些优势,ABM 方法在社会科学研究中得到了十分广泛的应用,在环境治理[①]、供应链管理[②]、平台经济治理[③]等跨学科领域都取得了较为突出的研究成果。

当然,人类对于 ABM 实验的认识也经历了一个不断深化的过程。大体上看,ABM 实验中的智能体从早期主要侧重于对环境做出反应,到具有综合多渠道信息进行综合决策能力,其智能程度经历了一个不断提升的过程。下面以此为顺序对 ABM 方法进行介绍,具体分为:(1)基于元胞自动机的早期阶段;(2)基于智能体的发展阶段。

11.3.2 ABM 的早期阶段

ABM 方法的发展伴随着智能体智能化程度的不断提升,这样的历程是从元胞自动机(cellular automata,CA)开始的。顾名思义,元胞是元胞自动机的基础构成要素。元胞自动机是一个一维、二维或三维网格构成的系统,这些网格构成了元胞所处的环境。本质上,元胞是一种能够接收周围环境信息并做出反应的初级智能体。元胞有多个可以呈现的状态,其状态的改变是更新迭代规则、自身条件和周围环境变化综合作用的结果[④]。

元胞自动机最早的雏形起源于 20 世纪 50 年代计算机之父冯·诺依曼(John Von Neumann)建立的生物自我复制模型[⑤]。这个模型是一个二维网格,每个网格中存在一个元胞。元胞的状态改变取决于自身的状态以及上、

① Xie H, You L, Dile Y T, et al. Mapping development potential of dry-season small-scale irrigation in Sub-Saharan African countries under joint biophysical and economic constraints—An agent-based modeling approach with an application to Ethiopia[J]. Agricultural Systems, 2021, 186: 102987.

② Rahman T, Taghikhah F, Paul S K, et al. An agent-based model for supply chain recovery in the wake of the COVID-19 pandemic[J]. Computers & Industrial Engineering, 2021, 158: 107401.

③ He Z, Han G, Cheng T C E, et al. Evolutionary food quality and location strategies for restaurants in competitive online-to-offline food ordering and delivery markets: An agent-based approach[J]. International Journal of Production Economics, 2019, 215: 61-72.

④ 关于元胞自动机的基础概念和运行模式,可参见: Wolfram S. Cellular Automata and Complexity: Collected Papers by Stephen Wolfram[EB/OL]. (1994)[2021-11-09]. https://www.stephenwolfram.com/publications/cellular-automata-complexity/.

⑤ 关于自我复制模型,可参见: Von Neumann J. Theory of Self-Reproducing Automata[M]. Burks A W (eds.). Urbana: University of Illinois Press, 1966.

下、左、右四个方向上邻居的状态。1970 年,约翰·康威(John Conway)进一步提出生命游戏模型(game of life)。该模型由一个类似于棋盘的二维网格构成,每个网格包含一个元胞。元胞有生与死的两种状态,其状态由周围 3×3 空间中的剩余 8 个元胞的状态所决定[①]。生命游戏模型深刻地表明,简单的初始设定和演化规则就可以孕育出非常复杂的演化结果。这一结论引发了学术界的深刻思考,生命游戏模型也因而成为了元胞自动机研究的里程碑式的案例。

尽管元胞自动机的运作规则并不复杂,但其背后蕴含的由简单孕育复杂的"涌现"思想却异常的深刻。正是"涌现"思想的驱动下,元胞自动机及背后的 ABM 方法逐渐发展起来,在社会隔离[②]、社会运动[③]、自然灾害防治[④]、舆论传播[⑤]等领域都取得了丰富的研究成果,以小见大地说明了一系列深刻的社会规律,成为社会科学计算实验中的一种重要方法。我们以 2005 年诺贝尔经济学奖得主、哈佛大学肯尼迪政府学院教授托马斯·谢林(Thomas Schelling)关于社会隔离的成名之作为例进行简要说明[⑥]。

谢林模型是从经典 CA 模型向智能体模型发展的一个重要节点[⑦]。长期以来,种族隔离一直是美国最为严重的社会问题之一,在 20 世纪六七十年代尤甚。现实生活中,社会隔离现象受到经济条件、社会规范、政策偏好等诸多作用的综合影响。研究者发现,在那个时代的美国,尽管已经通过立法等各种方式为取消不同场合的社会隔离做出了很大努力,但社会隔离现象似乎总是难以减轻。因此,研究者需要从更深层次上寻求社会隔离的成因。在这样

---

① 关于生命游戏模型,可参见:Gilbert N,Troitzsch G K. Simulation for the Social Scientist[M]. Berkshire:McGraw-Hill Education,2005.

② Schelling T C. Dynamic models of segregation[J]. The Journal of Mathematical Sociology,1971,1(2):143-186.

③ Nowak A,Szamrez J,Latané B. From Private Attitude to Public Opinion:A Dynamic Theory of Social Impact[J]. Psychological Review,1990,3(97):362-376.

④ Wang G,Chen J,Li Q,et al. Quantitative assessment of land degradation factors based on remotely-sensed data and cellular automata:a case study of Beijing and its neighboring areas[J]. Environmental Sciences,2006,3(4):239-253.

⑤ Zheng C,Peng B,Sheng X,et al. Haze risk:information diffusion based on cellular automata[J]. Natural Hazards,2021,107(3):2605-2623.

⑥ Schelling T C. Dynamic models of segregation[J]. The Journal of Mathematical Sociology,1971,1(2):143-186.

⑦ 对于谢林模型与 CA 模型的关系,学术界存在一定的争论。一方面,学术界普遍认同谢林模型具有离散空间、有限状态、基于环境信息进行决策等 CA 模型的核心特征。另一方面,与经典 CA 模型相比,谢林模型中的智能体第一次具有了移动能力。因此,Gilbert 和 Troitzsch(2005)认为,谢林模型是经典 CA 模型的延展。具体可参见:Gilbert N,Troitzsch G K. Simulation for the Social Scientist[M]. Berkshire:McGraw-Hill Education,2005:146.

的背景下,谢林从个人社交偏好这一微观要素入手构建仿真模型,巧妙地说明了社会隔离的动力机制,引发了社会各界的深入思考。

在谢林模型中,人们的居住空间可以由一个二维网格表示。元胞的邻居定义为以自身为中心的3×3网格中的剩余8个元胞。假设人种有黑人和白人两种类型,分别用X和O表示。元胞的状态分为满意和不满意两种,由周围邻居和自己人种相似性的比率所决定。在谢林的基准模型中,相似度阈值被设定为30%。对于一个元胞,如果周边邻居中有超过30%的元胞与其种族相同,则满意;反之,则不满意。如果不满意,这个元胞搬离当前位置,在剩余的网格中随机选择一个离自己最近的空网格居住。在同一轮计算中,所有不满意的元胞都将搬到新的位置。下一轮计算开始时,重新计算位置调整后元胞的满意度,并开启新一轮调整,直到所有的元胞都对自己的状态满意。图11-5展示了一个元胞的移动过程。

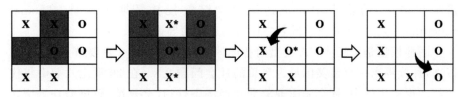

图 11-5　一个 3×3 网格中的元胞移动过程[①]
资料来源:笔者根据谢林的思想绘制的示意图。

利用弗兰克·麦考恩(Frank McCown)自主编程实现的仿真平台[②],提供了若干谢林模型的仿真示例。整体的居住空间由50×50的二维网格构成,其中有10%的空置网格(用于模拟真实世界中由于地理等因素导致的隔断)。图11-6按照黑人(由黑色代表)和白人(由灰色代表)比例为1:1进行仿真,分别提供种族相似度阈值为10%、30%、50%、70%四种情况。初始的族群分布状况由系统随机生成[③]。可以看出,越靠后的结果中,颜色集中连片的现象越显著。这表明,种族相似度阈值的微小变化可以造成巨大的社会隔离。图11-7进一步提供了黑人和白人比例为3:7的仿真结果,这一比例设定要更加接近少数族裔在社会中的真实情况。仿真结果与上图近似,但社会隔离的程度将更加显著。谢林的原始论文对于隔离程度还进行了定量的刻画,读者有兴趣可参考上述原文。

---

　① 图中＊号标出的是当前轮次下所有对自己居住状态不满意的元胞。

　② 可参见:McCown F. Schelling's Model of Segregation[EB/OL]. (2014)[2021-10-31]. http://nifty. stanford. edu/2014/mccown-schelling-model-segregation/. 读者可自行登录上述网页体验谢林模型的仿真结果。

　③ 这意味着每次仿真结果可能存在差异,但人群分布集中度等特征将保持稳定。

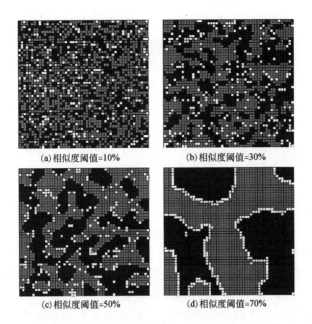

(a)相似度阈值=10%　　　　　(b)相似度阈值=30%

(c)相似度阈值=50%　　　　　(d)相似度阈值=70%

图 11-6　谢林模型的仿真结果(黑人：白人＝1：1,空置率＝10％)

资料来源：根据 Frank McCown 开发的仿真平台自主测试生成。

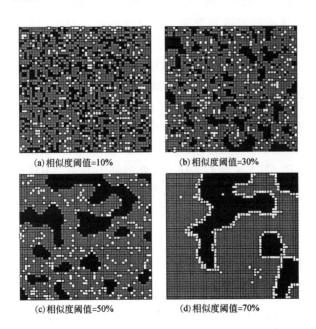

(a)相似度阈值=10%　　　　　(b)相似度阈值=30%

(c)相似度阈值=50%　　　　　(d)相似度阈值=70%

图 11-7　谢林模型的仿真结果(黑人：白人＝7：3,空置率＝10％)

资料来源：根据 Frank McCown 开发的仿真平台自主测试生成。

谢林模型取得的巨大成功,并不在于其完美复现了当时美国的社会隔离现状,而是说明了仅仅是对于同质性的简单偏好,便可能造成巨大的社会隔离,以小见大,更加发人深省地说明了在社会价值层面追求多元化的重要性。这也恰恰是 CA 模型的精华所在。受到智能体智能程度的限制,CA 模型并不能十分全面地刻画社会系统的运作规律,但设计巧妙的 CA 模型却足以"四两拨千斤"地说明关键要素对于社会系统运转可能产生的巨大影响。也是在这些探索的过程中,研究者进一步加深了对于智能体行动规律的理解,为后续开发具有更高水平智能的智能体打下了良好的基础。

11.3.3　ABM 的发展阶段

CA 模型的一个重要缺陷是元胞通常不具备高水平智能,只能在有限状态中根据环境的变化进行转换。这不足以刻画真实的社会活动。基于这些缺陷,研究者沿着提升主体智能化水平的路径进一步探索了 ABM 方法,发展出一系列真正基于"智能体"的计算实验研究。

一个标准的 ABM 模型包括智能体、环境与交互规则三个要素。首先,智能体是 ABM 的基础,每个智能体可以具有不同的特征属性(例如,智能体自身的偏好和目标等)和行为能力(例如,智能体与谁交互、如何交互等)。其次,环境是智能体所处的活动空间。环境属性可以包括地理空间属性、社会政策背景及市场交易信息等。最后,交互是 ABM 系统的运作规则。交互既可以发生在智能体与智能体之间,也可以发生在智能体和环境之间。智能体基于交互产生的信息迭代进行自主决策。

与 CA 模型相比,真正基于智能体的计算实验研究具有诸多优势。一方面,智能体的智能化程度大大提升。智能体不仅仅对环境做出反应,更具有目标设定、学习、记忆和自主决策能力。另一方面,ABM 系统能够容纳更加复杂的背景环境。与 CA 模型主要定义在网格中不同,ABM 无须预先规定位置,可以允许高度异质性的环境设定,亦可以满足跨层次的环境存在,形成多层次的嵌套关系。因此,ABM 模型很大程度上实现了个体能动性与社会嵌入性的有机统一,在刻画社会系统运行规律上取得了巨大进步,有时甚至已经可以对某个社会子系统实现非常精准的刻画。

这些特点使得 ABM 方法在仿真智能社会的运行规律上具有突出的优势和潜力。随着智能时代的到来,平台经济等新兴经济形态迅速萌发,人、物与环境之间的交互日趋复杂,技术嵌入的组织运作与传统情况相比也发生了很大的变化。要实现对智能社会的精准高效治理,必须深刻理解上述互动机制的变化规律,进而采取有针对性的治理举措。ABM 方法背后的复杂性逻辑为研究者和实务工作者理解上述问题提供了宝贵的契机。我们以一个从线上到线下(online-to-offline,O2O)的餐饮外卖的计算实验为例进行说明[①]。

O2O 餐饮外卖平台是智能时代平台经济蓬勃发展的典型案例。随着信息技术的快速发展,餐饮外卖平台为民众的日常就餐提供了更加丰富和灵活的选择,因而得到了民众的广泛欢迎。相关数据表明,中国的餐饮外卖平台得到了迅速的发展,在 2011 年到 2018 年间的年均复合增长率甚至超过了40％[②]。然而,在为餐厅拓宽市场、降低搜寻成本的同时,新的运营模式也给餐厅的运营带来了新的挑战。平台的出现增加了市场的竞争性,如果运营不善,客源可能面临更大的流失。这些挑战体现在诸多方面。一方面,餐厅提供服务的质量和时间效率等要素将直接影响顾客的服务体验,且不同顾客在不同要素间的偏好有所差异。另一方面,线上平台的存在使得消费者的评价将更好地被市场所感知。因此,在平台时代,餐厅的经营策略优化就显得尤为重要。那么,餐厅的最优运作策略应当如何确定呢?

有研究者构建了一个如图 11-8 所示的计算实验框架来研究上述问题。沿着以上的叙事线,此框架主要以餐厅的运营策略为核心进行切入。基于文献和田野调研,研究指出餐品质量和等待时间是消费者做出选择的核心要素,餐厅必须在其中进行权衡。因此,研究者在模型中设定了两类自主决策的智能体:餐厅和消费者。平台和骑手则在其中更多扮演了环境的作用。

首先进行模型初始化环境和智能体设定。所有餐厅被抽象到一个以城市 CBD 为中心的极坐标空间中,具有坐标(r,Φ)。其中,r 服从正态分布,Φ 服从$[0,360)$上的均匀分布。因此,餐厅被均匀地分布在这个参数空间中,离CBD 越远,餐厅的数量越少。消费者同样被随机地生成在这个参数空间中,每个消费者具有对于配送时长和质量的不同偏好,消费者效用是包含上述两个因素的 Cobb-Douglas 函数。具体地,餐厅提供的每个餐品都具有质量参数Q 和等待时间 W。其中,质量参数与潜在的准备时间呈正相关,而消费者等待时间是餐厅准备时间和配送时间的加总。在给定准备时间的情况下,配送时间主要由餐厅到消费者之间的距离决定。消费者在明确不同餐品效用的情况下,基于 logit 函数确定选择不同餐品的概率。餐厅的决策目标是在餐品质量和等待时间有限的条件下最大化顾客数量。

在此基础上,计算模型开始运行。基于自身的偏好,消费者在平台上完成搜索并下单,消费者选择不同餐厅的概率根据 logistic 函数进行刻画。在

---

①　He Z, Han G, Cheng T C E, et al. Evolutionary food quality and location strategies for restaurants in competitive online-to-offline food ordering and delivery markets: An agent-based approach[J]. International Journal of Production Economics, 2019, 215: 61-72.

②　艾媒报告. 2017—2018 年中国在线餐饮外卖市场研究报告[EB/OL]. (2019)[2021-11-09]. https://www.iimedia.cn/c400/60449.html.

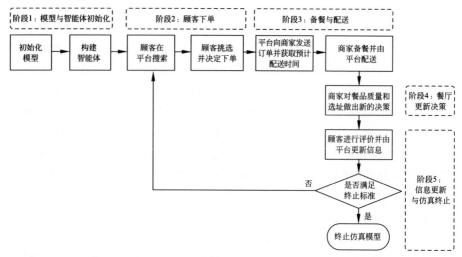

图 11-8　面向 O2O 餐饮外卖平台的仿真实验逻辑

资料来源：基于 He et al.（2019）的研究进行绘制。

完成下单的同时，消费者可以获取预期的配送时长。由于订单配送本身是运筹学中的经典路径规划问题，研究中利用一个路径规划程序对配送时长进行估计，发现估计结果与从外卖平台获取的数据高度一致，说明拟合效度较好。根据真实世界中的订单配送实践，研究者在路径规划中考虑骑手工作距离和消费者等待时间两类核心因变量，可以根据不同情况加以调整。

在消费者订单确定的情况下，餐厅进一步决策本期餐品的质量并确定是否调整选址以缩短配送时间。在餐厅决策确定的情况下，消费者的最终感知也随之确定，进而在平台上进行更新，作为下一期决策的参考信息。

基于以上的实验架构，研究者主要考虑了三种实际情况：（1）消费者在餐品质量和餐品配送时间长度之间的不同偏好；（2）餐厅更加重视对于质量的决策；（3）平台的配送政策在顾客等待时间和骑手工作距离之间进行权衡。不同情境设定主要通过相关参数变化实现。此后，研究者根据三种主要的情境设定，开展了 13 次实验，每次实验设定重复 100 次以控制随机性的影响，并将 100 次实验的平均值作为最终结果进行呈现。结果表明，消费者偏好会显著影响餐厅决策，餐厅会迎合消费者偏好来调整餐品质量，相比之下配送距离则影响较小。当外卖平台优先考虑缩短消费者等待时间时，餐厅的决策并没有发生显著变化。当外卖平台优先考虑减少骑手的总体骑行长度时，餐厅通常会选择搬到离城市 CBD 更近的地方，在订单增加的同时，可能导致消费者的等待时间增长。感兴趣的读者可以进一步阅读原文。

上述模型主要聚焦于平台的商业运作层面，并且对现实进行了简化，但细细思之仍然与智能社会治理有极大的关联。随着 O2O 外卖平台的发展，食品安全①、劳动关系②等社会问题随之产生。一种流行的观点将这些现象的出现视作平台背后的资本无限制运用垄断权力和信息优势侵害相关方权益的结果③，但现实情况可能要复杂得多。首先，这一案例表明，餐厅对于食品质量的决策并不是完全自主的，很大程度上受到消费者偏好的制约。换言之，O2O 模式得以成立的条件是满足了消费者对于高效率的追求。为了维持整体系统的运行，餐厅必须对消费者偏好和质量进行权衡，而不仅仅是利用信息不对称优势进行"偷工减料"的黑心作坊。频繁发生的食品质量事件可能只是我们偏好的一个镜像。其次，在"困在算法里"的外卖小哥等新闻爆出后，很多人呼吁平台在算法层面更加关注骑手的权益，但这些变化也需要在各方利益间进行权衡。研究结果表明，随着平台的路径规划算法更加关注骑手利益，消费者的等待时间随之上升。上述行为的真实社会福利影响如何很大程度上取决于我们如何理解消费者利益和骑手利益的关系。最后，尽管此研究刻画的 ABM 并不能涵盖 O2O 平台的方方面面，但为我们进一步理解上述社会问题提供了一个平台。例如，如果我们进一步引入政府等行为角色，则能够更加深入地理解外卖小哥处于政府和平台双重监管下的复杂行为逻辑。承认这样的复杂性将推动我们超越简单认知，更加全面地回应焦点事件引发的社会辩论。

11.3.4 ABM 的优势与不足

作为如今社会科学计算实验的主流范式，基于智能体的计算实验方法是对于传统 EBM 方法和 CA 研究的重要发展。我们以一个面向 O2O 餐饮外卖平台的模型为例说明了 ABM 的研究逻辑，体现出基于智能体的方法相对于其他方法的重要优势。总体而言，在本阶段"智能体"真正地具备了初步的"智能"，开始不局限于对环境进行反应，而是能够通过学习、记忆等复杂的社会交互，综合多渠道信息进行自主决策。这一进步使得研究者能够更加细致地刻画复杂的社会系统运作过程，大大加深了我们对许多关键问题的理解。

尽管目前基于智能体的方法仍然处于快速发展阶段，还存在着诸多不足需要进一步完善和克服。首先，基于智能体的 ABM 研究依赖规则对社会互动进行刻画，但很多时候研究者并不了解不同主体间复杂的互动形式。随着大数据时代的深度来临，上述问题应当以一种数据驱动与知识驱动相结合的

---

① 张志祥，石岩然. O2O 平台上外卖食品安全问题的研究[J]. 食品工业，2017，38(1)：218-221.

②③ 陈龙. "数字控制"下的劳动秩序——外卖骑手的劳动控制研究[J]. 社会学研究，2020，210(6)：113-135，244.

方式加以解决。其次,基于智能体的方法仍然在许多维度上依赖复杂的先验假设,很多时候可能影响结论的外推价值。这一问题要求研究者在计算能力允许的条件下尽可能更多地设置情境和完备的参数空间,从而尽可能形成较为全面的结论。最后,现阶段基于智能体的方法仍主要用于仿真一个边界清晰的社会子系统,大多数情况下还难以探究宏观的社会问题。

11.4　面向智能社会的计算实验

从基于方程的计算实验到基于智能体的计算实验,计算实验方法不断发展。研究者所搭建的计算实验模型日趋完善,所使用的计算技术也愈发复杂,但仍然存在系统范围受限、先验假设复杂等缺陷有待克服。数字孪生、人工智能等前沿技术的发展为上述问题的解决提供了新的思路。技术赋能的计算实验有望在智能时代迎来又一次跨越式发展。

结合现有的部分前沿探索性工作,提出智能技术赋能计算实验的三条潜在路径。其中,路径 1 和路径 2 与完善计算实验本身有关,通过智能技术的加持,研究者可以在计算实验中更加深入地模拟人类行为机制和刻画社会互动环境。路径 3 与推广计算实验的应用范围有关,在路径 1 和路径 2 的基础上,随着计算实验质量的不断提升,研究者有望在智慧赋能的环境中实现对于公共政策项目的"事前评估",成为智能社会治理的重大创新。

11.4.1　智能技术赋能模拟人类行为机制

计算实验方法的发展与智能体智能化程度提升的进程相伴相生。时至今日,智能体已经具备了初步的"智能",具有一定的学习、记忆和自主决策能力。然而,这些"智能"的特征目前仍然受到绝对理性等先验假设的限制[①],与人类的决策模式还存在一定的差异,难以仿真有限理性、启发式决策等决策现象。深度强化学习等技术的出现为研究者更加深入地刻画人类行为机制提供了有用的工具,具有广阔的应用前景。

Zheng et al. (2012)基于深度强化学习框架,以税收政策为对象进行了先驱性探索[②]。在这一案例中,研究团队首先创设了一个不具备任何先验知识的"人类",令其在与模拟政策制定者和政策接受者的多轮次社会互动中学

---

① 回看前文引述的 ABM 案例,虽然此时智能体已经具有了自主决策和学习能力,但仍然体现在信息汇集后的效应最大化决策模式上,并未突破绝对理性假设的限制。

② Zheng S, Trott A, Srinivasa S, et al. The AI Economist: Taxation policy design via two-level deep multiagent reinforcement learning[J]. Science Advances,2022,8(18): 1-17(2022-04-04)[2022-05-20]. http://www.science.org/doi/10.1126/sciadv.abk2607.

习最优的税收政策制定模式。由于该"人类"完全不具备先验知识,因而突破了完全理性假定的限制,充分展现了个体的适应性学习过程,更加接近人类行为的本质。实验结果表明,上述框架取得了优异的效果。经过多轮次的强化学习,该智能体提出的税收框架在兼顾效率和公平的决策目标上要显著优于基线框架,充分证明了类似方法未来进一步应用于计算实验的巨大潜力。

11.4.2　智能技术赋能刻画社会互动环境

基于智能体的计算实验方法在刻画社会系统环境上与传统方法相比具有巨大的优势,能够更好地把握社会互动多层次、异质性的特征。但受到计算能力等诸多因素的制约,目前智能体仿真大部分情况下仍然只能实现对于一个边界较为清晰的子系统的详细刻画,实验范围仍然较为局限。随着数字孪生这一新兴技术的发展,研究者有望实现从物理空间到数字空间的精准映射,从而为面向智能社会的大规模计算实验奠定基础。

数字孪生源于美国学者迈克尔·格里弗斯(Michael Grieves)提出的"信息镜像模型"(information mirroring model)[①],是一种将物理空间中的物质投影到虚拟空间,最终实现虚实互联互动的新兴技术。由于映射客观物体的难度相对可控,数字孪生技术率先在工业制造等领域发展起来[②]。要实现公共管理和公共政策领域的数字孪生政策推演,研究者还需要发展面向不同利益相关方的多维度、细粒度画像,从而真正实现对于社会互动的智能推演。这一领域目前还尚属前沿,部分研究者开展了若干前沿探索。例如,为了实现对共享汽车对于私家车替代效应的智能推演,曾有研究者基于上海市嘉定区居民的移动通信数据、网络使用数据和移动调查数据,构建了一个包含约 16 万"人"的细粒度画像,且这些"人"的人口特征分布加总后与该地区的整体特征一致,为开展后续政策推演提供了良好的基础。

11.4.3　智能技术赋能创新政策评估模式

传统计量经济学导向因果的因果推断方法只能对于政策或项目的实施进行"事后评估"。这样的评估虽然具有很高的信度和效度,却难以真正有效地指导现实世界。特别是一些敏感政策问题的方案制定与治理对策优化,传

---

① Grieves M, Vickers J. Digital Twin: Mitigating Unpredictable, Undesirable mergent Behavior in Complex Systems[J]. Transdisciplinary Perspectives on Complex Systems, 2017: 85-113.

② 陶飞,刘蔚然,张萌,等. 数字孪生五维模型及十大领域应用[J]. 计算机集成制造系统, 2019,25(1):1-18; Glaessgen E H. The Digital Twin Paradigm for Future NASA and U. S. Air Force Vehicles[C]. Paper for the 53rd Structures, Structural Dynamics and Materials Conference, USA: AIAA,2012:7274-7260.

统的计算模型虽然可以从理论上反映政策执行的效果,但由于其存在的种种缺陷,往往与后验的实际情况存在较大的差异,尚未获得学术界和实务界的广泛认可。随着智能技术与计算实验的深度融合,计算实验方法的实施环境将更加贴近社会实际,计算实验的运行逻辑也将更贴近人类的真实行为,基于智能推演的计算实验方法有望进一步成为政策评估的重要工具,帮助研究者和实务工作者在事前更加深入地推演不同政策方案的潜在影响,降低失误概率,真正提升面向智能社会的治理水平。此方法尤其适用于具有较高敏感性和失误成本的政策领域。目前,能源政策[①]、财税政策[②]等领域已经出现了相应的初步探索,值得研究者进一步关注。

---

① Tang L, Wu J, Yu L, et al. Carbon allowance auction design of China's emissions trading scheme: A multi-agent-based approach[J]. Energy Policy, 2017(102):30-40.

② Zheng S, Trott A, Srinivasa S, et al. The AI Economist: Taxation policy design via two-level deep multiagent reinforcement learning[J]. Science Advances,2022,8(18): 1-17(2022-04-04)[2022-05-20]. http://www.science.org/doi/10.1126/sciadv.abk2607.

第 12 章

实验方法与非实验方法的结合

12.1 引言

　　自然实验、实地实验、调查实验和计算实验四种基本的社会实验方法各有优劣,适用于不同的研究情境。自然实验能够覆盖广大的范围,但场景选择往往受到限制。实地实验能够在多样化的真实场景中体现研究者"干预控制"的能动性,但面临着成本高企、伦理冲突等潜在问题。实地选址的随机化偏误以及特定环境下的情境依赖也可能进一步影响实地实验结论的推广潜力。对于某些前瞻性较强,或研究者更关注被试态度的场景,调查实验提供了一种相对经济的解决方案,但就其结果能否真正投射到人类的真实行为上,已有研究还存在争论。当对某一问题已具有较为充分的知识基础时,计算实验可以帮助研究者在较大的时空尺度上推演问题的演化,但通常情况下研究者的知识基础距离真实世界的复杂性还有一定距离,不可避免地存在一部分简化和较为严苛的假设,成为误差的重要来源。

　　不难发现,应用实验方法过程中往往存在一些共性问题。首先,追寻"干预控制"是社会实验研究者的基础性目标。然而,"干预控制"的强化在增强研究可复制性的同时,也伴随着状态空间和研究成本的指数增长,研究者需要对问题进行适当的简化。其次,"干预控制"是一种高度知识导向的过程,研究者需要在事前尽可能完备地推演实验结果的潜在影响因素,但有时距离复杂的社会实践还有一定距离。最后,实验方法整体上是一种内部有效性较为突出的研究方法,其结论在大范围推广时的可靠性往往存疑,研究者需要更好地兼顾内部与外部效度。因此,"放之四海而皆准"的方法在实验性研究中并不存在,做好社会实验不能局限于实验本身。要进一步推广实验主义的治理范式,开展好面向未来的人工智能社会实验研究,我们不仅要在实验设计本身上下功夫,也要辩证地认识到实验性方法的优势与不足。对于某些实验方法的固有缺陷,要将实验方法与其他经典的非实验性方法(non-experimental approach)充分结合,最大化地发挥不同方法的组合优势,提升研究的信度和效度。事实上,这样的结合空间非常广阔,可以发生在研究的不同阶段和不同尺度上。

本章重点探讨实验方法与非实验方法相结合的研究逻辑,以期更好地推动实验方法与经典社会科学研究的充分对话。12.2节重点探讨以理论模型推演启发实验设计的研究路径。首先回溯科学研究中理论方法与实验方法的学术争鸣,指出两种路径都是人类认识世界的科学手段,但各有优劣。在社会科学研究中,实验作为一种相对新兴的方法,能够拓展理论思辨的学术视野。但更重要的是,作为人类已有知识的总结和凝练,对于理论模型的充分演绎能够启发研究者更加精准、高效地开展研究设计。未来,实验研究与理论模型的有机融合有望成为一种通用的研究范式。此节通过一个真实的实验性研究案例对于上述逻辑进行说明。

12.3节重点探讨以质性社会调查进一步挖掘实验结果作用机制的研究路径。首先探讨定量和定性视角下的社会机制挖掘的基本逻辑。基于定量视角的作用机制挖掘往往依赖"事前"假设,无法充分满足部分探索性场景的复杂性。在充分梳理实验结果影响因素的基础上,有时候研究者还需要深入田野,采用访谈、观察等多种方法,充分感知实验干预作用于真实社会系统时的微小变化,深入阐释实验结果的内在机制,发掘人类社会智能化转型中的"真问题",为智能社会治理寻求优化的解决方案。这一节中将通过一个真实的实验性研究案例补充说明上述观点。

12.4节重点探讨以真实世界研究与实验研究相互印证的研究路径。借鉴医学、流行病学的理论概念,首先探讨实验环境与真实世界的异同,指出尽管要重点推动面向未来的人工智能社会实验,但仍要充分关注真实世界数据的地位和作用。以一个真实的实验性研究案例,进一步说明在回答某些综合性问题的过程中,实验数据和非实验数据均可以作为循证(evidence-based)决策的科学证据,实验和真实世界数据的结合能够更好地提升结论的信度和效度。

12.2 前导与启发:实验设计与理论模型推演的结合

12.2.1 理论分析与实验研究的学术争鸣

1953年4月23日,爱因斯坦在给斯威策(J. E. Switzer)的回信里提到,"西方科学的发展是以两个伟大的成就为基础:希腊哲学家发明形式逻辑体系(在欧几里得几何中),以及(在文艺复兴时期)发现通过系统的实验可能找出因果关系"①。正如爱因斯坦所言,数学推理和实验观察是近代科学方法的基础。两者的有机结合使得科学研究工作成为了一个密不可分的整体。即使是物理理论,也要通过实验验证后,才算成功。不难看出,数学、物理等基础学科中理论研究与实验研究的关系,本质上已经触及了研究自然和社会系统的根本问题,对于社会科学也具有极大借鉴意义。

社会科学中的实验性研究最早起源于经济学。一方面,经济学中占据主导地位的新古典学派充分借鉴了牛顿力学思想,尤其注重形式化的模型演绎在理论建构中的作用,强调研究的"科学性";另一方面,"科学性"带来的对于控制变量等基本思想的追求,使得经济学家很早就尝试通过精准控制微观变量的方式开展真实世界中的实验研究。1948 年,爱德华·哈斯丁·张伯伦(Edward Hasting Chamberlin)在哈佛大学创造了第一个课堂市场实验,发现实验中的实际成交价格与理论推演的均衡价格存在较大差异,进一步证明了不完全市场的存在。沿着张伯伦的探索性工作,弗农·洛马克斯·史密斯(Vernon Lomax Smith)在 20 世纪 50 年代系统性地开展了一批实验性研究工作,从供求定律开始,对于一系列基础经济理论在真实世界中的表现进行检验,并以此为基础获得了 2002 年诺贝尔经济学奖,成为实验经济学的一个高峰②。此后十余年间,经济学中的实验性研究进一步拓展,从实验室走向更加广泛的真实世界,相关工作于 2019 年又一次获得诺贝尔经济学奖,见证了实验性研究日益融入经济学乃至社会科学的主流方法体系③。

尽管经过 70 余年的努力,实验性方法已经逐渐融入社会科学的主流方法体系,但这一过程中理论与实验方法的学术争鸣却从未停止。作为社会科学中应用实验性方法研究的先驱,早期经济学中的实验研究几乎完全集中于运用实验证据来验证竞争性均衡、期望效用等经济学中的基础性假设④。此时,实验几乎完全服从于理论,单纯的实验研究文集甚至难以集结发表。到了 20世纪 70 年代前后,实验性研究的范围有所拓展,政治学、心理学、工商管理等领域的研究团体与组织逐渐兴起。实验研究者亦开始在更加广阔的范围内重新反思实验研究的方法与认识论基础。例如,查尔斯·普拉特(Charles Plott)明确提出,实验研究不过是社会生活的一个特例,如果一个一般理论难

---

① 本段翻译来自商务印书馆出版的《爱因斯坦文集》主要译者许良英的论述,具体可参见:许良英.关于爱因斯坦致斯威策信的翻译问题——兼答何凯文君[J].自然辩证法通讯,2005(5):100-101.

② Smith V L, Smith V. Papers in experimental economics [M]. Cambridge: Cambridge University Press, 1991.

③ 第 7 章已对此进行重点介绍。

④ Smith V L. Effect of market organization on competitive equilibrium[J]. The Quarterly Journal of Economics, 1964, 78(2): 181-201.

以在实验室成立,那么就不能称之为一般理论[1]。这样的认识转变也带动了实验研究地位的提升。实验不再是单纯用于证实理论的工具,也开始出现寻找合适的理论来解释实验结果的讨论。随着时间的推移,到了 20 世纪 80 年代,古典经济学的理论范式越来越难以解释社会生活中出现的一系列现象。这些超越理论的反常要素更加促使研究者开始反省经典理论的不足,运用实验性方法探究理论无法解决的问题呈现出日益强盛的生命力。正是在这样的反复中,实验法逐渐走向了与理论研究平等互动的道路,实验性研究方法的学术地位也不断提升。

12.2.2　以理论模型推演启发实验设计

得益于理论与实验的持续互动,研究者有机会从更加宏观的视角重新审视两种研究路径。本质上,理论与实验都是人类观察和认识世界的工具,在认识论意义上并没有显著的差异。我们讨论理论与实验的结合是因为两者在操作层面上存在的差异,恰好能弥补彼此固有的缺陷。由于实验性研究是本书关注的重点,我们重点探索以理论模型推演启发实验设计的过程。

本质上,实验是一种在控制其他条件情况下,通过对被试对象施加特定干预来观察系统演化规律的方法。为确保实验结果的有效性,研究者需要精心选取控制条件和干预措施,在复杂性可控的情况下尽可能准确地还原真实世界。然而,真实世界的复杂性使得研究者不可能百分百地细化实验系统中的每个要素,研究者需要寻求一些外生的帮助以实现更加高效的筛选过程。作为分散知识的系统化总结,理论能够较好地完成上述工作。理论帮助研究者对未知环境中被试的行为特征形成基本的认知,进而指导研究者更好地梳理出实验中的关键变量与核心控制变量,帮助研究者更好地设计实验参数与实验架构。在此,介绍 2019 年诺贝尔经济学奖得主班纳吉团队在肯尼亚开展的推广净水剂案例[2],说明高质量的形式模型推理能够大大提升实验性研究的设计与开展效率,为未来更好地开展社会实验提供参考。

在肯尼亚等非洲国家,疟疾等通过蚊虫叮咬传播的传染病是影响人民生命健康的重要因素。这些疾病通常与居民的生活环境具有很大关联,通过引入蚊帐等一些基本的防护措施,便能够得到有效的控制。然而,即便是蚊帐这些简易的防护产品,也无法在这些地区得到有效的推广。一方面,这些地

---

　　① 　范良聪. 实验经济学简史[M]. 杭州:浙江大学出版社. 2016:231-233.

　　② 　本案例在第 7 章已经简要介绍,此处我们重点关注理论推演嵌入实验的详细过程,可以参见原文:Cohen J, Dupas P. Free Distribution or Cost-Sharing? Evidence From A Randomized Malaria Prevention Experiment[J]. Quarterly Journal of Economics,2010,125(1):1-45.

区居民常常陷入极端的贫困中,蚊帐对居民是一笔极大的消费。另一方面,这些地区政府的治理能力和财政水平往往较为底下,难以组织起大规模的公共财政支持。因此,国际非政府组织将在这些区域推广蚊帐等基础健康产品作为扶贫援助的重点工作。

然而,设计类似的扶贫援助项目并不容易。纯粹的免费援助可能面临严重的冒领。要想有效促进健康产品的推广,真正提升居民的健康水平,就必须要确定一个合适的价格水平,使得在一定程度外来援助的支持下,居民能够真正养成对上述产品的应用习惯。然而,一系列的理论和实践经验都表明,确定一个"合适"的价格水平并不容易。

部分研究者指出,应当对类似的健康产品设定价格。这主要有三方面理由。第一,收取正的价格有助于让那些不需要的人望而却步,避免蚊帐流入那些没有切实需求的用户手中。第二,正的价格本质上是一种"沉没成本",有助于提醒消费者使用。第三,一定程度的收费也是一种信号,暗示产品的质量较高,提升消费者的信任。然而,另一派研究者亦指出,在类似的贫困地区,对于健康产品设定价格可能会显著降低需求,影响产品推广。这主要有两方面原因。首先,在类似区域的一系列实验表明,免费有一种特殊的心理暗示效应,一旦价格高于零,需求会急剧下降。其次,考虑到实验开展过程中的研究情境,最需要健康产品的人可能身体状况和经济状况更差,一旦相对较高的价格把他们排除出去,那么产品的整体正外部性将显著下降。如果仅仅停留在理论层面,这些讨论将永远没有答案。若希望真正发掘合适的定价策略,必须要在实践中加以探索。

本质上,这个实验的核心目标是寻找一个合适的价格 P,使得区域内疟疾等疾病带来的负面影响 Y 最小,但研究者究竟应当在实验中重点收集哪些数据呢?通过恰当的理论建模,我们能够更好地梳理清楚实验中的关键变量。

首先,用于控制传染病的蚊帐是一种典型的具有正的网络外部性的物品[①]。蚊帐的有效覆盖率 C 是整体效果最重要的影响因素。由于有效覆盖率显然与价格 P 有关,两者结合,我们可以写出关系式(12-1)。其中,F 是某种函数形式,并不是我们关注的重点,可以通过后续的实证数据进行拟合。

$$Y = F[C(P)] \tag{12-1}$$

接下来,进一步分析有效覆盖率 C 的影响因素。我们可以对有效覆盖率的内在结构进行一步分解如式(12-2)所示。需要说明的是,此处对于拥有蚊

---

① 所谓网络外部性,指某项产品的效果不仅与自身有关,也与周围同样产品的使用规模有关。显然,仅仅一个人使用蚊帐并不足以削弱疟疾的传播,只有当大家都充分使用蚊帐,有效阻断疟疾传播时,区域的总体健康水平才能真正提高。

帐和有效使用蚊帐进行了区分。这是由于在实践中,研究者观察到,很多实际拥有蚊帐的个体并没有充分利用蚊帐,导致整体防病效果减弱。

$$C = \frac{\text{拥有总人数 } O \times \text{有效使用 } I}{\text{总人数 } N} \tag{12-2}$$

此时,我们可以重新改写 Y 的表达式如下:

$$Y = F[C(P)] = F[C(O(P), I(P))] \tag{12-3}$$

基于这个公式,使用复合函数的链式求导法则,我们可以将 Y 和 P 的导数关系分解为了六个偏导数(有一个重复)。我们只需要分析这六个偏导数关系的性质。

$$\frac{\partial Y}{\partial P} = \frac{\partial F}{\partial C} \cdot \frac{\partial C}{\partial O} \cdot \frac{\partial O}{\partial P} + \frac{\partial F}{\partial C} \cdot \frac{\partial C}{\partial I} \cdot \frac{\partial I}{\partial P}$$

显然,其中某些关系是较为确定的,有助于我们对于问题进行一定的简化。

首先,其他条件不变,随着蚊帐的有效覆盖率上升,负面健康的后果必然减少。因此:

$$\frac{\partial F}{\partial C} < 0$$

其次,其他条件不变,拥有蚊帐的人数越多,蚊帐的有效覆盖率上升,因此:

$$\frac{\partial C}{\partial O} \geqslant 0$$

再次,其他条件不变,价格上升,使用人数下降,因此:

$$\frac{\partial O}{\partial P} \leqslant 0$$

最后,随着有效使用率上升,蚊帐的覆盖率上升,因此:

$$\frac{\partial C}{\partial I} \geqslant 0$$

由于我们已经清晰地得到了其中四个偏导数关系,此时问题的核心就变为如何估计有效使用率与价格关系。如果 $\partial I / \partial P = 0$,即价格不能显著影响蚊帐的有效使用率,那么我们可以发现,$\partial Y / \partial P \geqslant 0$,即随着价格提升,整体疾病带来的负面影响反而增强。否则,整体结论与 $\partial I / \partial P$ 的形式有关,研究者需要通过实验数据估计各个偏导数关系的具体形式。这就将研究者实地工作的核心确定为细致地记录区域内每个家庭实际使用蚊帐,而不仅仅是购买蚊帐的情况。

此外,随着研究者日益认识到理论模型与实验研究相互融合的充分潜力,一种更加深入的融合路径——实验框架下的结构建模方法(structural modeling approaches)也正在兴起。这种方法首先利用实验研究框架的随机抽样思想,保证实验组和对照组在可观测和不可观测维度上基本一致,并利用其中一组估计结构模型,利用另一组进行模型预测。这不仅仅提高了传统模型参数估计的精确度,又在一定程度上实现了对于项目效果的事前评估,达到了双赢的效果。当然,这种方法目前还比较局限,主要集中于经济学视角下的项目与政策评估。感兴趣的读者可以进一步阅读相关资料[1]。

12.3 拓展与深化:实验方法与质性社会调查的结合

12.3.1 定量方法在解释实验结果机制上的局限性

恰当地进行理论模型推演,有助于启发研究者更加精准高效地进行实验设计,但这更多是一种实验前的视角。沿着一个标准实验研究的生命周期,本节进一步探索非实验性方法助力实验研究的可能性。除了实验设计外,在实验结果及其作用机制的解释环节,非实验方法也能够发挥重要的作用。具体地,在解释实验结果的作用机制时,巧妙地结合一定的质性社会调查技术,能够帮助研究者更加深入了理解实验现象背后的本质规律。在对此进行更加深入的阐释前,我们首先要考虑一个问题,即一般意义上,实验研究者是如何解释实验现象背后的作用机制的呢?了解这个问题后,我们才能进一步理解,为什么适当地融入质性社会调查技术可能是有益的。

最常用于探索实验结果作用机制的方法是基于协变量的异质性分组[2]。协变量是实验中不为实验者所操纵,但仍然对于结果具有重要影响的控制变量。通常情况下,一个实验的协变量既包括被试的人口统计学特征,也包括实验发生的环境特征。本质上,通过协变量探究实验结果的作用机制,主要指检验实验干预与分组协变量的交互作用。那么研究者应当如何测量这样的交互作用呢?此处,我们需要进一步将前文提及的平均处理效应(average treatment effect,ATE)的概念拓展为条件平均干预效应(conditional average treatment effect,CATE)。简单地说,CATE 是被试基于协变量进行分组后每个亚组的 ATE,而交互作用本质上是各个亚组 ATE 间的差值。例如,研究者希望通过社会实验方法研究参加智慧课堂对于学生成绩的影响。已有文献表明,学生的经济水平可能是影响效果的重要因素。此时,如果采用基于

---

① Todd P E, Wolpin K I. The best of both worlds:Combining RCTs with structural modeling[J]. Journal of Economic Literature,2020,Forthcoming.

② 可参见:Gerber A S,Green D P. Field experiments:Design,analysis,and interpretation[M]. New York:WW Norton & Company,2012:Chapter 9.

协变量的方法,我们可以按家庭经济水平将学生分为高、低两组,分别计算每组的 ATE。假设研究者发现,高经济水平组的学生成绩平均提高了 20 分,而低经济水平组只提高了 5 分,且两种差异在统计学意义上显著,那么我们可以认为,经济水平是影响实验结果的重要机制之一。

此外,研究者也可以通过将结构方程模型(structural equation model,SEM)嵌入在实验设计中来探究实验结果的内在机制。结构方程是运用线性方程组系统处理多变量统计关系的一种方法。得益于结构方程模型的优势,研究者可以探究更加复杂的作用机制。与经典结构方程模型重点比较路径系数及其显著性不同,当实验设计中嵌入结构方程时,更加有趣的工作是不同分组间同一条路径系数的差异,这意味着实验干预对变量间关系产生了显著影响。图 12-1 展示了一个在实验框架中嵌入结构方程模型的案例①。该案例希望探究信源的可信性(source credibility)以及论据质量(argument)等因素对于信息采纳行为的影响。研究认为,上述关系与信息本身的类型有关。

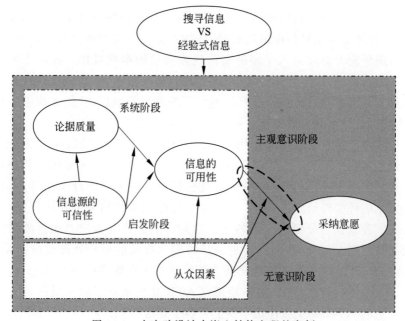

图 12-1　在实验设计中嵌入结构方程的案例

① 关于此案例的背景信息,可以阅读:Sun Y, Wang N, Shen X L, et al. Bias effects, synergistic effects, and information contingency effects:Developing and testing an extended information adoption model in social Q&A[J]. Journal of the Association for Information Science and Technology, 2019, 70(12):1368-1382.

因此,研究者进一步将信息划分为经验信息和搜寻信息,并提出一系列假设。其中若干假设都体现了比较不同分组间同一路径系数差异的思想。此处仅举一例。例如,研究者假设与经验信息相比,在搜寻信息中,信息有用性对于信息采纳行为的影响要更大。这本质上将关注点集中于图中黑色虚线圆圈内的路径。

　　上述两种方法均是实验性研究中探索结果作用机制的常用方法,但并不能适用于所有的实验情形。本质上,两种方法都是一种“事前”的视角。基于协变量分组的机制探究无法分析那些超越研究者协变量采集能力的影响因素。基于结构方程模型方法的机制探究要求则更加严格,需要研究者在事前对潜变量的关系结构进行清晰的界定。因此,基于这两种方法的机制解释逻辑都很难超越研究者事前的认识。对于某些探索性很强的案例(例如,人工智能社会实验),研究者事前难以通过梳理文献资料等方法获取必要的先验知识,上述设计便无从谈起。因此,研究者有必要进一步运用其他的方法更加深入地探究实验发现。

12.3.2　质性社会调查作为解释实验结果机制的有效方法

　　如果事前研究者并没有能力对于实验结果所有的潜在可能进行布局,那么就必须要寻找一种既不充分依赖事前布局,又能充分追踪实验过程、解释实验结果的研究方法。质性的社会调查为上述问题的解决提供了一种可能。与定量方法不同,质性的社会调查并不寻求以一种“放之四海而皆准”的理论模型来解释复杂的人类行为,而是在充分承认情境依赖性的基础上,强调综合运用访谈、观察等手段与受访对象积极互动,深入理解特定情境下研究对象的行动逻辑。相比较而言,质性方法对于事前布局的依赖程度明显下降,而更强调研究者的躬身入局以发掘更加鲜活的社会故事,从而真正打开某些“反常”实验现象背后的“黑匣子”,加深研究者对于特定问题的理解。

　　以一个前文已经简要提及的案例为例,对于质性社会调查在解释“反常”实验结论中的作用进行介绍①。在班纳吉等人主持的全球减贫实验中,一个经常被研究者讨论的问题是穷人的营养问题。很多学者认为,缺乏必要的营养摄入已经成为穷人面临的“贫困陷阱”,严重影响了穷人开启事业的第一步。

　　对于上述问题的成因,研究者众说纷纭。一种最为直接,也传播最为广泛的解释是穷人没有足够的钱来购买食物,因而难以获得必要的营养摄入。在这一理念的指导下,很多国际组织便将扶贫的重点转向资金支持,希望帮助穷人拥有保障足够营养摄入的经济基础。然而,诸多项目和实验性研究的

---

　　①　相关调研情况可参考:https://www.pooreconomics.com.

结果表明,即便获得足够的经济支持,穷人也只将其中很小一部分用于购买食物,而购买食物的资金中,又只有很少的一部分被用来满足基本的营养需求,更多被用于享受美味①。这表明,穷人的行为逻辑可能与经济学家的认知之间存在重要差异。穷人并不会将营养视为其追求的目标。因此,基于上述经济学认识而制定的扶贫政策也就失去了合理性的根基。

为解决这一问题,班纳吉团队在印度等欠发达国家开展了一系列深入的质性田野调查,真正找到了影响上述问题背后的关键因素。一方面,在这些地区,穷人除了维持自家的生活外,更重要的生活压力来源于婚丧嫁娶的"人情往来"。如果不能满足这些需求,穷人可能难以在社区中立足并获得必要的社会支持。这些社交成本的重要性对于很多穷人来说甚至超越了吃饱吃好。另一方面,即使在印度等地的极端贫困人口中,穷人的生活也并未窘迫到仅仅为了维持生计和基本的生理需求。在调查中,很多穷人表明,生理需求和尊重、享受等高层次需求是并重的。即使在极端贫困中,他们也希望留出一部分资金用于适当地改善生活、享受生活的美好。这些发现大大改变了我们对于穷人的认知。发达国家并不能简单地将自我意志施加到穷人身上,而要深入理解他们的生活逻辑。仅仅给予经济补助不能够解决穷人的危机,更重要的是系统的文化变革并引导他们建立起良好的饮食习惯。

这一问题对于更好地开展人工智能社会实验工作具有重要的启示意义。尽管人工智能社会实验工作是面向大数据和人工智能时代开展的,智能化转型带来的数据、算法和算力优势为开展大规模的定量观测提供了良好的条件,但人仍然是社会治理的核心。对于智能化转型这样充满未知的研究问题而言,在充分利用数字技术带来的优势的基础上,研究者也应当定期深入田野,挖掘利益相关方的真实感受,有时甚至可以得到实验无法发现的"宝藏"。

12.4 交叉与印证:实验数据与真实世界数据的结合

12.4.1 实验环境与真实世界的关系

在回答某些重要问题的过程中,在实验方法形成的干预控制环境下与在非实验方法所处的真实世界环境中得到的结论有时候扮演了一枚硬币的两面。如果我们能够将两种方法获得的经验证据进行紧密的融合,就能够得到更加高质量的研究结论。在进一步介绍上述问题之前,我们先来讨论实验环境和真实世界环境的关系。

---

① 相关研究可参考:Jensen R T,Miller N H. Giffen behavior and subsistence consumption[J]. American economic review,2008,98(4):1553-1577.

通过较为严格的干预控制,实验环境实现了被试的随机分配,因而可以将实验后结果的差异归因于实验干预。在实现严格干预控制的实验系统内部,这样的结论具有很高的信度和效度。尽管实验环境所带来的优势不言而喻,但劣势也不容忽视。首先,控制干预本身意味着较高的成本,这使得实验性研究的样本覆盖范围往往较小,数据收集难度大。其次,数据样本覆盖范围有限可能影响结论的推广效度。有限样本往往意味着特定的社会情境,可能产生情境依赖效应[①],难以覆盖某些罕见的样本以及推广过程中可能出现的小概率风险[②]。最后,对于某些极端罕见的偶然性很强的情况,随机对照实验甚至难以收集到足够的样本来开展因果推断,此时强行追求实验性研究在操作中并不可取。

正是基于这些问题,在实验性研究,特别是医学领域的实验性研究中,越来越多的研究者开始强调真实世界研究(real world study,RWS)的重要性。真实世界研究的概念最早由卡普兰(Kaplan)等人于 1993 年提出,其最为突出的特点是放弃干预控制(例如,在医学中,放弃对于加入新药实验患者的年龄、性别等要素的限制),而在自然和真实的环境下对数据进行记录。

不难看出,真实世界研究与实验性研究的优劣势高度互补。真实世界环境是没有干预控制的,因而更多时候是观察性的,不具备开展高质量因果推断的基础,研究者往往只能进行相关性推理。而真实世界环境相对宽松的限制,也给研究者提供了极大的便利。一方面,数据采集成本大大下降,研究中可以覆盖更大规模的样本。这使得研究者可以将更多类型的目标受众涵盖在内,在数据允许的情况下,可以开展更加丰富的异质性分析,捕捉干预可能带来的一些小众影响。另一方面,对于某些前瞻性极强的干预试点,研究者可以不再局限于寻找对照组的限制,而是循序渐进地积累一批实证证据。此外,在社会科学研究中,真实世界环境可能更加贴近于自然实验的理想状态。这意味着实验的介入性往往较低,可以减少霍桑效应等心理作用的影响,帮助研究者更加真实地观察被试的行为。

正是基于以上讨论,在解决重大现实问题的过程中,没有一种方法可以占据绝对优势。即便我们要重点开展面向未来的人工智能社会实验研究,也需要寻求在恰当场合与真实世界研究紧密结合的空间,从而真正地形成面向人类社会智能化转型的系统性知识。下面将对此进行具体论述。

---

① 第 13 章将对情境依赖效应进行具体介绍。

② 这一点在医学领域体现尤为明显。基于数百个样本开展的 RCT 研究能够对药品的效果进行较为充分的证明,但有时可能无法覆盖大样本人群中的罕见不良反应。此外,数百个样本可能也无法覆盖各类人群,如果出现明显的人群偏误,可能对实际推广效果产生重大影响。在社会科学中,我们也能观测到某些类似的现象。

12.4.2　以真实世界研究强化实验结论效度

在回答某些综合性问题的过程中,实验数据与真实世界数据往往各有优劣。一方面,实验方法能够进行稳健的因果推断,但数据量往往较小,可能存在对实验环境的情境依赖,结论的推广潜力往往被质疑;另一方面,真实世界数据具备获取便捷、数据量大等优势,但往往只能进行相关关系推断。在回答实践问题的过程中,单纯运用其中的任何一种方法都可能存在无法回避的缺陷。单纯的相关关系并不可靠,但仅仅在严苛的控制下才成立的因果关系也并不足以直接转化为重大问题的解决方案,相对较小的样本规模也可能掩盖一些罕见风险。因此,在实践中将两种方法充分结合就显得尤为必要。从开展实验性研究的视角出发,在恰当的场景下,将实验性研究结论与对应的真实世界研究结论相结合具有重要意义。

医学领域是结合真实世界研究与实验研究的先行者,许多重大新药的上市决定都是基于随机实验和真实世界证据相结合而做出的。尽管其他领域,特别是社会科学领域相关的研究还比较少见,但充分融合实验证据和真实世界证据的学术思想已在某些领域初露头角。我们通过一个工商管理领域的案例向读者进行介绍①。

电子商务的发展大大便捷了人民的日常生活,但信息不对称和信息过载现象始终是网络购物过程中面对的两大难题。在实践中,消费者评论成为应对上述问题的重要手段。通过阅读消费者评论,后续消费者降低了搜寻信息的成本。与此同时,商家也可以充分利用消费者评论来改善自身服务。因此,消费者评论已经成为电子商务领域研究的一个学术热点。实践中,主要的电子商务平台也斥巨资不断完善消费者反馈系统。

然而,现有关于消费者评论的研究往往更加关注评论的数量和情绪,尚未涉及评论的形式等更加深层次的内容。例如,多模态(图片、视频)的评论信息可能有助于消费者对产品形成更加深刻的印象。对于某些需要一定时间来感受其实际质量的产品,消费者使用后的补充评论往往能提供更加令人信服的证据。然而,尽管这一问题对于进一步促进电子商务发展具有重要意义,但现有文献资料很少对上述几方面的关系给出实证证据。

为得到更具有启示意义的结论,有研究者围绕消费者评论开展研究。研究者在研究过程中设计了两个具体的情境:(1)基于亚马逊平台的单产品实

---

① 案例具体情况参见:Yin H, Zheng S, Yeoh W, et al. How online review richness impacts sales: An attribute substitution perspective[J]. Journal of the Association for Information Science and Technology, 2021, 72(7): 901-917.

验研究;(2)基于京东平台的多产品真实世界研究。这一研究设计非常巧妙,不仅兼顾了实验证据与真实世界证据,也兼顾了不同文化环境的影响,因而具有较高的信度和效度。

图 12-2 介绍了该实验的设计思路。此项实验在 MTurk 平台进行,具体场景为销售空调。研究者共招募了 220 名被试。被试被要求考虑在亚马逊平台上购买空调的场景。每个被试的观测界面上都会出现两个空调及评论。两个空调在名称、价格、外观、功能、在线评论量和评分上均相同,唯一区别在于评论的形式。在阅读评论后,被试需要决定购买哪种产品。研究者共进行两次实验。实验 1 将文字评论产品与带文字和视频评论的产品进行比较。实验 2 将文字评论产品与带有追踪评论的产品进行比较。结果表明,在实验 1 中,74.1% 的被试更倾向于购买带有视频评论的空调。在实验 2 中,66.4% 的

XXX牌便携式空调, 14000BTU, 白色售价:399.99美元

用户评分:4分（满分5分）

其他消费者的使用体验（仅留言）:
　"我对这款空调的性能和噪声程度十分满意,它不仅设计得十分好看,放在房间里也不影响美观性,而且不到15分钟就能实现全屋降温。空调工作时也比较安静,只能听到风扇的声音,甚至难以判断它是否真的在运行。"

XXX牌便携式空调, 14000BTU, 白色

售价:399.99美元

用户评分:4分（满分5分）

其他消费者的使用体验（留言,包括视频）:
　"我对这款空调的性能和噪声程度十分满意,它不仅设计得十分好看,放在房间里也不影响美观性,而且不到15分钟就能实现全屋降温。空调工作时也比较安静,只能听到风扇的声音,甚至难以判断它是否真的在运行。大家可以看一下我上传的视频,这是空调在我房间工作的情况。"

XXX牌便携式空调, 14000BTU, 白色

售价:399.99美元

用户评分:4分（满分5分）

其他消费者的使用体验（留言,包括追加评论）:
　"我对这款空调的性能和噪声程度十分满意,它不仅设计得十分好看,放在房间里也不影响美观性,而且不到15分钟就能实现全屋降温。空调工作时也比较安静,只能听到风扇的声音,甚至难以判断它是否真的在运行。"

40天后该消费者追加评论:
　"使用了一个月后,我认为这款空调不仅降温迅速,还十分节能。空调的耗电费是很少的,它让我们在这个夏天感到非常舒适。"

图 12-2　消费者评论研究的实验场景设计

被试更倾向于购买带有追踪评论的空调。两组结论均显著。研究者的假设得到初步证实。

不少读者可能会质疑,仅仅以一个平台的一个产品作为研究对象,能否得到真正指导实践的研究结论呢?研究者们充分考虑到这一问题,并寻找了一个不存在干预控制的真实情境。在 2019 年 10 月,研究者通过爬虫技术获取了京东平台 11 个商品门类的 21 392 种商品的基本情况、消费者反馈与销量信息,并通过面板数据回归的方法验证了上述结论。结果与实验性研究的结论完全相同。以上两方面研究的有机结合,构成了此研究的巧妙所在。

上述研究对于在线零售商和电子商务平台具有重要意义。首先,在线零售商可以将包含视频或后续评论的评论放在显著位置。其次,在线零售商可以建立激励机制,鼓励消费者撰写形式更加多样的评论。最后,随着信息化程度不断深入,消费者对于商品的多模态信息的需求越来越显著,因此电子商务平台可以为其网站设置更加丰富的信息呈现形式,如引入虚拟现实技术等。由此,我们可以进一步感受到实验证据与真实世界证据结合的意义所在。

尽管上述案例并不属于公共管理和公共政策领域,但仍然对于我们开展人工智能社会实验工作具有较大的启示意义。在数字化转型蓬勃开展的当下,在特定领域内找到某些具有实验价值的前瞻性项目并不困难,但如何让实验发现真正地转化为治理效能,还需要我们更加深入的思考。例如,在研究智慧医疗对于区域医疗资源分配的过程中,在有限城市构成的实验区内,我们能够得到一定的研究结论。但这些结论是否能够真正地指导智能时代的卫生政策呢?如果此时我们结合真实世界证据(例如,研究者可以组织一次对于区域内各个城市总体智慧医疗水平的指数评估,并将其与区域内医疗资源分配结构结合起来),就可以在更大范围内探讨结论的稳健性。

第13章
实验中的常见问题与应对策略

13.1 引言

结合不同领域开展的研究工作,第8章至第12章对各类实验方法以及实验研究与非实验研究的组合进行了详细的介绍。这些研究大多在理想条件下开展,例如,某项较为清晰的公共服务场景、大学生等较为"纯粹"的群体等,或是历经千难万险最终达到了理想的状态。这固然具有很强的借鉴意义,但仅仅了解"从0到100"的一蹴而就,而忽略"从0到1"的艰辛,对于进一步开展面向未来的人工智能社会实验工作是不充分的。本章旨在进一步探讨这些缺失的部分,向读者展示真实的社会实验过程可能出现的问题。

事实上,在真实的社会实验中,研究者往往面临一系列因素的干扰,使得实验无法达到预想的效果。这些干扰可能发生在不同层次,需要研究者采用有针对性的策略加以应对。首先,无论是实验的实施者还是被试,当暴露在实验情境下时,其行为都可能发生异化,呈现出某种系统的非理性特征。其次,随着实验规模的扩大,实验的管理和执行流程可能成为一项非常复杂的系统工程。研究者可能因为样本量的异常缩减而难以获取保障因果推断质量的基础数据。某些被试也可能超越研究者的控制,在原本没有分配到实验干预的情况下意外接受了实验干预。实验团队的多元化组成,也可能导致实验干预质量的不统一。这些中观的管理问题都需要研究者充分考虑,并积极优化实验的管理流程。此外,一些基本性的预设和判断也可能影响实验的结果。每个样本都是独立的个体吗?个体之间的信息交流和学习活动将如何改变实验发现?随着实验规模的扩大,实验日益深度地嵌入到社会系统中,会如何改变现有的社会均衡?研究者需要进一步了解这些基础性问题,并提前在实验设计中加以考虑。本章将围绕这些问题及其应对策略展开,努力为各地区人工智能社会实验的开展保驾护航。

13.2节重点讨论影响实验效果的微观心理机制。重点讲述个体暴露在实验环境中时出现的行为异化现象,包括霍桑效应、罗森塔尔效应、安慰剂效应、系列位置效应、量表衰减效应等。对于其中较为重要的霍桑效应等案例，结合专栏介绍了相关应对策略。

13.3 节重点关注中观的实验流程管理对实验效果的影响，聚焦社会实验的执行层。从实验团队侧和样本侧两个角度，重点探讨了这一问题的成因与可能的应对方案。

13.4 节重点关注宏观的实验设计思路的影响。实验的选址逻辑、实验效应的作用机制、实验效应的作用尺度等多方面因素都可能对实验结果产生重要的影响。研究者应当在实验开展前对上述问题提前做出预案，并充分考虑不同假定可能产生的影响。

13.2 微观心理机制对于实验效果的影响

微观心理机制相关的一系列因素可能影响实验效果。总体来看，作为一种外生的干预，当实验者和实验样本充分暴露在实验干预下时，其行为可能出现复杂的异化特征。随着心理科学与行为科学的发展，研究者已经逐步总结归纳出较为重要的几个问题。

13.2.1 霍桑效应

霍桑效应（Hawthorne effect）是指由于实验对象知晓其被试身份而产生的行为偏差[①]。顾名思义，霍桑效应源自"霍桑实验"（Hawthorne Experiment）。随着访谈实验等的展开，梅奥等实验者发现工人并非完全遵循"理性人"假设，而存在着广泛的社会和心理需求，后者的重要性甚至远远超过前者。此外，在工厂的正式组织中还存在着非正式组织。在群体实验中，实验者发现工人们会联合起来降低生产速度，避免因自身过分努力地工作而导致其他同伴失业或公司制定出更高的生产份额[②]。由于员工和研究人员间没有信任，员工将根据自身掌握的信息，将产量控制在最符合自身利益的水平。这一发现在今天看起来非常容易理解，但在 100 年前，却是重大的理论突破，帮助研究者更好地认识到"理性人"假设的局限性。

由于实验方法是在控制随机因素的基础上比较实验组和对照组的结果差异，如果实验组能够系统地控制自身行为，实验的信度效度便无从谈起。由此可见，霍桑效应是一种可能显著影响实验结论的微观机制，甚至可能使

---

① 陆方文. 随机实地实验：理论、方法和在中国的运用[M]. 北京：科学出版社，2020：46.
② 乔治·埃尔顿·梅奥. 工业文明的社会问题[M]. 时勘，译. 北京：机械工业出版社，2016：62-78.

得实验结果南辕北辙。我们甚至可以得出这样的结论,如果不加处理,研究者观测到的实验效应可能是干预效应与霍桑效应的加总。因此,采用针对性方案控制霍桑效应的影响至关重要。

现阶段,处理霍桑效应的方法主要有两种。第一种方法是采用双盲设计,即实验者和样本都不知道自己处于实验中,根本上消除霍桑效应的影响。这种方法在新药实验等领域往往更可行,但对于教学、治理等社会性更强的实验研究则很难做到。我们很难在开展培训的同时不充分告知培训者,可能违反某些关键的研究理论。第二种方法是增加霍桑对照组。此时,实验分组将发生一定的变化。如果研究者关注单一因素的干预效应,则需要设置三个组别:不接受实验干预(对照组)、被通知为实验组但不接受实验干预(霍桑对照组)、被通知为实验组且接受实验干预(实验组)。通过比较对照组和霍桑对照组,研究者可以识别出霍桑效应。通过比较对照组和实验组,研究者可以识别出整体效应,从整体效应中减去霍桑效应便得到干预效应。专栏 13-1 提供了一个利用霍桑对照组分离霍桑效应的经典案例。

📝 **专栏 13-1　通过短信提示驾驶员遵守交通规则**

这是中国人民大学研究团队在青岛市开展的通过发送短信提示驾驶员遵守交通规则的社会实验案例[①]。案例中,研究团队主要探索了不同短信风格的设计如何影响驾驶员遵守交通规则。研究者通过精巧的实验设计,在一定程度上避免了霍桑效应的影响,值得关注。

在实验开始前,研究团队对青岛司机进行了一个预调查,发现大部分司机未曾收到过警方发送的消息。因此,研究团队认为,此时突然接到警方发送的短信,被试可能受到霍桑效应的暗示,在一定时间段内更加关注自身的交通驾驶行为。此时,不论短信的内容如何,都会降低交通违章概率。如果不控制潜在的霍桑效应影响,研究者便无从知晓短信是否真的发挥作用。随着短信成为常态,一旦霍桑效应弱化,如果短信实质上并不能发挥作用,那么大规模发送便可能造成公共资源的浪费。

---

① 案例选自:Lu F, Zhang J, Perloff J M. General and specific information in deterring traffic violations: evidence from a randomized experiment[J]. Journal of Economic Behavior & Organization, 2016,123:97-107.

为此，实验设置了 1 个对照组和 4 个实验组。其中，对照组未收到警察的短信提示，实验组共分为宣传组（advocacy group）、警告组（warning group）、处罚组（punishment group）和罚单组（ticket group），分别收到不同的短信提示。短信内容如下：

（1）**宣传组**。司机收到一条内容为"青岛警方提醒您，为了您和他人的安全，请安全驾驶"的手机短信。

（2）**警告组**。司机收到一条内容为"青岛警方提醒您，90％以上的主要街道都部署了违章监控设备，如闯红灯将被抓拍。为了您和他人的安全，请安全驾驶"的手机短信。

（3）**处罚组**。司机收到两条短信，一条内容与"警告组"相同，另一条短信内容为"青岛警方提醒您，根据《中华人民共和国道路交通安全法》，闯红灯将处罚款 200 元并扣 3 分。为了您和他人的安全，请安全驾驶"。

（4）**罚单组**。司机收到近期的交通罚单信息，共包括四个部分：①青岛警方提醒您，为了您和他人的安全，请安全驾驶；②亲爱的车主，您的车辆在 2 月和 3 月收到交通罚单如下（号码）；③报告了每次违规的位置、时间和类型；④如果您处理了这些违规行为，请忽略此消息。

可以看出，宣传组本质上是霍桑效应对照组。沿着上述逻辑，该研究发现宣传组和对照组的交通违章概率并无显著差异，这意味着霍桑效

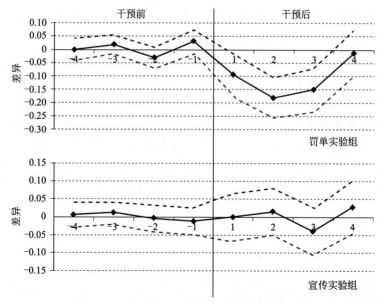

罚单实验组、宣传实验组与对照组间的差异图

应的影响并不显著。在此基础上,研究发现排除霍桑效应后,罚单组显著降低了汽车驾驶员违章的倾向,但是这种效应仅仅能够维持五周左右。上述结果表明,一方面,短信的确扮演了一种有效的政策工具,短信发挥的效果并不是心理偏误所致。另一方面,短信并不是一种长效工具,从根本上减少交通违法还需要更多从体制机制入手。

13.2.2　罗森塔尔效应

与霍桑效应不同,罗森塔尔效应(Rosenthal effect)又称皮格马利翁效应(Pygmalion effect)或教师期望效应(Teacher expectancy effect),是典型的实验者效应[①]。罗森塔尔效应是实验者有意或无意造成的实验偏差,即实验者为搜集能够证明其假设的实验结果,实验过程中会有意或无意地通过表情、动作、语言等方式将预期传递给被试,造成一种实验结果有利于证明原假设的效应[②]。

罗森塔尔效应是心理学的重大突破,证明了人际期望对社会互动的重要影响,可能显著影响实验的内部效度。霍桑效应主要强调被试在感知到实验干预情况下行为的异化,罗森塔尔效应则更加关注实验者暗示下被试行为的异化。如果被试因为受到暗示而做出与日常完全相反的行为,实验效应可能被污染。例如,某学校计划开展实验班和普通班的教学实验。除去教学方案试点的差异外,如果实验班老师认为负责实验班是对于自身能力的充分肯定,从而将更大的经历投入到教学中,并将这种积极的情绪传递给学生,即便在这种情况下,我们发现实验班的成绩好于普通班,也不能完全将其归因于教学改革的影响[③]。

罗森塔尔效应对于人工智能社会实验工作的开展具有重要的启示价值。如果实验区和实验者过于强烈地向社会宣传人工智能社会实验的治理价值与目标,可能在不经意间塑造被试的行为。研究者需要不断训练实验团队在实验过程中保持中立,避免情绪、态度的外溢影响被试的行为。但是,即便是最训练有素的实验团队也很难保证所有实验者的态度统一。因此,在小规模的社会实验中,实验者最好能够让一名实验者完成所有干预,从而尽可能地

---

① Kennedy J J. Experimenter Outcome Bias in Verbal Conditioning: A Failure to Detect the Rosenthal Effect[J]. Psychological Reports, 1969, 25(2): 495-500.

② 周宏. 对罗森塔尔效应的审视与反思[J]. 教学与管理, 2012, 6: 3-5.

③ 莫文. 心理学实验中的各种效应及解决办法[J]. 实验科学与技术, 2008, 6: 118-121.

控制罗森塔尔效应。

13.2.3　安慰剂效应

安慰剂效应(placebo effect)最早起源于医学研究。在医学中,实施某种治疗干预后,患者出现病情好转可能有多种原因。最为理想的情况下,治疗干预确实发挥了效果。此外,也有可能是病情随时间历程发生了自然改善,即便没有治疗,这种改善也会发生。还有可能是患者对治疗者或药物非常信赖,由此产生的心理安慰作用缓解了病情。这些改善并不是由治疗本身引起的,在科学评价治疗干预效果时应当予以剔除[①]。在社会实验中,实验对象的变化也可能并非干预措施所导致,研究者需要在因果推断时充分考虑。

应对安慰剂效应的最佳思路是建立一个安慰剂对照组。例如,研究者正在开展一个研究考前心理辅导是否有助于减轻学生焦虑的实验。在初始版本的工作计划中,研究者仅仅将具有焦虑症状的学生随机分到两个组中,对实验组进行心理辅导,而对照组不进行辅导,随后比较两组学生的心理变化。很显然,初始方案没有充分考虑安慰剂效应的影响[②]。一种潜在的解释是,学生们可能只是需要考前和别人聊聊天而已。要解决这一问题,可以将分组改为三组,增加一个提供考前聊天服务而非心理辅导的安慰剂对照组。

13.2.4　系列位置效应

与前述效应不同,系列位置效应(serial position effect)与实验中的辅助调查技术有关。系列位置效应是指记忆一系列项目时,项目在问题序列中的位置可能对记忆效果产生影响的现象,具体可分为首因效应[③]和近因效应[④]。首因效应(primacy effect)是指实验者对处于系列项目中前列的项目记忆深刻,近因效应(recency effect)是指实验者对处于系列项目中靠后位置的项目记忆深刻,而对处于中间的项目容易遗忘[⑤]。首因效应和近因效应在现实生活中非常常见。例如,在阅读一份很长的名单时,我们往往只能记住开头的内容和结尾的内容,因为处于这些位置的个体更符合短期记忆规律。

---

① 张文彩,袁立壮,陆运青,等.安慰剂效应研究实验设计的历史和发展[J].心理科学进展,2011,19(8):1115-1125.

② 莫文.心理学实验中的各种效应及解决办法[J].实验科学与技术,2008,6:118-121.

③ Bjork R A, Whitten W B. Recency-sensitive Retrieval Processes in Long-Term Free Recall[J]. Cognitive Psychology,1974,6:173-189.

④ 吴艳红,朱滢.连续分心实验中的系列位置效应[J].北京大学学报(自然科学版),2002,1:121-126.

⑤ 吴艳红,朱滢.自由回忆和线索回忆测验中的系列位置效应[J].心理科学,1997,3:217-221.

系列位置效应对人工智能社会实验工作的开展具有重要的启示意义。在数字政府和数字社会建设的相关实验调研中,研究者很多时候需要让被试对于不同类型的服务项目或不同目标的偏好进行评价。此时,评价元素的序列排布便可能对被试的回答产生重要影响。研究者需要采用针对性的研究设计保障结论的稳健性。例如,研究者可以运用随机数字表、随机排列表、伪随机数等方式对项目序列进行随机化,亦可多次重复实验,以确保实验的信度与效度[①]。

13.2.5 量表衰减效应

量表衰减效应也是一种与实验中辅助调查技术相关的微观心理机制,具体包括天花板效应和地板效应。天花板效应指当量表和实验中的任务过于简单时,不同干预水平的被试都能够轻易完成任务并获得较高得分,导致因变量的变异水平较小。此时,如果所有被试都能取得趋近完美的表现,干预效应往往便不显著,难以达到基本实验目的。与天花板效应相反,地板效应指当测量量表和实验任务过于困难时,不同干预水平的所有被试都很难完成基础的问题和任务,导致因变量的变异水平也很小,所有被试都取得很差的表现。此时实验干预效应亦无法得到充分的挖掘。

量表衰减效应会阻碍观测值对实验干预的准确反映,在设计实验时应当尽力避免。一种可取的做法是,在开展大规模实验前,通过小范围的预实验考察量表和实验任务设计的合理性。如果出现过高比例的样本观测值处于极值端,研究者需要重新调整量表和实验任务。从根本上来看,让量表或实验干预存在一定的梯度,可能是避免量表衰减效应的关键。

13.3 中观流程管理对于实验效果的影响

除去实验者、被试在实验过程中微观心理变化的影响外,中观层面的实验流程管理也可能显著影响实验效果,接下来将从实验团队管理和样本管理两个维度进行介绍。一方面,随着实验规模的扩大,实验团队的组成更加多元,可能导致实验的干预质量存在差异。另一方面,随着实验规模的扩大,对于样本的管理也更加复杂。如果样本未按实验者计划接受干预,可能对实验结果产生重大影响。相对而言,前者的处理要更加简单,而后者涉及统计层面的二次处理,将结合一些案例深入介绍。

---

① 莫文. 心理学实验中的各种效应及解决办法[J]. 实验科学与技术,2008,6:118-121.

13.3.1 实验干预的质量差异

社会实验是一项成本很高的系统工程。随着规模的扩展,实验的进行不可避免地需要整合社会力量形成执行团队。以班纳吉等人创建的 J-PAL 实验室为例,该实验室每年面向社会各界招募数以千计的研究助理,在培训后前往全球各地开展实地实验研究[①]。有时,大型社会实验的开展还涉及与公共部门、非政府组织等多方的深入互动。在这种情况下,如果没有严格的流程控制,实验干预的执行很容易"走样",难以取得满意的实验结果[②]。例如,有研究者曾经在肯尼亚开展的教育实验中设计了 NGO 组织实验和政府组织实验两个实验组,发现在项目执行的过程中,政府的执行力比非营利组织要差得多。政府不仅在雇佣教师的过程中缺乏管理,亦可能出现拖欠工资等现象。此外,公立部门内部已有编制的教师也可能自发地抵制相关项目的开展,认为有人试图从他们的工作中"分一杯羹"[③]。

上述结论未必适用于人工智能社会实验,特别是随着人工智能社会实验日益上升为国家战略,很大程度上弥合了上述研究中实验者和政府利益的夹角。此外,我们也不太需要考虑因政府行政能力低下而导致的缺乏监督、贪污腐败以及拖欠工资等现象。尽管如此,人工智能社会实验工作开展的过程中也不可避免地涉及如何保障实验干预的执行效果。事实上,人工智能社会实验的执行广泛嵌入在新一代人工智能创新发展试验区、国家智能社会治理实验基地等多重组织架构下,涉及政府、高校、科研院所、企业等复杂的合作关系,需要充分调动各方积极性,并从体制机制层面保障对实验进展的统一管理。在实践中,一方面要积极开展社会实验讲习班等培训项目,与一线实验队伍的研究骨干充分交流人工智能社会实验的总体构想,讲授社会实验的基本知识、常见问题与应对策略,提出一定时期内应当重点关注的研究问题,从根本上提升各实验区社会实验设计的研究质量;另一方面,要逐步形成实验项目伦理审批、数据采集、数据管理等各个环节的标准性流程文件,尽可能地提升实验执行过程的同质性,并规避可能的风险。

---

① 可参见第 7 章相关内容的介绍。

② Banerjee A, Banerji R, Berry J, et al. From proof of concept to scalable policies: Challenges and solutions, with an application[J]. Journal of Economic Perspectives, 2017, 31(4): 73-102.

③ 这仅仅是肯尼亚情境下的研究结果,不构成外推的前提,可参见: Bold T, Kimenyi M, Mwabu G, et al. Experimental evidence on scaling up education reforms in Kenya[J]. Journal of Public Economics, 2018, 168: 1-20.

13.3.2　样本的不遵从现象

被试管理也是实验流程管理的重要组成部分。理想情况下,被试会遵循实验者安排,实验组接受干预处理而对照组不接受。然而,有时研究者可能并不能完全精准地管理被试行为。被分配到实验组的个体可能并不愿意接受干预,而分配到对照组的个体却对实验兴趣高涨,通过各种手段接受了干预[①]。这种情况下,被试并没有遵从实验者的管理,我们称为"不遵从"(noncompliance)现象[②]。

不遵从是社会实验,特别是大规模实地实验中的常见现象。首先,由于实地实验的周期较长,后勤保障不到位是导致不遵从的常见原因。这通常在研究者没有对实验中可能出现的问题做出系统性规划的时候发生。其次,实验者可能并不能按照预期接触到被试。实践中,被试很容易出现地址搬迁或临时有事不在家中等情况,研究者可能无法按计划实施干预。最后,个体间的社会互动和信息交流可能促进社会学习,导致原本未接受干预的个体接触干预。例如,研究者研究在欠发达地区为学生提供平板电脑是否有助于提升学习成绩。实验中,研究者选取一个学校中的 50 名学生向其提供平板电脑,另外 50 位学生作为对照组。然而,由于学生间可能存在朋友、同桌等社会关系,随着时间的推移,可能有超过 50 名学生使用过平板,从而导致结论偏误。

不遵从现象发生时,实验组中混入并未接受干预的群体,实验结果将出现重大误差。在讲解应对策略前,我们首先进行概念界定。根据实验的具体情况,依据分配干预和实际干预情况的一致性,将被试分为四种:(1)遵从者,即被试的实际干预情况和分配情况一致;(2)从不接受者,即被试无论是否被分配到实验组,始终不接受干预;(3)永远接受者,即被试无论是否分配到实验组,始终接受干预;(4)违抗者,即被试的实际干预情况永远与分配相反[③]。如果实验中包含了(1)(2)两类群体,我们称之为"单边不遵从",如果包含了(1)(2)(3)三类群体,则称为"双边不遵从"。

为避免干预效应的估计偏差,研究者需要对不遵从情况下的实验结果进行统计处理。在不遵从情况下,平均干预效应难以获得,但可以估计遵从者

---

① Brown C H, Liao J. Principles for designing randomized preventive trials in mental health: An emerging developmental epidemiology paradigm[J]. American journal of community psychology, 1999, 27(5): 673-710.

② Gerber A S, Green D P. Field experiments: Design, analysis, and interpretation[M]. New York: WW Norton & Company, 2012.

③ 违抗者的行为逻辑在现实中比较少见,为简化起见,不将其纳入考虑。

平均因果效应(complier average causal effect,CACE)。CACE 的计算需要引入一个新的概念:意向干预效应(intent-to-treat effect,ITT)。实践中,意向干预效应又分为两种:ITT 和 ITT_D。其中,ITT 是实验组和对照组样本在潜在结果变量上平均值的差。ITT_D 是实验组和对照组接受干预的平均值的差。遵从者平均因果效应可以按公式 $CACE = ITT/ITT_D$ 计算。这样解释看起来有些抽象,以下通过一个假想的案例进行说明。

A 高校体育部管理人员希望探究现场观看赛事是否能够提高同学的体育锻炼热情。体育部首先从全体学生中随机抽取 2 000 人,其中 1 000 人为实验组,其余为对照组。体育部给 1 000 位实验组的同学发送邮件,为其提供下个月热门的体育赛事门票。显然,这一案例中可能存在非常显著的"不遵从"现象。一方面,因为时间冲突或者不感兴趣,收到邮件和门票的同学未必有兴趣到场观赛;另一方面,对于对照组中的部分狂热体育迷而言,即便没有免费的门票,也仍然会到场观赛。由于体育部并不具备强制要求同学观看赛事的能力,研究者的干预意愿可能与被试的实际行为存在差异。显然,这是一种双边不遵从现象[1]。体育运动热情通过接下来一年是否参加运动会进行测量,分为参加与不参加两类。

表 13-1、表 13-2 分别提供了单边不遵从和双边不遵从的案例。首先,发邮件对是否参加运动会的意向干预效应是收到邮件同学参赛比例与没收到邮件同学的参赛比例之差。此时,我们有 $ITT = 52\% - 40\% = 12\%$。发邮件对是否现场观赛的因果效应是收到邮件同学的观赛比例与没收到邮件同学的观赛比例之差,即 $ITT_D = 600/1\,000 - 0 = 0.6$。此时,遵从者平均因果效应等于两者相除,即 $CACE = 12\% \div 0.6 = 20\%$。同理,可以看出,表 13-2 中,$ITT = 28\% - 26\% = 2\%$,$ITT_D = 600/1\,000 - 200/1\,000 = 0.4$。此时,$CACE = 2\% \div 0.4 = 5\%$。

表 13-1　单边不遵从的计算案例

分　　类	实验组(收到邮件)	对照组(未收到邮件)
现场观赛 & 参加运动会	66.7%(400/600)	无
没有观赛 & 参加运动会	30%(120/400)	40%(400/1 000)
运动会的平均参与率	52%(520/1 000)	40%(400/1 000)

①　相较而言,双边不遵从是对单边不遵从的拓展,故构造了一个这样的案例。如果实验条件发生变化,例如该赛事为学校体育部主办,没有通过邮件获得门票的同学不能入场,此时则是一个单边不遵从。以下的算例中,我们同时呈现两种情况。

表 13-2　双边不遵从的计算案例

分　　类	实验组（收到邮件）	对照组（未收到邮件）
现场观赛 & 参加运动会	33.3%（200/600）	30%（60/200）
没有观赛 & 参加运动会	20%（80/400）	25%（200/800）
运动会的平均参与率	28%（280/1 000）	26%（260/1 000）

需要说明的是,虽然"不遵从"是一种非理想的实验情景,但并不一定是一个问题,需要根据研究目标加以调整。一方面,研究者有时只关注遵从者的干预效应。如果一位政治家希望了解邀请选民参加宣传活动后选民投票倾向的变化,那些永远不关心政治的公民(从不接受者)并没有太大的参考价值。另一方面,"从不接受者"有时又可能非常重要。如果将情境聚焦到数字化转型中,"从不接受者"可能恰恰反映了"数字鸿沟"的存在。除去这些情况,如果研究者仍然希望关注大样本的平均干预效应,则需要根据具体成因加以分析并采用针对性的解决策略。

13.3.3　样本的缩减现象

除被试是否遵循实验分配外,样本管理的另一个常见问题是部分样本可能与实验者失去联系。例如,某大学管理者希望研究某种培训项目是否提高了毕业生的薪酬。在理想情况下,毕业生的初始薪酬水平与未来薪酬都可以进行系统的收集,但在实际中随着时间的推移,这些信息很容易出现缺失。如果这种缺失是完全随机的,此时完整的数据仍然是总体的一个随机子集,研究者可以直接丢弃相关样本。但更多情况下,这种缺失是系统性的。例如,薪酬越低的同学可能越不愿意报告薪酬水平,某些同学的岗位可能涉密,难以报告薪酬水平。这种情况下,我们就必须严肃地处理相关样本的缺失,否则就可能造成很大的估计误差。在实验科学的专业术语中,这种现象被称为样本缩减(attrition)。

总体来看,样本缩减是社会实验中十分常见的现象,尤其是那些追求"长周期"观测的社会实验。例如,在观测 K-12 培训项目对于被试成绩的影响的社会实验中,如果仅仅观测接受教育后半年的成绩,样本可能并不存在显著的缺失。然而,如果研究者要关注一年、两年乃至五年的情况,转学、毕业等现象带来的不确定性便大大增加。此外,在一些包含隐私信息的项目中,如果被试突然感受到隐私泄露的风险,亦可能中断与实验者的合作。这些因素都可能导致样本的缩减。

写到这里,读者或许想问,是否可以像样本的不遵从现象一样,退而求其次,对某个小群体(例如,遵从者群体)进行无偏估计呢?很遗憾,在样本缩减的情况下,我们无法对任何小群体进行有现实意义的平均干预效应估计。某种意义上,我们可以认为样本缩减是实验性研究很难避免的一个缺陷。一种替代性的策略是给出因果效应的边界,在现有条件之下估计最大和最小的干预效应。我们通过一个假想案例进行说明。

此处构造的案例还是关于 K-12 教育培训项目的社会实验[①]。假定毕业三年后,我们获得了实验组和对照组的部分数据,如表 13-3 所示。此时,实验组和对照组分别有 5 位学生的薪酬数据,两组中都存在一定的缺失现象。如果不考虑缺失情况,实验组的平均薪酬为 $(13+18+22+25+30)/5=21.6$,对照组的平均薪酬为 $(10+13+16+22+30)/5=18.2$。培训项目的平均干预效应大致是 3.4。回溯历史数据发现,该校学生的薪酬范围大都在 8~50。此时,如果我们用理论薪酬的极大值代替实验组的缺失值,用理论薪酬的极小值代替对照组的缺失值,就得到了干预效应的上界。按上述规则计算,上界为 12.2。反之,如果我们用理论薪酬的极小值代替实验组的缺失值,用理论薪酬的极大值代替对照组的缺失值,我们就得到了干预效应的下界。按上述规则计算,干预效应的下界为 −13。

不难看出,上述方法已经给出了一个包含无偏估计量的区间,但如果数据极差很大,干预效应的上界和下界便可能非常宽,提供的信息量便十分有限。对于上述问题,一个干预效应为 −13~12.2 的估计几乎不能帮助研究者对于项目的实际效果做出判断。一定程度上,这种现象是因为我们没有对数据做出任何预先的假设。我们也可以模仿不遵从研究的逻辑,对被试的结构进行假设以获得更加精确的估计。假定人群中存在三类人:(1)永远报告者,即无论是否受到干预都报告结果;(2)永不报告者,即无论是否受到干预都不报告结果;(3)干预报告者,即受到干预才报告结果。

表 13-3　样本缩减条件下确定干预效应范围的案例

实验组	薪 酬	是否缺失	对照组	薪 酬	是否缺失
被试 1	13	是	被试 6	10	是
被试 2	18	否	被试 7	13	是
被试 3	22	否	被试 8	16	否
被试 4	25	否	被试 9	22	否
被试 5	30	否	被试 10	30	否

---

① 假定事前已实现随机分配,学生的初始禀赋在参加培训前没有显著差异。

如果在实验前,实验组和对照组之间实现了随机分配,那么两组中不同类型被试的比例是接近的。基于观测到的数据,我们可以对人群结构进行推断。首先,对照组中报告结果的样本必然是永远报告者。同时,对照组和实验组报告结果的比例,又可以让我们进一步估计其他几类被试的比例。例如,对照组中有 30% 的人报告结果,则永远报告者的比例是 30%。同时,如果实验组中有 50% 的人报告,说明永远报告者和干预报告者的比例是 50%。此时,我们可以沿着前文用理论最大值和理论最小值替代缺失估计干预效应区间的方法,用实验组中已知数据的前 30% 或后 30% 区间的取值范围代替上文的最大值/最小值,再与实验组相减进行干预效应区间的估计。不难看出,上述方法将取得相对较窄的估计区间,但同时也伴随着更加严苛的假设。研究者需要在结论的精确性和假设的严苛性之间做出权衡。

以上更多谈论的是样本缩减发生后的处理策略。更为理想的情况是,研究者能够在事前初步梳理出一些可能影响样本缺失概率的因素,并根据这些要素对样本进行分层处理。此时,各个分组内可以实现随机状态。研究者再分层估计相关的干预效应分布,则可以大大提升估计的精确度。当然,最好的处理方法还是尽可能地提升结果的可得性,例如设计更容易采集的变量或是利用多渠道数据进行补充[①]。

13.4　宏观实验设计对于实验效果的影响

宏观层面的实验设计也可能对实验效果产生重要影响。这往往涉及实验研究中一些更加基础性的问题。我们将从实验的选址逻辑、实验效应的作用机制和实验效应的作用尺度三个维度进行介绍。相比较而言,实验效应的作用机制维度要更加复杂,涉及统计上的二次处理,将重点进行介绍。此外,关于实验效应的作用尺度,在实地实验章节已有所介绍,在此仅做总结。

13.4.1　随机化偏差与情境依赖

我们先从实验选址的角度,分析随机化偏差和情境依赖效应对于实验效果的影响。随机化偏差以及与之相伴相生的情境依赖效应是社会实验研究中的常见现象。随机化偏差是指研究者在实验干预分配时因种种原因未能实现随机化所带来的偏差。在实践中,随机化偏差有三种可能的来源[②]。一

---

①　相关讨论可参考 Gerber A S, Green D P. Field experiments: Design, analysis, and interpretation[M]. New York: WW Norton & Company, 2012: Chapter7.

②　Banerjee A, Banerji R, Berry J, et al. From proof of concept to scalable policies: Challenges and solutions, with an application[J]. Journal of Economic Perspectives, 2017, 31(4): 73-102.

是早期参加实验的个体和组织往往具有某些特殊性,例如,整体能力更强、与研究者具有某种私人关系等。这些特性可能影响样本的随机性。二是个体参与实验的动机强弱往往与能够从实验中获得的利益大小有关,这同样可能影响分配的随机性。三是由于成本预算等因素的约束,为了快速证明实验的典型性,研究者往往倾向于选取影响力大的地区作为实验对象,但典型场景下的结论并不意味着推广价值。一旦发生随机化偏差,特定选址和实验情景便可能进一步导致情境依赖效应。顾名思义,情境依赖是指一种实验干预所产生的结果在与其所处的情境高度相关的现象。研究者不应该孤立地评估某个实验结果,而要在实验发生时的情境下解释实验结论。在存在随机化偏误的情况下,研究者很难全面地理解和阐释实验机制。

随机化偏差与情境依赖问题对未来进一步做好人工智能社会实验工作具有尤为重要的启示意义。首先,开展社会实验的底线是同时具有实验组和对照组。仅仅考察某一项重点项目成效的研究本质上是"试点"而非实验。此时,项目可能获得平常难以比拟的资源投入和社会关注,具有非常严重的情境依赖效应。在未来工作推进的过程中应尽量避免。其次,实验组和对照组的选取应具有可比性。最理想的状态是在一定的空间区划内通过随机化方法进行选取。如果上述条件不能满足,实验区和研究者至少应当根据某些重要特征进行分层选取①。最后,在单个实验基地完成项目的基础上,对于某些重点选题,应当由独立团队综合各地区的实验结果,开展元分析和荟萃分析。这些研究将帮助我们超越单一的实验环境,更加深入地理解情境设定对于实验结果的影响。第20章将对此进行具体的介绍。

13.4.2 溢出效应与社会学习

接下来,从实验效应的作用机制出发,分析溢出及其伴生的社会学习机制对于实验效果的影响。理想实验研究均包含一个隐含假设,即单一实验对象的潜在结果仅由其自身是否受干预影响决定,与其他对象是否受到干预无关。这一假设被称为无干扰假定(non-interference assumption)②。然而,在许多真实场景下,上述假设并不成立。社会性是人类活动的鲜明特点,对于社会系统的干预将不可避免地在社会网络间进行传导。此时,原本未接触干预的个体也可能逐渐"学习"到干预的基本意涵,并能动地调整自身行为。这种情况下,原本纯粹的对照组也可能被干预效应"污染"。例如,疫苗的免疫

---

① 例如,项目计划在全市范围内选取 50 个村庄(小区),此时至少应当将全市所有的村庄按经济发展水平分为 5 档,保证每一档中选取 10 个村庄。当然分层指标还可以是研究者关注的其他变量。

② Brownell K D, Stunkard A J, Albaum J M. Evaluation and modification of exercise patterns in the natural environment[J]. American Journal of Psychiatry, 1980, 137: 1540-1545.

效果如何,既与个体接种疫苗有关,又与身边人接种疫苗有关;一个地区打击犯罪活动可能会促使犯罪活动的转移;一个学生受到额外的奖励既可能促进,也可能打击其他学生努力的积极性。我们将这种被试受到其他干预影响的现象称为"溢出"(spillover)。

不难想象,"溢出"效应可能对实验估计产生非常大的影响。在考虑溢出的情况下,个体的最终结果可能是干预效应与溢出效应的加总,因此原本的估计结果就存在重大的偏差。此时,如果研究者提前在研究设计层面做出设计,便可以较为准确地估计干预效应和溢出效应,回答一系列有趣的研究问题。我们结合一个假想的案例,对溢出效应和潜在社会学习机制的估计进行说明。

教育是社会智能化转型的重要研究领域。某高中校长希望了解给学生配备智能平板能否有效提升学习成绩,而后决定是否大规模采购。于是,学校从全体学生中随机选出 100 名作为实验组,100 名作为对照组。这一设计看似合理,但可能忽略了同学们之间因为是好朋友或同桌等互借平板的情况。要更好地考察这一点,我们将人群分为四类:(1)自己没有平板,但好朋友或同桌有平板(该组一段时间后的平均成绩记为 Y_{10});(2)自己没有平板,好朋友或同桌也没有配备平板(该组一段时间后的平均成绩记为 Y_{00});(3)自己有平板,同时自己的好朋友或同桌也配备了智能平板(该组一段时间后的平均成绩记为 Y_{11});(4)自己有平板,但好朋友或同桌没有平板(该组一段时间后的平均成绩记为 Y_{01})。通常情况下,如果不考虑溢出效应,校长希望探究的平均干预效应是(2)与(4)类同学一段时间后成绩的差异 $Y_{01}-Y_{00}$,我们记为 ATE。

接下来,我们来研究溢出效应如何导致不准确的估计。为了简便起见,假定四类人群的所占的比例均为 25%。正常情况下,我们认为的干预效应是有平板同学与没有平板同学成绩均值的差,可以表示为 $0.5 \times Y_{01} + 0.5 \times Y_{11} - (0.5 \times Y_{00} + 0.5 \times Y_{10})$,我们将其简记为 $\widehat{\text{ATE}}$。如果 $\text{ATE} = \widehat{\text{ATE}}$,我们将得到 $Y_{01} - Y_{00} = Y_{11} - Y_{10}$。这意味着给一位同学配备平板与给他的同桌或好朋友配备平板对于提升他成绩的积极意义相同。

然而,如果考虑溢出效应,上述等式并不一定成立。一种情况是同学之间可以自由地借用平板。那么此时,自己和身边同学都有平板与自己没有、周边同学有平板的潜在结果便没有了差异。这意味着 $Y_{11} - Y_{10} = 0$。此时,$Y_{01} - Y_{00} > Y_{11} - Y_{10}$,$\text{ATE} > \widehat{\text{ATE}}$。这种情况下,校长可能认为大规模采购平板的性价比并不高。另一种可能的情况是,如果同学们可以进一步交流使用平板的技巧,那么当身边同学也配备平板时,整体的学习效率会进一步提升,此时与前一种情况相反,我们有 ATE<$\hat{\text{ATE}}$。校长的估计方式将夸大使用平板的效果。

上述讨论更多反映了一种物理空间中的溢出。在某些实验中,也可能存在时间尺度上的溢出。还是以基于智能平板设备的教学改革为例。如果我们不直接将学生分为实验组和对照组,而是将同学随机分到一年中的上半学年与下半学年接受干预。这种情况下,除去空间上的溢出效应外,还可能存在时间上的溢出效应。此时,两期同学间的比较也应当非常慎重。例如,使用平板可能促进了同学学习方法的优化,提升了学习成绩,而第一学期成绩的提升又促进了第二学期成绩的提升。此时,将两学期进行比较便可能形成误差。

在具体说明溢出效应与估计误差的关系后,接下来我们用一个比较复杂的案例,说明溢出效应的计算过程。我们仍然以基于智能平台的教学改革为例。为了简化起见,只考虑 A、B、C、D、E、F 六名同学的情况,其中 A、B 为同桌,C、D 为同桌,E、F 独坐。假设平板只能在同桌间借用①。表 13-4 给出了每个同学分配到不同组时的潜在结果②。

表 13-4　每个同学分配到不同组时的潜在结果

同　　学	潜 在 结 果			
	00	01	10	11
A	76	81	81	86
B	78	86	81	89
C	64	73	68	73
D	79	85	83	90
E	77	83	80	88
F	78	85	82	89

在上述假设下,我们便可以得到不同干预情况时每个同学的分组情况,如表 13-5 所示。可以看出,只考虑 6 个样本、3 种干预情况,溢出的情况已经

---

① 此处本质上是对于溢出效应的范围做出了限制,真实的限定形式不局限于此。例如,我们也可以对样本之间的空间距离做出限定,假定处于一定距离内的个体之间可能存在溢出和学习。可参见:Dupas P. Short-run subsidies and long-run adoption of new health products:Evidence from a field experiment[J]. Econometrica,2014,82(1):197-228.

② 关于潜在结果的详细解释,读者可参阅第 14 章。此处主要为了演示,实际中每个人只可能存在于一种情况中。

非常复杂。对于每一种干预,其因果效应等于 $Y_{01}-Y_{00}$,而溢出效应可以表示为 $Y_{10}-Y_{00}$。

表 13-5 不同干预情况下每个同学的分组情况

干　预		各同学所属组别					
		A	B	C	D	E	F
0	A,B,C	11	11	01	10	00	00
1	A,B,D	11	11	10	01	00	00
2	A,B,E	11	11	00	00	01	00
3	A,B,F	11	11	00	00	00	01
4	A,C,D	01	10	11	11	00	00
5	A,C,E	01	10	01	10	01	00
6	A,C,F	01	10	01	10	00	01
7	A,D,E	01	10	10	01	01	00
8	A,D,F	01	10	10	01	00	01
9	A,E,F	01	10	00	00	01	01
10	B,C,D	10	01	11	11	00	00
11	B,C,E	10	01	01	10	01	00
12	B,C,F	10	01	01	10	00	01
13	B,D,E	10	01	10	01	01	00
14	B,D,F	10	01	10	01	00	01
15	B,E,F	10	01	00	00	01	01
16	C,D,E	00	00	11	11	01	00
17	C,D,F	00	00	11	11	00	01
18	C,E,F	00	00	01	10	01	01
19	D,E,F	00	00	10	01	01	01

基于表 13-5,我们可以得出实际中每个个体分配到不同组别的概率,具体如表 13-6 所示。不难发现,尽管理想情况下,每个样本会被等概率地分配到各个组别中,但在具体空间分布条件下,这样的概率是不均等的。此时,在计算具体干预下的干预效应时,我们还需要进行一步逆概率加权。这种方法本质上是给那些比随机情况下更小概率分配到特定组别的个体更大的权重

以消除非随机化带来的误差。以 A、B、E 构成实验组的情况为例。此时，Y_{11} 包括 A、B，不在我们考虑的范围内。Y_{01} 包括 E，Y_{00} 包括 C、D、F。依据分配到特定组别的概率进行加权，干预效应（ATE）如下式计算[①]：

$$\text{ATE} = \frac{\dfrac{83}{0.5}}{\dfrac{1}{0.5}} - \frac{\dfrac{64}{0.2} + \dfrac{79}{0.2} + \dfrac{78}{0.5}}{\dfrac{1}{0.2} + \dfrac{1}{0.2} + \dfrac{1}{0.5}} \approx 10.42$$

表 13-6 不同干预下每个同学的分组概率

同　　学	分配组别概率			
	00	01	10	11
A	20％	30％	30％	20％
B	20％	30％	30％	20％
C	20％	30％	30％	20％
D	20％	30％	30％	20％
E	50％	50％	0％	0％
F	50％	50％	0％	0％

基于以上内容，我们可以看出，当研究者对"溢出"及其伴生的"学习"问题进行建模后，"溢出"效应便不再是一种"污染"。我们往往既可以较为明确地分离出实验的干预效应，又能得到溢出效应的大小。因此，在实验干预前，对于实验情景进行深入调查，提前明确是否存在潜在的信息交流与"学习"，并对潜在的问题主动提前加以考虑，有助于研究者更好地克服"溢出"效应的难题，更加深刻地理解实验原理。

13.4.3　局部均衡与一般均衡

实验尺度对实验效果的影响，在实地实验章节（9.4 节）已经有所涉及，这里主要从更一般性的层面进行论述。随着实验尺度的增加，实验对于社会系统的影响可能由局部均衡效应转为一般均衡效应，甚至可能对实验结论产生颠覆性的影响。

局部均衡与一般均衡是一组经典的经济学概念。前者是在假定其他市

---

①　此处采取的逆加权方法为将个体的实际权重确定为"1/分配到该组的概率"。例如，如果 X 有 50％的概率分配到某组，此时其权重被确定为 1/50％＝2，如果概率为 20％，则其权重为 1/20％＝5。这种情况下，我们可以保证每个个体在研究中的重要性是一致的，因为权重×概率＝1。

场条件不变的情况下,孤立地考虑单一因素变化对市场的影响,而后者则将所有的市场因素考虑在内。通常情况下,每个实验系统本身可以视作一个局部均衡,但局部均衡效应能否充分传导,成为影响社会运转的一般均衡效应,往往与实验系统的规模有关。如果实验系统已经接近宏观社会系统,例如某项重大改革形成的自然实验,此时局部均衡与一般均衡效应差异不大。如果实验系统本身尺度极小,例如仅仅招募几百名大学生开展调查实验,实验干预也很难在社会系统中"掀起涟漪",局部均衡效应不能充分传导为一般均衡,后续研究就无从谈起。因此,局部均衡与一般均衡的传导效应研究往往出现在实验尺度适中的实地试验中。

从局部均衡到一般均衡的传导可能从不同角度影响实验结论。首先,局部均衡中的受益者可能是以牺牲更大范围内其他群体的利益为代价的。实地实验章节提及的法国就业援助正是一个典型案例[①]。为少数群体提供就业资源在不经意间影响(替代)了未被援助者的就业机会。一般来说,实验提供的干预资源越具有稀缺性和竞争性,这样的替代效应可能越明显。其次,局部均衡中取得的社会收益在大规模推广后可能需要更大的投入加以保障,这样的成本本身难以接受。例如,研究者通过局部实地实验结果对于在加纳开展的奖学金项目可能的成本收益分析进行计算,但基于局部均衡的计算却难以推广到全局中。随着项目范围的推广,高学历教师在加纳的供不应求现象将更加明显,这反过来进一步推高项目的执行成本,限制了政策的推广潜力[②]。最后,实验范围拓展带来的情境差异可能诱发被试的策略性行为,从根本上改变实验结果。13.2 节已经提到,当被试暴露在特定的实验干预下时,其行为可能出现系统性的异化。研究者发现,在被试间存在博弈的情况下,被试面向不同实验环境可能存在不同的策略性行为。例如,研究者在巴基斯坦以村庄为单位开展教育社会实验。在实验组村庄,只有一所随机选择的私立学校获得资助,而对照组中村内所有的学校均获得资助。实验结果表明,实验组和对照组村庄学校的发展策略完全不同。在实验组中,学校更注重教学设施的改善,努力从其他学校迅速抢夺生源。而在对照组中,学校往往更注重投资师资力量的长效投入[③]。

因此,越来越多的研究者开始关注实验的局部与一般均衡效应研究。大体上,研究(实地)实验的一般均衡问题有两种思路。第一种思路是可以通过

---

① 可以回顾第 9 章的最后一个案例。

② Duflo E, Dupas P, Kremer M. The impact of free secondary education:Experimental evidence from Ghana[R]. National Bureau of Economic Research,2021.

③ Andrabi T, Das J, Khwaja A I, et al. Upping the ante:The equilibrium effects of unconditional grants to private schools[J]. American Economic Review, 2020, 110(10):3315-3349.

构建数理模型对于一般均衡效应进行捕捉。此方法的数理分析较为复杂,感兴趣的读者可以进一步阅读相关参考资料①。第二种思路在实践中可能更具备操作价值。如果研究者发现在特定的实验背景下,一般均衡效应可能对于实验结果产生重要影响,研究者可以模仿前文提及的法国就业援助案例,提前在研究框架层面做出设计,直接通过实验来评估上述效应对于实验结果的影响。

---

① Townsend R. Financial structure and economic welfare: Applied general equilibrium development economics[J]. Annual Review of Economics, 2010, 2(1): 507-546.

第四篇

数理基础

前三篇已详尽介绍了社会实验的理论基础、经典应用和方法设计。在此基础上，研究者还需要掌握必要的分析方法，以便在不同场景中得到稳健的因果推论。由于社会实验中定性数据的分析与其他社会科学研究别无二致，本篇主要介绍实验中的定量数据分析处理方法。在恰当运用的条件下，这些方法能够帮助研究者准确识别因果效应的方向和大小，得出稳健的实验结论。本篇沿着从基础框架到具体方法、从基础方法到拓展方法、从单一实验到多个实验的路径对社会实验的定量数据分析方法进行介绍。

　　完全随机对照实验是社会实验的理想状态，但通常情况下研究者很难找到完全随机分配的研究场景。第 14 章首先向读者介绍鲁宾因果框架，将实现完全随机分配的"真实验"和未实现完全随机动态分配的"准实验"因果推断整合到统一框架下，指出实验组与对照组平均状态的差值可以分解为选择性偏误与实际干预的效果效应之和，为后续研究奠定基础。

　　在介绍通用框架的基础上，第 15 至第 17 章依次介绍双重差分（difference-in-differences，DID）、断点回归设计（regression discontinuity design，RDD）、合成控制法（synthetic control method，SCM）三种基础性的数理分析方法，分别对应 8.2 节"基于多实验组的自然实验"、8.4 节"基于社会规则构造的自然实验"、8.3 节"基于单实验组的自然实验"。

　　随着实验场景非随机化程度的提升，基础性数理分析方法可能难以支撑进行稳健因果推断的要求。第 18 章补充介绍倾向得分匹配（propensity score matching，PSM）方法，有助于帮助研究者在不充分随机条件下通过二次统计处理构建更具有"可比性"的实验组与对照组集合。

　　此外，在一些研究中，数理分析方法往往是混合使用的。例如，先采用第 19 章的结构方程模型处理实验中获取的量表数据和问卷数据，再使用其他方法对比实验组和对照组模型的差异，有助于进一步验证实验的因果机制。

　　最后，某些领域可能已经存在大量有争议的实验研究。第 20 章介绍的元分析方法有助于研究者进一步集成多个独立的定量研究结果，挖掘隐藏在案例背后的一般规律，得出更具有稳健性的研究结论。

　　为了更清晰地展现上述方法，每章分别概述各类方法的目标、适用范围和基本框架，同时指出方法的不足之处和局限性，并通过研究实例详细地展示方法的应用过程。在选取研究案例时，着重关注案例在数理分析方法上的典型性，尽可能地选取了一些和信息技术应用相关的研究。此外，本篇涉及部分统计学概念，读者可参考统计学附录中的相关内容。

第14章

社会实验的数理分析框架

14.1 方法目标与适应性

本研究界定的社会实验体系主要包括自然实验、实地实验、调查实验和计算实验四种。除去新兴的计算实验具有一定的特殊性外,其余三种主要的社会实验方法均遵循实验性研究的一般逻辑。本章首先对实验性研究的基本数理分析框架进行介绍,进而过渡到对具体方法的剖析。

理想情况下,实验性研究的基本逻辑是从一个总体中进行随机抽样,并将样本随机分为实验组和对照组。在控制其他因素不变的情况下,研究者对实验组个体实施干预,之后通过比较两组的核心变量均值是否存在显著差异以识别因果效应[①]。由于个体是被随机分入实验组和对照组的,实验干预完全独立于个体特征和其他可能影响实验结果的因素。这就避免了计量模型中常见的遗漏变量偏差或内生变量偏差的问题。在实验中,研究者可以控制对个体的干预状态,通过投硬币、产生随机数等随机机制决定哪些个体进入实验组,哪些个体进入对照组。因而,研究者知晓随机实验的随机机制及分配概率。

然而,如前所述,很多时候受到客观条件的限制,社会实验研究者并不能进行完全理想的"真实验研究",而需要从基于观测性数据的"准实验"环境中获取因果关系。此时,是否接受干预往往在很大程度上是个体选择,而不是随机选择的结果,接受干预的个体并不是总体的随机样本,从接受干预个体中推导出的平均干预效应并不能等同于总体平均因果效应。这一点在人工智能社会实验中可能尤为明显。由于人工智能项目的开展和设备的使用往往具有一定的知识门槛,率先开展智能社会建设的地区可能具有更好的经济与科技发展水平,率先使用人工智能设备的个体往往具有更高的受教育程度

---

① Athey S, Imbens G. The econometrics of randomized experiments. Handbook of Economic Field Experiments, 2016.

和探索精神。这些差异都可能成为实验结论偏差的重要来源。研究者亟须发展出整合性的框架来分析上述因素的综合影响。

14.2　数据基础与方程模型

本章的关键是构建一个包含随机实验干预效应和潜在选择偏差的综合框架,以便研究者更好地应用到现实中,分析社会实验的实际效果。鲁宾因果框架(Rubin causal model,RCM)为我们解决上述问题提供了契机[①]。

RCM 的核心是潜在结果。潜在结果是不同干预条件下个体呈现出的结果。RCM 认为,对于实验组,我们仅能关注到干预实现下的潜在结果,而难以关注到不接受干预的潜在结果。对照组则反之。实验真实的干预效应是两种潜在结果之间的比较。

不妨记干预状态 D 有两种,$D_i = 1$ 意味着样本接受干预,$D_i = 0$ 则样本不接受干预。相应地,记个体 i 在状态 d 下的潜在结果为 Y_{di}。那么,个体 i 接受干预的潜在结果为 Y_{1i},未接受干预的潜在结果为 Y_{0i}。因此,我们实际观测到的结果 Y_i 可以被表示为 $D_i Y_{1i} + (1-D_i)Y_{0i}$,也即 $Y_i = Y_{0i} + (Y_{1i} - Y_{0i})D_i$。

传统实验研究将因果效应界定为实验组和对照组平均值的差,进一步的数学推导可以将这一观点与 RCM 结合起来。在上述的符号体系下,实验组和对照组平均值的差可以表示为:$E[Y_i | D_i = 1] - E[Y_i | D_i = 0]$。进一步推导发现:

$$E[Y_{1i} | D_i = 1] - E[Y_{0i} | D_i = 0] = \{E[Y_{1i} | D_i = 1] - E[Y_{0i} | D_i = 1]\} + \{E[Y_{0i} | D_i = 1] - E[Y_{0i} | D_i = 0]\}$$

不难看出,$E[Y_{1i} | D_i = 1] - E[Y_{0i} | D_i = 1]$ 是实验组样本两种潜在结果的差异,是实验组干预的平均因果效应。$E[Y_{0i} | D_i = 1] - E[Y_{0i} | D_i = 0]$ 则反映出实验组和对照组在不接受干预情况下的潜在结果差值。如果实验实现了完全的随机化,两者应当没有差异。如果没有完全随机化,这一项恰恰体现了未随机化导致的选择偏误。这样,我们便把 RCM 与传统的实验研究结合了起来。

---

① Rubin D B. Causal inference using potential outcomes:Design, modeling, decisions[J]. Journal of the American Statistical Association,2005,100(469):322-331.

14.3　案例：对于公民的信息赋权与政策执行效果的关系[①]

随机分配是最简单的社会实验类型，仅仅需要对实验组和对照组的差异进行比较。读者可以以此为基础，逐渐走进社会实验的世界。下面向读者介绍一个实现随机分配的社会实验案例。

14.3.1　研究背景与目标

诺贝尔经济学奖得主班纳吉团队曾在印度尼西亚的 550 多个村庄开展一项随机实验。该随机实验是美国经济学会（American Economic Association）登记备案的随机实验，经历了完备的事前审查，登记号为 AEARCTR-0000096。

发展中国家政府经常面临的一个问题是如何确保中央政策的执行效能。一方面，现实中，地方政府官员与中央往往有着不同的利益结构，他们可能将中央政策按地方利益和想法加以变通执行，出现"上有政策，下有对策"的现象。例如，欠发达国家常常面向穷人开展转移支付项目。虽然中央政府对于项目的申请资格、申请程序、补贴金额等有明确规定，但地方官员往往有很大的解释余地。这些变通的过程可能导致项目效果不如预期。另一方面，受到文化水平等因素的限制，公民可能对中央政府项目运作的规则缺乏了解，导致他们无法有效地享受权利。因此，许多学者和实践工作者主张向公民提供更加完整的政策信息以改善公共服务效能。然而，这一做法在实践中究竟效果如何，已有研究还没有提供详实的证据。

实验以印度尼西亚"大米补助"（Rice for the Poor）项目作为实验场景，探索为项目受益对象寄送有关项目基本信息的卡片能否提高受益对象获得的实际补贴金额。结果表明，收到项目信息卡片的补助对象在实践中获得了更高额度的大米补助。更加确切的项目信息能够赋予公民协商权利，进而改善转移支付项目的绩效。

14.3.2　实验设计

研究团队在印度尼西亚的六个地区中随机选取了 600 个村庄。由于其中 28 个村庄存在安全风险，实验最终在 572 个村庄中进行。这些村庄中，40%

---

① 案例主要改编自：Olken B A, Banerjee A, Hanna R, et al. Tangible information and citizen empowerment: identification cards and food subsidy programs in Indonesia[J]. Journal of Political Economy, 2017, 696226.

位于城镇地区,60％位于农村地区。之后,研究团队在这些村庄中随机选取了 378 个村庄为实验组。在实验组中,研究团队向居民发放印有项目详细信息的卡片。在对照组中,中央政府按照惯例通过层级政府逐级传达项目信息,但不对民众公开。

研究团队进行了两次调查,第一次在 2012 年 10 月至 11 月(首次发布信息卡片的 2 个月后),第二次在 2013 年 3—4 月(首次发布信息卡片的 8 个月后)。两次调查均由独立调查机构 Survey Meter 组织开展。在实际调查中,机构随机选定了区域内的部分家庭,询问他们参与项目的经历和实际获取转移支付的额度。

14.3.3 方法应用

研究人员首先检验了随机分配的随机性。一旦确保了实验的随机性,实验干预的因果效应可以直接通过实验组和对照组均值的差进行计算。在实验设计确保随机的基础上,使用方差分析检验了实验的随机性。关于方差分析,可以进一步阅读附录。由表 14-1 可知,实验组和对照组的主要变量均值差异的联合 p 值(joint p-value)大于 0.05,接受实验组与对照组没有显著差异的原假设,样本通过了随机性检验。

表 14-1　信息赋权实验的随机性检验

样本特征	样本数量	对照组均值	实验组均值	未控制固定效应的实验组对照组差异	控制固定效应的实验组对照组差异
家庭消费金额	5 718	13.11	13.11	0.00(0.02)	−0.00(0.02)
家长受教育年限	5 693	7.14	7.28	0.14(0.18)	0.15(0.13)
村庄交通便利程度	572	6.48	7.27	0.79(1.16)	0.25(1.06)
小学数量	572	2.74	2.62	−0.12(0.12)	−0.10(0.12)
村庄面积	572	4.02	3.95	−0.07(0.14)	−0.08(0.07)
宗教建筑数量	572	4.88	4.75	−0.12(0.32)	−0.00(0.24)
联合 p 值检验	—	—	—	0.64	0.16

注:括号内为差异估计的标准误。

在满足随机性假设的前提下,进一步分析对于公民进行信息赋权的积极影响。表 14-2 展示了部分核心信息,可以发现,获得额外信息的公民获得了更多的转移支付补贴,同时以更低的价格购买更多的补贴大米。转移支付政策在实验组取得了更好的效果。

表 14-2　公开项目信息实验结果表

组　　　别	购买补贴大米的数量	价格优惠	获得的补贴
实验组	1.64	−81	9 666
对照组	0.83	−24	4 839
实验组和对照组差别	0.81**	−58**	4 827**

注：* $p < 0.1$，** $p < 0.05$，*** $p < 0.01$。

14.3.4　研究结论

　　上述结果表明，实验组和对照组在政策执行效果方面具有显著差别。向村民公开项目信息，能够将贫困村民获得的大米补贴显著提升 26%，减少政策执行中的不必要损耗。上述研究还进一步结合实验的具体情况，对实验干预的作用机制进行了探索。研究发现，向公民提供额外信息的实验干预主要通过提升公民讨价还价的能力来增加获取的补贴份额。介绍这一案例的核心目的是展示完全随机实验的干预效应估计方式，后续的机制分析不是重点，感兴趣的读者可以进一步阅读原文。

第 15 章

双重差分模型

15.1 方法目标与适应性

虽然能够实现完全随机分配的实验性研究具有较高的内部效度,但是随机分配本身是一个要求很高的门槛条件,在现实中并不容易实现。例如,对于大多数试点项目,试点的选择需要综合考虑地区经济发展水平、基础设施条件等因素,难以实现完全的随机分配,可能存在非常显著的选择偏误。为了解决这些问题,在第 8 章"自然实验"中已经提到,研究者可以在"自然"发生的情境中寻找自然灾害、经济危机、地理分界线等近似实现随机分配的场景,实现自然实验的研究设计。对于那些同时存在多个实验组和对照组的自然实验场景,双重差分(difference-in-differences,DID)是进行高质量因果推断的重要工具。类似的场景在智能社会建设中非常常见,例如,某省率先发布了支持人工智能产业发展的某项政策举措,此时,我们便可以将该省的所有城市视为实验组,邻省的所有城市视为对照组,便满足了双重差分研究的基本条件。

双重差分方法的一个重要优点在于它同时控制了分组效应(group-specific effects)与时间效应(time-specific effects)。图 15-1 绘制了双重差分法的研究逻辑示意图。采用双重差分法时,受到政策干预的组被归为实验组,没有受到政策干预的为对照组。根据实验阶段的差异,在时间上又分为实验前、实验后两组。我们关注的核心目标是实验组在受到干预后发生的变化,即图 15-1 所示的"因果效应"。

利用双重差分法进行因果推断时,一个难点是因果效应的构成。理论上,我们观测到的实验前后因果效应不仅包括干预的影响,也包括实验前后其他社会变迁等因素的影响,而后者往往更加难以控制。因此,仅仅比较实验组和对照组在干预后的差分是不够的,还要考虑对于时间趋势的二次差分。在这种情况下,因果效应可以表示为:(实验组实验后取值—实验组实验前取值)—(对照组实验后取值—对照组实验前取值),这样的处理方式恰恰

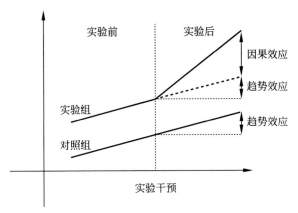

图 15-1　双重差分原理示意

体现了"双重差分"中的"双重"之意。为了控制难以充分测量的其他因素,在实践中,研究者往往施加实验组和对照组在干预前时间趋势相同的假设(即假设 1)。如图 15-1,在干预左侧,实验组和对照组在因变量层面总体呈现出平行趋势。此时,对照组实验前后取值之差本质上扮演了时间趋势的作用。通过这样的设计,研究者可以分离出实验干预的因果效应。

　　为了保证双重差分之后的结果尽可能接近我们关心的实验干预效果,该方法必须有若干前提假设[①]。当四个假设同时成立时,就可以应用双重差分方法,进入数据收集和分析阶段。

　　假设 1(平行趋势假设):实验组如果没有接受干预,其结果变量的变动趋势将与对照组的变动趋势没有显著差异。假设 1 的核心思想是确保对照组的变化趋势能够反映不受干预时实验组潜在结果的变化趋势。只有在这种情况下,实验组在干预前后产生的变化解释为对照组干预前后产生的变化和实验干预效应的总和。因此,在开展双重差分研究设计伊始,研究者就需要重点比较两组因变量在实验干预前的变化趋势是否相同。如果平行趋势假设不能得到满足,研究者需要进一步考虑三重差分方法(difference-in-difference-in-difference,DDD),可以进一步参考相关文献[②]。

　　假设 2(共同区间假设):实验组和对照组的分布应当存在重叠,简言之,在某一给定的时点上,总体中必须有个体接受干预。同时,对于不同的协变量条件,有实验组个体就必须有与之对应的对照组样本。假设 2 有助于保证

---

　　① 假设的数学表达请参考:赵西亮. 基本有用的计量经济学[M]. 北京:北京大学出版社,2017.

　　② 齐绍洲,林屾,崔静波. 环境权益交易市场能否诱发绿色创新? ——基于我国上市公司绿色专利数据的证据[J]. 经济研究,2018,53(12):129-143.

实验组和对照组样本的可比性。进一步地,双重差分方法也可以与样本匹配方法进一步结合来控制选择性偏误。

假设 3(外生性假设):其他控制变量外生于政策干预,不受政策干预的影响。如果假设 3 不成立,那么实验干预发生后,实验组产生的变化中将包含其他控制变量的潜在影响,而这并不容易得到清晰的估计。为了解决这一问题,研究者应当适当地将可能影响结果变量的控制变量纳入回归方程,下一节将具体论述。

假设 4(独立性假设):政策干预只影响实验组,不影响对照组。如果假设 4 不成立,对照组可能随着时间的推移受到实验干预的溢出,此时研究者就不能简单地将对照组在干预前后的变化认为是实验组没有接受干预条件下潜在结果随时间自然产生的变化。这一问题在人工智能社会实验中可能尤为显著。随着智能时代的加速来临,智能技术嵌入人类生活的程度将不断加深。原本未使用某项智能应用的个体或地区可能逐渐了解到相关技术的优劣势。此时,原有的实验组、对照组划分方式便不再成立。因此,在应用双重差分设计时,研究者应精心选取对照组,例如,将与实验组客观联系较少的地区作为对照组。当然,假设 4 并不是绝对的。在双重差分方法的后续发展中,研究者也进一步开发了考虑溢出效应的稳健双重差分估计。感兴趣的读者可以阅读相关参考文献①。

15.2 基本框架

应用双重差分法需要重点标注实验组/对照组和干预前/干预后两个核心变量。在基准的双重差分模型中,上述两个变量均为 0-1 变量,由此将样本划分为实施干预前的实验组、实施干预前的对照组、实施干预后的实验组、实施干预后的对照组四组。在此基础上,研究者应当初步梳理文献资料,找出可能影响因变量的其他控制变量并进行收集。需要注意的是,上述过程应同时兼顾实验组和对照组。由此可知,双重差分方法比较适合于面板数据,但重复截面数据有时可以使用双重差分。当利用重复截面数据时,需要仔细考察政策干预前后两组个体的构成是否发生变化,即事前的实验组与事后的实验组是否相似、事前的对照组与事后的对照组是否相似。如果两组事前事后的构成不同,可能出现样本选择偏差,使双重差分策略失效。只采用一期截面数据并通过精巧的实验设计最终成功实现双重差分估计的案例较少,感兴

---

① Clarke D. Estimating difference-in-differences in the presence of spillovers[Z]. Working paper,2017.

趣的读者可以参考迪芙洛对南非养老金项目评估的研究[①]。

双重差分的基准模型如式(15-1)所示,其中 D_i 表示干预状态,1 为实验组, 0 为对照组。T_t 表示时间关系,1 为干预后,0 为干预前。沿着前述逻辑,可以发现,对照组干预前($D_i = 0, T_t = 0$)的均值应当为 α,对照组干预后($D_i = 0, T_t = 1$)的均值应当为 $\alpha + \delta$,实验组干预前($D_i = 1, T_t = 0$)的均值应当为 $\alpha + \beta$,实验组干预后($D_i = 1, T_t = 1$)的均值应当为 $\alpha + \beta + \delta + \tau$。根据因果效应的界定,此时因果效应便可以表示为 $[(\alpha + \beta + \delta + \tau) - (\alpha + \beta)] - [(\alpha + \delta) - \alpha] = \tau$,恰好是干预状态乘以时间项的系数。相关系数的具体估计过程可以参考后文的统计学附录。

$$Y_{it} = \alpha + \beta D_i + \delta T_t + \tau D_i T_t + \varepsilon_i \tag{15-1}$$

如果平行趋势必须在控制协变量 X_i 后才能成立,并且这些变量不会受到政策干预的影响。相应地,双重差分方程转化为式(15-2)。根据同样的方式进行计算,可以发现因果效应仍然由 τ 进行表示。可以看出,双重差分估计本质上是一种对于结构进行精心设定后的多元回归分析,因此,Stata、R、SPSS 等常见统计分析软件均能执行基准版本的双重差分分析。

$$Y_{it} = \alpha + \beta D_i + \delta T_t + \tau D_i T_t + \mu X_i + \varepsilon_i \tag{15-2}$$

15.3　案例:科技计划对企业创新的作用评估[②]

15.3.1　研究背景与目标

科技计划是政府开展公共科技活动的基本形式。在我国,财政科技投入的快速增长与企业长期薄弱的基础研发能力,令政府科技计划的作用饱受质疑。准确识别政策干预与政策目标间的因果效应,考察并评估科技计划的增量效应,已成为创新学界,尤其是创新经济学与创新政策研究的焦点问题。实际上,如果能有效控制选择性偏误,可以将政府的科技计划视作一种实验。申请科技计划的企业是实验的总体,最终获得资助的是实验组,其他申请但是没有获得计划支持的企业是对照组。李彰博士使用双重差分倾向得分匹配法(propensity score matching-difference in difference,PSM-DID)方法,按照实验研究的基本框架进行研究,试图回答科技计划能否促进企业创新。

---

① Duflo E. Child Health and Household Resources in South Africa: Evidence from the Old Age Pension Program[J]. The American Economic Review, 2000,90(2), 393-398.

② 本案例主要由作者指导的清华大学李彰博士的学位论文《科技计划对企业创新的作用评估:基于 863 计划的实证研究》改编而成,论文完成时间为 2017 年,已经征得本人同意。

15.3.2　数据获取

此项研究的数据集合包括两部分：(1)"863计划"的资助数据；(2)企业的基本信息与财务数据。

首先，基于"863计划"的课题申请数据与课题立项数据(2001—2006年)，对样本企业的名录进行筛选，分别作为实验组与对照组。需要说明的是，存在部分企业多次申请"863计划"资助，为了控制其他混淆因素，该研究仅考虑了企业第一次成功申请"863计划"的情况，将其作为接受外部干预的时间。具体的处理过程为：(1)基于每年"863计划"的课题申请数据与立项数据，合并后得到当年申请成功的企业名录与申请失败的企业名录，形成实验组和对照组；(2)以具有独立法人资格的企业为基本单元。基于企业名称、地址与法人代表等关键信息，识别同一企业在不同年份的"863计划"申请数据并进行合并处理。处理完成后，得到2001—2006年申请成功的企业组(实验组)数据与申请失败的企业组(对照组)数据。

其次，根据名称、所在省份、法人代表等企业关键信息，将按照上述办法处理得到的"863计划"资助数据与国家统计局收集的中国工业企业数据库(China Industrial Enterprise Database)进行匹配。随着实证研究中企业级微观数据的重要性日渐凸显，中国工业企业数据库现已成为国内外学者研究中国企业行为和绩效的主要数据库之一，被广泛应用于经济学、管理学等相关研究领域，其样本涵盖我国全部的国有工业企业以及规模以上的非国有工业企业，能够较好地与申请"863计划"的企业进行匹配。工业企业的数据库中包含20多项企业信息及50多项财务信息，由国家统计局要求各省、自治区、直辖市企业按统一计算方法、统计口径和填报目录上交，因而具有较高的准确性和内部一致性。

考虑到政府研发资助的效果可能存在滞后性，李彰还根据工业企业数据库中的企业代码(唯一)进一步匹配申请前一年至申请后三年(连续五年)的企业数据，以增强结论的稳健性。完成匹配后，得到时间跨度为2000—2009年，包含企业的"863计划"资助信息(2001—2006年，是否申请成功、申请时间、资助金额)、企业基本特征与财务信息的面板数据。

最后，对数据进行进一步核实，剔除以下情况的样本：(1)企业各项投入为负，包括总产值、职工人数、中间投入、固定资产原值和固定资产净值；(2)企业的固定资产原值小于固定资产净值；(3)企业的工业增加值或中间投入大于总产出；(4)企业的新产品产值为负。在删除错误数据后，以总资产规模为依据，对于上下1%的样本进行缩尾处理，最终得到包含2821个观测值、覆盖30个省级行政区、28个行业的630家企业(根据此研究统一调整后的二分位行业分类编码)。

15.3.3　方法应用

该研究存在两个潜在的内生性误差机制。一是企业需要选择是否申请"863 计划"。二是政府需要选择具体资助何种企业。李彰从两方面入手克服潜在的内生性误差。一方面,通过控制研究样本的来源,仅使用申请"863 计划"的企业作为研究样本,以克服第一重选择性偏误。申请"863 计划"的企业首先需要经过地方政府或行业协会的推荐和审查,因而较一般的企业而言具备更强的创新意愿与创新能力。在该部分样本中,成功申请"863 计划"的企业被划入实验组,而申请失败的企业则被划入对照组,这使得该研究的外部干预("863 计划"的资助)在相当程度上接近于随机实验,很大程度上减少了研究的选择性偏误,包括企业的不可观测特征引起的选择性偏误;另一方面,采用倾向得分匹配估计"863 计划"的平均干预效应进一步克服第二重选择性偏误。后文将会谈到,倾向得分匹配方法进一步控制了企业的创新潜质差异,使得实验组和对照组之间接近随机分配。

综上所述,此案例的分析过程为:首先,根据可能影响创新绩效的协变量估计倾向得分,并对实验组的任一个体选择与之匹配的对照组个体;其次,计算实验组和与之匹配的对照组个体干预前后的创新绩效变化;最后,执行估计量的双重差分过程。

15.3.4　结论与局限性

考虑到"863 计划"的资助效果可能存在滞后性,李彰在完成匹配、进行双重差分分析时,将分析的时间段设定为申请资助后的第 1~3 年,并将其与基准年份(申请当年)进行比较,加强研究结论的稳健性。整体结果如表 15-1。

表 15-1　双重差分结果

	第一年	第二年	第三年
双重差分点估计	−0.086	2.469***	2.058***
(标准误)	(0.711)	(0.750)	(0.752)
p 值	0.904	0.001	0.006
样本数 N	1 140	1 076	1 050

注: $* p < 0.1, ** p < 0.05, *** p < 0.01$。

在通过双重差分倾向得分匹配法控制选择性偏误后,研究发现,"863 计划"的资助能显著提升企业的创新绩效。尽管在申请资助后的第一年,这种效果并不显著,甚至 PSM-DID 的平均干预效应估计值小于 0;但从第二年开始,PSM-DID 的估计结果均大于 0。这表明在考虑内生性后,"863 计划"资助企业的新产品产值仍要明显高于未资助企业,且这一结果在 1% 的置信水平下显著。此外,在获得资助后的第二年,"863 计划"的资助企业与申请失败的企业之间的差距最为显著。实验最终还使用了多种匹配方法以增强结论的稳健性。

需要说明的是,一般而言,技术创新是一个长期过程,从概念的诞生到创新产品的出现需经历漫长的阶段,中途还存在较大的不确定性(如研发失败、商业化失败等),但该研究观察到企业在接受"863 计划"资助后的第二年,新产品产值就迅速得到提升,可能存在如下几点原因:(1)企业在申请"863 计划"前就已制定了较明确详尽的研发计划;(2)企业申报的新产品可能以性能具有重大改进或提升的现有产品为主,成型的速率高、风险低,也更有可能在短期内研发成功并投入生产;(3)"863 计划"支持的研发活动,在该阶段主要以技术跟踪为主,因而研发活动的重心在于工程上的技术实现,面临的不确定性较小。这一发现也与国外学者的研究结论一致。

第16章

断点回归设计

16.1 方法目标与适应性

断点回归设计(regression discontinuity design,RDD)是实验研究的另一种典型数理分析方法。断点回归的核心思想是人类社会的运作受到某些关键规则的支配,在某些规则确定的临界点两侧的个体可能面临着截然不同的命运。这样的案例在生活中随处可见。例如,高考时因1分之差与报考的大学失之交臂,在达到特定岁数前无法获得养老金等。此时,如果影响个体落入临界点两侧的过程中存在随机性,那么在断点两侧就近似形成了一组随机实验,可以近似地将两侧个体呈现出的某种结果差异归因于断点干预的影响[①]。还是以高考为例,压线录取清华大学的学生与恰好以1分之差未能录取的学生可能更多受评卷等随机性因素的影响,两者并没有显著差异,因而这些学生毕业后发展的差异就可以很大程度上归因于大学的培养。这正是断点回归方法的核心逻辑。

理解断点回归,首先要考虑的关键问题是个体在断点附近分配的随机性。这需要研究者仔细论证。断点回归的核心思想是人类的行为与社会的运作受到规则的支配,但并不是所有的规则都适用于构造断点。例如,诸多城市在义务教育阶段采用"学区房"制度,但"学区房"的划片规则并不是一个合理的断点设计。这是由于有一定经济实力的个体可以灵活选择是否购买学区房,因而不满足随机性的要求。

其次,断点回归存在不同的类型,可以分为清晰断点(sharp RDD)与模糊断点(fuzzy RDD)回归。上述分类标准主要取决于规则的运作模式,因而研究者在使用断点回归时应当对于运作模式进行必要的阐释。清晰断点指断点完全决定个体是否接受干预处理的情形。例如,在高考录取时,高于分数

---

① Angrist J D, Pischke J S. Mastering 'metrics: The path from cause to effect[M]. Princeton: Princeton University Press, 2014.

线的个体将百分之百被录取,而低于分数线的个体一定无法录取。模糊断点回归则指断点两侧样本接受干预的概率存在差异的情况(模糊断点的不连续性恰好提供了一个处理状态的工具变量)。需要说明的是,模糊断点与清晰断点并不是绝对的。以养老金政策为例,理想的政策设计中,高于特定年龄的个体才可以领取养老金,而低于门槛年龄的个体完全不能领取养老金。此时,养老金制度是一个清晰断点。然而,实践中各地区往往存在一定政策执行不到位的情况,某些低于规定年龄的个体也领取了养老金,此时问题就变成了一个模糊断点[①]。同样,也存在部分高于录取分数线的考生因志愿填报等问题未被录取。此时,分数线也就变成了一个模糊断点。总体来看,断点回归设计中断点的类型需要研究者对于规则的运作过程有清晰的理解,并基于真实数据进行研判。

再次,在干预状态在断点两侧存在系统的不连续性的基础上,使用断点回归时,研究者应当确保其余可能影响分析结果的协变量是尽可能连续的,即断点两侧不存在显著差异,以便避免因变量受无关因素的干扰。例如,分析精英大学教育对于学生生涯发展的影响时,我们利用录取分数线构造清晰断点。在观测到断点(分数线)两侧学生 40 岁时的收入存在显著差异的基础上,还应当观测断点两侧的学生家庭经济条件、父母受教育水平等因素是否存在显著差异。如果这些因素均不存在显著差异,我们才可以较为稳健地认为精英教育促进了学生的职业生涯发展。

最后,在断点附近,断点回归几乎完全构造了一个随机实验,因而结论具有较高的内部效度,结果具有很强的可信性。但上述回归的估计结果也仅仅是断点周边[②]的因果效应(又称为"局部平均处理效应"),不能简单地推广到其他位置。外部有效性弱,是断点回归面临的主要问题。因此,断点回归的适用性很多时候与研究目的有关。如果断点处的效果效应是研究的重点,断点回归是当仁不让的工具。如果研究者需要回答的是政策的平均处理效应,仅使用断点回归就略显不足,需要进一步补充其他的分析。

16.2 基本框架

断点回归的数据采集方式与其他研究没有显著区别,主要来源于大型社会调查等渠道。实际操作的关键是在原始数据的基础上,根据所利用的规则

---

① 相关案例读者可参考:阮荣平,郑风田,刘力."新农保"提高参保农民对地方政府的满意度了吗?[J].公共管理学报,2020,17(3):100-112,172。

② 这里断点"周边"的大小本质上由模型选择的"带宽"所决定,研究时应注重检测结论在不同带宽下的稳健性如何。

的社会经济背景确定断点,对于样本进行划分。

在满足上述条件的基础上,断点回归的一般模型如式(16-1)[①]。其中,Y 是研究的因变量,D_i 是干预的虚拟变量(受到干预的样本取值为1),$f(x)$ 是一个多项式函数用于起到平滑的效果。此时,β 可以被视作断点干预的影响。可以看出,β 的最终估计值与多项式平滑函数的选取有一定的关系。除此之外,由于断点回归仅在断点周边的领域内有效,研究者还应通过选择"带宽"来测试不同领域大小下结论的稳健性。本质上,"带宽"的大小反映了研究者将规则断点两侧多大范围内的样本进行比较,这往往与规则的实际力度有关。

$$Y_i = \alpha + \beta D_i + \gamma f(x_i) + \varepsilon_i \tag{16-1}$$

除了上述参数估计方法外,研究者还可以采用非参数估计方法来估计因果效应。一种简便的操作思路是,研究者可以在断点左侧和右侧一个足够小的邻域内比较样本因变量均值的差异,并以此作为我们感兴趣的平均处理效应。实际操作中,研究者可以根据情况选择不同的估计方法。

16.3　案例:冬季供暖对秦岭—淮河沿线居民身体健康的影响[②]

16.3.1　研究背景与目标

空气质量始终是中国面临的一项严峻的社会挑战,这一问题在中国的北方尤为严重,冬季供暖政策被认为是其中的一个重要原因,但很少有文献对此进行系统性评估。中国的冬季供暖政策起源于 20 世纪 50 年代,主要通过燃煤锅炉实现暖气的供应,因而释放了大量的颗粒物污染。由于预算约束等诸多原因,这一制度只延续到了"秦岭—淮河"北侧(恰好也是中国冬季的 0℃ 等温线),加之没有显著证据表明沿线居民会大量地由于冬季供暖原因改变常住地,因而"秦岭—淮河"沿线形成了一个质量较高的空间分界点。以"秦岭—淮河"作为分界线,研究者可以较为精准地评估冬季供暖政策对于居民健康的影响。

16.3.2　数据来源

此案例的研究数据来自多个渠道。第一,中国各地市的环境污染数据来

---

① 关于拓展版本的模型,读者可进一步阅读:Angrist J D, Pischke J S. Mastering 'metrics: The path from cause to effect[M]. Princeton: Princeton University Press,2014.

② 本案例主要改编自:Chen Y, Ebenstein A, Greenstone M, et al. Evidence on the impact of sustained exposure to air pollution on life expectancy from China's Huai River policy[J]. Proceedings of the National Academy of Sciences,2013,110(32):12936-12941.

自世界银行和《中国环境统计年鉴》。第二,温度等其他气候数据主要来自世界气象组织。第三,相关地市的社会经济数据主要来自 2000 年的第五次全国国人口普查。第四,相关死亡率数据来自分布在中国大陆的 145 个站点组成的疾病监控系统。通过上述四个数据源的结合,研究得到了用于评估相关政策影响的一个新颖的数据集合。

16.3.3 方法应用

借助"秦岭—淮河"一线的天然分隔,研究者应用空间断点回归对于冬季燃煤政策的健康效应进行了评估。具体断点回归架构主要包括两个阶段。第一阶段包括式(16-2)、式(16-3)两个回归方程,第二阶段包含一个回归方程,即式(16-4)。

$$污染物 = 常数项 + 断点项[①] + 多项式平滑 + 控制变量[②] + 随机项$$

$$(16-2)$$

$$人均寿命 = 常数项 + 断点项 + 多项式平滑 + 控制变量 + 随机项$$

$$(16-3)$$

$$人均寿命 = 常数项 + 污染物估计[③] + 多项式平滑 + 控制变量 + 随机项$$

$$(16-4)$$

作为断点回归的必要前提,上述回归设计的前提是断点干预变量在断点附近不连续,而其余控制变量在断点附近连续。图 16-1 展示了大气总悬浮颗粒物浓度(total suspended particulate,TSP)作为断点干预变量的连续性结果。可以看出,断点两侧城市的总悬浮颗粒物是不连续的,满足断点回归的基本条件。《中国城市统计年鉴》等其他多个数据源表明,其余控制变量在断点附近是连续的,感兴趣的读者可以查阅原文附录。

图 16-2 和图 16-3 进一步展示了主要的回归结果。估计过程中,多项式平滑函数选取三次函数。研究者从两个角度论证污染物指标对于健康的影响。由于前文已经证明污染物密度的差异主要出现在断点两侧,因而污染物指标的差异对于健康的影响可以主要归因于供暖政策。图 16-2 的结果表明,淮河两岸的居民平均寿命存在差异。图 16-3 进一步表明,如果不考虑污染物指标的差异,南北两侧居民的平均寿命差异消失了,这进一步证明了污染物排放浓度的关键影响。

---

① 当某城市处于淮河以北时,取值为 1,以下同。
② 此处的控制变量为不包括污染物指标在内的其他与预期寿命相关的控制变量,以下同。
③ 污染物估计值来源于式(16-2)的估计结果,以下同。

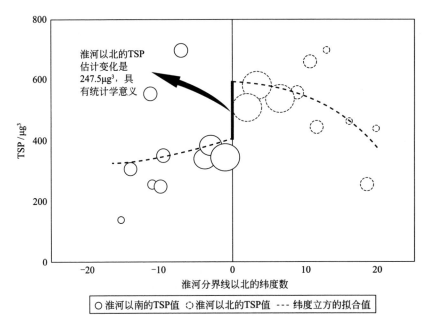

图 16-1　淮河两侧大气总悬浮颗粒物浓度的不连续变化

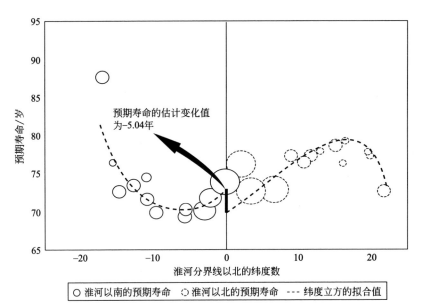

图 16-2　考虑污染物差异时淮河两侧居民寿命的差异

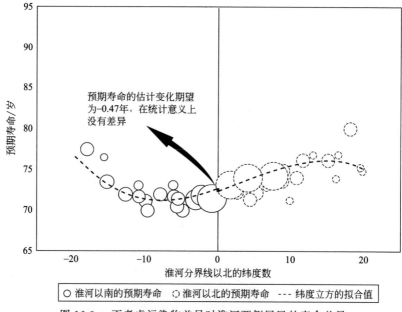

预期寿命的估计变化期望为−0.47年，在统计意义上没有差异

○ 淮河以南的预期寿命　◌ 淮河以北的预期寿命　--- 纬度立方的拟合值

图 16-3　　不考虑污染物差异时淮河两侧居民的寿命差异

16.3.4　主要结论

断点回归的结果表明，在淮河以北，颗粒物的平均浓度为 184 微克/立方米（95％置信区间为[61,307]），比淮河南侧的平均值高出 55％。在这样的条件下，"秦岭—淮河"北侧居民的预期寿命要比南侧居民低 5.5 岁左右（95％置信区间为[0.8,10.2]）。疾病数据表明，上述结果几乎全部与心肺疾病有关，这进一步印证了空气污染物的影响。这一结果亦证明，当空气中的颗粒物浓度提升 100 微克/立方米时，个体的预期寿命平均减少 3.0 岁。

此项研究成果还发展了健康经济学中关于长期暴露于污染物的健康影响研究。长久以来，这一直是健康经济学中的热点问题。然而，西方文献始终无法解决的一个内生性来源是居民"用脚投票"的问题，即居民可以选择在空气质量较好的地区定居。得益于中国户籍制度的特点，此项研究设计很好地克服了这一不足，真正将污染物与健康的研究从相关关系拓展到了因果关系。

本研究也进一步回应了已有文献中关于发展中国家经济增长速度与寿命增长速度不匹配的讨论。由于发展中国家的经济发展很多是由较为粗放的工业化进程推动的，经济增长带来的健康效应可能被粗放工业化排放的污染所抵消。

16.3.5 局限性与启示

该研究自发表之日起就引起了极大的社会反响,但也存在着若干局限性。一个突出的问题是,断点回归的结论仅对于断点两侧带宽内的样本适用。就本研究而言,离"秦岭—淮河"分界线越近,居民所处的自然环境和社会经济环境就越接近,冬季供暖差异在解释居民健康水平差异中的权重也就越大。因此,此研究成果在本质上更聚焦于解释"秦岭—淮河"两侧有限范围内居民健康状况的差异,而与舆论所理解的评估整个冬季供暖政策的健康影响存在较大的距离。如上文所言,应用断点回归时应特别注重结论的适用范围。此外,亦有研究表明,该研究得到的结果与拟合时所选取的多项式存在关联①。这亦提醒我们应谨慎地看待相关政策评估结果。但除去这些可能的缺陷,该实验仍然以一种相对科学的方法对一个重要问题做了系统解答,其研究设计具有很强的借鉴意义。

本案例的研究范式对于进一步开展人工智能社会实验具有一定的指导意义。与冬季供暖政策类似,在国内外政策实践中,我们都能找到一些具有空间范围的案例②。人工智能社会实验中的诸多试点区、试验区也是如此。由于试点建设通常具有一定的外生性,公众通常难以完全自主决定是否受到试点的影响,政策实行范围的空间边缘恰好形成了一个巧妙的空间断点,比较断点两侧公众在认知与行为模式等诸多问题上的差异,可以从一定程度上反映出政策的实施效果与潜在影响,值得学术界和实务工作者在未来进一步关注。

---

① 相关讨论可参考:Gelman A,Zelizer A. Evidence on the deleterious impact of sustained use of polynomial regression on causal inference[J]. Research & Politics,2015,2(1):2053168015569830.

② 例如 Dell M,Querubin P. Nation building through foreign intervention:Evidence from discontinuities in military strategies[J]. The Quarterly Journal of Economics,2018,133(2):701-764.

第17章

合成控制法

17.1 方法目标与适应性

合成控制法（synthetic control method, SCM）是另一种重要的实验分析框架。合成控制法起源于 21 世纪初[①]，其核心思想与双重差分方法十分相似：某项特定的干预从特定的时刻起对于实验组造成影响，但对于对照组个体没有显著影响。基于前文的论述，我们知道，此时可以通过构造"反事实"样本，在控制其他随时间变化的变量的基础上，准确地识别出干预的因果效应。然而，当特定时期内受到干预的样本只有一个或有限个数时，找出合适的"反事实"样本可能非常困难，此时合成控制法就有了用武之地。

在双重差分的核心思想之下，SCM 旨在通过其他样本的加权组合，构造一个与实验组尽可能"相似"的对照组样本，进而得到对照组样本随时间变化的规律。在此基础上，研究者可以通过实验组样本与对照组样本的差值，估计出干预的因果效应。此时，虽然对照组的每一个样本与实验组样本都不相似，但通过为多个对照组个体加权，研究者可以获得一个与实验组在干预发生前行为规律相当近似的样本。沿着前文的逻辑，如果没有干预发生，我们可以假想，实验组和合成对照组的行为规律仍然不会发生显著的差异。因此，合成对照组的事后发展趋势可以作为实验组面对干预的一个"反事实"结果，最终比较精准地分离出干预的因果效应。

SCM 特别适用于例如大型突发事件相关的政策干预（例如，2008 年全球金融危机后中国采用的 4 万亿元财政刺激政策）[②]和少数地区开展的创新政

---

① Abadie A, Gardeazabal J. The Economic Costs of Conflict: A Case Study of the Basque Country[J]. American Economic Review, 2003, 93(1):113-132.

② Ouyang M, Peng Y. The treatment-effect estimation: A case study of the 2008 economic stimulus package of China[J]. Journal of Econometrics, 2015, 188(2): 545-557.

策试点(例如,房产税)①的政策评估。此时,研究者往往很难为实验组找出一个方方面面都相似的对照组。通过多个样本的线性组合,(准)实验研究对相似性的要求将在一定程度上得到放松。这使得合成控制法对于人工智能社会实验这类前瞻性的社会实验研究具有特殊的意义。现阶段,人工智能社会实验主要在少数试点区域开展,合成控制法为我们评估这类试点的绩效提供了良好的契机。

SCM 主要依赖两个假设②。一方面,实验组样本和对照组样本是独立的,不存在交互影响。如果干预对于实验组的影响会溢出到对照组,那么对照组的事后结果将受到政策处理效应的影响。此时,如果研究者再基于对照组的事后结果计算政策处理效应,将出现双向因果的问题。另一方面,构造合成对照组时所依据的个体特征变量必须是事前变量或不受政策干预影响的变量。如果有事后变量,这意味着政策的干预效应对于对照组的选择产生了影响,这将导致严重的内生性偏差。

17.2　基本框架

由于 SCM 需要多个对照组来估计实验组的"反事实"趋势,并且对照组样本间的权重分配在事前并不可知,因此事前研究者应尽可能多地收集同类样本的数据,以便更好地提升合成控制的精准度。综合方法特点和数据收集需求来看,如果要在人工智能社会实验中利用合成控制法,地区可能是相对更好的研究尺度。以个人行为为对象的数据收集可能面临着极高的操作成本而难以为继。此外,在人工智能社会实验中,对于一些偏宏观的问题,诸如智能化对于区域经济发展、公共服务能力提升的问题可能更适用于合成控制法。此时,相对系统的区域社会经济数据可以起到基础性作用。

接下来,我们向读者简单地讲述合成控制法的基本逻辑。记 i 为样本个体的下标,t 为干预时间节点的下标。假设样本总数为 $N+1$,样本 1 在 T_0 时间点之后受到政策干预。 与前文类似,我们可以得到 $D_{it}=1$,当且仅当 $i=1$,$t > T_0$。此时,我们可以知晓样本 1 受到干预以后的结果,不妨记之为 $Y_{1t}(1)$,$(t > T_0)$。因而问题的关键就转化为如何估计样本 1 未受到干预时

---

① 刘甲炎,范子英. 中国房产税试点的效果评估:基于合成控制法的研究[J]. 世界经济,2013(11):117-135.

② 针对合成控制法的假设限制,有学者进一步发展了广义合成控制法(Generalized Synthetic Control Method,GSCM),可以参考:Xu Y. Generalized synthetic control method:Causal inference with interactive fixed effects models[J]. Political Analysis,2017,25(1):57-76.

的"反事实"结果,我们记之为 $Y_{1t}(0),(t > T_0)$。干预的因果效应 $\tau_{1t} = Y_{1t}(1) - Y_{1t}(0)$。

对 $Y_{1t}(0)$ 的估计,考虑按照式(17-1)中 $Y_{it}(0)$ 的表达式进行计算。其中,α_t 是 t 时点上反映一般趋势的公共因子,δ_t 是 t 时点上未观测到的公共因子。Z_i 是样本 i 可观测但不受政策影响的协变量集合,ε_{it} 是个体面临的随机冲击。

$$Y_{it}(0) = \alpha_t + \theta_t Z_i + \delta_t \mu_i + \varepsilon_{it} \tag{17-1}$$

对于对照组样本的加权组合,考虑一个 N 维的权重向量 $W_N = (W_2, W_3, \cdots, W_{N+1})$,满足 $\sum_{j=2}^{N+1} W_j = 1, W_j > 0$,则整体的合成控制模型如式(17-2)所示。

$$\sum_{j=2}^{N+1} W_j Y_{jt} = \alpha_t + \theta_t \sum_{j=2}^{N+1} W_j Z_j + \delta_t \sum_{j=2}^{N+1} W_j Z_j + \sum_{j=2}^{N+1} \varepsilon_{jt} \tag{17-2}$$

接下来,我们考虑如何从对照组样本中组合出一个最接近实验组个体的"反事实"对照组。假设存在一个 $W_N = (W_2{}^*, W_3{}^*, \cdots, W_{N+1}{}^*)$,使得 $\sum_{j=2}^{N+1} W_j^* Y_{jt} = Y_{1j}$。在数学上可以证明,当 T_0 足够大时,$Y_{1t}(0) - \sum_{j=2}^{N+1} W_j^* Y_{it}$ 将趋于 0。此时,$Y_{1t}(0)$ 可以使用对照组的组合来进行表示。此时,政策干预效应便可以表示为 $Y_{1t}(1) - \sum_{j=2}^{N+1} W_j^* Y_{it}, t > T_0$。

虽然上述过程看起来较为复杂,但现有的统计软件已经完全可以自主执行上述过程,因而读者不必过于担心。不过需要注意的是,经典合成控制法要求系数权重在 0～1,即要求用对照组样本的凸组合[①]进行合成控制。这一条件在对照组和实验组差异过大时可能难以满足。

---

① 假设一组对象 $x_1, x_2, \cdots, x_n$,满足 $a_1, a_2, \cdots, a_n \geq 0$,且 $\sum_{i=1}^{n} a_i = 1$,则称 $\sum_{i=1}^{n} a_i x_i$ 是 $x_1, x_2, \cdots, x_n$ 的一个凸组合。

17.3　案例：绿色信贷政策试点对于促进企业环保行为的影响①

17.3.1　研究背景与目标

金融学和产业经济学领域的诸多文献认为,作为一种重要的金融杠杆,信贷成本和信贷渠道将对于企业的生产经营行为(例如,绿色生产行为)产生重要的影响。然而,能够对此进行高质量因果推断的实证研究始终不多见。一个主要问题是银行在融资项目中的"自选择"问题。出于各种考虑,银行更倾向于向具有某些特质的企业提供贷款,因而造成内生性误差,导致政策效果评估不准确。本案例旨在借助一项从地区到全国逐步推广的绿色信贷政策,弥补已有文献的不足。

自 2005 年起,江苏省无锡市江阴市开始推行一项多家银行合作发起、政府大力支持推广的绿色信贷政策。由于该政策在试点时期取得了较为良好的效果,自 2007 年起环境保护部(现生态环境部,以下同)、中国人民银行和银监会开始在全国范围内大力推广。这一政策的核心要点包括以下几方面:(1)银行以优惠的利率条件向从事绿色生产的企业提供融资支持;(2)相关企业在得到融资支持后,要承诺更多地从源头减少污染物排放;(3)银行、企业与环境监管部门多方共同签署信息交流与共享协议,对于潜在的违规行为进行监督。

这一政策的三个重要特征使其能够进一步控制研究中的内生性问题。首先,银行是中国企业获取外部融资的重要渠道,银行来源的融资在总融资额中占比超过 80%。其次,在这一政策的设计中,企业的融资可得性与融资成本直接取决于绿色生产绩效。最后,与其他项目银行主要根据第三方提供的资料对于企业的绿色生产行为进行评估相比,本项目中环境监管部门向银行提供直接的一手资料,银行的自选择性较弱。得益于上述三个特征,本案例对于绿色信贷政策的效果进行了评估。

17.3.2　研究数据

此研究综合了多个来源的数据集,具体数据包括:(1)从环境保护部环境统计数据库中获取试点与对照区域的总体环境统计数据,从相关监测站点获

---

① 本案例主要改编自：Sun J，Wang F，Yin H，et al. Money Talks：The Environmental Impact of China's Green Credit Policy[J]. Journal of Policy Analysis and Management，2019，38(3)：653-680.

取微观污染数据(如化学需氧量等);(2)从国家统计局中国工业企业数据库获取试点和对照区域规模以上工业企业的生产运营数据(如企业规模、融资依赖度、内部现金流等);(3)从国家统计局获取试点和对照区域内县一级的社会经济数据(用于合成控制法的拟合)。

17.3.3 方法应用

此研究的试点政策起源于江阴,因而更加适用于合成控制法。通过周边城市模拟出一个未被政策干预的"反事实"的江阴,以此来评估政策绩效。因此,对于"反事实"江阴的模拟结果如表 17-1 和表 17-2 所示。可以看出,利用常熟、吴江、邳州、宜兴和东台五个地区数据的组合(表 17-1),可以较好地模拟出江阴的社会经济状况。如表 17-2 所示,模拟的"江阴"与真实的江阴在若干社会经济指标上差异很小。

表 17-1　周边城市对于江阴的"反事实"模拟

城　市	权　重	城　市	权　重
常熟	0.704	新沂	0
吴江	0.162	溧阳	0
邳州	0.056	金坛	0
宜兴	0.05	张家港	0
东台	0.028	……	0

表 17-2　模拟的"江阴"与真实的江阴在若干社会经济指标上的差异

变　量	江阴	
	真实的	模拟的
工人总数	2.18	2.18
投资总额	4.56	4.27
化学需氧量/GDP(2000 年)	11.29	11.29
化学需氧量/GDP(2002 年)	13.62	13.62
化学需氧量/GDP(2004 年)	12.80	12.78

注:以上变量均为取自然对数后的每单位 GDP 的平均值。

通过合成控制法,梳理出适合作为江阴市对照组的城市。在进行合成控制的基础上,其因果识别策略仍然借鉴 DID 框架。在分析过程中,研究者同时考虑了根据 SCM 获得的权重对样本进行加权以及不采用加权两种方式。

在研究中,文章将干预年份设定为 2005 年,数据的整体时间范围为 2000—2008 年。前文已经提及,利用 DID 框架进行因果识别的前提是平行趋势检验。最终的平行趋势检验结果如图 17-1 所示。可以发现,在 2005 年政策实施前,模拟的"江阴"与江阴在单位 GDP 化学需氧量上差异很小,两者的差异主要是在 2005 年政策实施后发生的。这一定程度上表明,政策干预可能取得了一定的效果。

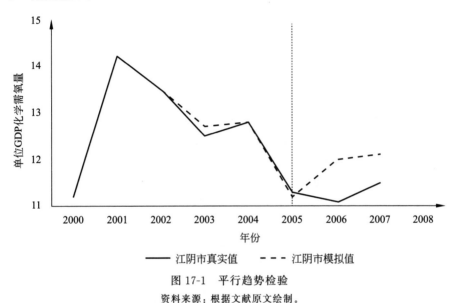

图 17-1　平行趋势检验

资料来源:根据文献原文绘制。

在确定地区设定总体满足 DID 的基本要求后,研究人员将研究尺度放在了地区内的企业上,具体分析框架设定为:污染物排放＝常数＋分组变量＋干预变量＋DID 项＋企业固定效应＋误差。在此基础上,研究者还进一步考察了处理效应的异质性:(1)将企业分为融资依赖度较低和较高两组;(2)将企业分为内部现金流充裕和缺乏两组;(3)将污染物排放分为源头排放和末端排放。

17.3.4　主要结论

通过应用合成控制法,本案例对自 2005 年起在江苏省江阴市开始实施的绿色信贷政策进行了系统的评估。评估结果表明:(1)绿色信贷政策显著地促进了区域内企业的绿色生产行为,降低了每单位 GDP 的化学需氧量,但政策实施效果具有异质性;(2)企业的外部融资依赖度越高,政策的实施效果越明显,这主要是由于银行在中国企业融资中具有特殊地位,占比超过 80％,意味着"外部融资依赖"几乎约等于"银行依赖");(3)企业的内部现金流越充分,政策的实施效果越明显,此时企业有较强的经济实力去保障绿色生产的实施,如更换升级设备等;(4)微观污染监测数据显示,上述政策对于绿色生产的引领效果主要来自于源头而不是末端生产,这意味着政策效果可能具有较好的持续性。

17.3.5 局限性与启示

该研究对于绿色信贷政策的实施效果进行了系统的评估,但仍然有一定的局限性。需要看到,其研究对象是绿色信贷试点,而非全面铺开的绿色信贷政策。诸多文献资料表明,政策试点阶段的绩效可能与推广阶段存在显著差异,因此在进行结论外推时仍需慎之又慎。

本案例的研究范式对于人工智能社会实验具有一定的启示意义。一方面,人工智能社会实验的推进广泛依赖于相关试点区和实验区。基于双重差分等方法,研究者可能无法找出与试点地区接近的对照组样本。如何基于有限试点区域的实施效果对于政策绩效进行系统评估是一个重要的现实问题。此时,合成控制法可以扮演非常重要的角色;另一方面,人工智能社会实验的长远目标是探索关于人类社会智能化转型的系统知识。因此,除了基于有限试点进行推理外,研究者还需要进一步考虑从试点到推广阶段的差异性。例如,当某项人工智能应用场景从试点走向推广时,获得的政治关注、经济支持等将不可避免地有所衰减,呈现出的综合社会影响也可能有所差异,并不能简单地把基于试点地区的政策评估结果直接用来指导实践①。相关问题值得研究者在未来进一步重点关注。

---

① 关于从政策试点到政策推广效果差异的理论探讨,可参见:Banerjee A, Banerji R, Berry J, et al. From proof of concept to scalable policies: Challenges and solutions, with an application[J]. Journal of Economic Perspectives, 2017, 31(4): 73-102.

第18章

倾向得分匹配

18.1 方法目标与适应性

随机实验是因果推断的最理想状态。然而,实际世界的研究环境往往更加复杂,并不容易遇见完全的随机实验场景。这给研究者分析因果效应带来了很大的难题。通过某种方式对于观测到的数据进行合理的调整,使之更加接近随机分配的状态,是解决这一问题的可行思路。

匹配(matching)是这一思路下最典型的分析方法之一。匹配方法中应用最为广泛的就是倾向得分匹配(propensity score matching,PSM)。匹配方法旨在为实验组的每个个体在对照组中找到尽可能相似的个体。此时,实验组和对照组的匹配样本在其他条件上非常相似,唯一的区别是是否接受干预。这已经非常接近随机实验的状态。

在倾向得分匹配中,"相似"是通过倾向得分来衡量的。倾向得分 $p(X_i)$ 指个体进入实验组的概率,其定义如式(18-1)所示,其中 $D_i=1$ 指个体进入实验组。倾向得分的计算主要基于可能影响个体接受干预概率的协变量进行,通过将所有关键的协变量纳入 logit 模型,研究者可以获得不同样本的倾向得分。

$$p(X_i)=Pr\left[D_i=1\mid X_i\right] \tag{18-1}$$

倾向得分匹配方法的实现依赖于以下的基础假设和定理。(1)条件独立性假设(conditional independence assumption,CIA)。条件独立性假设指出,当研究者控制协变量分布后,实验组和对照组的潜在结果分布没有显著差异。(2)平衡指数定理。平衡指数定理指出,如果一个指数是平衡指数,那么以该指数为条件,实验组和对照组的协变量分布没有显著差异。(3)倾向指数定理。倾向指数定理指出,倾向指数本身是一个平衡指数,通过控制倾向指数,可以实现实验组和对照组的协变量分布没有显著差异的理想状态[①]。

---

① 相关数学证明可参见:赵西亮. 基本有用的计量经济学[M]. 北京:北京大学出版社,2017.

上述三个假设和定理表明,通过倾向得分匹配,研究者可以将分布不平衡的观测数据还原到接近随机实验的状态。

倾向得分匹配方法并不总是孤立使用的,常常也与双重差分等方法结合进行因果效应评估,如第 15 章中的"科技计划对企业创新的作用评估"案例。这一方法主要适用于天然形成的实验组与对照组数据存在较大差异时。研究者首先通过匹配形成可比性较好的数据集,再通过双重差分等方法推断因果效应。例如,研究者计划评估国家科技计划资助对于企业科技创新的影响,但获取国家资助的企业可能本身比未获得资助的企业的综合实力要强得多,直接进行双重差分可能存在严重的选择性偏误。此时如果先使用倾向得分匹配,有助于进一步控制分析误差。

18.2 基本框架

倾向得分匹配的研究对象可以根据研究目的的需要横跨个体、组织等不同层次。统计软件 Stata 的 psmatch 和 psmatch2 等模块提供了标准的倾向得分匹配操作。倾向得分匹配的分析过程包括四个基本步骤:(1)定义相似性;(2)实施匹配;(3)评价匹配效果;(4)估计因果效应。其中,前两个阶段可能需要重复多次,直到达到较好的匹配效果为止。前三个阶段有时也被称为"实验设计"阶段,主要起到近似还原随机实验分配的效果,不涉及结果变量,避免分析结果受到研究者主观意志的干预。在"实验设计"完成后,第四步对因果效应进行分析。以下简要论述四个阶段的操作过程。

18.2.1 定义相似性的测度

匹配方法的核心是在对照组中为实验组中的每个个体寻找特征相似的个体,因而如何定义"相似"就是匹配过程中首先需要关注的问题。在定义"相似性"之前,研究者需要回答两个问题:(1)应当选择哪些变量作为定义相似性的依据;(2)如何基于这些变量生成相似性的测度。

首先,研究者应选择影响个体被干预概率与结果变量水平的变量纳入相似性测度。这一依据主要来源于前文提及的条件独立性假设。CIA 指出,一旦控制了相关的协变量,实验组与对照组没有显著差异。因此,与干预变量和结果变量相关的混杂因素都应当纳入匹配。如果引入了与干预变量和结果变量无关的因素,可能会对估计结果产生负面影响。

其次,"相似性"的定义依赖一个完备的测度,本质上是把多维度的协变量特征转换为一维特征。一般应用中,我们主要采用欧式距离(euclidean metric)和马氏距离(mahalanobis distance)。以下简要介绍相关距离的测量方法。

记两个个体的协变量特征向量为 X_i 和 X_j，其中，$X_i = (x_{1i}, x_{2i}, \cdots, x_{ni})$，$X_j = (x_{1j}, x_{2j}, \cdots, x_{nj})$，则 X_i 与 X_j 之间的欧式距离可以表示为式(18-2)。式(18-2)存在一个问题，如果不同分量的量纲差异很大，结果可能不够准确。此时，可以考虑采用标准化的欧式距离消除量纲的影响，其计算公式如式(18-3)所示，其中 σ_k 为分量 x_k 的标准差。

$$d(X_i, X_j) = \sqrt{\sum_{k=1}^{n}(x_{ki} - x_{kj})^2} \tag{18-2}$$

$$d(X_i, X_j) = \sqrt{\frac{\sum_{k=1}^{n}(x_{ki} - x_{kj})^2}{\sigma_k^2}} \tag{18-3}$$

马氏距离与标准化的欧式距离思路类似，也是一种用于消除量纲的距离测度。在考虑特定协变量分布的基础上，进一步考虑了不同协变量之间的相似性。马氏距离的计算方式如式(18-4)所示，其中 S 是所有纳入匹配的协变量的协方差矩阵。

$$d(X_i, X_j) = \sqrt{(X_i - X_j)^T S^{-1}(X_i - X_j)} \tag{18-4}$$

马氏距离和欧氏距离都是进行倾向得分匹配时可以参考的距离测度，但实际操作中往往采用线性化倾向得分和欧式距离的结合。线性化倾向得分的计算方法如式(18-5)所示，其中 $p(X_i)$ 是前文定义的倾向得分指数。在计算倾向得分指数的基础上，研究者可以进一步计算倾向得分的欧式距离 $d(l_i, l_j)$，将其作为相似性的测度。

$$l_i = \ln\left(\frac{p(X_i)}{1 - p(X_i)}\right) \tag{18-5}$$

18.2.2　实施匹配

一旦定义了相似性的测度，研究者就可以在给定的测度下实施匹配了。需要说明的是，匹配并不是因果推断中的必备环节。实施匹配前应当对协变量的分布进行检验。如果实验组和对照组的协变量分布已经较为平衡，两组样本本身已经具有较好的可比性，此时可以直接使用回归分析等方法进行研究。反之，直接进行回归分析可能存在较大的偏差，需要通过匹配的方法近似地找出"随机"的样本分配，减小分析误差。近邻匹配和分层匹配是最常见的两种匹配方法。

1. 近邻匹配

近邻匹配是一种最常见且容易实施的匹配方法，具体可分为一对一和一对多近邻匹配。一对一近邻匹配法指在给定距离测度下，为每一个实验组中的样本在对照组中选取一个距离最近的样本进行匹配。相应地,一对多近邻匹配法主要指在对照组中为每一个实验组样本选取多个个体进行匹配。一对一与一对多匹配法本身各有优劣,背后的选择体现了统计学习中"偏差—方差"均衡的经典思想①。相比较而言,一对一方法最终得到的匹配样本比较少,因方差比较大。但由于每组匹配都按照距离最近的原则进行,因而偏差较小。一对多方法则恰好相反,由于匹配的数量比较多,最终得到的样本规模也较大,估计的方差较小。与此同时,随着匹配数量的增加,实验组和对照组匹配样本之间的距离也随之加大,可能导致偏差的增加。总体而言,一对一方法的匹配质量较高,当对照组样本数量特别多时,可以考虑一对多匹配。以下讨论若干执行近邻匹配中需要关注的问题。

(1)实施一对一近邻匹配时,给定实验组样本,可能出现多个与之距离相同的对照组个体。此时,有三种可行的策略。一是在符合条件的样本随机选择一个样本作为匹配对象。二是根据样本在数据库中的顺序,先出现的先匹配。三是利用所有符合条件的样本的均值作为匹配。相对而言,最后一种方式对于有效信息的利用最为充分。

(2)当实验组与对照组差异较大时,从对照组中确定的最近邻匹配对象可能实际上与实验组差异较大,从而导致估计的偏差比较大。一种可行的思路是提前设定一个距离区间,在区间内为实验组样本寻找匹配对象。这种方法被称为"半径匹配"。此时,如果应用一对一方法,则在区间中选择离实验组样本距离最近的样本。如果应用一对多方法,则区间中所有符合条件的点都是潜在的匹配对象。如果区间内无法获取合适的匹配样本,则丢弃相关的实验组样本。总体来看,匹配半径的设定也体现了多个目标之间的权衡。半径越小,匹配的总体质量越高,但匹配数量较少;反之则反是。需要注意的是,由于此时部分样本可能被丢弃,分析得到的因果效应结果不能被解释为平均处理效应。

(3)是否允许重复匹配的问题。允许重复匹配意味着更多的可能,如果某些对照组中的样本被重复匹配,说明这些个体与某些实验组个体的距离更近,因而允许重复可能有助于降低匹配偏差。当对照组样本容量很小,又不想丢弃实验组样本的情况下,重复匹配是一种很好的解决办法。但这种策略也将导致实际使用的样本量和估计的精度下降。

(4)贪婪匹配与最优匹配的权衡。所谓贪婪匹配,指为实验组中的每一个样本在对照组中寻找一个距离最近的匹配。然而,保证每一对匹配的距离

---

① 可进一步参考:Briscoe E, Feldman J. Conceptual complexity and the bias/variance tradeoff[J]. Cognition,2011,118(1):2-16.

最近,未必等价于最小化了所有匹配的总体距离。如果以匹配的总体距离为目标进行最小化,整体的计算复杂度将大大增加。最优匹配与贪婪匹配的权衡也取决于研究目标。如果主要研究目标是平均因果效应,那么为每个实验组样本匹配接近的对照组样本就十分关键,此时最优匹配未必带来很大的信息增益。反之,如果研究者更关注匹配的平衡性,最优匹配就是更好的策略。

2. 分层匹配

分层匹配是另一种常见的匹配方法。分层匹配法根据协变量或倾向得分分布进行分层,使得层内实验组与对照组个体的特征相似,从而降低相关估计的偏差。在实际操作过程中,如果协变量是连续变量,数据通常被分为5~10个区间,如果样本规模足够大,区间数也可以进一步增加。如果协变量是离散变量,有时可以直接根据协变量的取值进行分层。

18.2.3 评估匹配效果

匹配方法的核心是通过寻找给定测度下更加"接近"的样本,使得实验组和对照组更具有可比性。实施匹配后,研究者需要进一步评估匹配的效果,以确定是否将有偏差的样本近似还原成了随机实验的样本分配。研究者可以利用可视化的方法和统计检验来检验匹配的效果。

可视化方法主要包括绘制倾向得分分布图、分位数分布图[①]等。图 18-1 展示了一次倾向得分匹配分析中匹配前后实验组与对照组样本匹配情况的变化,图 18-1(a)为匹配前,图 18-1(b)为匹配后。可以看出,这次匹配很大程度上消除了实验组和对照组在倾向得分较小时匹配效果不佳的问题,但一定程度上扩大了倾向得分中等时的差异。因此,这一示例并不是一次效果特别好的匹配,但展示了好坏匹配的基本形态。

统计检验方法主要包括检验协变量的标准化平均值差异、倾向得分的标准化平均值差异等,主要方法仍是独立样本 t 检验等经典模型。表 18-1 提供了一个利用统计检验评估匹配效果的案例。该案例旨在研究以"863计划"为例的政府资助对于企业外部融资的影响。由于某些与外部融资绩效有关的因素可能影响了企业接受政府资助的概率,本案例使用倾向得分匹配方法控制可能的内生性,纳入分析的变量包括企业所有制结构、年龄、规模、资本密集度等。可以看出,在匹配之前,实验组和对照组的相关变量存在显著的均值差异(独立样本 t 检验的 p 值小于 0.05),而匹配后均值差异不再显著,说明取得了较好的匹配效果。

---

① 这种方法相对少见,有需要的读者可参考:赵西亮. 基本有用的计量经济学[M]. 北京:北京大学出版社,2017.

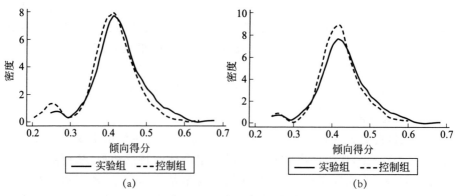

图 18-1　倾向得分分布图示例

表 18-1　利用统计检验方法评估匹配效果

变　　量	状　　态	均　　值		t 检验	
		实验组	对照组	t 值	p 值
所有制	匹配前	0.498	0.328	4.14	0.000
	匹配后	0.496	0.481	0.34	0.732
年龄	匹配前	18.946	15.714	2.03	0.043
	匹配后	18.886	18.498	0.20	0.838
规模	匹配前	13.215	12.310	5.94	0.000
	匹配后	13.215	13.197	0.11	0.914
资本密集度	匹配前	0.020	0.014	2.36	0.018
	匹配后	0.018	0.018	0.15	0.882

资料来源：李彰，苏竣. 政府研发资助信号功能的实证研究：基于"863 计划"的分析[J]. 中国软科学，2017(2)：54-65.

18.2.4　估计因果效应

　　匹配分析的前三个阶段主要聚焦于自变量层面，直到第四阶段才关注结果变量。通过第三阶段的匹配效果评价意味着研究者已经找出了近似随机实验的样本分配方式，因而后续估计因果效应的过程可以直接借鉴随机实验的数据分析方法，此处不再赘述。

18.3　案例：科普宣传对于公众核电接受度的影响①

18.3.1　研究背景与目标

科学与社会的互动一直是公共管理和科技政策研究领域的热点话题,公众接受度是理解这一问题的一个重要视角。由于切尔诺贝利、福岛核电站泄漏等事件的影响,核电的安全性始终备受社会各界的关注,政府也综合运用了科普宣传、政治动员等工具试图影响和提升公众对于核电技术的接受度。然而,在现有的知识、情感和信任程度的前提下,公众的态度是否会被相关政策工具所影响? 政策工具发挥作用的机制何在? 已有文献对此还知之甚少。本案例旨在弥补已有文献的不足。

这是一个经典的政策评估问题,但系统地回答却并不简单。公众接受科普宣传的行为并不是随机的。例如,对核电更了解或更接受的个体可能更倾向于参加政府组织的科普宣传。直接将参与科普宣传和核电公众接受度放在一起进行分析可能存在严重的内生性问题。因此,需要在各类认知特征、行为特征和人口统计学特征相近的情况下,寻求"反事实"的政策评估。倾向得分匹配法可以帮助研究者达成上述目的。本案例将一系列可能影响公众参加科普宣传和政治动员的变量,如距离核电站的距离、科学技术基础等,纳入 Logit 模型,预测给定条件下个体参加科普宣传和政治动员的概率。

利用核电站建设过程中政府开展的公众沟通和科普宣传活动,本案例构造出一个"准自然实验"来评估科普宣传对于核能公众接受度的影响。由于个体接受政府科普宣传的意愿可能存在差异,本案例利用倾向得分匹配方法对于内生性进行控制,并根据概率值对样本进行配对,从而实现接受政策干预的参与组与未接受政策干预的对照组在协变量上没有显著性差异的目标,在很大程度上减轻了内生性问题。

18.3.2　数据来源

该研究在截至 2015 年仅有的两个在核电站选址阶段开展公众沟通的试点城市——辽宁省葫芦岛市(徐大堡核电站)与广东汕尾市(陆丰核电站)开展问卷调研。根据公众沟通开展的空间范围,本案例以核电站为中心,将居住在距离核电站 0～5 公里、5～15 公里与 15～30 公里三个距离范围的公众作为样本进行分阶段配额抽样。其中,对居住在距离 0～5 公里、5～15 公里

---

① 本案例及后续相关图表均来自作者指导的清华大学郭跃博士的学位论文《政策反馈与民意形塑：我国核电的公众接受度研究》,论文完成时间为 2015 年,已经征得本人同意。

与 15～30 公里的样本分别配额 80、100 个和 120 个样本。抽样的具体操作步骤如下。

在抽样的第一阶段,研究者以距离核电站 0～5 公里、5～15 公里与 15～30 公里的所有行政村或社区作为样本框,抽取拟调研的行政村或社区样本。第一步,通过 GIS 系统,识别每个城市中,距离核电站 0～5 公里、5～15 公里与 15～30 公里的行政村与社区的数量。第二步,根据每个地理范围内的行政村或社区样本数量进行配额,配额比例为 3∶4∶5。第三步,根据每个地理范围内的行政村或社区样本数量以及配额比例,决定每个地理范围内抽取的样本。最后,在每个地理范围内随机抽取行政村或社区。

在抽样的第二阶段,研究者在第一阶段抽出的行政村或社区中,抽取居民作为样本。第一步,识别第一阶段中抽取出的每一个行政村或社区的家庭数量。第二步,按分层比例抽样方法,决定在第一阶段抽取出的每个行政村或社区中拟抽取家庭数量。第三步,根据样本分配数量,在第一阶段抽取出的每个行政村或社区随机抽样家庭,并作为最终样本。

本调研采取入户调研的方式开展。为提升问卷的有效回收率,调研员主要选择中午和晚间进行调研,尽可能保证受访者独立完成问卷填写,在必要的时候对题项进行解释。每份问卷完成后,填写若干针对调研员的题项,对当次问卷调研质量进行评估。调研团队共发出 850 份问卷,有效回收 605 份,有效回收率达 71.18%,整体质量较好。

18.3.3 方法应用

本案例主要关注的政策工具是科普宣传,是最为常用的用于提升公众对核电接受度的工具之一。评估科普宣传政策效果的一个问题是,个体接受科普宣传的行为并不是随机的。具有某些特质的个体可能更倾向于接受科普宣传,因而需要进一步控制内生性。本案例使用倾向得分匹配方法来控制内生性。具体地,首先基于描述性统计、方差检验和 t 检验来分析实验组和对照组在核电接受度上是否存在差异,进而通过倾向得分匹配来分析公众的核电接受度差异受到参与科普宣传的影响。

表 18-2 展示了公众接受度得分的描述性统计结果。按照问卷的设计,本题为 7 点李克特量表,其中 1 为非常抵制,7 为非常接受。可以看出,接受过科普宣传的个体接受度均值为 5.1,而未接受过宣传的个体接受度均值为 4.6,接受科普宣传个体的接受度略高于未接受的个体,但这并不足以证明干预的有效性。

表 18-2　公众接受度得分的描述性统计结果

观测变量	是否参加过科普	N	均值	标准差	标准误
公众接受度	是	192	5.1	1.6	0.1
	否	411	4.6	1.7	0.1

该研究进一步使用方差分析和独立样本 t 检验分析实验组与对照组的差异,结果如表 18-3 所示。首先,方差齐性检验的显著性为 0.5,大于 0.05 的显著性水平,因此接受 Levene 检验的原假设,认为两组之间方差没有显著差异。其次,独立样本 t 检验的显著性水平为 0.001,小于 0.05 的显著性水平,拒绝原假设,实验组和对照组之间的均值(即核电接受度的平均水平)存在显著差异,但我们仍然不能确定上述差异是否是由接受科普宣传带来的。

表 18-3　公众接受度得分的方差检验和独立样本 t 检验

方差齐性的 Levene 检验		独立样本 t 检验					
		F	Sig	t	df	Sig	均值差
公众接受度	假设方差相等	0.4	0.5	3.3	601	0.001	0.1
	假设方差不等	—	—	3.4	388	0.001	0.1

为确定科普宣传对于公众核电接受度的影响,该研究采用倾向得分匹配的方法进行分析。经过测试,采用最邻近匹配的方法进行估计,结果如表 18-4 所示。结果表明,除去风险感知变量匹配前后仍然存在差异,实验组和对照组的知识基础和利益感知均不再存在显著差异。上述结果进一步表明,通过倾向得分匹配较好地控制了潜在的内生性。

表 18-4　若干关键变量匹配前后的差异性

变量	匹配前			匹配后		
	实验组平均值	对照组平均值	t 值	实验组平均值	对照组平均值	t 值
知识	0.100	−0.492	1.715*	−0.028	0.097	−1.497
利益感知	0.018	−0.013	0.362	0.000	0.018	−1.400
风险感知	0.261	−0.125	4.678***	−0.040	0.181	−2.240***

注：$***\ p<0.01$，$**\ p<0.05$，$*\ p<0.01$。

18.3.4　主要结论

该研究的最终分析结果如表 18-5 所示。可以发现,经过匹配之后,实验组与对照组在对于本地核电站的接受程度上的差异明显增大,但是并不显著。结合上文的匹配结果,我们可以发现科普宣传既难以直接提升公众的科学素养,也不会明显改变公众的利益感知,亦无法直接提升公众对于核电站项目的接受程度。因此,总体来看,公众并不会因为参加科普宣传而更接受核电站。

表 18-5　关于核电公众接受度的匹配结果

观测变量	样本	实验组	对照组	差异
公众接受度	匹配前	−0.084	−0.107	0.023
	匹配后	−0.084	−0.288	0.204

18.3.5　局限性与启示

本案例也有若干局限性。首先,从方法上看,尽管该研究尽可能地将影响个体参与科普宣传的变量纳入分析,但倾向得分匹配方法始终无法完全解决遗漏变量的问题,因而本案例仍可能有一定的内生性偏误。采用多次测量的方式可能有一定的帮助。其次,从数据获取上看,尽管该研究在抽样阶段尽可能保证了样本的代表性,且在每一个地理范围内保证了概率抽样,但仍然采用了配额抽样的方法对于不同地理范围内的公众进行了配额。总体而言,0~5 公里范围的样本量相对较少,可能影响结论的信度。

该研究对于人工智能社会实验具有一定的启示意义。人工智能社会实验的开展依赖于相关试点区和试验区的建设,但这些试点本身可能打破了因果推断所需的随机性前提,个体的知识基础、代际间的文化偏好等诸多因素都可能内生地影响个体对于人工智能这一新生事物和新兴技术的态度,有效地控制潜在的内生性来源是提高社会实验结果可信性的关键。

第19章

结构方程模型

19.1 方法目标与适应性

结构方程模型是运用线性方程组系统处理多变量之间关系的一种统计方法,在政治学、管理学、社会学等社会科学领域中日益得到广泛应用。该方法的广泛应用,得益于其适用于解决多个"潜变量"相互关系的复杂问题[①]。变量关系是进行因果推断的基础。但社会科学研究关注的很多重要变量本身具有非常丰富的意涵,例如,爱国主义情怀、居民获得感、企业的品牌意识等。这些变量往往难以被准确和直接地测量,一定程度上给研究带来了困难。我们将这一类变量称为"潜变量"。结构方程模型通过为潜变量匹配合适的观测变量,使得研究者可以用观测变量间的关系研究潜变量的关系。

在使用结构方程模型时,需要注意该方法的应用前提。结构方程模型有如下要求:服从多元正态分布(multivariate normality)、无系统缺失值(non-systematic missing value)、样本量足够大(sufficiently large sample size)、正确的模型界定(correct model specification)等[②]。满足以上条件时,结构方程模型可以对多个潜变量之间的关系进行推理。

结构方程模型分析过程通常包括四个主要步骤:模型设定、模型识别、模型估计和模型评价与修正[③]。首先,研究者需要根据现有的理论研究成果来设定初始理论模型,即初步确定方程组的结构以及其中需要固定的系数。其次,研究者需要判定所设定的方程是否能够求解。有时候,设定错误的模型可能导致求解系数过多而方程过少的问题。再次,对于正确设定的模型,研究者可以采用最大似然估计或广义最小二乘估计等方法,对相关系数进行估计,得到初步的研究结论。最后,在估计模型的基础上,研究者需要对于模型

---

① 邱皓政,林碧芳. 结构方程模型的原理与应用[M]. 北京:中国轻工业出版社,2009.
② 黄芳铭. 结构方程模式理论与应用[M]. 北京:中国税务出版社,2005.
③ 林嵩,姜彦福. 结构方程模型理论及其在管理研究中的应用[J]. 科学学与科学技术管理,2006 (2):38-41.

的整体拟合效果进行评价。如果效果不佳,可以进一步修正模型设定,再依次重复上述过程[①]。

与前文介绍的方法不同,结构方程并不是一种直接的实验估计策略,而常常嵌入实验设计中。在人工智能社会实验中,结构方程模型主要发挥三方面作用。首先,研究者需要将个人价值观、社会观念、风险认知等难以测量的抽象概念转化为可测度的变量。结构方程模型为这一概念化的建模和验证过程提供了可能。其次,人工智能社会实验往往涉及变量间因果机制的分析,研究者需要系统地考虑多种变量间的关系。结构方程模型能够通过一个系统模型,将所有外生变量和内生变量纳入考虑,满足多变量分析的要求。有时候,实验干预就已经成为了这个系统模型中的关键要素。

19.2 基本框架

结构方程模型通常用来处理包含多个变量的问卷数据或量表数据。一般认为,结构方程模型研究的样本量应大于 200,或者大于变量个数的 10 倍[②]。通常使用 AMOS(Analysis of Moment Structures)软件或 LISREL 软件处理结构方程模型的数据。AMOS 软件是 SPSS 家族系列软件之一,具有绘图方便、报表数据易读的优点[③]。

结构方程模型的数理模型需要根据理论构建,因而根据不同的理论构建出的数理模型千差万别。不过,这些数理模型也有异曲同工之处,它们都包含两种基本的模型:测量模型(measured model)和结构模型(structural model)。

测量模型包括潜变量和观测变量,其重点是揭示两者之间的关系,本质上是一组观测变量的函数。潜变量往往是难以直接测量的抽象概念,而观测变量是在潜变量概念下通过量表或问卷等测量得到的结果。在结构方程建模中,潜变量通常通过圆形或椭圆形符号进行表示,而观测变量往往通过方形符号表示。图 19-1 列举了一个有三个观测变量的结构方程测量模型。

另一种模型为结构模型,也称为因果模型。结构模型是对测量模型的抽象,是对潜在变量之间因果关系的说明。作为原因的潜在变量称为外因潜在

---

① 关于评价结构方程拟合效果的指标,可参见:Hoyle R H. Structural equation modeling: Concepts, issues, and applications[M]. London:Sage, 1995.

② 张汉威. 从 R&D 到 R&3D:新能源汽车政府示范工程的技术创新机理研究[D]. 北京:清华大学,2012.

③ 详细的 AMOS 软件应用请参考:吴明隆. 结构方程模型——AMOS 的操作与应用[M]. 重庆:重庆大学出版社,2010.

变量,作为结果的潜在变量称为内因潜在变量。外因潜在变量对内因潜在变量的因果效应会受到其他变量的影响。产生影响的其他变量称为干扰变量。图 19-2 列举了一种因果结构模型。

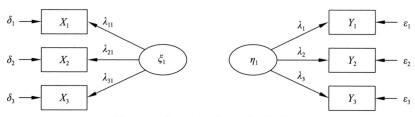

图 19-1　有三个观测变量的测量模型

图 19-2　结构模型(因果模型)示意

在结构方程模型中,只有测量模型而无结构模型的回归分析被称为验证性因子分析。相反,只有结构模型而无测量模型,则相当于传统的路径分析。通常情况下,一个标准的结构方程研究既有测量模型又有结构模型。图 19-3 展示了包括测量模型和结构模型的一种结构方程模型形态。

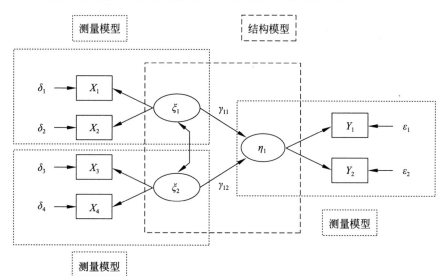

图 19-3　包含测量模型和结构模型的结构方程模型形态示意

值得注意的是,结构方程模型也有局限性。由于各变量之间的关系来自于理论假设或由研究者自发地确定,难免挂一漏万。因此,结构方程模型的最终结论可能忽视了产生影响的其他因素和路径。本质上,这一问题难以根除,但研究者可以通过尽可能细致的理论分析,结合访谈等质性方法获取必要的田野信息,将两者结合起来,生成尽可能严密的结构方程模型。

最后,在构建合理的结构方程模型的基础上,研究者主要使用基于协方差或基于方差的方法进行模型估计。其中,基于协方差方法(Covariance-based SEM)的核心目标是实现理论模型结构和数据之间的匹配效果最大化,从而使得模型更加可靠,更加适用于大样本的验证性分析的研究场景,但往往对变量有满足正态分布等更加严苛的设定。基于方差方法(Variance-based SEM)的核心目标是使得模型的解释效力最大化,使得模型中的各个因变量能够被更加准确地预测,更加适用于小样本的探索性分析场景。

实践中,如果基于协方差的估计方法可行,研究者应当首先以此为基础对模型进行估计,在此基础上使用基于方差的方法作为近似估计策略进行对比验证和稳健性检验,使得构建的理论框架更加完备。AMOS、Smart PLS 等常见软件可以帮助研究者实现方法的估计过程。

19.3 案例:控制方式、知识转移与产学合作绩效的关系研究[①]

19.3.1 研究背景与目标

结构方程模型在实验研究和非实验研究中的应用过程并无二致。考虑到案例的系统性,本案例选取笔者研究团队完成的一项独立研究工作,重在展示结构方程模型的具体应用,主要以方法规范性作为选取案例的标准。具体到实验性研究中,读者着重比较不同场景下拟合结果的差异即可。

随着科学和技术的界限逐渐消融,企业越来越重视在创新中吸收来自公共科研机构的知识成果。一个普遍趋势是,高校正成为企业最重要的知识来源之一。然而,产学合作并非自然发生的。实践中,双方在价值文化、知识开放性、创新评价、管理方式等方面存在显著差异,有不同的利益诉求和风险偏好。这决定了产学合作的成功一定是双方利益平衡和相互博弈的结果。所以,选择适当的控制方式以降低或规避合作中可能存在的由机会主义、信息不对称和知识外溢负外部性等诱发的冲突是优化产学合作绩效的关键。然

---

① 本案例主要改编自:李世超,苏竣,蔺楠.控制方式、知识转移与产学合作绩效的关系研究[J].科学学研究,2011,29(12):1854-1864,1774.

而,学术界关于不同控制方式对产学研合作绩效的作用机制尚不明晰。因此,控制方式、知识转移与产学合作绩效的关系"黑箱"需要被打开。

19.3.2　数据获取

该研究的数据来自研究者独立进行的问卷调查,问卷发放方式为目标抽样,参考国际高水平期刊近期关于中国产学研合作实证研究中使用的数据来源地标准,选择北京、长三角地区、湖北、湖南为主要问卷发放地,确定地域后,依次确定企业和受访者样本框。企业选择方面,剔除了与大学开展非技术类型合作的企业,并将合作类型限定为合作研究、委托研发、共建实验室、技术转让、专利许可等。受访者选择方面,问卷全部由参与产学合作项目的企业管理人员,如企业高管、研发或技术主管、项目负责人等填答。自 2010 年10 月至 2011 年 1 月 31 日,共计发放问卷 935 份,回收 599 份,确认有效 212份,问卷有效率约 22.67%。

19.3.3　方法应用

首先,根据该研究关于控制方式、知识转移和产学合作绩效的变量关系的研究假设,建立如图 19-4 的概念模型。注意此处的模型为结构模型。

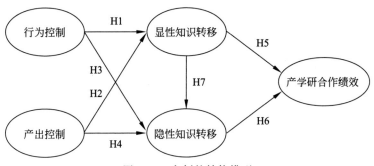

图 19-4　案例的结构模型

其次,根据已有文献和田野调查建立潜在变量的测量模型,具体的变量测度如表 19-1 所示。

再次,通过测量模型的探索性因子分析检验量表的信度和效度;通过验证性因子分析评价理论导出模型结构的质量。

最后,使用 AMOS 软件对结构方程模型进行检验,均通过相关检验过程。

表 19-1　各变量的测量体系与依据

	指 标 体 系
行为控制	BC-1 对参与各方在项目中具体职责的规定 BC-2 对常规化的项目管理办法的规定 BC-3 对处理意外事件的原则和办法的规定 BC-4 对解决各方争议和冲突的原则和办法的规定
产出控制	OC-1 对合作目标和具体产出验收标准的规定 OC-2 对知识产权和（或）技术成果归属的规定 OC-3 对项目进度及其阶段性成果验收标准的规定 OC-4 对最终产出成果所获经济利益或其他收益的规定
显性知识转移	EKT-1 从大学获取数据库、软件、程序操作说明等资料 EKT-2 从大学获取关于技术的书面材料等 EKT-3 从大学购买实验室产品、原型样机等设备装置
隐性知识转移	TKT-1 共同承担科研任务或开展联合技术攻关 TKT-2 经常在一起工作、讨论和交流 TKT-3 互相帮助对方解决科研或生产实际中的问题
合作绩效	CP-1 在新产品、新技术或新工艺开发方面有重要进展 CP-2 发表了许多与项目有关的研究成果 CP-3 实现了预期目标（如技术创新、利润收益等） CP-4 项目合作中的沟通协调是令人满意的 CP-5 原意在未来继续开展更深层次的合作
控制变量	企业规模：企业员工总数 合作经验：对以往产学合作情况的总体评价 专用资产投入：一旦合作意外终止，双方损失很大

19.3.4　结论与局限性评价

使用 AMOS 软件计算的结果如表 19-2 所示。

表 19-2　AMOS 计算结果

路　　径	标准化的 路径系数	非标准化的 路径系数	SE	CR
显性知识转移←行为控制	0.222	0.172	0.064	2.709
显性知识转移←产出控制	0.424	0.364	0.068	5.382
隐性知识转移←行为控制	0.325	0.352	0.091	3.884
隐性知识转移←产出控制	−0.048	−0.057	0.100	−0.577
隐性知识转移←显性知识转移	0.281	0.249	0.091	3.053

路　　径	标准化的路径系数	非标准化的路径系数	SE	CR
合作绩效←显性知识转移	0.323	0.407	0.112	4.364
合作绩效←隐性知识转移	0.673	0.352	0.046	7.328
合作绩效←合作经验	0.259	0.178	0.032	5.439
合作绩效←专属资源投入	0.129	0.087	0.024	4.277
合作绩效←企业规模	0.030	0.008	0.014	1.007

从整体拟合情况看,各参数都在经验判断之内(χ^2/df 值为 1.903、RMSEA 值为 0.076、IFI 值为 0.916、TLI 值为 0.904、CFI 值为 0.915),说明整体拟合良好,模型可接受。模型中变量间共有 8 条路径是显著的,分别是"行为控制→显性知识转移""产出控制→显性知识转移""行为控制→隐性知识转移""显性知识转移→隐性知识转移""显性知识转移→合作绩效""隐性知识转移→合作绩效""合作经验→合作绩效""专属资源投入→合作绩效"。此外,产出控制对隐性知识转移有负向影响,但未达到 0.05 显著水平。本案例的假设在实证分析中得到了不同程度的验证,如表 19-3 所示:

表 19-3　研究假设的验证情况

路径	研　究　假　设	验证情况
H1	行为控制对产学间显性知识转移具有显著的正向影响	支持
H2	产出控制对产学间显性知识转移具有显著的正向影响	支持
H3	行为控制对产学间隐性知识转移具有显著的正向影响	支持
H4	产出控制对产学间隐性知识转移具有显著的负向影响	部分支持
H5	显性知识转移对产学合作绩效具有显著的正向影响	支持
H6	隐性知识转移对产学合作绩效具有显著的正向影响	支持
H7	产学间显性知识转移对隐性知识转移具有显著的正向影响	支持

通过运用结构方程模型,本案例解决了学术界对于不同控制方式如何影响组织间合作绩效的研究争议。通过将控制细分为行为控制和产出控制,并引入显性和隐性知识转移作中介变量,厘清了行为控制和产出控制对组织间显性和隐性知识转移产生的作用效果差异,更加深入细致地揭示了控制对产学合作绩效的实际作用机制。

本案例同时提出了有别于传统的控制思路,主张在以知识流动和共享为本质特征的产学合作中,应改变以往过度强调严格产出控制的合同设计思路,以行为控制为主、适度产出控制为辅,如加强合作中有关信息处理与反馈、联合技术攻关及共同解决问题等方面的制度设计。

当然,影响企业产学合作绩效的因素很多,本案例虽然从控制方式和知识转移两个角度对该问题进行了探索性的研究,但是仍然忽视了许多可能产生影响的潜在因素,例如,产学地理距离、外部环境动态性、企业组织特征、企业资源基础等。因此,在后续的研究中应该包含更多的解释因素。本案例的不足之处也体现了结构方程模型的局限性,它无法考虑未纳入模型中的解释因素。

第20章 元分析

20.1 方法目标与适应性

内部效度高、外部效度不足是实验研究方法的痼疾。尽管现有文献从诸多维度探讨了影响实验外部效度的解决方案,但在不同的实验情境下,同样的实验设计难以取得相同结果,甚至南辕北辙的案例仍十分常见。这样的现象给研究者和实务工作者带来了诸多困扰,也严重制约了实验发现转化为可大规模推广的政策建议。事实上,产生上述现象的原因十分复杂。越来越多的学者意识到,仅仅依靠单个独立研究的结论来解释复杂问题背后的科学逻辑并不可靠,研究者应当充分整合大量规范、严谨的科学证据,才能更加接近复杂问题背后的科学本质。元分析是解决上述问题的重要工具之一。本章主要介绍元分析的发展历程、基本原理、分析过程和典型案例。

元分析(Meta-analysis)是一种定量证据的合成方法[1],最早于 20 世纪初期应用于医药领域,后拓展到教育学、社会学、经济学、管理学等多个领域。它的本质是将以往研究中围绕同一问题的多项独立定量研究结果抽取出来进行二次分析,进而得出具有普遍意义的结论[2]。英国统计学家卡尔·皮尔森(Karl Pearson)是公认最早使用元分析思想进行数据分析的科学家。皮尔森收集了伤寒疫苗接种和死亡率之间关系的独立研究样本,并通过比较平均相关系数,分析不同类型疫苗对死亡率的影响[3]。1932 年,罗纳德·费希尔(Ronald Fisher)首次提出"合并 p 值"思想,成为同一假设下开展独立统计检验的重要技术[4]。1940 年,五位心理学家首次使用元分析对 145 篇关于同一

---

[1] 曾宪涛,任学群.应用 STATA 做 Meta 分析[M].北京:中国协和医科大学出版社,2019.

[2] 马克·W.利普西,戴维·W.威尔逊.元分析(Meta-analysis)方法应用指导[M].刘军,吴春莺,译.重庆:重庆大学出版社,2019.

[3] Pearson K. Report on certain enteric fever inoculation statistics[J]. British Medical Journal, 1904, 3:1243-1246.

[4] Fisher R A. Statistical methods for research workers[M]. London:Oliver & Royd, 1932.

主题的实验研究进行了定量分析,已经具有了现代元分析技术的雏形[①]。

尽管这些研究都或多或少地体现了元分析思想,但早期的相关研究更多地以"系统综述"(Systematic Review)或"研究综合"(Research Synthesis)的概念出现。直到 1976 年,美国教育心理学家吉恩·格拉斯(Gene Glass)才第一次使用"元分析"一词[②]。到了 20 世纪 80 年代,关于研究综合和元分析的书籍大量涌现,学者们从不同视角阐述元分析的本质,有力推动了元分析的应用和发展。国内学者在 20 世纪 90 年代初开始关注元分析,早期元分析被翻译为 Meta 分析、荟萃分析及综合分析[③][④][⑤],但是在管理学、教育学和心理学等领域,"元分析"是一个更加常见的概念。21 世纪初,国内心理学、管理学领域的学者开始逐步使用元分析来定量研究同一主题的实证文献,近几年相关研究增长迅速。

20.2 基本框架

在学术研究中,单个独立研究涉及的样本数量有限,经常会出现研究结论不一致的情况。尽管通过增加样本数量可以在一定程度上降低结论不可重复的风险,但是一些研究难以获取样本,即便是能够增加样本,数量的增加必然意味着更高的成本,并不是所有研究者都有足够的条件来支撑大样本的研究工作。元分析旨在解决上述问题。

20.2.1 概念与术语

通过发展整合多个独立研究样本数据的方法,元分析实现了扩大数据规模和控制研究成本的均衡。这一分析过程涉及多个常见的概念与术语,如效应值、编码、异质性、发表偏倚、抽样误差与测量误差等。

1. 效应值(Effect size)

效应值是元分析中的关键概念。根据雅可布·科恩(Jacob Cohen)的定

---

① 卫旭华.组织与管理研究中的元分析方法[M].北京:科学出版社,2021.

② Glass G V. Primary, secondary, and meta-analysis of research[J]. Educational Researcher, 1976, 5:3-8.

③ 王心青.运动所致 ST 段压低在多支冠状动脉病变诊断中的价值:荟萃分析[J].国外医学(心血管疾病分册),1990(4):229-230.

④ 邢最智."META 分析"——现代教育统计中的一个新分支[J].华南师范大学学报(社会科学版),1990(1):85-91.

⑤ 赵宁,俞顺章.乙型肝炎、黄曲霉毒素与肝癌关系的前瞻性研究综合分析[J].肿瘤,1994(4):225-227,235.

义,效应值是对零假设为假的程度。从统计学角度看,效应值是对效应程度的定量测量。进行元分析的关键是生成一个效应值统计量。根据研究和变量类型的不同,可以选择不同的效应值统计量。在实验研究中,比较两个平均值之间的差异,可以选择科恩 d(Cohen's d 值)统计量、标准均值差或Hedges'g 值,比较两个连续变量间相关系数差异的共变程度,可以选择 r 效应值。除此之外,对多个变量进行效应值分析时,可以选择 f 效应统计量值。需要指出的是,尽管这些效应值指标不同,但是各指标之间是可以进行转换的。

2. 编码(Coding)

编码是元分析的重要环节。编码需要围绕一个事先提出的编码计划书,对于纳入数据库的每一个样本进行信息提取。编码的过程同时包括定量数据(各项研究中的经验发现,即效应值)和定性数据(各项研究的特征信息)。例如,研究者在分析社会实验类实证样本时,可以记录自变量与因变量的关系系数,也可以记录样本观测对象的特征信息(如性别、年龄、职业等)。在编码过程中,为了保证工作质量,通常需要两名以上人员各自按照共同的编码规则独立编码,再比较编码结果的一致性,最大限度地降低人工编码导致的误差。

3. 异质性(Heterogeneity)

遗传学上,异质性是指一种遗传形状可以由多个不同的遗传物质改变所引起的现象。在实验研究中,异质性主要用来描述同一问题下不同独立研究产生的结果存在显著差异的现象。元分析的基本原理是对样本效应值进行加权整合。当不同样本的效应值存在明显差异时,研究者需要关注导致异质性的原因。如果效应值的差异性程度较大,还需要考虑样本研究的情境差异。常用的检验异质性的方法包括 Cochrane Q 检验和 I^2 统计两种。通过计算 Cochrane Q 值可以判断研究是否存在异质性,I^2 统计则进一步对研究的异质性大小进行定量计算,I^2 值越大,则意味着本研究存在较多无法解释的变异性。一般来说,I^2 超过 50% 则说明样本具有中等异质性,I^2 超过 70% 则不能对研究样本进行直接合并。

4. 发表偏倚(Publication bias)

发表偏倚是学术发表过程中只发表结果显著的研究的现象,它扰乱了研究结果的平衡性,并产生了有利于显著结果研究发表的偏差。发表偏倚对元分析有深远的负面影响。由于已发表的研究可能会侧重于支持或否定某一相关结论,因此有必要对元分析的发表偏倚程度进行检测。漏斗图是检验发表偏倚最直观的方法,当漏斗图不对称时,则有可能存在发表偏倚。除此以外,失效安全数也被用以计算样本的发表偏倚程度。一般来说,失效安全数越大,则发表偏倚越小,通常认为,元分析中可容忍的失效安全数最小为 5k＋10(k 为元分析所纳入的研究的数量)。

5. 抽样误差(Sampling error)与测量误差(Measurement error)

元分析过程中常常涉及抽样误差和测量误差。针对现实中存在真实关系的两个变量,抽样误差是指随机抽取样本观测到的变量关系与真实关系之间的绝对偏差。一方面,样本量越大,样本越接近总体,抽样误差越小。另一方面,抽样误差越大表明抽取的样本对总体的代表性越小。此外,实际研究中,研究者经常面临测量量表难以十分准确地测量出概念的情形。这种测量值与真实值之间的偏差称为测量误差。抽样误差和测量误差在实证研究中普遍存在,这也是导致研究结论存在差异的重要原因。在元分析过程中,研究者需要通过加权等方式来修正效应值统计量,以便提高分析结果的可靠性。

20.2.2 基本流程

元分析的基本流程与一般的量化研究相比既有共同点,又有显著的差异。一个标准的元分析主要涉及以下几个步骤:形成研究问题、提出理论假设、检索实证文献、编码获取信息、评估数据质量、分析整合数据、解释实证证据、撰写汇报结果①。

第一步:形成研究问题。研究问题的主要形式是对两个以上变量的界定及其关系的理论预测②。需要注意的是,不是所有的研究问题都适合使用元分析。当研究者发现某个研究问题或者某个特定领域大量的实证研究存在结论不一致时,开展元分析就显得十分必要。此种情况下,研究问题就可以表述为:为什么这些变量之间的关系存在明显的不一致? 什么样的原因导致了这一现象? 哪些变量调节了这些关系或在其中扮演了中介作用? 通过对管理学顶级期刊的分析发现,元分析涉及的研究问题以调节变量为主,中介效应次之,曲线效应则较为少见。许多元分析使用结构方程模型技术对多变量关系进行分析③。

第二步:提出理论假设。与大多数的定量研究相似,提出理论假设是元分析中十分关键的一步。研究者需要在大量文献调研的基础上,通过理论推

---

① 王永贵,张言彩.元分析方法在国内外经济管理研究中的应用比较[J].经济管理,2012,34(4):182-190.

② 哈里斯·库珀.元分析研究方法[M].李超平,张昱城,译.北京:中国人民大学出版社,2020.

③ 卫旭华.组织与管理研究中的元分析方法[M].北京:科学出版社,2021.

演,提出对实验结果潜在影响因素的理论分析框架,并在此基础上细化出具体的研究假设。

第三步:检索实证文献。研究文献的检索是元分析过程中最具有不确定性也最容易出现遗漏的一个环节。检索文献时,研究者首先需要确定文献来源,如选择哪些数据库和哪些期刊? 其次,研究者需要进一步确定检索的关键词和主题词。如果关键词过少,研究者可能遗漏一些实证证据,得到的是一个有偏的样本,导致结论可信度的降低。如果关键词过多,不仅文献检索工作量会大幅增加,还会增加不相关的冗余文献,耗费后期精力。如何用更准确的关键词检索到更多的相关文献是研究者面临的重要问题。为了解决上述问题,研究者需要熟悉主流文献数据库,并在检索前初步设定好关键词,通过专家咨询、预检索等方式扩充关键词表。在完成上述工作的基础上,还需要从相关论文的参考文献中查漏补缺,尽可能提升获取的数据质量。

第四步:编码获取信息。编码的目的是建立一个系统的样本数据库。正式编码之前,需要提出编码计划书。编码计划书是用于收集各项研究信息的工具,应当既包含特征信息(作者姓名、年份等),又包含效应值信息(各项研究的发现),具体可概括为 8 个方面:研究报告特征信息及编码、自变量或解释变量、研究环境、参与者或样本特征、因变量或结果变量及其测量方式、研究设计的类型(期刊论文、图书、学位论文、研究报告、政府报告等)、统计结果和效应值、编码者和及编码过程的特征①。在编码过程中,为了最大程度减少偏差,应由两名以上编码人员同时编码,加强沟通工作,并做好编码结果的核对,以期最大化编码准确性。

第五步:评估数据质量。编码获取信息后,需要对收集到的数据质量进行分析,主要是对核心效应值是否出现了严重偏差进行检验。与每项研究的核心效应值存在关联的其他证据也要进行核查。如果出现严重偏差问题,需要舍弃该项研究的数据,或者赋予较低的可信度。例如,对多个独立研究进行综合分析时,研究者需要对各项研究的研究方法、数据采集方式等因素进行评估。

第六步:分析整合数据。在数据分析前,研究者需要将评估后的编码数据进行汇总和精简,最终整合成数据库。根据变量的个数、变量之间的关系类型、变量的分析层次等不同,采用的元分析方法也不同。从变量的个数来看,元分析主要分为双变量关系和多变量关系分析,前者是目前元分析的主要形式。从变量之间的关系类型来看,元分析包括线性关系和非线性关系分

---

① 哈里斯·库珀. 元分析研究方法[M]. 李超平,张昱城,译. 北京:中国人民大学出版社,2020.

析(如 U 形、倒 U 形等)。从变量的类型来看,元分析包括效应值分析和描述性变量分析。从效应的类型来看,元分析包括主效应分析、调节效应分析和中介效应分析等。在实际分析过程中,研究者首先应当对多个效应值(均值、标准差、系数等)的分布进行分析,再利用类似于方差分析、多元回归方程、固定效应模型、随机效应模型、混合效应模型等方法来分析效应值与相关变量的关系[①]。

第七步:解释实证证据。元分析会产生一个或多个效应值。计算了效应值之后,如何判断它们是大是小?是有意义还是无意义?这些都是在解释部分需要回答的问题。因此,为了正确解释效应值的结果,需要建立一套参考框架,从而将效应值放到一个可解释的语境中。有许多方法可以实现这一点。在效应值大小方面,科恩提出标准化均值差效应值小于等于 0.2 为小,介于 0.2 至 0.8 之间为中,大于等于 0.8 为大;相关系数效应值小于等于 0.1 为小,介于 0.1 至 0.4 之间为中,大于等于 0.4 为大[②]。

第八步:撰写汇报结果。研究者需要把分析步骤、结果和编码表格转化为可供阅读的整合性文档,这对于知识积累而言意义重大。元分析报告不是简单的数据汇总和报告,如果在报告中没有科学、规范、细致地描述出元分析的全部过程,会使本应有说服力的研究结论大打折扣。标准的元分析报告由标题、摘要、引言、方法(样本纳入与排除标准、调节变量或中介变量分析、检索方式、编码程序、统计方法等)、结果、讨论等部分构成。每个部分的内容应尽可能翔实完整。

20.3　案例:增强现实应用对 K-12 学生学业成绩影响的元分析[③]

20.3.1　研究背景与目标

增强现实(augmented reality,AR)是一种能够增强用户与真实物理世界互动体验的技术。在 AR 技术的帮助下,使用者可以在现实世界中看到、听到和感受到虚拟空间的体验。随着技术的不断成熟,AR 越来越多地被应用到

---

①　马克·W. 利普西,戴维·W. 威尔逊. 元分析(Meta-analysis)方法应用指导[M]. 刘军,吴春莺,译. 重庆:重庆大学出版社,2019.

②　Cohen J. Statistical power analysis for the behavioral sciences[M]. 2nd ed. New York: Academic Press,1988.

③　本案例主要改编自:Li F,Wang X,He X,et al. How augmented reality affected academic achievement in K-12 educationa meta-analysis and thematic-analysis[J]. Interactive Learning Environments,2021:1-19.

教育,尤其是 K-12(Kindergarten to 12)教育领域中。然而,AR 在 K-12 教育中的有效性究竟如何,已有研究还存在不小的争议。

一方面,部分文献指出,AR 技术能够通过增强学习动机来提升数字化时代的学生学习成绩[1][2]。AR 技术的新颖性有助于吸引用户的注意力,引起学生对于学习的兴趣,增加他们专注于学习的时间,从而有助于成绩提升[3]。三维的活动场景是 AR 技术的另一项突出优势,能够帮助学生更好地对位置、角度、旋转等概念进行具体化,有助于学生进一步进行科学思考、产生和检验假设,使他们更加积极地参与到学习中来[4]。

另一方面,亦有部分文献指出,虽然 AR 有助于提升学生的学习动机,但 AR 技术的局限性也可能阻碍学生学习效果的提升[5][6]。首先,现阶段 AR 技术的系统还存在稳定性不足等功能缺陷。AR 软件必须运用摄像头检测真实场景,可能受光线等条件的约束,在功能上还有很大的改进空间[7]。其次,有文献表明,AR 技术可能引起学生的身体不适,降低学生的学习体验。例如,手持移动设备和发光卡片会引起学生的手和眼睛的不适[8][9]。

尽管已有文献已经从诸多角度探索了可能影响 AR 技术教育场景应用效果的影响因素,但这些研究仍不足以解释为什么不同的实验会出现显著差异,甚至完全相反的结果。因此,研究者尝试利用元分析方法回答上述问题。

---

① Abdusselam M S, Karal H. The effect of using augmented reality and sensing technology to teach magnetism in high school physics[J]. Technology, Pedagogy and Education, 2020, 29(4): 407-424.

② Estapa A, Nadolny L. The effect of an augmented reality enhanced mathematics lesson on student achievement and motivation[J]. Journal of STEM education, 2015, 16(3): 40-48.

③ Winkler T, Herczeg M, Kritzenberger H. Mixed reality environments as collaborative and constructive learning spaces for elementary school children[EB/OL]. Association for the Advancement of Computing in Education(AACE), 2002. https://eric.ed.gov/? id=ED477046.

④ Shelton B E, Hedley N R. Exploring a cognitive basis for learning spatial relationships with augmented reality[J]. Technology, Instruction, Cognition and Learning, 2004, 1(4): 323.

⑤ Erbas C, Demirer V. The effects of augmented reality on students' academic achievement and motivation in a biology course[J]. Journal of Computer Assisted Learning, 2019, 35(3): 450-458.

⑥ Chang R C, Chung L Y, Huang Y M. Developing an interactive augmented reality system as a complement to plant education and comparing its effectiveness with video learning[J]. Interactive Learning Environments, 2016, 24(6): 1245-1264.

⑦ Cai S, Wang X, Chiang F K. A case study of Augmented Reality simulation system application in a chemistry course[J]. Computers in human behavior, 2014, 37: 31-40.

⑧ Ibáñez M B, Di Serio Á, Villarán D, et al. Experimenting with electromagnetism using augmented reality: Impact on flow student experience and educational effectiveness[J]. Computers & Education, 2014, 71: 1-13.

⑨ Gün E T, Atasoy B. The effects of augmented reality on elementary school students' spatial ability and academic achievement[J]. Egitim ve Bilim, 2017, 42(191): 31-51.

该研究并不是教育技术学领域最早运用元分析方法回答 AR 技术应用效果影响因素的文献①,而更多地是从现有文献的争议出发。首先,现有文献往往没有对 K-12 教育和大学教育②进行区分,但两者间往往存在显著差异。K-12 教育往往以科目为单位,而大学教育往往以专业为单位③。这使得相关研究间往往存在较大的异质性。其次,现有文献往往更加关注干预效应大小的计算,而忽视了对于具体影响机制的定性解释。为了解决这些问题,本案例将研究范围确定在 K-12 教育中,并在完成干预效应的估计后运用主题分析方法解释了 AR 技术应用对于学业成绩的主要影响。

20.3.2　数据来源与编码

案例的系统检索是元分析的基础。该研究首先以增强现实(augmented reality)、学业成绩(academic achievement)、学业表现(academic performance)、学生表现(students' performance)、学生成功(students' success)为关键词,在 Web of Science、Taylor & Francis、Springer、ScienceDirect 和 EBSCO 等数据库中检索相关主题的文献。在此基础上,该案例使用第三方搜索引擎 Google Scholar 对文献进行补充,形成元分析的数据库。

在此基础上,研究者依据文章的题目、摘要对样本进行初步筛选。初步筛选后,由两位研究人员对所纳入的文献进行全文阅读,按照以下标准纳入可用的研究:(1)研究必须采用实验或准实验设计;(2)研究的参与者是 K-12 学生;(3)研究详细地报告了所需的定量数据(如标准差、平均值、样本量等)。基于上述流程(图 20-1),最终筛选出 35 篇文章纳入元分析,覆盖 3 915 名参与者。

确定样本数据集后,案例对所选文献的关键信息进行摘取,包括:发表时间、年级、参与者总人数、学科、抽样方法、实验结果评估类型等,并参照以下标准进行编码:(1)记录每个独立样本的效应大小;(2)如果一项研究涉及多个学科,分别计算每个学科的效应大小;(3)如果一项研究包括多个实验,分别计算每个实验的效应大小。完成编码后,最终从 35 篇文章中提取了 40 个独立的实验样本。

---

①　Cavanaugh C S. The effectiveness of interactive distance education technologies in K-12 learning: A meta-analysis[J]. International Journal of Educational Telecommunications, 2001, 7(1): 73-88.

②　Means B, Toyama Y, Murphy R, et al. The effectiveness of online and blended learning: A meta-analysis of the empirical literature[J]. Teachers college record, 2013, 115(3): 1-47.

③　Batdi V, Talan T. Augmented reality applications: A Meta-analysis and thematic analysis[J]. Turkish Journal of Education, 2019, 8(4): 276-297.

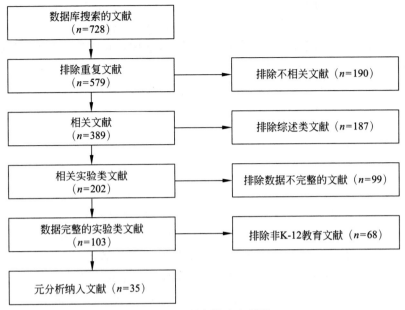

图 20-1　研究筛选流程图

20.3.3　方法应用

一个标准的元分析流程包含异质性分析、效应大小计算、发表偏倚检验等过程。此案例的元分析主要通过 CMA3.3 软件实现。

首先，基于 Thalheimer 和 Cook 的分类法，计算了每项研究中实验组和对照组之间的效应大小（Hedges'g 值），并通过 Cochrane's Q 和 I^2 进行同质性检验，检验结果如表 20-1 所示。在 95% 置信区间的显著性水平下，$Q = 104.224$（>54.572），$p = 0.000$（<0.05）。这表明，纳入样本的所有研究存在显著的异质性。进一步计算得 $I^2 = 62.581\%$（处于 50% 和 75% 之间）。这表明，纳入样本的所有研究异质性中等，故选择使用随机效应模型来估计综合效应大小，效应大小为 0.437（$p < 0.001$），95% 置信区间的上限为 0.543，下限为 0.331。因此，得出 AR 对 K-12 学生的学业成绩有中等程度积极影响的结论。

表 20-1　同质性检验结果和随机效应模型的综合效应大小

样本数	实验总人数	效应大小	95% 置信区间	同质性检验			Tau-squared			双尾检验	
				Q 值	p 值	I^2	Tau^2	SE	Tau	Z 值	p 值
40	3 915	0.437	[0.331, 0.543]	104.224	0.000	62.581%	0.063	0.028	0.252	8.085	0.000

　　此外,还通过随机效应模型检验了干预效应大小是否受相关变量的调节。首先,对学科的调节效应进行了组间同质性检验（$Q_B = 21.638, p <$ 0.01）。这表明,组间效应大小存在显著差异,学科差异显著影响了 AR 技术的应用效果。其中,AR 技术对地球和空间科学（$g=0.618$）、物理科学（$g=$ 0.630）和数学（$g=0.407$）学科学生的学业成绩有中等程度的积极影响,而对生物（$g=0.163$）和语言（$g=0.239$）学科学生的成绩影响较小。

　　其次,对实验的持续时间进行了组间同质性检验（$Q_B = 17.174, p <$ 0.01）。这表明,组间效应大小存在显著差异,在教学中使用 AR 的时间长短显著影响学生成绩的提高程度。当教师使用 AR 教学 12 周或以上时,成绩提高的效应大小为 0.608。当教师使用 AR 教学 5 周以上、11 周以下时,效应大小为 0.426。当教师使用 AR 教学 4 周或以下时,效应大小为 0.481。因此,此案例认为,适当增加 AR 的使用时间有助于进一步提升学生的学业成绩。

　　此外,基于年级和抽样方法的分析结果并没有显著差异（$p > 0.05$）,即 AR 对学业成绩的影响不取决于学生所处年级和实验的抽样方法。

　　最后,为了评估结果的可信度,分别使用了漏斗图（funnel plot）和失效安全数（fail-safe number）来确定分析结果是否出现发表偏倚的影响。一方面,图 20-2 展示了漏斗图分析的结果。结果表明,案例中纳入的 40 个样本对称地分布于垂直线两边。另一方面,此案例的失效安全数为 1 628（大于 5k+ 10,k 为元分析纳入的样本数量,k=35）。综上所述,案例中出现发表偏倚的概率很低。

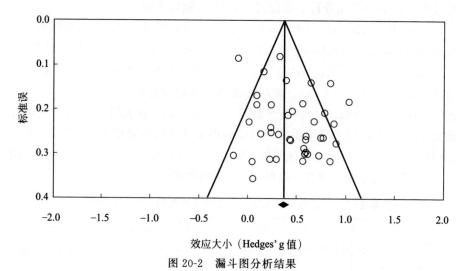

图 20-2　漏斗图分析结果

为了进一步拓展研究深度,此案例对 35 篇文章中提到的有关 AR 应用于 K-12 教育的优缺点进行归纳。结果显示,35 篇文章中有 32 篇报道了在 K-12 教育中使用 AR 的优势,具体包括:(1)提高学习动机/兴趣;(2)提供生动的学习资源;(3)为学生提供互动环境;(4)提高学生注意力。35 篇文章中亦有 18 篇报道了在 K-12 教育中应用 AR 的缺点,具体包括:(1)AR 系统的功能缺陷;(2)引发学生身体不适;(3)尚未形成与 AR 技术相匹配的教学模式

20.3.4　主要结论

此案例对 35 项在 K-12 教育中应用 AR 技术的研究进行了系统性元分析,对于这一存在争议性的问题形成了更高质量的因果证据。结果表明,AR 技术的应用能够有效提高 K-12 学生学习成绩,但在不同学科间存在差异。相比较而言,在地球和空间科学、物理科学和数学上应用 AR 技术比在生物和语言学科上更有效。这意味着 AR 更适用于需要抽象知识和技能的学科。AR 技术能够为这些学科的学生提供生动的教学资源和互动环境,并引导学生更好地理解相关概念。其次,要在 K-12 教育上取得令人满意的 AR 应用效果,就必须制定长期的教学设计。此外,在 K-12 教育融合 AR 应用时,还需要注意学生的健康问题。

20.3.5　局限性与启示

上述研究仍然存在一定的局限性。首先,在元分析过程中,研究者只探讨了年级、学科、实验时间和抽样方法四个调节变量的作用,诸如性别、文化等变量可能也会影响 AR 的应用效果,未来应进一步纳入分析。其次,该研究仅仅从宏观层面论述了 AR 技术应用于 K-12 教育的优势和劣势,未来需要从不同学习阶段、不同学科等角度加以分析。最后,该研究仅仅将实验性证据纳入元分析。但是对于某些问题,特别是人工智能社会实验中的某些前沿性问题而言,早期可能并不能积累足够的实验数据。研究者应当进一步探索综合观测性数据和实验性数据进行综合推断的元分析研究。目前,医学中已经出现类似的研究工作[①],值得感兴趣的研究者进一步关注。

---

① 可参考:Ivlev I, Hickman E N, McDonagh M S, et al. Use of patient decision aids increased younger women's reluctance to begin screening mammography: a systematic review and meta-analysis[J]. Journal of general internal medicine, 2017, 32(7): 803-812.

参考文献

[1] 艾尔·巴比. 社会研究方法[M]. 邱泽奇,译. 第十一版. 北京:华夏出版社,2009.

[2] 艾媒报告. 2017—2018 年中国在线餐饮外卖市场研究报告[EB/OL]. (2019)[2021-11-09]. https://www.iimedia.cn/c400/60449.html.

[3] 爱因斯坦. 爱因斯坦文集(第三卷)[M]. 许良英,译. 北京:商务印书馆,1979.

[4] 本刊编辑部. 光荣的历程,庄严的使命——热烈祝贺中华医学会医学伦理学会成立[J]. 医学与哲学,1989(1):1.

[5] 曾宪涛,任学群. 应用 STATA 做 Meta 分析[M]. 北京:中国协和医科大学出版社,2019.

[6] 陈龙. "数字控制"下的劳动秩序——外卖骑手的劳动控制研究[J]. 社会学研究,2020,210(6):113-135,244.

[7] 陈全明,张广科. 人力资源管理思想:三个里程碑及其在中国的升华[J]. 中国行政管理,2012(9):83-87.

[8] 程理民,吴江,张玉林. 运筹学模型与方法教程[M]. 北京:清华大学出版社,2000.

[9] 崔洪植. 关于梁漱溟乡村建设运动的理念目标研究[J]. 当代韩国,2003,000(1):36-39.

[10] 丹尼尔·雷恩. 管理思想的演变[M]. 李柱流,赵睿,肖聿,等译. 北京:中国社会科学出版社,2000.

[11] 丹皮尔 W C. 科学史[M]. 李珩,译. 北京:商务印书馆,1975.

[12] 杜沙沙,余富强. 国外社会科学研究伦理审查制度的实践与反思[J]. 科学与社会,2019,9(4):73-92.

[13] 范良聪. 实验经济学简史[M]. 杭州:浙江大学出版社. 2016.

[14] 风笑天. 社会研究方法[M]. 第五版. 北京:中国人民大学出版社,2019.

[15] 工业和信息化部,公安部,交通运输部. 智能网联汽车道路测试管理规范(试行)工信部联装〔2018〕66 号.

[16] 郭跃. 政策反馈与民意形塑:我国核电的公众接受度研究[D]. 北京:清华大学,2015.

[17] 郭湛. 中国大百科全书数据库. 中国大百科全书(第一版)·哲学. "科学"词条[DB/OL]. https://h.bkzx.cn/item/.

[18] 国家保密局指导管理司. 人工智能应用对个人信息保护的挑战及其对策[EB/OL]. (2019-11-14)[2021-08-25]. http://www.gjbmj.gov.cn/n1/2019/1114/c409091-

31456089.html.

[19] 哈里斯·库珀.元分析研究方法[M].李超平,张昱城,译.北京:中国人民大学出版社,2020.

[20] 侯俊霞,赵春清.社会科学实证研究方法应用中的伦理问题剖析[J].伦理学研究,2018(2):111-116.

[21] 黄萃,彭国超,苏竣.智慧治理[M].北京:清华大学出版社,2017.

[22] 黄芳铭.结构方程模式理论与应用[M].北京:中国税务出版社,2005.

[23] 黄盈盈,潘绥铭.中国社会调查中的研究伦理:方法论层次的反思[J].中国社会科学,2009(2):149-162.

[24] 江山河.中国大百科全书数据库.中国大百科全书(第一版)·社会学."实验"词条[DB/OL].https://h.bkzx.cn/item/116941.

[25] 蒋灵多,陆毅,张国峰.自由贸易试验区建设与中国出口行为[J].中国工业经济,2021,401(8):75-93.

[26] 金迪.科研伦理规范发展史初探[J].科技管理研究,2014,34(20):246-250.

[27] 卡皮查.未来的科学[M]//戈德斯密斯 M,马凯 A L.科学的科学——技术时代的社会.赵红州,蒋国华,译.北京:科学出版社,1985.

[28] 李荷.社会研究的伦理规范:历史、哲学与实践[J].人文杂志,2011(3):153-160.

[29] 李强.应用社会学[M].北京:中国人民大学出版社,1995.

[30] 李世超,苏竣.技术复杂性及其导致的社会风险[J].中国科技论坛,2005(5):100-104.

[31] 李世超,苏竣,蔺楠.控制方式、知识转移与产学合作绩效的关系研究[J].科学学研究,2011,29(12):1854-1864,1774.

[32] 李翔宇,游腾芳,郑鸿.人类学方法在霍桑实验中的应用[J].广西师范大学学报(哲学社会科学版),2013,49(3):77-85.

[33] 李渊庭,阎秉华.梁漱溟年谱[M].北京:商务印书馆,2018.

[34] 李彰.科技计划对企业创新的作用评估:基于863计划的实证研究[D].北京:清华大学,2017.

[35] 梁漱溟,艾恺.这个世界会好吗?梁漱溟晚年口述[M].北京:生活·读书·新知三联书店,2015.

[36] 梁漱溟.梁漱溟全集(第二卷)[M].济南:山东人民出版社,1990.

[37] 梁漱溟.梁漱溟全集(第三卷)[M].济南:山东人民出版社,1989.

[38] 梁漱溟.梁漱溟全集(第五卷)[M].济南:山东人民出版社,1990.

[39] 梁漱溟.梁漱溟乡村建设文集(一)[M].北京:中国社会科学出版社,2018.

[40] 梁漱溟.山东乡村建设研究院概览、山东乡村建设研究院及邹平实验区概况[M].北京:中国社会科学出版社,2019.

[41] 梁漱溟.我生有涯愿无尽:梁漱溟自述文录[M].北京:中国人民大学出版社,2004.

[42] 梁漱溟.我是怎样一个人——梁漱溟自述[M].北京:当代中国出版社,2021.

[43] 梁漱溟. 乡村建设理论[M]. 上海：上海人民出版社，2006.

[44] 梁漱溟. 自述、朝话、乡村建设大意[M]. 北京：中国社会科学出版社，2018.

[45] 梁卫星. 改造中国的实践——梁漱溟传[M]. 北京：中国友谊出版公司，2012.

[46] 林嵩，姜彦福. 结构方程模型理论及其在管理研究中的应用[J]. 科学学与科学技术管理，2006(2):38-41.

[47] 林志扬，陈福添，木志荣. 管理学原理[M]. 厦门：厦门大学出版社，2018.

[48] 刘甲炎，范子英. 中国房产税试点的效果评估:基于合成控制法的研究[J]. 世界经济，2013(11):117-135.

[49] 刘生龙，周绍杰，胡鞍钢. 义务教育法与中国城镇教育回报率:基于断点回归设计[J]. 经济研究，2016，51(2):154-167.

[50] 陆方文. 随机实地实验:方法、趋势和展望[J]. 经济评论，2017(4):149-160.

[51] 陆方文. 随机实地实验:理论、方法和在中国的运用[M]. 北京：科学出版社，2020.

[52] 罗伯特·D. 帕特南. 使民主运转起来[M]. 王列，赖海榕，译. 北京：中国人民大学出版社，2015.

[53] 罗卫东，程奇奇. 社会仿真研究:中国社会科学跨越式发展的可能路径[J]. 浙江社会科学，2009(2):2-7，125.

[54] MBA 智库. 霍桑实验[EB/OL]. [2021-04-21/2021-06-15]. https://wiki. mbalib. com/wiki/%E9%9C%8D%E6%A1%91%E5%AE%9E%E9%AA%8C.

[55] 马克·W. 利普西，戴维·W. 威尔逊. 元分析(Meta-analysis)方法应用指导[M]. 刘军，吴春莺，译. 重庆：重庆大学出版社，2019.

[56] 孟天广. 政治科学视角下的大数据方法与因果推论[J]. 政治学研究，2018(3):29-38.

[57] 孟溦，李杨. 科技政策群实施效果评估方法研究——以上海市"科技创新中心"政策为例[J]. 科学学与科学技术管理，2021，42，477(6):45-65.

[58] 敏泽. 物来顺应——梁漱溟传及访谈录[M]. 山西：山西人民出版社，1997.

[59] 莫文. 心理学实验中的各种效应及解决办法[J]. 实验科学与技术，2008，6:118-121.

[60] 齐绍洲，林屾，崔静波. 环境权益交易市场能否诱发绿色创新？——基于我国上市公司绿色专利数据的证据[J]. 经济研究，2018，53(12):129-143.

[61] 钱兆华. 为什么实验方法和逻辑方法对科学特别重要？[J]. 科学技术与辩证法，2004，21(2):20.

[62] 乔治·埃尔顿·梅奥. 工业文明的人类问题[M]. 陆小斌，译. 北京：电子工业出版社，2013.

[63] 乔治·埃尔顿·梅奥. 工业文明的社会问题[M]. 时勘，译. 北京：机械工业出版社，2016.

[64] 乔治·埃尔顿·梅奥. 霍桑实验[M]. 项文辉，译. 上海：立信会计出版社，2017.

[65] 邱国栋，王易. "数据—智慧"决策模型:基于大数据的理论构建研究[J]. 中国软科学，2018(12):17-30.

［66］ 邱皓政，林碧芳．结构方程模型的原理与应用［M］．北京：中国轻工业出版社，2009．

［67］ 瞿晶晶，王迎春，赵延东．人工智能社会实验：伦理规范与运行机制［J］．中国软科学，2022，383(11)：74-82．

［68］ 阮荣平，郑风田，刘力．“新农保”提高参保农民对地方政府的满意度了吗？［J］．公共管理学报，2020，17(3)：100-112，172．

［69］ 山东乡村建设研究院．山东乡村建设研究院及邹平实验区概况［M］．济南：山东(邹平)乡村建设研究院，1936．

［70］ 山东乡村建设研究院．邹平农村金融工作实验报告［M］．济南：山东(邹平)乡村建设研究院，1935．

［71］ 山东邹平实验县政府．邹平乡村自卫实验报告［M］．济南：乡村书店，1936．

［72］ 尚虎平，刘俊腾．欠发达地区的政策创新真的促进了“弯道超车”吗？——一个面向贵阳市大数据发展政策的合成控制检验［J］．公共管理学报，2021，18，72(4)：34-45，168．

［73］ 盛昭瀚，张维．管理科学研究中的计算实验方法［J］．管理科学学报，2011，14(5)：1-10．

［74］ 宋立林．梁漱溟乡建理论与儒学基层治理的现代尝试［J］．深圳大学学报(人文社会科学版)，2020，037(1)：14-22．

［75］ 搜狐．美国白宫《国家人工智能研究发展战略计划》［EB/OL］．(2019-07-03)[2021-06-01]．https://www.sohu.com/a/328800695_640913．

［76］ 苏竣，魏钰明，黄萃．基于场景生态的人工智能社会影响整合分析框架［J］．科学学与科学技术管理，2021，42(5)：3-19．

［77］ 苏竣，魏钰明，黄萃．社会实验：人工智能社会影响研究的新路径［J］．中国软科学，2020(9)：132-140．

［78］ 苏竣．公共科技政策导论［M］．第二版．北京：科学出版社，2021．

［79］ 孙丰华．破茧——梁漱溟的曹州岁月及前后［M］．北京：中国社会科学出版社，2010．

［80］ 孙小礼．中国大百科全书数据库．中国大百科全书(第一版)·哲学．“思想实验”词条［DB/OL］．https://h.bkzx.cn/item/74075? q＝％E6％80％9D％E6％83％B3％E5％AE％9E％E9％AA％8C．

［81］ 泰勒．助推：如何做出有关健康、财富与幸福的最佳决策［M］．北京：中信出版集团股份有限公司，2018．

［82］ 唐钧．人工智能的风险善治研究［J］．中国行政管理，2019(4)：46-52．

［83］ 陶飞，刘蔚然，张萌，等．数字孪生五维模型及十大领域应用［J］．计算机集成制造系统，2019，25(1)：1-18．

［84］ 陶庆，牛潇蒙．回归“文化”“人”与重塑扎根理论(ET)——从缅甸高地到霍桑实验的“寻根”路径［J］．学术月刊，2019，51(7)：76-90．

［85］ 佟自光．孤鸿卓立：梁漱溟［M］．长沙：湖南师范大学出版社，2011．

[86] 万嘉若. 中国大百科全书数据库. 中国大百科全书(第一版)·教育学."计算机模拟实验"词条[DB/OL]. https://h.bkzx.cn/item/94043？q＝％E8％AE％A1％E7％AE％97％E6％9C％BA％E6％A8％A1％E6％8B％9F％E5％AE％9E％E9％AA％8C.

[87] 王飞跃,王晓,袁勇,等. 社会计算与计算社会:智慧社会的基础与必然[J]. 科学通报,2015,60:460-469.

[88] 王沪宁. 中国大百科全书数据库. 中国大百科全书(第一版)·政治学."实验研究法"词条[DB/OL]. https://h.bkzx.cn/item/93415.

[89] 王其藩. 系统动力学[M]. 北京:清华大学出版社,1998.

[90] 王思琦. 中国政策试点中的随机实验:一种方法论的探讨[J]. 公共行政评论,2022,85(1):30-50.

[91] 王心青. 运动所致 ST 段压低在多支冠状动脉病变诊断中的价值:荟萃分析[J]. 国外医学(心血管疾病分册),1990(4):229-230.

[92] 王永贵,张言彩. 元分析方法在国内外经济管理研究中的应用比较[J]. 经济管理,2012,34(4):182-190.

[93] 王泽应. 中国大百科全书数据库. 中国大百科全书(第二版)."伦理"词条[DB/OL]. https://h.bkzx.cn/item/218968？q＝％E4％BC％A6％E7％90％86.

[94] 王铮. 政策模拟导论[M]. 北京:科学出版社,2016.

[95] 卫旭华. 组织与管理研究中的元分析方法[M]. 北京:科学出版社,2021.

[96] 魏钰明. 智能治理与公众认同:城市大脑的社会合法性研究[D]. 北京:清华大学,2021.

[97] 吴明隆. 结构方程模型——AMOS 的操作与应用. 重庆:重庆大学出版社,2010.

[98] 吴艳红,朱滢. 连续分心实验中的系列位置效应[J]. 北京大学学报(自然科学版),2002,1:121-126.

[99] 吴艳红,朱滢. 自由回忆和线索回忆测验中的系列位置效应[J]. 心理科学,1997,3:217-221.

[100] 席酉民,刘文瑞,慕云五. 行为与管理[M]. 北京:中国人民大学出版社,2009.

[101] 夏征农,陈至立. 大辞海·语词卷[M]. 上海:上海辞书出版社,2015.

[102] 夏征农,陈至立. 大辞海·哲学卷[M]. 上海:上海辞书出版社,2015.

[103] 新华网. 美国防创新委员会发布军用人工智能伦理原则[EB/OL].(2019-11-01)[2021-06-07]. https://baijiahao.baidu.com/s？id＝16490093032262005128wfr＝spider8for＝pc.

[104] 邢最智."META 分析"——现代教育统计中的一个新分支[J]. 华南师范大学学报(社会科学版),1990(1):85-91.

[105] 徐建. 科研伦理治理:进展、挑战与对策[J]. 天津科技,2021,48(5):1-4.

[106] 许成钢. 人工智能、工业革命与制度[J]. 比较,2018(2):121-134.

[107] 许良英. 关于爱因斯坦致斯威策信的翻译问题——兼答何凯文君[J]. 自然辩证法通讯,2005(5):100-101.

［108］许莹涟，李竟西，段继李. 全国乡村建设运动概况［M］. 北京：中国社会科学出版社，2018.

［109］张汉威. 从 R&D 到 R&3D：新能源汽车政府示范工程的技术创新机理研究［D］. 北京：清华大学，2012.

［110］张文彩，袁立壮，陆运青，等. 安慰剂效应研究实验设计的历史和发展［J］. 心理科学进展，2011，19(8)：1115-1125.

［111］张志祥，石岢然. O2O 平台上外卖食品安全问题的研究［J］. 食品工业，2017，38(1)：218-221.

［112］章元善. 乡村建设实验(第二集)［M］. 上海：中华书局，1935.

［113］赵宁，俞顺章. 乙型肝炎、黄曲霉毒素与肝癌关系的前瞻性研究综合分析［J］. 肿瘤，1994(4)：225-227，235.

［114］赵西亮. 基本有用的计量经济学［M］. 北京：北京大学出版社，2017.

［115］中国国防科技信息中心. 美国情报体系发布人工智能伦理原则和框架［EB/OL］. (2020-07-24)［2021-06-07］. https://www. sohu. com/a/409473061_313834.

［116］中国指挥与控制学会. 给人工智能加以"紧箍咒"：世界各国积极推出人工智能伦理规则［EB/OL］. (2019-05-05)［2021-06-07］. https://www. sohu. com/a/311835957_358040.

［117］中华人民共和国中央人民政府. 发展负责任的人工智能：我国新一代人工智能治理原则发布［EB/OL］. (2019-06-17)［2021-08-25］. http://www. gov. cn/xinwen/2019-06/17/content_5401006. htm.

［118］钟永光，贾晓菁，钱颖. 系统动力学［M］. 北京：科学出版社，2013.

［119］周宏. 对罗森塔尔效应的审视与反思［J］. 教学与管理，2012，6：3-5.

［120］朱汉国. 梁漱溟乡村建设研究［M］. 太原：山西教育出版社，1996.

［121］Abadie A，Gardeazabal J. The Economic Costs of Conflict：A Case Study of the Basque Country［J］. American Economic Review，2003，93(1)：113-132.

［122］Abdusselam M S，Karal H. The effect of using augmented reality and sensing technology to teach magnetism in high school physics［J］. Technology，Pedagogy and Education，2020，29(4)：407-424.

［123］Acemoglu D，Restrepo P. Artificial Intelligence，Automation and Work［R］. NBER Working Papers，2018.

［124］Adam D. Special report：The simulations driving the world's response to COVID-19［J］. Nature，2020，580(7802)：316-319.

［125］Addams J. Twenty Years at Hull House：With Autobiographical Notes［M］. New York：The MacMillan Co，1911.

［126］Allas T，Maksimainen J，Manyika J，et al. An experiment to inform universal basic income［EB/OL］. (2020-09-15)［2021-06-15］. https://www. mckinsey. com/industries/public-and-social-sector/our-insights/an-experiment-to-inform-universal-basic-income.

[127] Almer C, Winkler R. Analyzing the effectiveness of international environmental policies: The case of the Kyoto Protocol[J]. Journal of Environmental Economics and Management, 2017, 82: 125-151.

[128] American Sociological Association. Code of Ethics[S]. 2018: 4.

[129] Anand S, Vrat P, Dahiya R P. Application of a system dynamics approach for assessment and mitigation of CO_2 emissions from the cement industry[J]. Journal of environmental management, 2006, 79(4): 383-398.

[130] Anderson B A, Silver B D, Abramson P R. The effects of race of the interviewer on measures of electoral-participation by blacks in SRC national elections studies[J]. Public Opinion Quarterly, 1988, 52(1):53-83.

[131] Anderson E. Optional freedoms[A]// Widerquist K, Noguera J, Vanderborght Y, et al. Basic income: An anthology of contemporary research[C]. New Jersey, US: Wiley-Blackwell, 2013: 23-25.

[132] Anderson E. Optional freedoms[M]// Widerquist K, Noguera J, Vanderborght Y, et al. (eds.). Basic income: An anthology of contemporary research. New Jersey, US: Wiley-Blackwell, 2013.

[133] Andrabi T, Das J, Khwaja A I, et al. Upping the ante: The equilibrium effects of unconditional grants to private schools[J]. American Economic Review, 2020, 110(10): 3315-3349.

[134] Angrist J D, Krueger A B. Does compulsory school attendance affect schooling and earnings? [J]. The Quarterly Journal of Economics, 1991, 106(4), 979-1014.

[135] Angrist J D, Pischke J S. Mastering 'metrics: The path from cause to effect[M]. Princeton: Princeton University Press, 2014.

[136] Angrist J D, Imbens G M. Two-stage least squares estimation of average causal effect in models with variable treatment intensity[J]. Journal of the American Statistical Association, 1995, 90(430):431-442.

[137] Aral S. Networked experiments[M]// Bramoullé Y, Galeotti A, Rogers B(eds.). The Oxford Handbook of the Economics of Networks. New York: Oxford University Press, 2016.

[138] Athey S, Imbens G. The econometrics of randomized experiments. Handbook of Economic Field Experiments, 2016.

[139] Auspurg K, Hinz T, Sauer C. Why Should Women Get Less? Evidence on the Gender Pay Gap from Multifactorial Survey Experiments[J]. American Sociological Review, 2017, 82(1):179-210.

[140] Autor D H. Skills, education, and the rise of earnings inequality among the "other 99 percent"[J]. Science, 2014, 344(6186):843-851.

[141] Baker Library of Harvard Business School. Harvard Business School and the Hawthorne Experiments (1924—1933)[EB/OL]. [2021-06-15]. https://www.

library. hbs. edu/hc/hawthorne/anewvision. html # e.

[142] Banerjee A V, Banerji R, Duflo E, et al. Pitfalls of participatory programs: Evidence from a randomized evaluation in education in India [J]. American Economic Journal: Economic Policy, 2010, 2(1): 1-30.

[143] Banerjee A V, Duflo E. Poor economics: A radical rethinking of the way to fight global poverty[M]. New York: Public Affairs, 2011.

[144] Banerjee A V, Duflo E. The experimental approach to development economics[J]. Annual Review of Economics, 2009, 1(1): 151-178.

[145] Banerjee A, Banerji R, Berry J, et al. From proof of concept to scalable policies: Challenges and solutions, with an application [J]. Journal of Economic Perspectives, 2017, 31(4): 73-102.

[146] Banerjee A, Duflo E, Imbert C, et al. E-governance, accountability, and leakage in public programs: Experimental evidence from a financial management reform in India[J]. American Economic Journal: Applied Economics, 2020, 12(4): 39-72.

[147] Banerjee A, Niehaus P, Suri T. Universal Basic Income in the Developing World[R]. NBER Working Papers, 2019.

[148] Batdi V, Talan T. Augmented reality applications: A Meta-analysis and thematic analysis[J]. Turkish Journal of Education, 2019, 8(4): 276-297.

[149] Beauchamp T L(eds.). Ethical Issues in Social Science Research[M]. Baltimore: The Johns Hopkins University Press, 1982.

[150] Belle N. Performance-Related Pay and the Crowding Out of Motivation in the Public Sector: A Randomized Field Experiment[J]. Public Administration Review, 2015, 75(2): 230-241.

[151] Belle N, Cantarelli P. Your Money, Your Life, or Your Freedom? A Discrete-Choice Experiment on Trade-Offs During a Public Health Crisis [J]. Public Administration Review, 2022, 82(1): 59-68.

[152] Bjork R A, Whitten W B. Recency-sensitive Retrieval Processes in Long-Term Free Recall[J]. Cognitive Psychology, 1974, 6: 173-189.

[153] Bold T, Kimenyi M, Mwabu G, et al. Experimental evidence on scaling up education reforms in Kenya[J]. Journal of Public Economics, 2018, 168: 1-20.

[154] Bond R M, Fariss C, Jones J, et al. A 61-million-person experiment in social influence and political mobilization[J]. Nature, 2012, 489:295-298.

[155] Breznau N, Rinke E M, Wuttke A, et al. Observing many researchers using the same data and hypothesis reveals a hidden universe of uncertainty[J]. Proceedings of the National Academy of Sciences, 2022, 119(44): e2203150119.

[156] Briscoe E, Feldman J. Conceptual complexity and the bias/variance tradeoff[J]. Cognition, 2011, 118(1): 2-16.

[157] Brooks H. The scientific adviser[M]// Gilpin R, Wright C. Scientists and National

Policy-Making. New York: Columbia University Press, 1964.

[158] Brown C H, Liao J. Principles for designing randomized preventive trials in mental health: An emerging developmental epidemiology paradigm[J]. American journal of community psychology, 1999, 27(5): 673-710.

[159] Brown R. Artificial experiments on society: Comte, GC Lewis and Mill[J]. Journal of Historical Sociology, 1997, 10(1): 74-97.

[160] Brownell K D, Stunkard A J, Albaum J M. Evaluation and modification of exercise patterns in the natural environment[J]. American Journal of Psychiatry, 1980, 137: 1540-1545.

[161] Cai S, Wang X, Chiang F K. A case study of Augmented Reality simulation system application in a chemistry course[J]. Computers in human behavior, 2014, 37: 31-40.

[162] Calsamiglia C, Flamand S. A Review on Basic Income: A Radical Proposal for a Free Society and a Sane Economy by Philippe Van Parijs and Yannick Vanderborght [J]. Journal of Economic Literature, 2019, 57(3): 644-658.

[163] Card D, Krueger A B. Myth and Measurement: The New Economics of the Minimum Wage[M]. Princeton: Princeton University Press, 1995.

[164] Card D. The impact of the Mariel boatlift on the Miami labor market[J]. Industrial and Labor Relations Review, 1990, 43: 245-257.

[165] Cavanaugh C S. The effectiveness of interactive distance education technologies in K-12 learning: A meta-analysis [J]. International Journal of Educational Telecommunications, 2001, 7(1): 73-88.

[166] Chalmers T C, Smith H Jr, Blackburn B, et al. A method for assessing the quality of a randomized control trial[J]. Controlled Clinical Trials, 1981, 2(1): 31-49.

[167] Chang R C, Chung L Y, Huang Y M. Developing an interactive augmented reality system as a complement to plant education and comparing its effectiveness with video learning[J]. Interactive Learning Environments, 2016, 24(6): 1245-1264.

[168] Chapin F S. The experimental method and sociology[J]. The Scientific Monthly, 1917, 4(2): 133-144.

[169] Chen T, Kung J K S, Ma C. Long live Keju! The persistent effects of China's civil examination system[J]. The Economic Journal, 2020, 130(631): 2030-2064.

[170] Chen Y, Ebenstein A, Greenstone M, et al. Evidence on the impact of sustained exposure to air pollution on life expectancy from China's Huai River policy[J]. Proceedings of the National Academy of Sciences, 2013, 110(32): 12936-12941.

[171] Christensen H S. A conjoint experiment of how design features affect evaluations of participatory platforms [J]. Government Information Quarterly, 2021, 38(1): 101538.

[172] Cioffi-Revilla C. Introduction to computational social science [M]. London and

Heidelberg: Springer, 2014.

[173] Cirone A, Pepinsky T B. Historical persistence[J]. Annual Review of Political Science, 2022, 25: 241-259.

[174] Clarke D. Estimating difference-in-differences in the presence of spillovers[Z]. Working paper, 2017.

[175] Cohen J, Dupas P. Free distribution or cost-sharing? Evidence from a randomized malaria prevention experiment[J]. The Quarterly Journal of Economics, 2010, 125(1): 1-45.

[176] Cohen J. Statistical power analysis for the behavioral sciences[M]. 2nd ed. New York: Academic Press, 1988.

[177] Corbett-Davies S, Pierson E, Feller A, et al. Algorithmic decision making and the cost of fairness[C]//Proceedings of the 23rd ACM SIGKDD international conference on knowledge discovery and data mining, 2017: 797-806.

[178] Cosenz F, Rodrigues V P, Rosati F. Dynamic business modeling for sustainability: Exploring a system dynamics perspective to develop sustainable business models[J]. Business Strategy and the Environment, 2020, 29(2): 651-664.

[179] Crépon B, Duflo E, Gurgand M, et al. Do labor market policies have displacement effects? Evidence from a clustered randomized experiment[J]. The Quarterly Journal of Economics, 2013, 128(2): 531-580.

[180] Dell M, Lane N, Querubin P. The Historical State, Local Collective Action, and Economic Development in Vietnam[J]. Econometrica, 2018, 86: 2083-2121.

[181] Dell M, Querubin P. Nation building through foreign intervention: Evidence from discontinuities in military strategies[J]. The Quarterly Journal of Economics, 2018, 133(2): 701-764.

[182] Druckman J N, Donald P. Conjoint Survey Experiments[M]. Cambridge Handbook of Advances in Experimental Political Science, 2019.

[183] Duflo E, Dupas P, Kremer M. The impact of free secondary education: Experimental evidence from Ghana[R]. National Bureau of Economic Research, 2021.

[184] Duflo, E. Child Health and Household Resources in South Africa: Evidence from the Old Age Pension Program[J]. The American Economic Review, 2000, 90(2), 393-398.

[185] Dunning T. Natural experiments in the social sciences: a design-based approach[M]. Cambridge: Cambridge University Press, 2012

[186] Dupas P. Do teenagers respond to HIV risk information? Evidence from a field experiment in Kenya[J]. American Economic Journal: Applied Economics, 2011, 3(1): 1-34.

[187] Dupas P. Short-run subsidies and long-run adoption of new health products: Evidence from a field experiment[J]. Econometrica, 2014, 82(1): 197-228.

[188] Dworkin R. Is democracy possible here? [M]. Princeton, US: Princeton University Press, 2008.

[189] Dworkin R. Sovereign virtue: The theory and practice of equality[M]. Cambridge, US: Harvard University Press, 2002.

[190] Erbas C, Demirer V. The effects of augmented reality on students' academic achievement and motivation in a biology course[J]. Journal of Computer Assisted Learning, 2019, 35(3): 450-458.

[191] Eren O, Ozbeklik S. What Do Right-to-Work Laws Do? Evidence from a Synthetic Control Method Analysis[J]. Journal of Policy Analysis and Management, 2016, 35(1), 173-194.

[192] Eric K, Keith W. Measuring Sensitive Attitudes with the List Experiment Solutions to List Experiment Breakdown in KENYA [J]. Public Opinion Quarterly, 2019(83):236-263.

[193] Estapa A, Nadolny L. The effect of an augmented reality enhanced mathematics lesson on student achievement and motivation[J]. Journal of STEM education, 2015, 16(3): 40-48.

[194] European Commission. Ethics guidelines for trustworthy AI[EB/OL]. https://digital strategy. ec. europa. eu/en/library/ethics-guidelines-trustworthy-ai.

[195] European Parliament. A governance framework for algorithmic accountability and transparency [EB/OL]. https://www. europarl. europa. eu/thinktank/en/document. html? reference=EPRS_STU(2019)62426.

[196] Ezrachi A, Stucke M E. Virtual Competition[M]. Cambridge: Harvard University Press, 2016.

[197] Faham E, Rezvanfar A, Mohammadi S H M, et al. Using system dynamics to develop education for sustainable development in higher education with the emphasis on the sustainability competencies of students[J]. Technological Forecasting and Social Change, 2017, 123: 307-326.

[198] Fisher R A. Statistical methods for research workers[M]. London: Oliver & Royd, 1932.

[199] Fontes L A. Ethics in Violence Against Women Research: The Sensitive, the Dangerous, and the Overlooked[J]. Ethics & Behavior, 2004, 14(2): 141-174.

[200] Ford M. Rise of the Robots: Technology and the Threat of a Jobless Future[M]. New York: Basic Books, 2015.

[201] Fouksman E, Klein E. Radical transformation or technological intervention? Two paths for universal basic income[J]. World Development, 2019. 122: 492-500.

[202] Franke R H, Kaul J D. The Hawthorne Experiments: First Statistical Interpretation[J]. American Sociological Review, 1978, 43: 623-643.

[203] Freedman D A. Statistical models: theory and practice[M]. Cambridge: Cambridge

university press，2009.

[204] Furman J，Seamans R. AI and the Economy[J]. Innovation Policy and the Economy，2019，19(1)：161-191.

[205] Gallagher K S，Zhang F，Orvis R，et al. Assessing the Policy gaps for achieving China's climate targets in the Paris Agreement[J]. Nature communications，2019，10(1)：1-10.

[206] Gelman A，Zelizer A. Evidence on the deleterious impact of sustained use of polynomial regression on causal inference [J]. Research & Politics，2015，2(1)：2053168015569830.

[207] George B，Baekgaard M，Decramer A，et al. Institutional isomorphism，negativity bias and performance information use by politicians：A survey experiment[J]. Public Administration，2020，98(1)：14-28.

[208] Gerber A S，Green D P . Field Experiments：Design，Analysis，and Interpretation [M]. New York：W. W. Norton & Company，2012.

[209] Gilbert N，Troitzsch G K. Simulation for the Social Scientist[M]. Berkshire：McGraw-Hill Education，2005.

[210] Glaessgen E H. The Digital Twin Paradigm for Future NASA and U. S. Air Force Vehicles[C]. Paper for the 53rd Structures，Structural Dynamics and Materials Conference，USA：AIAA，2012：7274-7260.

[211] Glass G V. Primary，secondary，and meta-analysis of research[J]. Educational Researcher，1976，5：3-8.

[212] Grace K，Salvatier J，Dafoe A，et al. When will AI exceed human performance? Evidence from AI experts[J]. Journal of Artificial Intelligence Research，2018，62：729-754.

[213] Green P E，Carroll J D，Goldberg S M. A general approach to product design optimization via conjoint analysis[J]. Journal of Marketing，1981，45(3)：17-37.

[214] Greenberg B G，Abul-Ela A L A，Simmons W R，et al. The unrelated question randomized response model：Theoretical framework[J]. Journal of the American Statistical Association，1969，64(326)：520-539.

[215] Greenberg J. Social network positions，peer effects，and evaluation updating：An experimental test in the entrepreneurial context[J]. Organization Science，2021，32(5)：1174-1192.

[216] Grieves M，Vickers J. Digital Twin：Mitigating Unpredictable，Undesirable mergent Behavior in Complex Systems [J]. Transdisciplinary Perspectives on Complex Systems，2017：85-113.

[217] Grimmelmann J. The Law and Ethics of Experiments on Social Media Users[J]. Colorado Technology Law Journal，2015，13：219-271.

[218] Gross M，Krohn W. Science in a real-world context：constructing knowledge

through recursive learning[J]. Philosophy Today, 2004, 48(Supplement): 38-50.

[219] Gün E T, Atasoy B. The effects of augmented reality on elementary school students' spatial ability and academic achievement[J]. Egitim ve Bilim, 2017, 42(191): 31-51.

[220] Hainmueller J, Hopkins D J, Yamamoto T. Causal Inference in Conjoint Analysis: Understanding Multidimensional Choices via Stated Preference Experiments[J]. Political Analysis, 2014, 22(1):1-30.

[221] Hammersley M. A response to Sheehan et al. "In defence of governance: ethics review andsocial research"[J]. Journal of Medical Ethics, 2018, 44:717-718.

[222] Häusermann S, Kurer T, Traber D. The politics of trade-offs: Studying the dynamics of welfare state reform with conjoint experiments[J]. Comparative Political Studies, 2019, 52(7): 1059-1095.

[223] Hausman J A, Wise D A(eds.). Social Experimentation[EB/OL]. (1985)[2021-05-14]. https://www. nber. org/system/files/chapters/c8375/c8375. pdf.

[224] He P, Zhang B. Environmental Tax, Polluting Plants' Strategies and Effectiveness: Evidence from China[J]. Journal of Policy Analysis and Management, 2018, 37(3), 493-520.

[225] He Z, Han G, Cheng T C E, et al. Evolutionary food quality and location strategies for restaurants in competitive online-to-offline food ordering and delivery markets: An agent-based approach[J]. International Journal of Production Economics, 2019, 215: 61-72.

[226] He Z, Han G, Cheng T C E, et al. Evolutionary food quality and location strategies for restaurants in competitive online-to-offline food ordering and delivery markets: An agent-based approach[J]. International Journal of Production Economics, 2019, 215: 61-72.

[227] Heatha D, Ringgenberg M C, Samadi M, et al. Reusing natural experiments[J]. Fisher College of Business Working Paper, 2022 (2019-03): 21.

[228] Heilmann S. Policy experimentation in China's economic rise[J]. Studies in comparative international development, 2008, 43(1): 1-26.

[229] Henderson C R. Social Settlements[M]. New York: Lentilhon & Co, 1899.

[230] Hey T, Tansley S, Tolle K. The Fourth Paradigm: Data-intensive Scientific Discovery[C]. Redmond: Microsoft Research, 2009.

[231] Hoyle R H. Structural equation modeling: Concepts, issues, and applications[M]. London: Sage, 1995.

[232] Hoynes H W, Rothstein J. Universal Basic Income in the US and Advanced Countries[R]. NBER Working Papers, 2019.

[233] Huang J, Zhang L, Liu X, et al. Global prediction system for COVID-19 pandemic [J]. Science bulletin, 2020, 65(22): 1884.

[234] Huff C, Kertzer J D. How the Public Defines Terrorism[J]. American Journal of Political Science, 2018, 62(1):55-71.

[235] Hui Z, Xufeng Z, Ye Q. Fostering local entrepreneurship through regional environmental pilot schemes: The low-carbon development path of China [J]. China: An International Journal, 2016, 14(3): 107-130.

[236] Humphreys M. Reflections on the Ethics of Social Experimentation[J]. Journal of Globalization and Development, 2015, 6(1): 87-112.

[237] Ibáñez M B, Di Serio Á, Villarán D, et al. Experimenting with electromagnetism using augmented reality: Impact on flow student experience and educational effectiveness[J]. Computers & Education, 2014, 71: 1-13.

[238] Imbens G W, Angrist J D. Identification and Estimation of Local Average Treatment Effects[J]. Econometrica, 1994, 62(2), 467-475.

[239] Ivlev I, Hickman E N, McDonagh M S, et al. Use of patient decision aids increased younger women's reluctance to begin screening mammography: a systematic review and meta-analysis[J]. Journal of general internal medicine, 2017, 32(7): 803-812.

[240] Jackson D. Obama: Right-to-work laws are politics[N]. USA Today, 2012-12-11.

[241] Jeffrey R L, Justin H P. Are Survey Respondents Lying About Their Support for Same-sex Marriage? Lessons from A List Experiment [J]. Public Opinion Quarterly, 2016, 80(2):5-33.

[242] Jensen R T, Miller N H. Giffen behavior and subsistence consumption [J]. American economic review, 2008, 98(4): 1553-1577.

[243] Jensen R. Do labor market opportunities affect young women's work and family decisions? Experimental evidence from India [J]. The Quarterly Journal of Economics, 2012, 127(2): 753-792.

[244] Jilke S, Lu J, Xu C, et al. Using large-scale social media experiments in public administration: Assessing charitable consequences of government funding of nonprofits[J]. Journal of Public Administration Research and Theory, 2019, 29(4): 627-639.

[245] Jing L, Lu Q, Cui Y, et al. Combining the randomized response technique and the network scale-up method to estimate the female sex worker population size: an exploratory study[J]. Public Health, 2018, 4(2): 81-86.

[246] Karbownik K, Wray A. Long-Run Consequences of Exposure to Natural Disasters[J]. Journal of labor economics, 2019, 37(3):949-1006.

[247] Kennedy J J. Experimenter Outcome Bias in Verbal Conditioning: A Failure to Detect the Rosenthal Effect[J]. Psychological Reports, 1969, 25(2): 495-500.

[248] Kirk D S. A natural experiment on residential change and recidivism: Lessons from Hurricane Katrina[J]. American Sociological Review, 2009, 74(3): 484-505.

[249] Kochan C G, Nowicki D R, Sauser B, et al. Impact of cloud-based information

sharing on hospital supply chain performance: A system dynamics framework[J]. International Journal of Production Economics, 2018, 195: 168-185.

[250] Kramer A, Guillory J, Hancock J. Experimental evidence of massive-scale emotional contagion through social networks [J]. Proceedings of the National Academy of Science of the United States of America, 2014, 111:8788-8790.

[251] Kremer M, Brannen C, Glennerster R. The challenge of education and learning in the developing world[J]. Science, 2013, 340(6130): 297-300.

[252] Kuklinski, James H, Michael D C, et al. Racial Attitudes and the "New South"[J]. Journal of Politics, 1997, 59(3):32-49.

[253] Lachapelle E, Kiss S. Public perceptions of hydraulic fracturing (Fracking) in Canada: Economic nationalism issue familiarity and cultural bias[J]. Extractive Industries and Society, 2018, 5(4):634-647.

[254] Lazer D, Pentland A, Adamic L, et al. Computational social science[J]. Science, 2009, 323(5915): 721-723.

[255] Lee R M, Renzetti C M. The problems of researching sensitive topics: An overview and introduction[J]. American Behavioral Scientist, 1990, 33:510-528.

[256] Li F, Wang X, He X, et al. How augmented reality affected academic achievement in K-12 educationa meta-analysis and thematicanalysis [J]. Interactive Learning Environments, 2021: 1-19.

[257] Li P, Lu Y, Wang J. Does flattening government improve economic performance? Evidence from China[J]. Journal of Development Economics, 2016, 123: 18-37.

[258] Liu C, Huang J, Ji F, et al. Improvement of the global prediction system of the COVID-19 pandemic based on the ensemble empirical mode decomposition (EEMD) and autoregressive moving average (ARMA) model in a hybrid approach[J]. Atmospheric and Oceanic Science Letters, 2021, 14(4): 100019.

[259] Lu F, Zhang J, Perloff J M. General and specific information in deterring traffic violations: evidence from a randomized experiment [J]. Journal of Economic Behavior & Organization, 2016, 123: 97-107.

[260] Lv H H. Privacy and Data Privacy Issues in Contemporary China[J]. Ethics and Information Technology, 2005, 7(1): 7-15.

[261] Malhotra N, Kuo A G. Attributing Blame: The Public's Response to Hurricane Katrina[J]. Journal of Politics, 2008, 70(1):120-135.

[262] Marinescu I. The general equilibrium impacts of unemployment insurance: Evidence from a large online job board[J]. Journal of Public Economics, 2017, 150: 14-29.

[263] Martin Luther King, Jr. Where Do We Go from Here: Chaos or Community? [M]. Boston, US: Beacon Press, 1967.

[264] Mayo E. The Human Problems of an Industrial Civilization[M]. New York: Macmillan, 1933.

[265] Mayo E. The human problems of an industrial civilization[M]. London: Routledge, 2004.

[266] MBA Knowledge Base. 4 Phases of Hawthorne Experiment[EB/OL]. [2021-09-22]. https://www. mbaknol. com/management-concepts/4-phases-of-hawthorne-experiment-explained/.

[267] McCown F. Schelling's Model of Segregation[EB/OL]. (2014)[2021-10-31]. http://nifty. stanford. edu/2014/mccown-schelling-model-segregation/.

[268] Means B, Toyama Y, Murphy R, et al. The effectiveness of online and blended learning: A meta-analysis of the empirical literature[J]. Teachers college record, 2013, 115(3): 1-47.

[269] Moffitt R. An economic model of welfare stigma[J]. American Economic Review, 1983, 73(5):1023-1035.

[270] Moore T. A Utopia [M]. Cambridge, UK: Cambridge University Press, 1516, 1989.

[271] Murray C. In our hands: A plan to replace the welfare state[M]. Washington, US: AEI Press, 2006.

[272] Nagaraj A, Shears E, De Vaan M. Improving data access democratizes and diversifies science[J]. Proceedings of the National Academy of Sciences, 2020, 117(38): 23490-23498.

[273] Nagaraj A. The Private Impact of Public Data: Landsat Satellite Maps Increased Gold Discoveries and Encouraged Entry[J]. Management Science, 2021.

[274] Nello SS, Guarino E. Experimental conversations: Perspectives on randomized trials in development economics[M]. Cambridge: MIT Press, 2016.

[275] Neumayer E, Plümper T. Robustness tests for quantitative research [M]. Cambridge: Cambridge University Press, 2017.

[276] Nowak A, Szamrez J, Latané B. From Private Attitude to Public Opinion: A Dynamic Theory of Social Impact [J]. Psychological Review, 1990, 3 (97): 362-376.

[277] Olken B A, Banerjee A, Hanna R, et al. Tangible information and citizen empowerment: identification cards and food subsidy programs in Indonesia[J]. Journal of Political Economy, 2017, 696226.

[278] Ouyang M, Peng Y. The treatment-effect estimation: A case study of the 2008 economic stimulus package of China[J]. Journal of Econometrics, 2015, 188(2): 545-557.

[279] Pariser E. The filter bubble: What the Internet is hiding from you[M]. London: Penguin UK, 2016.

[280] Park R E, Burgess E W. Introduction to the Science of Sociology[M]. Chicago: The University of Chicago Press, 1921.

［281］ Park R E. The city as a social laboratory［M］// Smith T V, Leslie D W. Chicago: An Experiment in Social Science Research. Chicago: University of Chicago Press, 1929.

［282］ Pasquale F. The black box society［M］. Cambridge: Harvard University Press, 2015.

［283］ Pearson K. Report on certain enteric fever inoculation statistics［J］. British Medical Journal, 1904, 3:1243-1246.

［284］ Piketty T, Saez E, Zucman G. Distributional national accounts: methods and estimates for the United States［J］. The Quarterly Journal of Economics, 2018, 133(2): 553-609.

［285］ Pleger L E, Mertes A, Rey A, et al. Allowing users to pick and choose: A conjoint analysis of end-user preferences of public e-services［J］. Government Information Quarterly, 2020, 37(4): 101473.

［286］ Poel V D, Ibo. An ethical framework for evaluating experimental technology［J］. Science and Engineering Ethics, 2016, 22(3): 667-686.

［287］ Quong J. Paternalism and perfectionism［M］// Liberalism Without Perfection. Oxford, UK: Oxford University Press, 2010.

［288］ Rabin B K. A Model of Reference-Dependent Preferences［J］. Quarterly Journal of Economics, 2006, 121(4):1133-1165.

［289］ Rahman T, Taghikhah F, Paul S K, et al. An agent-based model for supply chain recovery in the wake of the COVID-19 pandemic［J］. Computers & Industrial Engineering, 2021, 158: 107401.

［290］ Rawls J. Justice as Fairness: A Restatement［M］. Cambridge, US: Harvard University Press, 2001.

［291］ Resnik D B, Finn P R. Ethics and Phishing Experiments［J］. Science and engineering ethics, 2018, 24(4): 1241-1252.

［292］ Riley J G. Silver Signals: Twenty-Five Years of Screening and Signaling［J］. Journal of Economic Literature, 2001, 39:432-478.

［293］ Rosenfeld B, Kosuke I, Jacob N. An Empirical Validation Study of Popular Survey Methodologies for Sensitive Questions［J］. American Journal of Political Science, 2016(60):783-802.

［294］ Rubin D B. Causal inference using potential outcomes: Design, modeling, decisions［J］. Journal of the American Statistical Association, 2005, 100(469): 322-331.

［295］ Sackett D L, Strauss S E, Richardson W S, et al. Evidence based medicine: how to practice and teach EBM［M］. 2nd ed. Edinburgh, UK: Churchill Livingston, 2000.

［296］ Salganik M J. Bit by bit: Social research in the digital age［M］. Princeton: Princeton University Press, 2019.

［297］ Saretsky G. The OEO PC experiment and the John Henry effect［J］. The Phi Delta

Kappan, 1972, 53(9): 579-581.

[298] Schelling T C. Dynamic models of segregation[J]. The Journal of Mathematical Sociology, 1971, 1(2): 143-186.

[299] Sekhon J S, Titiunik R. When Natural Experiments Are Neither Natural nor Experiments[J]. American Political Science Review, 2012, 106(1): 35-57.

[300] Sheehan M, Dunn M, Sahan K. In Defence of Governance: Ethics Review and Social Research[J]. Journal of Medical Ethics, 2018, 44(10): 710-716.

[301] Sheehan M, Dunn M, Sahan K. Reasonable Disagreement and the Justification of Pre-Emptive Ethics Governance in Social Research: A Response to Hammersley[J]. Journal of Medical Ethics, 2018, 44(10): 719-720.

[302] Shelton B E, Hedley N R. Exploring a cognitive basis for learning spatial relationships with augmented reality[J]. Technology, Instruction, Cognition and Learning, 2004, 1(4): 323.

[303] Small A W, Vincent G E. An Introduction to the Science of Society[M]. New York: American Book Co, 1894.

[304] Smith V L, Smith V. Papers in experimental economics [M]. Cambridge: Cambridge University Press, 1991.

[305] Smith V L. Effect of market organization on competitive equilibrium[J]. The Quarterly Journal of Economics, 1964, 78(2): 181-201.

[306] Smith J. H. The enduring legacy of Elton Mayo[J]. Human Relations, 1998, 51(3): 221-249.

[307] Starr N. Nonrandom risk: The 1970 draft lottery [J]. Journal of Statistics Education, 1997, 5(2).

[308] Sterman J. Business dynamics[M]. New York: McGraw-Hill, Inc. , 2000.

[309] Stewart A J, Mosleh M, Diakonova M, et al. Information gerrymandering and undemocratic decisions[J]. Nature, 2019, 573(7772): 117-121.

[310] Sun J, Wang F, Yin H, et al. Money Talks: The Environmental Impact of China's Green Credit Policy[J]. Journal of Policy Analysis and Management, 2019, 38(3): 653-680.

[311] Sun Y, Wang N, Shen X L, et al. Bias effects, synergistic effects, and information contingency effects: Developing and testing an extended information adoption model in social Q&A [J]. Journal of the Association for Information Science and Technology, 2019, 70(12): 1368-1382.

[312] Snow J. On the mode of communication of cholera[M]. London: John Churchill, 1849.

[313] Tang L, Wu J, Yu L, et al. Carbon allowance auction design of China's emissions trading scheme: A multi-agent-based approach[J]. Energy Policy, 2017(102): 30-40.

[314] Texas v. Ohio[N]. The Wall Street Journal, 2008-03-03.

[315] Thaler R H, Sunstein C R. Nudge: Improving decisions about health, wealth, and happiness[M]. London: Penguin, 2009.

[316] Todd P E, Wolpin K I. The best of both worlds: Combining RCTs with structural modeling[J]. Journal of Economic Literature, 2020, Forthcoming.

[317] Townsend R. Financial structure and economic welfare: Applied general equilibrium development economics[J]. Annual Review of Economics, 2010, 2(1): 507-546.

[318] Van Dyke Parunak H, Savit R, Riolo R L. Agent-based modeling vs. equation-based modeling: A case study and users' guide[C]//Sichman J S, Conte R, Gilbert N (eds.). Multi-agent systems and agent-based simulation. Berlin, Heidelberg: Springer, 1998: 10-25.

[319] Van Parijs P, Vanderborght Y. Basic income: A radical proposal for a free society and a sane economy[M]. Cambridge, US: Harvard University Press, 2017.

[320] Van Parijs P. A basic income for all[J]. Boston Review, 2000, 25(5): 4-8.

[321] Van Parijs P. Competing justifications of basic income[M]// Arguing for Basic Income: Ethical Foundations for a Radical Reform. London, UK: Verso, 1992.

[322] Van Parijs P. Real Freedom for All: What (if Anything) Can Justify Capitalism? [M]. Oxford, UK: Clarendon Press, 1995.

[323] Von Neumann J. Theory of Self-Reproducing Automata[M]. Burks A W(eds.). Urbana: University of Illinois Press, 1966.

[324] Wang G, Chen J, Li Q, et al. Quantitative assessment of land degradation factors based on remotely-sensed data and cellular automata: a case study of Beijing and its neighboring areas[J]. Environmental Sciences, 2006, 3(4): 239-253.

[325] Wang Q, Niu M. Exploring the relationship between government budget information and citizens' perceptions of public service performance in China[J]. Public Management Review, 2020, 22(3): 317-340.

[326] Warner S L. Randomized response: a survey technique for eliminating evasive answer bias[J]. Journal of the American Statistical Association, 1965, 60(309): 63-65.

[327] Willems J, Schmidthuber L, Vogel D, et al. Ethics of robotized public services: The role of robot design and its actions[J]. Government Information Quarterly, 2022, 39(2): 101683.

[328] Winkler T, Herczeg M, Kritzenberger H. Mixed reality environments as collaborative and constructive learning spaces for elementary school children[EB/OL]. Association for the Advancement of Computing in Education (AACE), 2002. https://eric. ed. gov/? id=ED477046.

[329] Wolfram S. Cellular Automata and Complexity: Collected Papers by Stephen Wolfram[EB/OL]. (1994)[2021-11-09]. https://www. stephenwolfram. com/

publications/cellular-automata-complexity/.

[330] Xie H, You L, Dile Y T, et al. Mapping development potential of dry-season small-scale irrigation in Sub-Saharan African countries under joint biophysical and economic constraints—An agent-based modeling approach with an application to Ethiopia[J]. Agricultural Systems, 2021, 186: 102987.

[331] Xu Y. Generalized synthetic control method: Causal inference with interactive fixed effects models[J]. Political Analysis, 2017, 25(1): 57-76.

[332] Yin H, Zheng S, Yeoh W, et al. How online review richness impacts sales: An attribute substitution perspective[J]. Journal of the Association for Information Science and Technology, 2021, 72 (7): 901-917. https://doi. org/10. 1002/ asi. 24457.

[333] Yin H, Zheng S, Yeoh W, et al. How online review richness impacts sales: An attribute substitution perspective[J]. Journal of the Association for Information Science and Technology, 2021, 72(7): 901-917.

[334] Zampetakis L A, Melas C. The health belief model predicts vaccination intentions against COVID-19: A survey experiment approach[J]. Applied Psychology-Health and Well Being, 2021, 13 (2): 469-484.

[335] Zheng C, Peng B, Sheng X, et al. Haze risk: information diffusion based on cellular automata[J]. Natural Hazards, 2021, 107(3): 2605-2623.

[336] Zheng S, Trott A, Srinivasa S, et al. The AI Economist: Taxation policy design via two-level deep multiagent reinforcement learning [J]. Science Advances, 2022, 8(18): 1-17 (2022-04-04) [2022-05-20]. http://www. science. org/doi/10. 1126/ sciadv. abk2607. .

[337] Zhu X, Bai G. Policy synthesis through regional experimentations: Comparative study of the new cooperative medical scheme in three Chinese provinces[J]. Journal of Comparative Policy Analysis: Research and Practice, 2020, 22(4): 320-343.

缩略词表

A

增强现实	augmented reality	AR
美国社会学协会	American Sociological Association	ASA
美国心理学协会	American Psychological Association	APA
贫困行动实验室	the Abdul Latif Jameel poverty action lab	J-PAL
平均处理效应	average treatment effect	ATE
美国政治学会	American Political Science Association	APSA
基于智能体的计算实验	agent-based modeling	ABM
方差分析	analysis of variance	ANOVA

C

国际医学科学组织理事会	Council of International Organizations of Medical Sciences	CIOMS
化学需氧量	chemical oxygen demand	COD
元胞自动机	cellular automata	CA
条件平均干预效应	conditional average treatment effect	CATE
遵从者平均因果效应	complier average causal effect	CACE
条件独立性假设	conditional independence assumption	CIA

D

双重差分	difference-in-differences estimation	DID
三重差分	difference-in-difference-in-differences	DDD
美国健康与公共服务部	Department of Health and Human Service	DHHS

E

英国经济和社会研究理事会	Economic and Social Research Council	ESRC

基于方程的计算实验	equation-based modeling	EBM
F		
联邦食品药品监督局	Federal Food and Drug Administration	FDA
I		
伦理审查委员会	Institutional Review Board	IRB
电气和电子工程师协会	Institute of Electrical and Electronics Engineers	IEEE
意向干预效应	intent-to-treat effect	ITT
M		
圣雄甘地国家农村就业保障计划	Mahatma Gandhi national rural employment guarantee scheme	MGNREGS
N		
美国人文学科基金会	National Endowment for the Humanities	NEH
美国国家研究委员会	National Research Council	NRC
国民卫生服务计划	National Health Service	NHS
O		
美国白宫科技政策办公室	Office of Science & Technology Policy	OSTP
经济合作与发展组织	Organization for Economic Co-operation and Development	OECD
线上到线下	online-to-offline	O2O
P		
倾向得分匹配	propensity score matching	PSM
R		
随机对照实验	randomized controlled trial	RCT
断点回归	regression discontinuity design	RDD
研究伦理委员会	Research Ethics Committee	REC
工作权	right to work	RTW
随机化应答技术	randomized response technique	RRT
鲁宾因果框架	Rubin causal model	RCM

S		
结构方程模型	structure equation model	SEM
合成控制法	synthetic control method	SCM
系统动力学	system dynamics	SD
U		
全民基本收入	universal basic income	UBI
W		
世界卫生组织	World Health Organization	WHO

统计学附录

全书写作过程中不可避免地涉及一系列统计学概念。为了帮助不同背景的读者更好地理解相关内容,我们进一步梳理了书中涵盖的一些基础的统计学概念。供读者选读。囿于篇幅限制,我们无法对每个统计学细节进行详尽的论述,感兴趣的读者可以进一步查阅相关专业资料。附录共分为三个部分:(1)微积分基础;(2)概率论基础;(3)统计与回归分析基础。由浅入深地向读者介绍社会实验研究中必要的统计知识。其中,前两部分以基础性知识为主,第三部分更接近社会实验实战。

S1 微积分基础

S1.1 导数

导数(Derivative)是微积分学中最为基础的概念。对于导数的分析有助于我们理解函数的变化趋势,并求解函数的极值,在理论模型构建和回归分析中均有广泛的应用。

物理意义上,导数反映了函数值变化的快慢。一个典型的案例是,对于速度函数进行求导,可以得到加速度函数。在几何上,导数可以看作函数曲线上的切线斜率。图 S-1 给出了一个函数导数的可视化示例,其中函数 $g(x)$ 的斜率为函数 $f(x)$ 在点 x 的导数,$\Delta y = f(x + \Delta x) - f(x)$。

数学上,导数的有严格的定义:对于定义域和值域都是实数域的函数 f:$\mathbb{R} \to \mathbb{R}$,若 $f(x)$ 在点 x_0 的某个邻域 Δx 内,极限:

$$f'(x_0) = \lim_{\Delta x \to 0} \frac{f(x_0 + \Delta x) - f(x_0)}{\Delta x}$$

存在,则称函数 $f(x)$ 在点 x_0 处可导,$f'(x_0)$ 称为其导(函)数,也可以记为 $\mathrm{d}f(x_0)/\mathrm{d}x$。表 S-1 给出了几个常见函数的导函数。

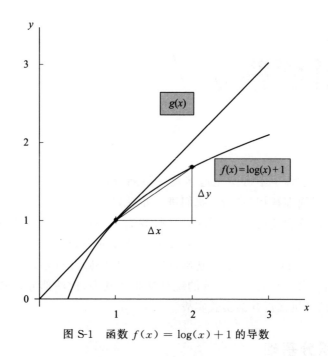

图 S-1 函数 $f(x) = \log(x) + 1$ 的导数

表 S-1 几个常见函数的导函数

函数	函数形式	导数
常函数	$f(x) = C$, 其中 C 为常数	$f'(x) = 0$
幂函数	$f(x) = x^r$, 其中 r 是非零实数	$f'(x) = rx^{r-1}$
指数函数	$f(x) = \exp(x)$	$f'(x) = \exp(x)$
对数函数	$f(x) = \log(x)$	$f'(x) = \dfrac{1}{x}$

S1.2 偏导数

以上内容主要对于单变量函数进行探讨,但现实中,多变量函数要更加常见,此时我们需要进一步了解偏导数的概念。对于一个多元变量函数 f: $\mathbf{R}^D \to \mathbf{R}$,它的偏导数(Partial Derivative)是在保持其他变量固定时,关于其中一个变量 x_i 的导数,可以记为 $f'_{x_i}(x)$ 或 $\dfrac{\partial f(x)}{\partial x_i}$。

以二元函数 $z = f(x, y)$ 为例,函数 z 是一张曲面。它在 (x_0, y_0) 处对 x 的偏导数相当于一元函数 $f(x, y_0)$ 在点 x_0 处的导数。同理,在几何上,函数 $f(x, y_0)$ 的图形可视为曲面 z 与平面 $y = y_0$ 的交线。因此由单变量函数导数的几何意义可知,偏导数 $f'_x(x_0, y_0)$ 表示曲线 $f(x, y_0)$ 在点 $(x_0, y_0, f(x_0, y_0))$ 处的切点关于 x 轴的斜率。同理,我们可以理解 $f'_y(x_0, y_0)$ 的几何意义。

S1.3 复合函数的导数

一种更复杂的情况是复合函数。复合函数是指把一个函数作用在另一个函数的结果上,比如函数 $y = f(x)$ 与函数 $z = g(y)$ 可以复合,得到从 x 映射到 $g(f(x))$ 的函数关系。直观来说,如果 z 是 y 的函数,y 是 x 的函数,那么 z 是 x 的函数。得到的复合函数记作 $g \circ f : X \to Z$,定义为对 X 中的所有 $x, g \circ f(x) = g(f(x))$。

链式法则(Chain Rule)是在微积分中用于求复合函数导数依上,如果 z 是 y 的函数,y 是 x 的函数,那么 z 是 x 的函数。此时函数 z 对 x 求导遵循链式法则:

$$\frac{\partial z}{\partial x} = \frac{\partial y}{\partial x} \frac{\partial z}{\partial y}$$

当存在多层函数复合关系时,链式法则可按层次进行类推。类似的案例可以参见本书 12.2 节构建指导实验的理论模型的过程。这体现了导函数在帮助研究者理解实验主要目标函数变化规律上的作用。

S1.4 极值

导数的另一个常见应用是求解函数的极值。这一问题的一个突出应用是回归分析参数求解,我们将在附录第三部分具体介绍。

在数学中,极大值与极小值(统称极值)是指在一个域(既可以是局部的邻域,又可以是整个函数域,此时极值又称为最值)上函数取得最大值(或最小值)的点的函数值。而使函数取得极值的点(的横坐标)称作极值点。对于连续函数,极值点的一个重要性质是,在该点上导函数等于 0[1]。这为研究者求解函数极值点提供了便利。图 S-2 提供了一个案例。此时,函数 $f(x) = \frac{4}{3}x^3 - 4x + 5$,对其求导得 $f'(x) = 4x^2 - 4$,由极值定理,令 $f'(x)$ 为 0,解得 $x = -1$ 或 1。$x = -1$,函数 $f(x)$ 取极大值 $f(-1) = 23/3$;当 $x = 1$ 时,函数

---

[1] 如果要直接判断该点是极大值还是极小值,我们需要进一步引入二阶导数的概念。简单地说,二阶导数是导函数的导数。如果在该点,二阶导数值为正,该点为极小值点。若二阶导数值为负,该点为极大值点。

$f(x)$ 取极小值 $f(1) = 7/3$。

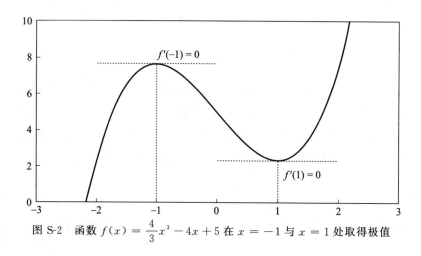

图 S-2　函数 $f(x) = \dfrac{4}{3}x^3 - 4x + 5$ 在 $x = -1$ 与 $x = 1$ 处取得极值

S1.5　积分

积分（Integration）是导数的逆运算，也就是从导函数推算出原函数的过程。在后文关于连续型随机变量概率密度的介绍中，我们会看到积分的运用。积分运算又可以分为定积分与不定积分。给定一个变量为 x 的函数 $f(x)$，其不定积分 $F(x)$ 可以表示为：

$$F(x) = \int f(x)\,\mathrm{d}x$$

其中，$F(x)$ 称为 $f(x)$ 的原函数，$\mathrm{d}x$ 表示积分变量为 x。可以看出：

$$F'(x) = f(x)$$

不定积分本质上是一个新的函数，而定积分则是一个数值。给定一个变量为 x 的实值函数 $f(x)$ 和闭区间 $[a, b]$，定积分可以理解为坐标平面上由函数 $f(x)$、垂直直线 $x = a$、垂直直线 $x = b$ 以及 x 轴包围起来的区域的面积之和，其中 x 轴下方的面积记为负数，上方的面积记为正数，如图 S-3 所示。具体的公式可表示为：

$$F(b) - F(a) = \int_a^b f(x)\,\mathrm{d}x$$

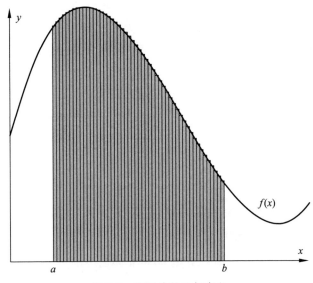

图 S-3　定积分的几何意义

S2　概率论基础

S2.1　随机变量

微积分主要面向一个确定性的世界,但真实世界往往具有很强的随机性。真实世界中的社会实验需要建立在随机变量的基础上。随机变量要从随机试验讲起。随机试验的三个主要特征是可知性、不确定性和可重复性。以抛硬币这样一个最简单的随机试验为例,可知性的表现是可能出现的结果是明确已知的,即正、反。不确定性的表现是在硬币落地前,我们并不知道投掷结果。可重复性的表现是抛硬币的动作可以在相同条件下重复进行。在投掷一次硬币的随机试验中,正面朝上的次数有两种可能,分别是 0 次与 1 次。定义随机投掷一枚硬币正面朝上的次数为 X,则 X 就是一个随机变量,有:

$$P(硬币正面朝上次数为 0) = P(X = 0)$$

随机变量通常可以分为离散(Discrete Random Variable)和连续随机变量(Continuous Random Variable)两类,而每个随机变量的分布规律可以通过概率密度函数(Probability Density Function,PDF)与累积分布函数(Cumulative Distribution Function,CDF)进行描述。本质上,概率密度函数反映的是随机变量的取值与对应概率之间的关系,而概率分布函数反映的是随机变量取值小于某值的概率,即 $F(x) = P(X \leqslant x)$。以下分别进行说明。

离散随机变量指的是一个只取有限或者可数的无限个值的随机变量，"可数的无限个"是指虽然随机变量可以取无限个值，但是这些值可以和正整数一一对应起来。对于离散型随机变量 X，假设 X 有 k 种可能的取值 $\{x_1, x_2, \cdots, x_k\}$，取到每个值的概率为 $\{p_1, p_2, \cdots, p_k\}$。$X$ 的概率密度函数 f（对于离散型随机变量，也称为分布列）可表达为：

$$f(x_j) = p_j = P(X = x_j), j = 1, 2, \cdots, k$$

以上公式满足：(1) $0 \leqslant p_j \leqslant 1$；(2) $p_1 + p_2 + \cdots + p_k = 1$。

对应地，X 的概率分布函数 F 可以表示为：

$$F(x) = P(X \leqslant x) = \sum_{x_j \leqslant x} P(X = x_j)$$

连续型随机变量则相对比较抽象，我们首先给出数学上的定义。假设 Y 是一个随机变量。如果存在 $f(x) \geqslant 0$，使得任意 $a < b$，有：

$$P(a < Y \leqslant b) = \int_a^b f(x)\mathrm{d}x$$

则称 Y 是一个连续型随机变量，$f(y)$ 为 Y 的概率密度函数。基于 Y 的概率密度函数，稍作运算可以得到 Y 的概率分布函数：

$$F(y) = \int_{-\infty}^y f(t)\mathrm{d}t$$

回顾前文关于积分的概念，$F(y)$ 本质上反映了从左侧负无穷方向到点 y 之间，概率密度函数 $f(y)$ 之下，x 轴之上的面积，即随机变量 Y 取值小于 y 的概率。

S2.2 随机变量的特征：期望与方差

在了解随机变量分布特征的基础上，一些特定的参数能够帮助我们更好地理解随机变量的特征。以下重点介绍期望（Expectation）和方差（Variance）两个指标。

期望用来表示概率分布的集中趋势，本质上是一个随机变量的加权平均。对于一个随机变量 X，它的期望被记为 $E(X)$。期望与回归分析紧密相关。对于一个离散型随机变量，假设 X 有 k 种可能的取值 $\{x_1, x_2, \cdots, x_k\}$，取到每个值的概率为 $\{p_1, p_2, \cdots, p_k\}$，则期望为：

$$E(X) = x_1 p_1 + x_2 p_2 + \cdots + x_k p_k = \sum_{j=1}^k x_j p_j$$

以掷骰子为例，其点数是一个经典的离散随机变量。由于得到每一个点数的概率都是 $1/6$，因此，其期望为：

$$E(X) = \sum_n n \times P(X = n) = (1 + 2 + \cdots + 6)/6 = 3.5$$

对于一个连续型随机变量 Y,取值范围为 $[a,b]$,假定其密度函数为 $f(x)$,其期望可以表示为:

$$E(Y) = \int_a^b x f(x) \mathrm{d}x$$

例如,对于一个取值在 $[0,1]$ 上,概率密度为 $f(x)=1$ 的连续型随机变量[①],其期望为:

$$E(X) = \int_0^1 x \mathrm{d}x = 0.5$$

方差用来表示概率分布的离散趋势,即一个随机变量偏离其期望(均值)的程度。对于一个期望为 $E(X)$ 的随机变量 X,其方差可以表示为:

$$\mathrm{Var}(X) = E\left[(X - E(X))^2\right]$$

对于离散型随机变量,上式可以进一步表示为:

$$\mathrm{Var}(X) = \sum_{j=1}^{k} (x_j - E(X))^2 p_j$$

对于连续型随机变量,如果其概率密度为 $f(x)$,上式可以进一步表示为:

$$\mathrm{Var}(X) = \int_{-\infty}^{\infty} (x - E(X))^2 f(x) \mathrm{d}x$$

基于上述公式,我们可以证明,掷一枚骰子得到点数的方差为 2.91667,而前文提及的 $[0,1]$ 上的均匀分布的方差为 $1/12$,感兴趣的读者可以尝试证明。

S2.3 一类重要的概率分布:正态分布

我们向读者介绍一类重要的连续型随机变量的概率分布——正态分布。正态分布是统计学中使用最广泛的分布,也是自然界中最常见的概率分布。与后文将提到的抽样、回归分析、t 检验等内容,都存在广泛的联系。图 S-4 展示了正态分布概率密度函数的基本形状。

一个正态分布由均值 μ 和标准差 σ 两个参数确定,若随机变量 X 服从均值为 μ、标准差为 σ 的正态分布,记为 $X \sim N(\mu, \sigma^2)$,其概率密度函数表达式为:

$$f(x) = \frac{1}{\sigma\sqrt{2\pi}} \exp\left[-(x - \mu)^2 / 2\sigma^2\right], \ -\infty < x < \infty$$

可以看出,服从正态分布的随机变量集中分布在均值附近,离均值越远概率密度越小,且概率密度以均值为中心对称分布。"3σ 准则"是关于正态分布性质的一个常见应用,具体如图 S-5 所示。在均值为 μ、标准差为 σ 的正态

---

① 这个随机变量也称为服从 $[0,1]$ 上的均匀分布。

分布中，$x = \mu$ 为图像的对称轴，3σ 准则具体可阐述为：（1）数值分布在 $(\mu - \sigma, \mu + \sigma)$ 中的概率为 0.6826；（2）数值分布在 $(\mu - 2\sigma, \mu + 2\sigma)$ 中的概率为 0.9545；（3）数值分布在 $(\mu - 3\sigma, \mu + 3\sigma)$ 中的概率为 0.9973。因此，我们可以认为正态分布随机变量的取值几乎全部集中在 $(\mu - 3\sigma, \mu + 3\sigma)$ 区间内，超出这个范围的可能性仅占不到 0.3%。

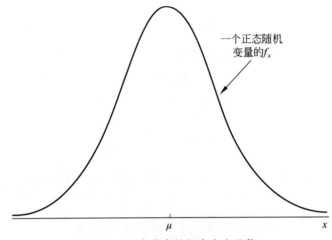

图 S-4　正态分布的概率密度函数

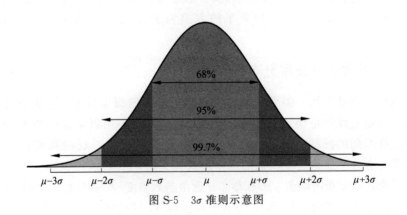

图 S-5　3σ 准则示意图

S3　统计与回归分析基础

S3.1　总体与样本

　　统计与回归分析的基础知识与前文评述的各个案例联系尤为紧密。首先，我们向读者介绍总体与样本的概念。

　　总体(Population)与样本(Sample)是贯穿统计学分析的一对概念。总体是指研究涉及的全部相关主体,而样本是指以一定方式从总体中抽取的部分。通常情况下,总体的属性常常是难以获取或者获取成本较高的,因此统计学研究的核心便是如何从有限的样本中更好地推断出总体的情况。举一个简单的例子,"中国工业机器人应用与制造业劳动力雇佣的关系"是一个十分宏大的命题,研究者很难溯及中国各型各类制造业企业的全貌。此时,如果增加一个"以制造业上市企业为例",研究的可行性便大大提升。此时,"制造业上市企业"便是"中国制造业"的一个样本。

　　通常来说,样本的获取需要尽可能代表总体的数据分布,也需要保证样本量能够支撑基本的统计推断,因此在抽样过程中需要选择合适的样本量与抽样方法。常见的抽样方式包括滚雪球抽样、系统抽样、分层随机抽样、整群抽样、多段抽样等。囿于篇幅限制,不再详细介绍每一种抽样方法的概念,感兴趣的读者可以进一步阅读相关资料。具体到实验研究中,样本量可以通过功效分析(Power Analysis)进行测算,这些均已有集成的软件工具进行测算。研究者可以根据需要下载使用。

S3.2　估计量与无偏估计

　　统计研究的核心是如何使得对于样本的估计尽可能接近总体。这里就涉及估计量与无偏估计的概念。估计量是指基于样本数据,通过一定的法则进行计算得出的值,目标是对总体数据进行合理的估计。例如,当我们需要了解总体均值时,会自然地联想到使用样本均值去估计总体均值,此时样本均值就是一个典型的估计量。

　　既然是估计,就会有"准"或"不准"的问题,此处我们引入无偏估计(unbiased-estimation)的概念。事实上,无偏性是估计量的一种性质,如果就总体参数 θ 的一个估计量 W 是无偏的,那它满足 $E(W)=\theta$。这并不意味着我们可以用某一特定样本得到一个估计值等于 θ,而是说如果我们能够从总体中抽取无限多次样本的话,利用每次抽取的样本集对于 W 进行估计,那么所有估计值的均值为 θ。

S3.3　样本均值与样本方差

　　样本均值(sample mean)和样本方差(sample variation)既是对样本数据属性的描述,同时也是基于样本对总体的估计。在实验性研究中,我们常常要汇报样本的年龄、性别等基本情况。例如,对于一个以清华大学学生为对象进行的实验性研究者,样本男女比接近的情况显然不是一个证明随机抽样的好证据。此时,读者可能从根本上怀疑结论不具有代表性。因此,对于样本基本参数的掌握是十分重要的。

样本均值又叫样本均数,反映了样本中数据的集中趋势。设 $x_1, x_2, \cdots,$ x_n 是收集的样本数据,其表达式为:

$$\bar{x} = \frac{1}{n} \sum_{i=1}^{n} x_i$$

此处需要注意期望与样本均值的概念辨析。同样是反映集中趋势,期望主要用来描述概率分布,其主体是随机变量,而样本均值用来描述一组样本数据的分布,其主体是样本中的实际数据。

同理,样本方差被用来表示样本数据的离散程度,是依据所给样本对随机变量的方差做出的一个估计。依上,样本方差定义为:

$$s^2 = \frac{1}{n-1} \sum_{i=1}^{n} (x_i - \bar{x})^2$$

注意到,样本方差的定义中分母为 $n-1$ 而不是 n。这是因为:

$$E(s^2) = \frac{1}{n-1} \sum E\left[(x_i - \bar{x})^2\right] = \frac{1}{n-1} \left[n \operatorname{Var}(x) - n \operatorname{Var}(\bar{x})\right]$$

$$= \frac{1}{n-1} (n\sigma^2 - \sigma^2) = \sigma^2$$

按照前文的介绍,上式表明 s^2 是总体方差的一个无偏估计,具有最佳统计性质。

S3.4 假设检验

S3.4.1 假设检验的基本概念与操作流程

无偏性是对于多次抽样的效果进行评判的理想概念。很多时候,一个更加直接的问题是,我们是否能够对一次抽样的结果做出稳健的判断。这时候,我们需要了解假设检验的基本知识。假设检验出现在书中的回归方程、均值检验等多个场景,值得读者重点阅读。

我们以一个"女士品茶"的故事介绍假设检验的基本思想。在英国的 Rothamsted 实验站,费希尔(正是第 1 章中提到的界定社会实验基本概念的那位费希尔)给一位名叫 Muriel Bristol 的女士倒了一杯茶,但是 Bristol 表示,自己更喜欢先将牛奶倒入杯中,再倒入茶(也就是常见的奶茶)。这位女士号称能够分辨先倒茶和先倒牛奶的区别。作为实验设计的鼻祖,费希尔想用实验检验一下:这位女士的味觉是否有这么敏锐?这本质上是检验以下命题的真伪:

假设 H:Bristol 女士无这样的鉴别能力

为了实现这一目标,费希尔准备了 10 杯调好的奶茶(两种调制顺序的都有)给 Bristol 女士鉴别,结果 Bristol 女士竟然能够正确地分辨出 10 杯奶茶中的每一杯的调制顺序。这个时候我们该如何判断该女士的鉴别能力呢？

事实上，如果 Bristol 女士并没有任何分辨能力，仅凭运气，她也可能全部答对。不过这个事件的概率是 $2^{-10} \approx 9.77 \times 10^{-4}$，这是一个极小概率事件。因此，若是 Bristol 女士全部答对，那么"她无此种鉴别能力"的假设就和实际数据不太相容，我们倾向于可以拒绝这个假设。上述结果相对容易理解，但如果 Bristol 女士只猜对了 8 杯、7 杯，乃至 k 杯时，我们又该如何判断？这时候，我们的答案可能就模棱两可了，因此十分有必要针对这类问题建立严格的分析框架，并给出合理的决策规则。这正是现代假设检验的雏形。以下我们介绍假设检验的详细操作流程。

我们考虑一个简单但有趣的案例。商店里有一个抽奖游戏，店主声称每次抽奖平均可以获得 10 元的奖励。小明先后玩了几次这个游戏，感觉奖励额度似乎不如店主所言，希望在统计上进行探索。这是一个经典的假设检验。

根据这个问题的情况，我们第一步需要建立有待评判的假设，称之为原假设。设小游戏每次抽奖获得奖励金额为 μ，则原假设为：

$$H_0: \mu = 10 \text{（实际情况与店主声称无显著差异）}$$

相对于原假设 H_0，我们将其对立的命题称为备择假设：

$$H_1: \mu \neq 10$$

有时候，我们的提问方式可能与以上案例有所区别。例如，新的政务服务大厅上线后，A 市政府规定，B 业务应当在受理后 20 分钟内办结。为了检验改革的效果如何，A 市政府随机抽取了新大厅上线后 100 次 B 业务申办的时间。由于考察服务时间是否等于一个常数没有意义，我们往往更加关注是否能够在特定时期内办理完成，这时，我们的原假设变为：

$$H_0: \mu < 20$$

相应地，备择假设变为：

$$H_1: \mu \geqslant 20$$

相比较而言，前者需要考虑是否可能出现 $\mu > 10$ 或者 $\mu < 10$ 两种情况，而后者只需要考虑是否可能出现 $\mu \geqslant 20$ 一种情况。因此，前者又被称为双边检验，而后者称为单边检验。

由于样本具有随机性，没有一种检验可以达到 100% 正确。客观事实只有两种可能结果，要么原假设成立，要么备择假设成立。检验的结果也只有两种可能，接受或者拒绝原假设。因此有下列四种情况：其中两种检验结果符合实际，另外两种则与实际相悖，对应所谓的两类错误，如表 S-2 所示。其中，第一类错误意味着我们拒绝了原本为真的假设，而第二类错误意味着我们采纳了原本不正确的假设。可以看出，犯第一类错误往往意味着我们做出的决策太过于保守，而第二类错误意味着我们的决策太过于激进。这表明，两类错误无法同时避免,我们根据实际情况进行权衡。

表 S-2　假设检验的常见错误

	接受原假设	拒绝原假设
原假设为真	正确	第一类错误(弃真)
备择假设为真	第二类错误(取伪)	正确

在社会科学情境中,我们往往认为第一类错误危害更大。例如,法学中通常有"无罪推定"假设,将无罪之人判定为有罪被认为是更危险的行为。因此,假设检验的主要目标是控制第一类错误的发生概率。为了达到这一目标,我们引入显著性水平(level of significance)的概念。记显著性水平为 α,则 α 反映了原假设正确的情况下,基于样本数据我们拒绝原假设的概率(第一类错误)。α 的常见临界值有 0.1、0.05、0.01,给定随机变量的分布,这些显著性水平都分别对应相应的统计量临界值。如果我们计算出的统计量大于右临界值或小于左临界值,这意味着该事件发生的概率太小(例如,前文提到的Bristol 女士随机猜十杯茶的制作顺序全部成功)。这在一次实验中不太可能发生,**我们倾向于拒绝原假设,认为样本与预定指标存在显著差异**。

在社会科学中,我们通常取 $\alpha = 0.05$。可以可看出,随着 α 增加,拒绝域的范围扩大。这意味着我们有更大的可能拒绝原假设,认为样本与总体间存在显著差异,此时犯第一类错误的概率也有所增加。图 S-6 反映了显著性水平和是否拒绝原假设的关系(双边检验)。可以看出,两侧拒绝域的总面积为α,与整体显著性水平一致。

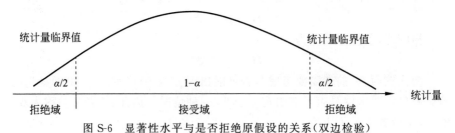

图 S-6　显著性水平与是否拒绝原假设的关系(双边检验)

S3.4.2　假设检验的重要应用:t 检验

在介绍假设检验基本思想的基础上,我们向读者介绍最为经典的两类假设检验。首先是 t 检验。t 检验也称为 Student t 检验,它是一种使用假设检验来评估一个或两个总体均值的工具。t 检验可用于评估某个组是否与已知数值有差异(单样本 t 检验),两个组是否彼此有差异(双样本 t 检验)。

t 检验应用时需要满足几个条件:数据是连续的;样本数据是从服从正态

分布的总体中随机抽样得到的。上文中关于抽奖奖励均值的场景、产品质量检测场景以及后文将提到的回归分析中对模型系数估计 $\hat{\beta}$ 的检验都适用于 t 检验。在实验性研究中，t 检验也有着广泛的应用。一个典型案例是检验实验组和对照组的某些关键变量在结果上是否存在显著差异，这一问题在第四篇倾向得分匹配等章节均有广泛的应用。

以单样本 t 检验为例，其目的是检验样本均值是否等于特定的值。t 检验的原假设是样本均值与特定值无显著差异。依上文，先通过数据计算得出样本均值与样本方差，进一步计算 t 检验采用的 t 统计量：

$$t = \frac{\bar{x} - \mu}{s/\sqrt{n}}, \text{其中 } s = \sqrt{\frac{\sum (x_i - \bar{x})^2}{n}}$$

根据上式计算得到 t 统计量，通过查阅 t 分布的临界值表，与将 t 统计量与临界值做比较。如果大于右临界值或小于左临界值，则拒绝原假设，认为样本均值不等于该数值。

S3.4.3 假设检验的重要应用：方差检验

方差分析（Analysis of Variance，ANOVA）是利用假设检验对某一多分类自变量下，连续型因变量均值是否相同的检验。方差分析适用于总体服从正态分布，但总体方差未知的情形，应用时需要满足几个条件：各组样本必须独立，不同组样本对应的总体方差没有显著差异。例如，学校在全体学生中开展三种不同教学策略的教学实验，研究哪一种教学策略能够更好地提升学生成绩。此时，全体学生被分为三个实验组和一个对照组共计 4 组（四分类变量），而成绩本身是连续变量。此时，比较四组学生的成绩差异便适用于方差分析。按照分析因子数量的不同，可分为单因子方差分析、双因子方差分析、多因子方差分析三大类。

以单因子方差分析为例，其目的是检验单分类变量影响因子下，不同分组的样本均值是否相同。依上文，先通过数据计算得到平均组内方差与平均组间方差，进一步计算方差分析采用的统计量。需要注意的是，方差检验的统计量服从 F 分布。囿于篇幅限制，不再综述 F 分布的性质，感兴趣的读者可以查阅相关统计学资料。假设实验中设共有 N 位被试，分为 k 组，Y 表示样本点，$\bar{Y}_i$ 表示第 i 组的样本均值，$\bar{Y}_t$ 表示整体样本均值。F 统计量可以表示为组间均方除以组内均方，即下式：

$$F = \frac{BMSS}{WMSS}$$

其中，组间均方（between means sum of squares，BMSS）的表达式如下：

$$BMSS = \frac{\sum_i n_i(\bar{Y}_i - \bar{Y}_t)^2}{k-1}$$

组内均方（within means sum of squares，WMSS）的表达式如下：

$$WMSS = \frac{\sum_i \sum_j n_i(Y_{ij} - \bar{Y}_i)^2}{N-k}$$

得到 F 统计量后，其余的处理方式与前文完全相同，通过查表与选取临界值做比较，从而可得方差分析结果。如果拒绝原假设，则认为各组间均值存在显著差异。

S3.5　线性回归分析

在对假设进行定性判断的基础上，很多时候更加深入的研究还需要关注变量间的关系问题。这时候，我们便需要引入回归分析（regression analysis）的工具。在本书范围内，我们主要考虑线性回归（linear regression）。

考虑这样一个场景，我们收集到了一些钻石的真实数据如图 S-7 所示。通常钻石的重量会影响它的价格，即钻石重量与价格之前存在一个明确的、普遍适用的数量关系（图中黑实线），但是其具体表达式是未知的。

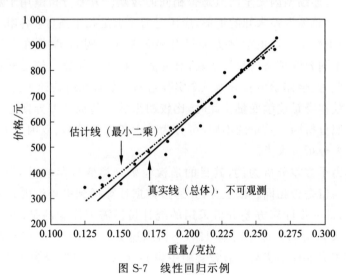

图 S-7　线性回归示例

基于这些真实的钻石数据，我们可以尝试估计一般情况下钻石质量大小与其价格的关系。具体如图中虚线所示。我们希望找到一条尽可能充分反映上述规律的直线。其一般模型如下。其中，ε 为拟合误差项。

$$Y = \beta_0 + \beta_1 x_1 + \varepsilon$$

那么,我们要如何找到这条直线的必要参数呢?一个直觉的想法是,我们希望这条线到图中各个点的距离最短。这意味着更小的误差。我们将这种方法称为最小二乘法(ordinary least square,OLS)。结合上述钻石的例子,将样本数据代入方程,则通过方程计算得出的钻石价格为 $\beta_0 + \beta_1 x_i$,其对应的真实价格为 y_i,模型在该样本上的偏差为 $[y_i - (\beta_0 + \beta_1 x_1)]$,则模型在全体样本上的偏差就是包含 β_0 与 β_1 的表达式:

$$Q(\beta_0, \beta_1) = \sum_{i=1}^{n}(y_i - \beta_0 - \beta_1 x_i)^2$$

如果要使得上式最小,一定在其导函数为 0 的点取得。分别对 β_0 与 β_1 求偏导,可得:

$$\frac{\partial Q}{\partial \beta_0} = -2\sum_{i=1}^{n}(y_i - \widehat{\beta}_0 - \widehat{\beta}_1 x_i) = 0$$

$$\frac{\partial Q}{\partial \beta_1} = -2\sum_{i=1}^{n}(y_i - \widehat{\beta}_0 - \widehat{\beta}_1 x_i)x_i = 0$$

其中 $\bar{x}$ 代表对应变量的均值,求解以上方程组,可得:

$$\widehat{\beta}_1 = \frac{\sum_{i=1}^{n}(y_i - \bar{y})(x_i - \bar{x})}{\sum_{i=1}^{n}(x_i - \bar{x})(x_i - \bar{x})}$$

$\widehat{\beta}_0$ 可由 $\widehat{\beta}_0 = \bar{y} - \widehat{\beta}_1\bar{x}$ 计算得到。

对于拟合的模型参数,需要检验其有效性。对于检验有效性,我们上文已经介绍了假设检验,此处模型参数的估计量 $\widehat{\beta}_i$ 就可以用假设检验的方法对其进行检验。模型参数 $\widehat{\beta}_i$ 服从 t 分布,根据这一性质选择合适的检验统计量与临界值进行比较,即可得出模型参数是否显著。

当然,以上介绍的单变量情况可以很方便地推广到多变量情况,其处理思想与单变量完全一致。OLS 回归在一系列案例中都具有广泛的应用,第四篇中提到的双重差分、断点回归、结构方程等方法本质上都在某一步被转化为线性回归方程(组)的拟合问题。得益于技术的进步,上述回归系数的求解过程已经可以在 SPSS、Stata、R、Python 等常用统计软件中得到快速的实现,研究者可以根据自身实际情况选学相关软件,以完成相关的研究过程。

此外,线性回归得出的结果成立需要满足以下前提假设:(1)误差项 ε 之间是相互独立的;(2)自变量之间是相互独立的;(3)误差项 ε 的方差为常数;(4)误差项 ε 服从正态分布。如果不满足这些情况,需要分别采用一定的解决措施以实现稳健的统计推断。由于本书的重点并不是相关技术细节,此处不再赘述,感兴趣的读者可以查阅任意一本回归分析的参考资料。

后 记

寒来暑往,春去春归,自下定决心撰写本书起,不知不觉间已是三度春秋。三年来尽管疫情期间生活巨大的不确定性曾让我们数度难以聚焦于书稿的写作,但本书还是终于要在农历癸卯兔年的初夏付梓了。回望三年多来的写作历程,其中既有数易其稿却始终求而不得的辛酸,又有上下求索而不断豁然开朗的幸福,今日交稿之际,更多的则是苦尽甘来的轻松与喜悦。

作为长期关注科技创新的社会科学研究者,我们始终坚信科技创新应当更好地服务于人类福祉。早在笔者之一于 21 世纪初期前往哈佛大学肯尼迪政府学院学习时,就曾受《罗素—爱因斯坦宣言》的影响,后又持续跟进研究由此衍生出的帕格沃什科学与世界事务会议(Pugwash Conferences on Science and World Affairs),了解其在控制大规模杀伤性武器和应对全球气候变化等重大社会问题上发挥的重要作用,便更加决心投身科学技术的社会影响研究,为维护世界和平和促进可持续发展贡献绵薄之力。

近年来,以人工智能技术为代表的新一代信息技术日益成为新一轮科技革命的核心驱动力,社会智能化转型的综合影响与治理问题也引发了学术界和实务界的广泛关注。尽管现有文献已围绕算法治理、数字治理、平台治理等智能社会治理中的热点议题进行了大量探讨,不同组织和专业机构亦围绕智能社会转型等问题进行了研究,但这些工作更多地是基于对未来情境的预设进行逻辑演绎,或是基于宏大社会叙事开展理论思辨,难以为人类社会的智能化转型过程积累基于真实社会情境的经验知识。尤为重要的是,目前社会各界对智能社会转型的关注仍然是高度碎片化的,更加深层次的影响和变化远未涉及。

上述问题凸显了理论与实践在智能社会治理研究中的张力。正如弗里德里希·恩格斯(Friedrich Engels)所言,理论是灰色的,而实践之树常青。要更好地解决上述问题,我们必须超越抽象的逻辑思辨,复归实验主义的治理传统,聚焦蓬勃发展的人工智能应用实践,运用科学循证的社会实验方法研判人工智能应用产生的真实社会影响。在这一过程中,中国具有独特的资源优势。根据约瑟夫·熊彼特(Joseph Schumpeter)的技术创新理论,技术发展过程包括研究、开发、示范和推广四个阶段。相比较而言,在人工智能技术发展的四个阶段中,中国在应用阶段的优势尤为明显,已经形成了技术研发深入、产业规模巨大、应用场景多样、社会需求众多的发展格局,能够在经验总结、问题挖掘、先导示范、应用反馈等方面为全球人工智能技术的发展提供一线经验和真实反馈,为人工智能技术的良性发展作出中国独有的贡献。

经过长期的酝酿和积累,2019 年 3 月,笔者联合北京大学、中国人民大学、国务院发展研究中心等高校和研究机构的多名专家学者向中央递交了"关于开展长周期、宽区域、多学科人工智能社会实验的建议",倡议积极开展人工智能社会实验,探索智能社会治理的中国道路,努力建设一个科学技术高度发达,智能技术广泛应用,技术理性和价值理性综合平衡,人、环境、技术和谐共生,社会开放、包容、和谐,以人民为中心的有人文温度的智能社会。这份报告获得了党和国家最高领导人的高度重视。2022 年 4 月,《中共中央国务院关于加快建设全国统一大市场的意见》明确提出,要开展人工智能社会实验,推动制定智能社会治理的相关标准。2022 年 9 月,国家市场监督管理总局、国家标准化委员会正式印发文件(国标委发〔2022〕31 号),批准组建国家一级标准化技术组织——全国智能技术社会应用与评估基础标准化工作组。截至目前,在中央网信办、科技部等九个部委的通力配合下,先后有覆盖 24 个省、自治区、直辖市的 18 个国家新一代人工智能创新发展试验区和92 家国家智能社会治理实验基地参与到人工智能社会实验的工作中来,一场放眼未来的社会实验正在神州大地有序展开,稳步起飞。

随着人工智能社会实验工作的推进,我们越发意识到这是一项充满未知的系统性大科学工程。作为一个发源于工业化社会和经典社会科学的概念,社会实验方法应当如何与智能化转型的社会背景以及国家智能社会治理的具体实践相结合,还需要系统化的理论指引。在这样的背景下,我们筹划撰写了这本《社会实验理论与方法评介》,希望在更大范围内进一步倡导实验主义的治理理念,尽可能全面地总结和阐释社会实验的理论脉络、概念体系和方法路径,为人工智能社会实验的开展提供理论与方法指导。

本书脱胎于笔者多年来对于科技创新治理和智能社会治理研究的积累。在先后出版的学术专著《公共科技政策导论》和《智慧治理》中,笔者尝试从政策科学和公共管理的角度论述科技创新活动及其社会影响的一般规律,分析以信息技术为代表的新兴技术对传统治理模式的冲击。为了更好地跟进社会实验的前沿研究成果,笔者之一也曾在清华大学科教政策研究中心组织为期一学期的前沿文献阅读小组,系统整理不同学科顶级期刊新近发表的社会实验学术文献,总结社会实验的方法体系、核心要点与前沿议题。结合这些理论思考,笔者历时数年调研了不同省(区、市)的数十个人工智能创新企业和应用场景,并与多个国家新一代人工智能创新发展试验区和国家智能社会治理实验基地建立起稳定合作关系。正是在理论和实践的深入对话中,笔者进一步凝练出基于科学循证的人工智能社会实验方法,回应人工智能综合社会影响的核心研究关切,历三年多时日终成本书。

在即将付梓之际,笔者首先要感谢顾秉林老校长对本书和人工智能社会实验工作的长期关心和大力支持。自 2018 年起,顾秉林校长与我们共同发起了对人工智能综合社会影响的研究工作,并联名向中央提出开展人工智能社会实验的政策建议。此后,顾秉林校长多次拨冗出席关于人工智能社会实验的学术研讨,并担任清华大学智能社会治理研究院学术顾问委员会主任,始终高度关注人工智能社会实验工作取得的点滴进步,多次为我们指引未来工作的开展方向。顾秉林校长在百忙之中欣然为本书作序,是对我们莫大的鼓励和肯定,也让我们进一步坚定了推动好人工智能社会实验的信心和勇气。

笔者要感谢姚期智先生长期以来的支持。姚先生是图灵奖得主,在人工智能领域的成就享誉中外。姚先生最早鼓励笔者"用科学的方法研究科学技术带来的问题",并欣然担任清华大学智能社会治理研究院学术顾问委员会主任。在出席我们组织的第一届全国人工智能社会实验学术会议时,姚先生做了热情洋溢的讲话,并为清华大学智能社会治理研究院揭牌,鼓励我们积极探索智能社会治理的中国道路。此外,也是姚先生最早鼓励我们开展智能社会治理的学科建设、课程建设和理论研究,启发我们撰写了这本《社会实验理论与方法评介》。

笔者要感谢李强教授对本书的大力支持。作为国内外知名的社会学者,李强教授始终奋战在社会实验研究一线,所领导团队开展的"新清河实验"不仅是对杨开道、许仕廉等老一辈学者主持的"清河实验"和实验主义治理思想的学术传承,更为我们开展面向智能社会的社会实验提供了积极的经验和借鉴。李强教授应邀为本书作序,为人工智能社会实验工作的开展注入了强大的智慧和力量。

在本书的写作过程中,我们先后邀请杨起全、秦勇、方方、钟军、吴飞、李艳、陈文智等专家学者审阅了初稿。他们提出了一系列富有洞见的修改建议,笔者在此向各位专家学者表示衷心的感谢!

本书的成稿也离不开清华大学科教政策研究中心、清华大学智能社会治理研究院、浙江大学公共管理学院信息资源管理系和浙江大学国家智能社会治理实验基地(教育)团队付出的大量心血。感谢清华大学科教政策研究中心和清华大学智能社会治理研究院谢其军、张芳、汝鹏、刘运辉、孟祥利、孙浩、舒全峰老师和浙江大学信息资源管理系蒋卓人、杨超、付慧真老师,以及陈静、陆言、王健骁、朱培豪、张立立、张榆、涂盛鸣、廉翔鹏、张焕涛、李延昊、任天佩、钟洁颖、王睿、张勤、徐曼迟、王印琪、李智丞、林田谦谨、秦洪怡、言鹏韦、李婷婷同学的支持。

特别感谢魏钰明博士的付出和贡献，魏钰明博士是国内最早参与人工智能社会实验工作的学者之一，也为本书的成稿提供了大量有价值的贡献和帮助。特别感谢吕立远同学在本书成稿过程中的努力。吕立远同学协助进行了文字统合，并在数理分析上提供了许多有价值的帮助。

感谢清华大学出版社副总编辑石磊先生及本书的责任编辑商成果女士，他们耐心细致的工作进一步提升了书稿的写作质量，保障了本书顺利出版面世。

本书的写作和出版得到了科技部科技创新 2030"新一代人工智能"重大项目"人工智能综合影响社会实验研究"（2020AAA0105400）、国家自然科学基金创新群体项目"中国公共政策理论与治理机制"（71721002）、国家自然科学基金优秀青年科学基金项目"公共管理与公共政策"（71722002）、国家自然科学基金重点项目"基于社会实验的人工智能社会综合影响与作用机制研究"（72134007）和长三角地区 ICT 产业发展布局研究基金等资助。笔者在此一并致谢！

当前，人类尚处于社会智能化转型的初期阶段，基于 ChatGPT 等智能技术的新应用、新模式和新场景正加速涌现，充满着无限的可能和未知。面对如此宏大而快速发展的社会命题，受知识所限，本书难免挂一漏万，对许多问题的思考深度还有所欠缺，对不少新兴的研究命题还未充分论述，难以覆盖日新月异的智能社会治理实践。此外，由于笔者能力所限，本书难免有错漏之处，部分前沿文献注释或许有遗漏，有些思考分析或许还不成熟，敬请广大读者海涵和指正。笔者也期待以文会友，在与各位学友的切磋中不断深化对于社会实验和智能社会治理的认识，共同推动构建人文智能社会。

苏竣、黄萃

2023 年 5 月于清华园、求是园